Adler 상담 및 심리치료

— 개인심리학의 통합적 접근 —

Don Dinkmeyer, Jr. · Len Sperry 지음

김춘경 옮김

Σ 시그마프레스

Adler 상담 및 심리치료
개인심리학의 통합적 접근

발행일 | 2004년 1월 5일 초 판 1쇄 발행
    2005년 8월 10일 개정판 1쇄 발행

저자 | Don Dinkmeyer, Jr. · Len Sperry
역자 | 김춘경
발행인 | 강학경
발행처 | (주)시그마프레스
편집 | 김미현
교정 | 권경자

등록번호 | 제10-2642호
주소 | 서울특별시 마포구 성산동 210-13 한성빌딩 5층
전자우편 | sigma@spress.co.kr
홈페이지 | http://www.sigmapress.co.kr
전화 | (02)323-4845~7(영업부), (02)323-0658~9(편집부)
팩시밀리 | (02)323-4197

인쇄 | 남양인쇄   제본 | 세림제책

ISBN | 89-5832-191-1   가격 | 20,000원

역자서문

Adler 상담 및 심리치료는 현대 심리학에 가장 큰 영향력을 미친 것으로 인정받고 있다. 실제로 우리나라에 잘 알려져 있는 교류분석(TA), 실존치료, 인간중심치료, 현실치료, REBT, 해결중심단기치료 등이 모두 Adler의 개인심리학의 영향을 많이 받았다. REBT의 Ellis는 "Adler는 최초의 인본주의 심리학자"라고 했으며, 의미치료학자인 Frankle는 Adler를 "실존주의 정신운동의 선구자이며, Adler가 성취하고 달성한 바는 코페르니쿠스의 발견에 버금간다"라고 칭송했으며, 우리가 잘 아는 Maslow도 "해가 갈수록 Adler가 점점 더 옳다는 생각을 하게 된다. 그 시대가 Adler를 따라잡지 못했다고 말하고 싶다"고 하여 Adler 심리학이 현대 심리학에 끼친 영향력을 잘 대변해 주고 있다. 또한 신 Freud 학파로 불리는 Erikson, Fromm, Horney, Sullivan, Berne 등도 일찍이 Adler가 강조한 인간발달에 있어서 사회적 과정의 중요성을 재발견하여 Alder와 같은 입장에서 그들의 이론을 전개시키고 있다고 하여 이들을 신Adler 학파로 불러야 한다는 주장도 꾸준히 이루어지고 있다. Adler의 사회적 영향을 강조하는 특성은 Horney와 Erich Fromm에게, 성격의 통일성을 강조하는 점은 Allport에게, 인간의 창조적 힘과 과거보다는 미래의 목적이 더 중요하다는 주장은 Maslow의 연구에 많은 영향을 주었다(Schultz, 1990). 우리나라에서는 Adler의 영향을 받은 학자들에 관한 연구는 활발히 이루어지고 있으나 정작 이들에게 막강한 영향력을 행사한 Adler의 개인심리학에 대한 연구는 매우 미비한 실정이다.

　　Adler의 개인심리학은 25년 전 역자가 대학에서 Adler에 관한 이론을 처음 접했을 때와 비교해 보면 그리 달라진 것이 없다. 그 사이 Adler에 관한 몇 권의 소책자만이 번역된 실정이다. 이는 최근 우리나라의 상담 및 심리치료에 관한 관심과 발전에 비교하면 매우 놀라운 일이 아닐 수 없다. 역자가 1995년부터 지금까지 Adler 상담에 관한 크고 작은 워크숍과 특강을 하면서 항상 받는 질문은 Adler 상담을 좀더 공부하고 싶은데 좋은 참고도서를 소개해 달라는 것이었다. 그때마다 마땅한 참고서적을 소개해 주지 못하는 것이 안타까웠다. Adler 심리상담에 관한 책이 나오길 기대했지만 아직 나오지 않아 Adler 상담에 관해 역자가 쓴 몇 편의 소고와 부족한 부분을 좀더 보충하여 Adler 상담에 관한 책을 준비하고 있을 때, Dinkmeyer와 Sperry의 *Adlerian Counseling and Psychotherapy*(2판)를 접하게 되었다. 이 책은 2000년에 개정판 *Counseling and Psychotherapy: An Integrated, Individual Psychology Approach*(3판)으로 거듭나면서 Adler 심리학의 통합적 관점을 보다 잘 정리하고, Adler 상담의 영역으로 아동상담, 청소년상담, 노인상담, 부부상담, 가족상담, 건강상담 등의 다양한 분야에서 Adler의 개인심리학적 개념이 어떻게 적용되고 있는지를 자세히 기술하고 있다.

　　이 책을 접하면서 본인이 Adler 상담에 관한 책을 쓰는 것보다는 오랫동안 Adler 상담에 관한 이론과 실제를 많이 연구한 분의 책을 번역하는 것이 보다 우선되는 과제가 될 것 같아 이 책의 번역을 시도하였다.

　　책을 번역하고 교정에 교정을 거듭했으나, 막상 책으로 내놓으려니 부끄러울 뿐이다. Adler 심리상담의 가장 기본적이면서 핵심이라고 할 수 있는 격려의 상담기법 중에 "불완전할 수 있는 용기를 북돋워주는 것"이 있다. 나 역시 이에 힘입어 아직도 오류가 있을 이 책을 여기에서 마무리 하고자 한다.

　　Adler 상담에 관한 많은 사람들의 요구에 응하기 위해 본인의 부족함을 알면서도 번역을 감행한 역자의 마음을 이해해 주시기 바란다. 이 책이 지금까지 Adler 상담에 관심을 가졌던 독자들의 욕구를 조금이라도 충족시켜 줄 수 있기를 바란다. 또한 상담을 전공하는 대학생과 대학원생, 일선에서 상담을 하고 있는 상담사, 교사, 사회복지사, 임상심리사, 의료 종사자 등에게도 도움이 되었으면 한다.

  이 책이 나오기까지 관심을 가지고 도와주신 (주)시그마프레스 강학경 사장님과 교정과 편집에 애써주신 편집부 직원 여러분께 진심으로 감사드린다. 마지막으로 함께 교정과 입력작업에 수고해 준 경북대학교 대학원생 김현옥과 전미희 학생에게도 감사의 마음을 전한다.

2003년 11월
김 춘 경

저자서문

개인심리학은 심리학과 심리치료, 상담, 사회복지, 간단한 치료 등의 영역에 지대한 영향을 끼쳐왔다. 조력관련 전문직 종사자들은 개인이 가진 변화에 대한 잠재력을 찾기 위한 노력을 계속해 왔다.

Counseling and Psychotherapy: An Integrated, Individual Psychology Approach(상담과 심리치료: 통합적, 개인심리학 접근)는 늘어나고 있는 Adler 학파의 개념에 대한 관심을 반영하고 있다. 초판과 재판의 제목은 *Adlerian Counseling and Psychotherapy*(Adler 상담과 심리치료)였다. 이번 판에서는 최근의 개인심리학 연구에 다른 심리학의 이론과 실제를 적용한 개인심리학의 분파를 자세하게 다루었으며 새로운 제목은 이를 반영한 것이다.

이 책은 이론, 기술과 전략, 적용의 세 부분으로 구성되어 있다. 제1부에서는 개인심리학에서 이끌어낸 종합적인 테마들을 다른 치료 시스템에 적용한 예를 제공하는 장이 새롭게 구성되어 있다. 여기에서는 성격발달과 정신병리학에 대해서도 각 장으로 나누어 다루고 있다.

제2부에서는 분석과 평가에 대한 기술을 상세히 다루었다. 심리학에 대한 Adler학파의 공적이라고 할 수 있는 생황양식 평가와 치료계획과 최근의 요구에 대한 연구, 심리치료와 심리교육에 대한 중재를 제공하였다.

제3부에서는 특정 집단에 대한 개인심리학의 적용을 다루었다. 아동, 청소년, 성인 상담에 대한 내용과 건강상담, 단기치료, 가족과 결혼관계의 치료에 대한 내용이 제공된다.

이 책은 주로 탁월한 Adler학자 두 사람의 선행 연구를 일부 수정한 것이다. W. L. Pew는 1979년 출판된 초판의 공동저자였으며, Don Dinkmeyer, Sr.은 초판은 물론 1986년에 출판된 재판을 집필한 Adler학자이다.

이 책은 개인심리학과 관련된 집중적인 연구를 반영하고 있다. 우리는 Rudolf Dreikurs의 선구적인 연구에 깊은 영향을 받았다. Don Dinkmeyer, Jr는 북아메리카 Adler심리학회(North American Society of Adlerian Psychology)의 회장을 유임했으며 Len Sperry는 Adler 전문 심리학 학교(Adler School of Professional Psychology)의 교직원으로 재직 중이다.

이 책의 집필에 많은 공헌을 한 동료와 선생님들을 하나하나 열거하는 것은 매우 중요하다. 우리는 그들의 노력에 감사를 표한다. 특히 이번 판의 교정을 맡은 Georgia대학의 John C. Dagley, West Virginia대학의 Ed Jacobs, Morehead주립대학의 Charles H. Morgan, Nevada, Reno대학의 Keith A. Pierce, North Texas주립대학의 Michael Nystul 박사와 Georgia주립대학의 Roy Kern박사, 시카고 Stone Medical Center의 Bernard Shulman에게도 감사의 뜻을 전한다. 작업 과정에서 격려와 지원을 아끼지 않았던 Deborah Kaye Dinkmeyer와 Patti Sperry에게도 감사한다.

우리는 독자들이 이 책의 내용이 포괄적이며 이해하기 쉽다는 사실을 알게 되기를 바란다. 당신은 집단 상담에서 개인심리학을 사용하는 법을 알게 될 것이다. Adler학자들의 격언이 있다. "오직 변화만을 믿어라." 이 책에서 당신은 치료자로서, 교사로서, 당신의 변화를 찾기 위한 열쇠를 발견하게 될 것이다.

요 약 차 례

차 례

제 3 부   적 용

제 1 부

이 론

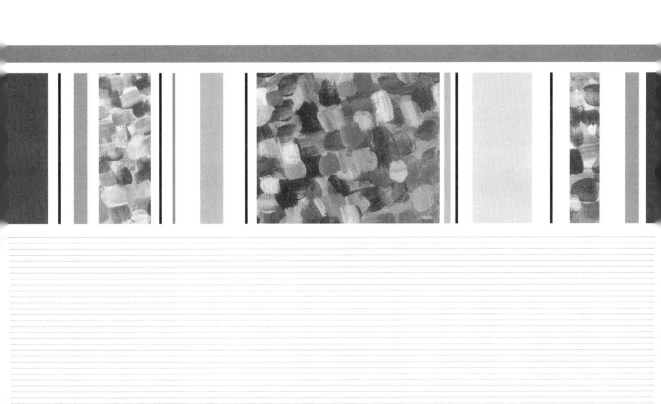

제 1 장

Adler 상담과 심리치료 : 개관

A lfred Adler의 개인심리학은 가장 오래되고, 가장 유용한 심리학이론 중의 하나이다. 개인심리학은 Adler가 Freud와 함께 인간본성에 대한 그들의 이론을 발전시켰던 9년 동안에 탄생하였다. Adler의 연구는 심리치료와 상담에 실제적으로 적용되면서 Freud학파가 심리학 연구의 주류를 이루는 가운데서도 지속적으로 성장해 왔다. 오늘날 개인심리학은 심리상담과 치료에 대한 최근의 다양한 개념구조와 연구들 사이에서 선구자로 인정받고 있다. Adler의 개인심리학은 현재 자녀양육, 결혼과 가족치료, 정신건강 서비스, 학교 상담 등의 수많은 분야에서 활용되고 있다.

1. Adler의 생애

Alfred Adler는 1870년 2월 7일, 중산층의 유대인 상인이었던 아버지와 가정주부였던 어머니 사이의 여섯 형제 중 둘째로 Vienna 교외에 있는 Penzing에서 태어났다. 어린시절 Adler는 몸이 약해서 고생했는데, 이로 인해 그는 의사가 되는 일에 관심을 가지게 되었다. 1895년 Adler는 명문 비엔나 대학에서 의학박사 학위를 받았다.

Adler는 비엔나에서 내과의사로 개업했다. 1902년 가을 Freud가 그를 자신의 토론 그룹에 초대했다. 후에 이 모임은 비엔나 정신분석학회(Vienna Psychoana-lytic Society)로 발전했고, 1910년 Adler는 이 모임의 회장이 된다. 자신의 이론에 대한 엄격한 충성과 획일화를 고집하는 Freud의 압력으로 인해, Alder는 1년 후 이 모임을 탈퇴한다. 1902년부터 1910년까지 있었던 이들의 논의는 향후 근대 심리학의 근간이 된다. 일반적으로 알려진 것과는 달리, Adler는 Freud의 "제자(disciple)"가 아니었다. 그는 Freud에게 정신분석을 받은 적이 한 번도 없었다. 사실 Adler의 이론은 Freud의 이론과 자주 마찰을 빚곤 했다.

Freud의 정신분석학과의 결별 이후, Adler는 자신만의 심리학 이론을 발전시키는 데 몰두했다. 1912년, Freud의 정신분석학회에 소속되었던 많은 회원들이 개인심리학회(Society for Individual Psychology)를 창립했다. Adler는 1차 세계대전에 군의관으로 참전한 후, 비엔나에 있는 많은 공립학교에 아동상담소를 개설하였다. 여기서 Adler는 교사와 내과의사 등을 훈련시키는 요람의 역할을 하였다. 그는 전문인들을 위해 이전에는 한 번도 사용된 적이 없었던 새로운 교수법을 시연하였다. 교수법의 개혁적이고 혁명적인 특성에도 불구하고 아동상담소는 비엔나와 전 유럽에 걸쳐 빠르게 전파되었다. 거의 50여 개의 상담소가 전 유럽에서 동시에 번창하였다. 그러나 정치적 장애물이 유럽에서의 Adler 심리학의 발전을 방해하기 시작했다. 나치주의가 Adler와 그의 동료들을 위협한 것이다.

1926년 Adler는 미국에서 첫 순회강연을 가졌다. 그 이후로 그의 미국 방문은 점점 빈번해졌고, 결국 1935년 유럽을 떠나 미국에 정착하면서 많은 강연을 하게 되었다. Adler는 1937년 스코틀랜드 에버딘에서 순회강연 중에 사망하였다. 최근 Hoffman(1994)이 Alfred Adler의 훌륭한 전기인 『*Drive for self*』를 출간한 바 있다.

2. Adler의 업적

Adler는 300권 이상의 책과 논문을 발표했다. 미국과 외국에서 이루어진 수 차례의 강의와 강연을 통해 전문가들 뿐만 아니라 일반 대중들도 Adler 사상의 대중성과 유용성을 인정하게 되었다. 공개강연, 부모-가족 교육센터 그리고 유용하고 실용적인 정보의 보급 등의 실천활동이 전세계의 Adler학자들에 의해 지금도 지속되고 있다.

Adler의 죽음 이후 그의 연구에 관한 관심이 줄어 들게 되었다. 나치정권과 제2차 세계대전으로 인해 수많은 Adler학자들이 유럽을 떠나 남미와 북미로 흩어질 수밖에 없었고 이들 대부분은 미국으로 건너갔으나 Adler 연구에 대한 심한 저항에 부딪혔다. Adler의 연구가 Freud 이론에 반하는 것으로 여겨졌던 것이다. Adler사상에 대한 미국에서의 잘못된 인식, 유럽에서의 그의 연구업적에 대한 파괴, 그리고 Freud 학파의 탁월한 업적 등이 Adler의 업적에 대한 인식과 개인심리학파의 회원수를 일시적으로 감소시킨 주된 원인이 되었다.

1) Rudolf Dreikurs

시카고의 Alfred Adler 연구소의 창립자이자 많은 저서를 저술한 Rudolf Dreikurs는 정신분석학이 심리학계를 강력하게 지배하던 시기에 미국에서 Adler 심리학을 성장시켰다.

Dreikurs는 1937년에 미국으로 이민을 갔다. 그의 꿈은 전세계에 Adler 아동 상담소를 설립하는 것이었다. 1972년 사망하기 전까지 그가 남긴 개인심리학에 대한 중요한 업적 중에서 특히 주목할 만한 것은 상담과정에서의 아동에 대한 이해와 독특한 통찰이다.

Dreikurs는 모든 행동이 목적을 가지고 있다는 Adler의 기본적인 원칙에서 영감을 받아 아동의 그릇된 행동목표, 즉 관심, 힘, 복수 그리고 부적절함의 표현 네 가지를 공식화 하였다. 아동의 그릇된 행동을 목적에 의해 범주화시킴으로써, Dreikurs의 「네 가지 목표」는 부모와 교사들이 아동들의 실수를 보다 효과적으로 다루기 위해서 필요한 중요한 도구를 제공하였다.

Dreikurs는 상담 분야에 있어서도 업적을 남겼는데, 그는 내담자와의 초기면담이 상담사 자신이 완벽한 사람이 아니라는 것을 보여주기 위한 가치있는 기회라는 것을 강조하였다. Dreikurs에 의하면 상담사는 각 면담을 그것이 마치

"마지막일 수도 있는 것처럼" 여겨야 한다는 것이다. 내담자가 무언가를 배우지 않은 상태에서 면담이 끝날 때, 상담사는 실패하게 되는 것이다. Dreikurs는 각 회기를 시작할 때마다 내담자에게 "지난 시간과 관련하여 무엇이 기억납니까?"라는 질문을 던졌고, 그것은 자신의 변화와 회기와 회기 사이의 연속성에 대한 내담자의 책임을 강조하기 위한 것이었다. 치료자와 내담자 모두를 위한 교육 방법인 중다치료과정(multiple therapist procedure)을 심리치료에 최초로 소개한 사람이 바로 Dreikurs였다.

Rudolf Dreikurs는 다채롭고 용기있는 이론가이자 실천가였다. 그의 통찰은 그가 일생동안 쓴 많은 저서들과 지속적인 연구를 통해 수천 명에게 계속 이어지고 있다. 『*The courage to be imperfect*』(Terner and Pew, 1978)은 엄청난 인간적 강인함으로 다수의 막강한 전문가 집단과 맞서 싸운 한 매혹적인 인간의 모습을 잘 보여주고 있다.

3. 시대를 앞서간 Adler

Adler가 남긴 풍부한 연구와 기술들은 여전히 전문상담에 많은 기여를 하고 있다. 뉴욕시에서 개업한 그의 아들 Kurt는 심리치료와 상담에서 그의 아버지가 이룬 혁신적인 공헌 중에서 자신이 생각하기에 가장 중요한 예라고 생각되는 것들을 모았다(Adler, n.d.).

Alfred Adler는 내담자와 공개적으로 작업했던 최초의 사람이었다. 그는 의사, 교사, 부모와 같은 많은 청중들 앞에서 집단치료와 가족치료를 시연하였는데, 이러한 모의실험(demonstration)은 현장에서의 상담상호과정을 전문가들이 직접 관찰함으로써 학습할 수 있도록 도와주었다. 이전의 그 누구도 Adler가 이렇게 공개실험에서 행했던 것과 같은 모험이나 공유를 시도한 적이 없었다. 게다가 이는 내담자에게도 매우 유용한 것이었다.

Adler는 신경증(neurotic symptom)을 자신이 가진 자기상에 대한 위협과 세상 밖의 도전들로부터의 "보호수단(safeguard)"이라고 설명했다. 반면 Freud는 신경증을 내부적, 본능적 충동의 억압에 대한 방어기제로 보았다. 신경증에 대한 Freud의 해석은 그후 그의 딸 Anna에 의해 수정되었는데, 그녀는 내적인 요구뿐만 아니라 외부적인 요구에 대한 방어존재를 인정하였다. 이러한 방어는 처음엔 어린 아동에게서 발견되었고, 후에 청소년과 성인들 역시 사용하는 안전장치라는 개념으로 확대되었다.

Adler는 아동의 야뇨증(bedwetting)은 생리학적 원인뿐 아니라 심리적인 원인도 가지고 있다는 것을 시사하였다. 최근의 연구에서 보여주는 많은 사례들은 생리학적인 원인이 존재하지 않거나 혹은 그 문제를 충분히 설명하지는 못하고 있다는 것을 확신시킨다. 심리학적 요소와 생리학적 요소들 사이의 상호작용에 관한 Adler의 이해는 오늘날에도 여전히 유용하다.

1920년대에 Adler는 2세대가 지나면 여성들이 진정한 평등을 성취하게 될 것이라고 예측했다. 평등을 쟁취하기 위한 여성의 투쟁은 그의 이러한 예측을 정확히 입증했다. Adler는 그가 살았던 시대 전후의 유럽을 짓누르던 남성에 의한 지배와 전제정권에 의한 지배를 거의 같은 것으로 보았다. Adler가 살던 시대에는 여성을 열등한 존재로 보는 그릇된 사고가 만연해 있었다. Adler는 불평등이 사랑의 관계와 상호협력을 불가능하게 만든다고 강조하였다. 모든 사람의 평등에 대한 그의 발언은 여성해방을 기념하는 기념비 설립을 위한 덴마크 조각가인 Tyra Boldsen의 계획에 반영되었다. 초기 "해방주의자(liberationist)"인 Boldsen은 많은 여성들을 조각했는데, 그가 만든 작품 중 유일한 남성 조각상이 Adler였다.

4. 전제주의에서 민주주의로

Adler 상담의 재부흥은 우리 문화의 민주주의 혁명과 때를 같이 한다. 행동, 신념 그리고 감정을 변화시키기 위한 Adler의 전략은 여기에서도 역시 적용되고 있다. Freud의 이론과 같이 치료자를 지배적인 위치에 두는 접근법은 독재정치 시대에 적합한 것이었다. Freud의 이론은 치료자는 권위적으로 처방하고 내담자는 수동적으로 치료자의 지식을 받아들이는 상황에 적합하다. 치료자의 처방에 대한 내담자의 수동적인 입장이 이 관계의 특징을 상징한다. 모든 사람들이 평등하게 대우받기를 요구하는 민주주의 시대에서 상담에 대한 Adler의 연구는 진행 과정에서 내담자를 완전히 동등한 참가자로 바라보는 민주주의 시대에 적합한 상담 모델을 제공한다.

　독재적인 절차에서 민주적인 절차로의 이행은 상담과 심리치료에도 혁명을 불러일으켰다. 과거에는 정신과의사, 심리학자 그리고 사회사업가의 훈련은 Freud의 정신분석사상에서 큰 영향을 받았다. 인과관계, 충동욕구 그리고 행동의 기계론적 관점에 초점이 맞춰졌다. 정신분석이론의 추종자들이 여전히 다수를 차지하고 있지만, 이들과는 다른 접근을 수용하는 사람들이 점차 증가하고 있다. REBT(Rational-Emotive Behavior Therapy), 행동수정, 현실치료 그리고 내담자 중심 치료들이 그 좋은 예이다(Corsini, 1979). 이런 접근법들은 인간을 자신의 행동에 책임을 지고, 그것을 변화시킬 수 있는 의사결정적인 존재로 바라본다.

　북미 Alder 심리학회(NASAP ; the North American Society of Adlerian Psychology)의 전 학회장이었던 Walter O' Connell(1976)은 Adler 원리 중 "예, 그러나(Yes, but)"의 원리를 수용한 것이 현대의 많은 개업치료자와 이론가들의 태도라고 언급했다. 그는 그들 중 어느 누구도(특히 Viktor Frankle, Colin Wilson, Ernest Becker, Ira Progoff, Rollo May) 자신을 Adler의 추종자라고 말하진 않지만, 인간발달에 대한 믿음에서 그들이 Adler와 같은 입장을 보이고 있다는 것을 지적하였다. 그들 모두는 자신의 심리학 연구가 Alder의 사상에서 깊은 영향을 받은 것을 인정하지만, Adler 이론과의 유사성에 있어서는 거리를 두고 있다.

5. 최근 경향

Dreikurs의 노력으로 1952년 설립된 북미 Adler 심리학회(NASAP)는 미국과 캐나다 개인심리학의 중심기구이다. Dreikurs는 Adler가 죽고 난 후 *Journal of Individual Psychology*를 편집하였으며, Adler의 이념들을 북미 대륙과 해외로 전파하였다. 그와 동료들의 노력으로 많은 지방 학회와 기관들이 설립되었다.

　현재는 북미 전역에 걸쳐 Adler 심리학 교육·연구소가 운영되고 있다. 절충주의적(eclectic) 개업의들이 한 가지 심리학파에 자신들을 한정시키지 않는 이 시기에, Adler학파의 움직임은 지속적으로 성장하고 있다.

NASAP은 계간지 저널인 *Individual Psychology*와 월간소식지를 계속해서 발행하고 있다. NASAP은 (1) 임상가, (2) Adler 상담과 치료, (3) 가족 교육, (4) 이론과 조사, (5) 교육, 그리고 (6) 사업과 조직 등 6개의 주제를 확립하였다. NASAP는 Luyrtle Beach, South Carolina, Eugene Orepon, Vancouver, British Columbia 등 여러 곳에서 매년 학회를 열고 있다. NASAP은 개인심리학 국제 협회(IAIP : International Association of Individual Psychology)의 회원기구 이기도 하다. IAIP는 3년에 한 번 개인심리학에 관심을 가지고 있는 사람들의 모임을 갖고 있으며, Adler 심리학은 전세계에서 계속 성장하고 있다.

참고문헌

Adler, K. (n.d.). *Alfred Adler, a man ahead of his time*. Unpublished paper.

Corsini, R. J. (Ed.). (1979). *Current psychotherapies* (2nd ed.). Itasca, IL: Peacock.

Hoffman, E. (1994). *The drive for self: Alfred Adler and the founding of individual psychology*. New York: Addison-Wesley.

O'Connell, W. E. (1976). The "friends of Adler" phenomenon. *Journal of Individual Psychology, 32*(1), 5-17.

Terner, J., & Pew, W. L. (1978). *The courage to be imperfect: The life and work of Rudolf Dreikurs*. New York: Hawthorn.

제 2 장

Adler학파의 심리치료와 그 밖의 심리치료
체계들 : 통합적 접근

심 리치료 이론서들은 상담과 심리치료의 이론과 실제에 대한 위상과 변화추이를 정확하게 반영하려는 경향이 있다. 그런 이유로 임상의들은 10년 전에야 겨우 확고하게 정의된 심리치료학파 혹은 체계의 용어들을 사용할 수 있게 되었고, 그 후에야 이론서들도 심리치료의 주류체계를 서술하게 되었다. 이론서들은 체계들 간의 이념적 차이점과 독특함에 주목한다. 그러나 최근에 들어서는 이론과 실제 양쪽 모두에서 이념적 차이점보다는 공통점에 중점을 두는 추세이다.

최근에는 심리치료 체계들 사이에서 서로 수렴되고 공통되는 주제를 찾는 데 대한 관심이 점차 높아지고 있다. 이론적, 방법적, 언어적 주제를 명백히 하려는 훌륭한 연구들이 있다(Goldfried & Castonguary, 1992; Beitman, Goldfried, & Norcross, 1989). 확실히 대다수의 심리치료 이론가나 연구가, 실제 임상가들에게 통합적 심리치료는 최신의 시도이다. 최근 통합적 심리치료를 주제로 삼고 있는 잡지가 적어도 세 가지 이상 발행되었다는 사실이 이러한 관심을 보여주는 한 예이다. 그러나 이러한 통합에 대한 집중과 추구는 과연 새로운 것인가? Adler학파의 관점에서 보면, 대답은 '아니다'이다.

실제로 Adler 심리치료는 통합적인 관점을 보여준다. Ellenberger(1970)는 그의 정신역동 치료의 역사에서, 많은 심리치료 체계의 개념과 방법이 Adler 심리치료와 중복된다는 것을 시사했다. 그러나 Adler 접근법이 통합적 관점이라는 주장이 이론을 배제한 경험만으로 확증된 것은 아니다. 1987년에 Sherman과 Dinkmeyer는 Adler 심리치료 중 하나인 Adler 가족치료가 통합적 접근법이라는 경험적 검증을 제공할 수 있는 획기적인 연구를 발표하였다. Sherman과 Dinkmeyer(1987)는 여섯 가지 가족치료 체계에서 전문가들에 의해 등급화된 66가지의 가족치료 개념들을 비교했고, 그들이 연구한 다섯 가지의 다른 가족치료 접근법들의 대다수가 Adler 접근과 92.4%의 일치를 보인다고 지적했다. 이 연구는 다양한 가족치료 체계가 본질적으로 Adler식 가족치료와 매우 유사하다는 것을 입증했다. 또한 이 연구는 20세기에 발간된 심리치료 저작물 중에서 가장 중요한 출판물 중 하나라고 단언할 수 있다. 또한 이 연구는 Adler의 이론이 다른 이론에 깊은 영향을 주었다는 사실에서 Adler학파의 중추성을 확인시켰을 뿐 아니라, 그 중요성을 비Adler학파(non-Adlerian)도 승인했다는 점에서 의미가 크다.

Adler 심리학의 가장 중요한 과제 중 하나는 Sherman과 Dinkmeyer의 연구를 Adler 관점과 연결해서 가족체계뿐 아니라 개인치료에까지 모든 심리치료 관점과 체계로 확장시키는 것이다. 이 장은 이와 같은 기념비적 과제를 수행하려는 첫 번째 시도이다. Clarkin, Frances 그리고 Perry(1985)는 다양한 심리사회적 치료접근들이 네 가지 기본 관점으로 분류될 수 있다고 믿었다.

1. 정신역동적(psychodynamic) : 고전적, 대상관계, 자아심리학
2. 인지-행동적(cognitive-behavioral) : 행동치료, 인지치료, 합리적 정서적 행동치료(REBT)
3. 경험적(experiential) : 로저스 학파, 게슈탈트, 실존주의, 자아심리학의 일부 관점들
4. 체계적(systems) : 구조적 가족치료, 전략적 치료, 해결중심치료

표 2-1에서 표 2-4는 이 네 가지 관점의 서로 다른 접근 방식을 개괄적으로 보여준다. 표 2-5는 이 네 가지 관점을 통합적 Adler 관점과 비교하여 요약하고

있다. 이 비교가 이 장의 핵심이다. 이 장은 네 가지 심리치료 관점과 관련하여 Adler 심리치료가 제시하는 세 가지 기본 구조의 특성에 대해 집중적이고 통합적으로 기술하고 있다. 그림 2-1은 이러한 심리치료 관점과 Adler 심리치료 사이의 통합적 관계를 보여주고 있다. 여기서 우리는 Adler 접근법과 이들 관점들 사이에서 주목할 만한 공통점을 발견할 수 있다. Adler 심리치료의 세 가지 기본 구조는 (1) 치료적 초점 또는 심리치료의 초점인 생활양식과 생활양식 신념, (2) 치료적 관계 또는 치료사와 내담자 관계의 협동적이고 상호적인 특성, 그리고 (3) 치료적 변화 또는 재교육과 재정향의 과정으로 구성되어 있다.

표 2-1   정신역동 접근

이 론	대 표 학 자	핵 심 개 념	심리치료 과정	개 입
고전적 정신분석	Freud	정신적 갈등, 본능, 원초자아, 자아, 초자아, 방어기제, 무의식 과정	성격의 재구조화와 정신 내부의 갈등해결이 필수이다. 변화를 이루는 데 있어 통찰이 중요하다.	무의식 과정을 표현하기 위한 꿈분석과 자유연상, 직면, 명확화, 해석, 훈습
대상관계	Klein, Fairburn, Kernberg, Mahler, Winnicott	전이 대상, 대상 찾기, 충분히 좋은 어머니, 투사적 동일시, 분리-개별화	치료의 목적은 건강한 진자아의 발전과 무의식으로부터 부정적 대상을 제거하는 것이다.	저항과 전이의 해석, 낙화(squiggle) 기법
자기 심리학	Kohut, Goldberg	자기 대상, 거울보기와 전이를 이상화하기, 자기 응집, 자아도취적 손상, 절대적 결핍, 거대한 자기	치료사의 공감과 수용을 통해 공감 결핍과 자아도취적 취약성을 감소시킨다.	반영하기, 자유연상, 꿈작업, 해석 변형하기

표 2-2   인지-행동적 접근

이 론	대 표 학 자	핵 심 개 념	심리치료 과정	개 입
행동치료	Skinner, Wolpe	명백하게 관찰되는 행동에 초점 맞추기, 정신병리 현상은 부적응 학습의 결과, 재발 방지	목표행동을 강화시키고 재발하는 것을 막으며, 부적응 행동을 감소시키고 대체시킨다.	주장훈련, 노출, 체계적 둔감법, 기술훈련법, 자기 관리 훈련, 행동적 시연강화, 모델링
인지치료	Beck	분열된 사고, 인지적 왜곡, 핵심 도식, 인지적 3원소(triad), 협동적 경험주의	보다 기능적인 신념에 입각하여 역기능적 인지를 인식시키고 그에 도전하게 한다.	인지재구조화, 인지연습, 행동연습, 노출
합리적 정서적 행동치료 (REBT)	Ellis	정서장애는 비논리적이거나 비합리적 사고과정에서 비롯된다. 파국화(ca-tastrophzing)	내담자가 비합리적이거나 비논리적 사고를 논박하는 것을 배우도록 돕는다.	인지적 논박, 수치심 공격 연습, 독서치료, 행동적 기술, 심리교육

| 표 2-3 | 경제적 접근 |

이 론	대 표 학 자	핵 심 개 념	심리치료 과정	개 입
인간중심	Rogers	선천적 자기실현 경향성, 자아의 역할과 내담자의 내적 창조(도식)틀, 완전히 기능하는 인간	치료사가 공감적 이해와 같은 핵심 조건을 제공하면, 내담자는 자기 실현 단계를 향해 더욱 움직일 것이다.	공감적 이해를 의사소통하기 위한 경청 기술이 필요하고 다른 핵심 조건을 제공한다.
게슈탈트	Perls	의존성에서 독립성으로의 이동, 지금-여기에서 통합되고 집중되는 것	치료사와 내담자의 대화를 통해 내담자는 지금-여기에서 무엇이 일어나고 있는지를 알게된다.	치료사는 확실성을 모델화하고 내담자가 상황을 알아차려서 현상황의 중심에 서도록 촉진한다. 빈의자기법 사용, 유도된 환상(guided fantasy)
실존치료	Frankl, May, Bugental	개인의 독특함, 실제적 자각, 책임의 자유, 존재와 비존재	기법을 넘어 치료적 관계를 강조한다. 목표는 개인적인 의미를 찾는 것과 선택 사항들을 인식하게 되는 것을 포함한다.	역설적 의도, 실존적 맞닥뜨림 내담자와 "머무르기", "현상학적 귀납법"

| 표 2-4 | 체계적 접근 |

이 론	대 표 학 자	핵 심 개 념	심리치료 과정	개 입
구조적 가족이론	Minuchin	경계와 같은 체계적 개념, 힘(전력) 하위도식 체계, 삼각관계, 위계, 그리고 밀착	치료사는 가족구성원들 간의 상호작용의 구조를 변화시키기 위해 가족 내에 참여한다.	참여하기, 명료화, 경계(boundaries)의 재구조화, 가족의 상호작용의 유동성 증가, 추적, 재구성, 연기
전략적 이론	Haley, Madanes, Erickson	의사소통의 패턴과 힘겨루기는 가족구성원들 사이의 관계의 성격을 결정한다.	과거사건의 통찰을 거의 하지 않고 현문제를 직접 해결하도록 시도한다.	가족구성원들 사이의 관계에 대한 정의, 역설적 금지령(injunction) 재형성, 직접 "증상묘사하기"
해결중심 이론	de Shazer, Wiener-Davis, O'Hanlon.	문제가 아니라 해결에 초점 맞추기, 문제를 해결하는 불완전한 시도에서 역기능이 생겨나고 가족구조는 곤공에 빠지게 된다.	치료사는 가족구성원들이 문제해결에 대한 창조적인 해결책을 가족들 스스로가 찾도록 돕는다.	형식적 과제, 강점 강조하기, "기적 질문", "예외 질문"

표 2-5	네 가지 관점의 비교와 통합적 관점		
관 점	정신병리	정신치료적 과정	중재
정신 역학	불안에 대한 방어적인 반응행동의 결과 또는 아동기의 경험들과 관련된 도식, 대상(object)	피험자가 사용한 방어기제와 갈등분야에 대한 이해와 문제해결, 아동기의 갈등, 자기 대상, 도식들과 관련된 성격구조 재작업(reworking)	명료화, 직면하기, 해석하기, 반영하기, 훈습·탈감각화
인지- 행동	역기능적인 인지, 도식들, 부적응적인 패턴의 행동의 결과	좀더 기능적이도록 역기능적인 인지들/도식들과 행동패턴을 인식하고 수정하기	인지적 재구조화 탈감화의 전략들 • 체계적인 탈감법 • 자기 노출 • 인지적, 행동시연 기술훈련 모델링과 강화
경험	실제적 자아와 이상적인 자아 간의 불일치의 결과, 자아의 다른 사람들 사이의 경계에 있어서의 혼란, 그 결과 지금-여기 상황에서 중심이 되지 않는 것	자아에 대한 확실한 인식을 증가시키기 실재하는 두려움을 용기 있게 직면하기, 그 결과 좀더 기능적이고 중심이 선 사람이 되도록 유도하기	감정이입해서 듣기와 반응하기 탈감화 전략들 • "현상적 감소" • "함께 있기" • "빈 의자 기법" • 안내되어진 환상 연기
체계	가족경계, 도식, 힘, 친밀감, 그리고 기술상의 결함의 역기능적 패턴의 결과	문제해결 전략에 좀더 기능적인 체계 경계, 도식, 기술의 재정립	참여하기, 기술훈련(예-부모 역할훈련), 경계의 재구조화, 탈감각화 전략들 • 역설 • 재구조화 • 연기
통합적/ Adler 학파	가족의 구조, 가족구도(constellation) 그리고 기본도식들, 생활양식에 대한 신념으로부터 생겨난 인간 내적, 인간 외적 그리고 체계역동의 결과	인식과 기능성(개인, 직업적, 사회적, 친밀감에 있어서) 그리고 사회적 관심 증가시키기	위의 중재들의 맞춤식 통합(tailored integration)

그림 2-1 네 가지 주요 심리치료 관점과 Adler 심리치료의 통합적 관계

1. 치료적 초점

개인의 생활양식 신념은 Adler 심리치료의 중요한 치료적 초점이다. 생활양식 신념은 개인의 인지구조를 구성하며, 자기, 세계, 자기 이상에 대한 신념과 윤리적 신념으로 설명할 수 있다(Mosak, 1989). Adler는 1929년에 출판된 그의 저서 "삶의 과학(science of living)"에서 자기와 세계에 대한 개인의 견해를 언급하기 위해 통각도식(schema of apperception)이라는 용어를 처음으로 사용하였다. Adler에게 정신병리학은 개인의 "신경증적 도식(neurotic schema)"을 반영하는 것이다(Adler, 1956, p. 333). 최근 도식과 도식이론은 다양한 심리치료 연구에서 뿐 아니라 인지과학의 다양한 분야에서도 중요한 개념으로 사용되고 있다(Stein, 1992; Stein & Young, 1992). 요컨대 도식은 생활양식 신념(lifestyle convictions)을 반영하고 있다.

이 단원에서는 도식과 생활양식 신념을 같은 뜻으로 사용한다. 우리는 여기에서 네 가지 주된 심리치료적 관점들 중에서 Adler의 치료 관점과 유사한 개념을 설명하고자 한다.

1) 정신역동적 관점

고전적 정신분석학자들이 리비도적 충동에 초점을 맞춘 반면, 현대 분석학자들은 관계적 주제, 즉 자기와 대상(the object) 간의 상호관계에 초점을 맞추었다. 반면에 몇몇 자아심리학과 대상관계(object relations) 이론가들은 도식이론을 중요시하였다. Inderbitzin과 James(1994)는 대상관계(object relations)이론을 "다른 사람을 개념화하는 내적·정신적 도식"으로 보았다(p. 111). Strupp와 Binder(1984)는 내담자의 세계관과 자기 표상에 대한 이해를 중시했으며, Eagle(1986)과 Wachtel(1982)은 도식이론을 고안했다.

Slap과 Slap-Shelton(1981)은 정신분석 모델의 도식을 설명했다. 이것은 Freud에 의해 고안되어 자아심리학자들에게서 수정된 구조적 모델(structural model)과는 뚜렷한 차이를 보인다. 이들은 Freud의 구조적 모델 – 원자아, 자아, 조자아 – 은 이론적, 임상적으로 막다른 골목과 다름없다고 주장하였다. 그들은 도식 모델이 구조적 모델보다 정신분석의 임상적 자료에 더욱 적합한 정신병리학과 정신적 기능의 간결한 모델이라고 주장했다.

그들이 제안한 도식 모델은 자아(ego)와 분리된 도식으로 구성된 상호모델이다. 자아는 많은 도식으로 구성되어 있는데, 이들 도식들은 다른 것들과 연결되어 있고, 통합되어 있으며 비교적 의식하기 쉽다. 이러한 도식은 과거 경험에 기초를 두고 있지만 새로운 경험에 의해 수정되며 적응적 행동의 기본을 형성한다. 분리된 도식은 아이의 미성숙한 정신으로는 해결할 수 없었고 통합되지 않았던 어린시절의 외상적 사건과 상황에 의해 구성된다. 이러한 도식들은 잠재적이며 억압되어 있다. 격리된 혹은 병적인 도식들이 활동적인 한, 현재의 관계들은 자아의 더 적응성 있는 도식들에 의해 객관적으로 다루어지기보다는 이러한 도식들에 따라 인지적으로 처리된다. 현 상황들은 본질적으로 현 사건의 실재에 따라 진행되거나 인지되는 것이 아니라 미성숙한 어린시절의 갈등의 재현으로 인지된다.

치료는 분리된 병리학적 도식을 통해 내담자가 자신의 병리적 행동을 설명하고 명확히 하여 실행에 옮기도록 돕는 과정들로 이루어진다. 이러한 도식들은 내담자의 성숙하고 적응할 수 있는 자아에 통합하기 위해 노출된다. 내담자는 그들의 병리학적인 도식을 재노출할 수 있는 시나리오를 어떻게 창조하고 재창조하는지 인식하도록 도움을 받는다. 반복적 시연과 병리학적 도식의 원인이 되는 외상적 사건(traumatic events)은 상당한 정도의 자기 성찰과 이해, 그리고 정서적인 성장을 가능케 한다.

자아심리학의 또 다른 변형은 Weiss(1993)에 의해 설명된 접근 방식이다. Weiss는 Freud가 그의 후기 저서에서 정신병리학은 병원성 신념(pathogenic belief)의 "상위정신기능(higher mental function)"이라는 가설을 지지했다고 주장한다. Weiss에게 있어 심리치료는 내담자가 치료사에 의해 이러한 신념을 바꿀 수 있도록 도움을 받는 과정이었다. 이러한 병원적 신념에는 자아관, 세계관, 타인에 대한 도덕적이고 윤리적 가정이 포함된다. 이러한 신념은 무의식적으로 개인의 성격과 정신병리를 만든다. 이러한 신념은 어떤 목표를 추구하거나, 소망, 감정, 생각을 경험하는 데 있어서 위험한 결과가 있을 수도 있다는 것을 사람들에게 경고한다. 내담자는 병리적인 신념을 변화시키고 문제를 해결하기 위한 계획 또는 전략을 가지고 심리치료를 받는다. 내담자는 병리적 신념을 바꾸기 위해 의식적, 무의식적인 전략 모두를 사용한다. 내담자는 치료사와의 관계에서 신념을 확인할 뿐 아니라 토론과 탐구를 병행해서 시도한다. 내담자가 회기에 늦게 도착할 때, 치료사가 이 일로 그에게 화를 낼 것이라는 병원성 신념을 테스트하는 데 있어서 만약 치료사가 화를 전혀 내지 않음으로써 내담자의 기대를 불식시켜 준다면, 치료사는 내담자의 시험을 통과하게 되고 그에 따라 치료도 계속 진행된다.

Weiss는 그의 접근법이 기본적으로 인지치료로 구성되어 있다고 설명했다. 그러나 인지치료와는 달리 병원성 신념은 억압되어 있으며 무의식적인 것이라고 설명했다. 인지치료와 유사하게 Weiss는 치료사가 내담자의 이러한 신념을 변화시키도록 도와주는 과정을 심리치료라고 보았다. 그러나 Weiss의 접근에서 치료사의 과제는 내담자의 병리를 해석하고 내담자의 테스트를 통과하여 내담자를 변화시키고 내담자 신념을 의식할 수 있도록 도와주는 것이라는 점에서 인지적 접근법과는 다르다. 만약 치료사가 내담자의 병원성 신념을 확인시켜 주게 되면(예, 내담자가 늦었을 때 화를 낸다) 테스트에 "실패"하게 되고, 내담자는 대개 낙담의 징후를 드러내며 치료에서 더 이상 진전을 보이지 않는다.

Horowits(1988)는 정신분석적 관점에서 또 다른 견해를 제시했다. 그는 모든 사람은 자기와 타인에 대한 도식 목록(repertoire)을 가지고 있다고 했다. 자기 도식(self-schemas)은 기쁨을 얻고 슬픔을 피하며, 혁신 도식(innovation schemas)은 다른 사람과 세계를 연결하고, 역할 도식(role schema)은 두 가지 동기 중 하나를 선택하는 개인적 결정을 도와주며, 마지막으로 가치 도식(value schemas)은 자기와 다른 도식을 연결한다.

자기 도식은 유전과 환경의 상호작용으로 발전하고, 역할관계 모델은 사람 사이의 행동 패턴 속에서 발전한다. 심리치료에서 내담자의 도식은 내담자와 치료사의 역할-관계 모델에서 뚜렷하게 드러난다. 치료적 관계는 내담자가 이러한 도식을 통찰하도록 돕는다. 치료 기간 동안 내담자는 이러한 도식을 점진적으로 대체하거나 수정하도록 도움을 받는다.

2) 인지-행동적 관점

고전적 행동주의에서는 마음의 구조를 논의할 여지가 거의 없다. 그러나 Beck과 그의 동료들은 인지-행동적 관점에서 도식이론을 주창했다. Beck(1964)은 우울증, 그리고 최근에는(Beck & Freeman, 1990) 성격장애치료에 관련된 도식개념을 도입했다. 초기단계의 인지치료는 우울이나 불안장애와 관련된 인지적 왜곡과 역기능적(dysfunction) 신념에 초점을 두었다. 그러나 인지치료가들은 분석의 초기 두 분석단계에 대해 반응을 보이지 않는 성격장애에 대한 이해와 치료하는 세 번째 단계를 연구하기 시작했다. 30년 전에 Beck은 처음으로 자기, 세계, 미래에 대한 부정적 견해로서의 우울의 인지적 3요소를 설명했다. 그는 최근에 생활양식 신념과 유사한 또 다른 도식과 하위 도식을 제시했다. 그는 인지도식, 감정도식, 동기도식, 수단도식, 통제도식 등의 다양한 유형의 도식을 설명했다. 이 중 가장 잘 발전된 것은 자기 평가와 세계관 또는 타인의 평가로 간주되는 인지도식이다. 몇 명의 인지치료가들(Young, 1990)은 다양한 성격장애에 대한 Adler식 공식화와 놀랍도록 유사한 초기 부적응 도식(maladaptive schemas)과 유인도식(triggering schemas)을 설명했다. 사회학습

이론가인 Bandura(1978)는 '자기 체계'를 설명했고, 익명의 Adler학자로 알려진 Kelly(1995)는 생활양식 신념을 상기시키는 "개인적 구조(personal constructs)"를 설명했다.

3) 체계적 관점

정신분석학에 기초를 두고 있는 가족치료사들─특히 대상관계 접근을 하는─과 도식에 기초한 통합적 행동연구에 기원을 두고 있는 개인치료사들 모두는 부부치료와 가족치료시 도식모형을 사용한다. 이것은 결혼(부부)치료에 대한 Beck(1988)의 저서와 개인치료와 가족치료를 결합한 Wachter과 Wachter의 (1986) 저서에서 분명히 증명되었다.

4) 경험적 관점

Carl Rogers는 "인간중심 심리치료"(Raskin & Rogers, 1989)에서 "자기 개념"과 "자기 이상" 그리고 "자기 구조"를 "나(I)"와 "다른 사람과의 삶의 다양한 측면에서의 나(me)"로써 설명했다. 그리고 Kohut은 자기심리학(self-psychology)에서 "자기(self)"와 "자기 대상(self object)"의 차이점을 분명히 했다(Kohut, 1977). "자기"는 또한 Gestalt학파에서 강조하고 있는 "대상"과도 차별화 되고 있으며(May & Yalom, 1989), 또한 "나와 너의 관계(I-Thou relations)"를 강조한다(Yontef & Simkin, 1989; Rogers, 1986). 그것이 생활양식 신념 또는 도식으로 형식적으로 분류되지는 않았다 할지라도, 경험적인 관점은 분명히 Adler의 치료적 개념을 따르고 있다.

2. 치료적 관계

치료사와 내담자 사이의 협력과 상호관계에 대한 관심은 거의 모든 상담치료 체계에서 비교적 최근에 생겨났다. 이전에는 치료사의 역할이 전문가나 치유자와 같은 보다 상위의 역할로서 이해된 반면, 내담자는 배우는 사람 또는 치유를 필요로 하는 존재와 같은 상대적으로 하위의 역할로 이해되었다. 현재는 이 둘의 역할이 좀더 평등한 시각에서 설명되며, 치료사와 내담자는 인생이란 여행에서의 동반자로 여겨진다. 그러나 Adler는 지금으로부터 약 60년 전에 이미 심리치료를 협력의 연습이라고 말했다. 그는 내담자와 치료사 간의 협조가 부족할 때는 치료가 실패하게 된다고 강조했다. "그러므로 우선 내담자와 치료사의 협조, 사회적 관심을 향상시키기 위해 과학적으로 행하는 시도가 가장 중요하며, 모든 방법들은 처음부터 내담자와 치료사의 협조를 증진시킬 수 있도록 되어 있어야 한다"(Adler, 1956, pp. 340-341).

Mosak(1989)은 Adler학파에게 있어서 "훌륭한 치료적 관계는 우호적이며 평등한 것이다"라고 하였다(p. 84). 이 단원에서는 네 가지 주요한 심리치료적인 관점에서 본 내담자-치료사의 관계와 Adler학파의 관점과의 유사점을 설명하고자 한다.

1) 정신역동적 관점

고전적인 정신분석학 저자들 사이에서 "치료동맹(therapeutic alliance)"과 "작업동맹(working alliance)"이라는 용어는 치료사의 전문가로서의, 그리고 치유자로서의 역할을 강하게 내포한다(Horowitz, Marmat, & Krupnick, 1984). 자아심리학(ego psychology)과 대상관계 관점의 지지자들은 협조적이고 협력적 관계를 더욱 강력하게 주장하는 듯하다. Strupp과 Binder(1984)는 그것을 이와 같이 설명한다. "치료적인 자세는 평등하게 균형잡힌 관계를 촉진하는 책임있고, 성숙되고, 신뢰할만한 성인의 자세여야 한다(p. 46)." Luborsky(1984) 역시 보다 상호존중적이며 협조적인 성격을 반영하기 위해 "조력동맹(helping alliance)"이라는 용어를 사용하였다.

Weiss(1993)의 접근에서, 치료사와 내담자는 병원성 신념을 변화시키려는 공통된 목적을 가진다. 내담자는 치료사를 자신의 계획에 공감할 수 있는 존재로 인식할 때, 치료사에 대해 덜 불안해하며 더욱 안정적이고 더 많은 신뢰감을 가지고 반응하게 된다. 따라서 치료사들은 고전적 정신분석학자나 정신분석학

적으로 교육받은 치료사들처럼 중립적인 존재가 되어서는 안 되며, 오히려 내
담자의 발병의 원인이 되는 신념들을 변화시키고, 좀더 적절한 목표를 추구하
기 위해 함께 노력하는 협력자가 되어야 한다. 치료사들의 개입은 내담자의 계
획이나 또는 전략에 적합할 때 가장 효과적이다. 이것은 치료사의 과제란 내담
자의 저항을 해석해줌으로써 내담자의 무의식적인 면을 의식적으로 만들도록
도와주는 것이라는 고전적 정신분석학자들의 관점과는 크게 대조된다. Weiss
에 따르면 해석은 기초적인 치료의 기술이 아니다. 사실 Weiss는 치료사와의
경험이 내담자가 자신의 병원성 신념을 바꾸고, 더욱 건강한 목적을 추구할 수
있도록 도와줄 수 있다고 믿었다. 이것들이 성취되고 나면, 내담자들은 치료사
의 해석 없이도 자신에 대한 통찰을 발달시킬 수 있을 만큼 충분히 안정감을
느끼게 될 것이다. Weiss는 자기심리학(self-psychology)을 연구하는 과정에서
치료사의 치료적 역할이 중립적인 자세와는 상반되는 요소인 따뜻함과 공감이
라는 것을 깨달았다.

자기심리학에서 치료사의 역할은 명백히 비중립적이다. 치료사는 오히려 치
료 과정에 참여하는 관찰자이다. 이 과정에서 공감은 강한 자기 구조(self-
structive)를 강화시키는 데 필수적이다. Kohut(1984)은 공감을 "대리 내성
(vicarious introspection)"으로 보고 그것이 이해와 해석의 두 가지 기능을 수
행한다고 보았다. 이해가 내담자의 주관적인 세계에 대해 즉시 판단하는 것이
라면, 해석은 내담자들의 최근 반응들이 어린시절에 의미있는 대상들과 공감하
는 일에 대한 실패에 기초를 두고 있다는 것을 내담자들이 이해할 수'있도록
도와주는 것이다. 이를 통해 공감은 내담자들이 자신의 주관적인 세계를 조직
하도록 돕고 그것을 인정할 수 있게 해준다. 결국 이것은 응집력있는 자기감을
갖게 한다.

공감에 대한 이러한 관점은 공감이란 우선적으로 내담자의 무의식적인 역동
성에 대한 통찰과 이해를 발달시키기 위해 사용된다는 고전적 정신분석학과는
차이가 있다. 이러한 이해는 해석과 또 다른 통찰을 자극하는 노력의 형태로
피드백되는 내담자 역동성의 모델을 구성하려는 분석가에 의해 사용된다.

2) 인지-행동적 관점

협동을 가장 강조한 사람은 인지치료학자 Aaron Beck일 것이다. 그는 "협조적인 경험론(collaborate empiricism)"이라는 용어로 치료관계를 설명하였다. "치료적 관계는 협조적이어야 하며 치료의 목적은 내담자와 치료사가 함께 정해야 한다. 그때 치료사와 내담자는 공동연구자(co-investigator)가 된다"(Beck & Weishaar, 1989, p. 301). Beck은 또한 내담자의 개인적 세계관을 인식하는데 있어서 따뜻함이나 적절한 공감과 진실성을 사용할 뿐만 아니라, 교정 경험(corrective experience)을 촉진하는 안내자와 촉매자로서의 역할을 하는 것이 치료사의 역할이라고 믿었다.

몇 명의 다른 인지행동 치료사들도 상담에서의 협조적인 관점을 지지한다 (Schwartz, 1988; Woolford, 1988; Fishman, 1988). Meichenbaum(Turk & Meichenbaum, 1983)은 "내담자의 관점을 가지는 것"에 대한 중요성을 언급하면서 협력관계의 일상적 가치에 대해 강조했다. "그렇게 함으로써 내담자와 치료사는 비슷한 이해와 치료에서의 공동 기대를 세우기 위해 함께 작업할 수 있다"(p. 7).

3) 체계적 관점

가족치료 체계에 대해 Sherman과 Dinkmeyer(1987)가 비교 분석한 자료를 보면 역할과 관계를 재편성하는 데 있어서 Satir의 의사소통 접근, 전략적 접근, 구조적 접근, 그리고 MRI 상호작용적 접근 모두가 상담사와 내담자 부부 또는 가족 간의 협력을 최우선으로 하고 있다는 것을 알 수 있다. 더욱이 Bowen(1978)의 가족체계 접근은 Adler의 접근과 비교할 만하며 여기서 치료사의 역할은 대부분 코치의 역할과 같이 협동적 관계를 지지한다. Foley(1989)는 대상관계 가족체계 (Bowen)와 구조적이고 전략적인 관점에서, 치료사의 역할은 전문가라기보다는 교사와 같이 긍정적이고 건강한 행동의 본보기 역할이라는 결론을 내렸다.

4) 경험적 관점

인간중심 치료를 발전시킨 Carl Rogers(1951)는 내담자의 주관적인 세계를 변화시키기 위해 노력하고, 그 세계를 인식하기 위해 치료사의 온정과 적절한 공감 그리고 진실함을 사용하는 것이 중요하다고 강조했다. 실존주의 심리치료사들은 상호 협력적이며 평등한 관계가 좋은 치료 활동의 기초가 된다고 믿었다(May & Walom, 1969). Kohut의 자기심리학은 내담자의 내적 세계를 연결하는 치료사의 공감적 반영에 초점을 둔 협동의 중요성을 분명히 강조한다(Kohut, 1977, 1984).

3. 치료적 변화

치료에서 초점은 "무엇(what)"이라는 물음에 답을 하고, 치료적인 관계는 "누구(who)"라는 물음에 답하는 반면, 치료적 과정은 "어떻게(how)"라는 물음에 대답한다. 구체적으로 말해 치료적 변화(therapeutic change)는 심리치료 과정에서 강조하는 변화의 기제를 말한다. Adler는 신경증적 증상은 내담자의 자아존중감을 보호하려는 목적을 가지고 있다고 가르쳤다(Adler, 1956). Freud는 자아 방어기제를 "본능적 요구에 대해 자아(ego)를 보호"하는 것이라고 생각했다(Freud, 1936, p. 157). 오늘날 자아 방어기제라는 용어는 외부의 위협으로부터 자신을 보호하려는 것으로 설명된다. Adler는 이런 신경증적인 보호를 의식적으로 드러내는 것이 심리치료에서 가장 중요한 요소라고 믿었다. 그는 이런 노출 과정이 격려, 재교육, 재정향을 통해 차례차례 점진적인 형식으로 일어난다고 했다. Beitman과 Mooney(1991)는 심리치료에서 시행되는 변화를 위한 공통적인 기제는 탈감각화(desensitization)라고 주장했다. 탈감각화는 근심, 불안, 죄책감 등과 같은 감정적 반응을 소거하는 과정이다. 이 단원에서는 탈감각화 현상을 네 가지 중요한 심리치료적 관점에서 설명한다.

1) 정신역동적 관점

전통적 정신분석에서 신경증(노이로제)은 방어기제들이 본능적인 충동과 불안 정하게 요동하는 불안으로부터 자아(ego)를 보호하려 할 때 발달하게 된다. 전통적 정신분석에서는 이 변화를 ① 직면, ② 명료화, ③ 해석, ④ 훈습(Greenson, 1967)의 4개의 뚜렷한 단계로 구성한다.

직면하는 동안 저항과 같은 문제점이나 불안이 명백해지며 뚜렷해진다. 불안이 명료화될 때 이것을 실증하는 몇 가지 실례를 지적하면 이는 더욱 확실해진다. 무의식적 목적이나 원인은 해석을 통해 의식화된다. 마지막으로 훈습은 변화를 위한 통찰을 방해하는 저항(resistance)을 반복적이고 점진적으로 탐구해 가는 과정이다. 이 이론에서는 무의식이 금지되고 무서운 상상, 충동, 생각, 감정을 의식하지 못하게 한다고 본다. Adler식 치료는 점진적인 방식으로 신경증적 방어를 노출시켜 소거하는 반면, 정신분석학적 치료는 두려움을 가지는 대상을 향해 조금씩 점진적으로 움직임으로써 두려움을 최소화하고 탈감각화 시키는 시도를 한다.

2) 인지-행동적 관점

Wolpe(1983)와 Marks(1987)는 체계적 탈감각화란 내담자가 불안을 느끼는 상황 또는 대상에 대해 내담자의 노출을 점차적으로 증가시키면서 불안을 이완(relaxation)으로 대체하는 단계적인 과정이라고 설명한다. 그러므로 다양한 단계에서 노출은 탈감각화를 유발하고 생산한다. 이런 다양한 노출치료는 상상에서의 탈감각화로부터 실제에서(Invito)의 둔감화로, 그리고 상상에서의 내적 패쇄 요법(implosion) 또는 정동 홍수법(flooding : 공포증 환자를 계획적으로 공포의 원인에 직면시켜 치유하는 방법), 모델링, 조작적 조건화, 그리고 인지적 시연으로 진행된다. 내담자들은 이런 탈감각화와 감정의 소거과정을 통해 부정적인 자기 평가에서 벗어나 두려운 대상 그 자체나 도움이 되는 환경적인 측면으로 변화해야 한다(Beitman & Mooney, 1996). 그 결과 내담자들은 더 큰 자기 조절감과 지배력을 배우게 된다(Beitman & Mooney, 1991). 이와 유사하게 인지치료와 합리적 정서적 행동치료(Rational Emotive Behavior Theraphy)와 같이 더욱 인지적인 면에 기초한 치료 접근법들은 인지적인 재구성 또는 인지적 논박(disputation)을 통해 내담자를 탈감각화시키는 것을 목적으로 한다.

3) 경험적 관점

Yalom(1980)은 실존적 정신역동(existential psychodynamic)이 신경증과 둔감화에 대한 정신분석학적 관점과 유사하다고 보았다. 정신분석학적 공식이 방어기제인 불안을 자극하는 본능적 추동(instinctual drives)을 가지는 반면, 실존적 정신역학 공식은 방어기제인 불안을 자극하는 궁극적인 문제를 자각하도록 한다. 궁극적인 실존의 문제들은 죽음, 무의미함, 독립 그리고 자유이다. 경험적 실존적 접근에서 사용되는 치료전략은 내담자가 근심하는 각각의 궁극적인 문제들에 직면할 수 있도록 도와주는 것이다. 이런 다양한 치료적 접근들의 공통점은 내담자가 자신의 두려움에 서서히 직면함으로써 두려움을 견뎌낼 수 있도록 도와주는 것이다. 예를 들어, Haven(1974)은 치료사에 의한 직접적인 인간적이고 정서적인 접촉(human-emotion contact)이 고립감을 탈감각화한다고 했다. 인간적인 접촉에 의한 노출(exposure)은 다른 사람들로부터 자신을 고립시키도록 만드는 두려움을 소거할 수 있다. Haven은 두려움을 대면하는 과정에서 "현상학적 감소(phenomenological reduction)"라는 현상이 일어난다고 설명한다. 이것은 다른 사람들을 보다 전체적으로 경험하는 것을 기반으로 해서 태도가 재구조화되고 재형성화되는 것을 의미한다. "견뎌내기" 과정에서 치료사는 내담자들이 궁극적인 인간관계에 노출될 수 있도록 타자의 현상학적 세계에 남아 있다. Beitman과 Mooney(1991)는 게슈탈트 치료와 같은 경험적 접근들과 확장된 내담자 중심 치료들이 동일한 탈감각화 기제를 사용하여 변화에 영향을 준다고 하였다.

4) 체계적 관점

현상학적 감소(phenomenological reduction)로써의 신뢰(trust)는 경험적 관점에서의 치료적 차원이며, 재구조화(reframing)는 조직적 가족치료 접근에서의 고전적 치료 기제이다. 내담자의 현실을 재구조화하는 것은 문제의 개념적·감정적 맥락을 변화시킴으로써 내담자가 보다 조절가능하고 수용가능한 방법으로 문제를 재구성할 수 있도록 하는 것이다. 구체적인 사실은 변화되지 않고 그대로 있는 반면, 그 사실에 대한 내담자의 인식은 변화된다. 재구조화는 치료적인 관점으로 처음 단계를 시작할 수 있도록 하기 위해 구조적인 가족치료와 체계적 치료과정 초기에 종종 사용되는데, 노출과 탈감각화의 기제가 점진적으로 나타난다(Watzlawick, Weakland, & Fisch, 1974).

4. 결론

우리는 이 장에서 Adler의 심리치료가 치료적 핵심과 내담자-치료사 관계와 관련해서 명백히 통합적인 관점을 지니고 있으며, 세 가지 영역에서 Adler의 관점은 네 가지 주요한 심리치료학적 관점을 분명히 통합하고 있다는 사실에 대해 논의하였다. 이것은 Adler의 연구에서 네 가지 관점으로 나가는 화살표 방향에서 드러나는 사실이다. 하지만 Adler 심리치료사들에 의해 통합된 것이 중요한 것처럼 각각의 주요한 원리들이 중요한 공헌을 했다는 것을 인식하는 것도 중요하다. 이것은 네 가지 관점들에서 Adler의 접근으로 향하는 화살표가 있는 그림 2-1로 알 수 있다. 이런 공유를 "선물 주고받기(reciprocal gifting)"라고 부른다. "선물 주고받기"에 대한 가장 분명한 예는 인지치료에서 찾을 수 있을 것이다. Ellis(REBT)와 Beck(인지치료)은 모두 치료적 체계에서 부적응적 신념 또는 확신에 대한 Adler의 생각을 반영했다. 그러나 이들 모두는 Adler식 심리치료 적용의 평범한 역기능적 신념에 도전하고 논박하여 전략과 기술에 진보를 가져왔다.

참고문헌

Adler, A. (1956). The Individual Psychology of Alfred Adler. In H. Ansbacher & R. Ansbacher (Eds.), New York: Harper and Row.

Bandura, A. (1978). The self-system in reciprocal determinism. *American Psychologist, 33*, 343-358.

Beck, A. (1964). Thinking and depression, II: Theory and therapy. *Archives of General Psychiatry, 10*, 561-571.

Beck, A. (1988). *Love is never enough.* New York: Harper and Row.

Beck, A., & Freeman, A. (1990). *Cognitive therapy of personality disorders.* New York: Guilford.

Beck, A., & Weishaar, M. (1989). Cognitive therapy. In R. Corsini & D. Wedding (Eds.), *Current psychotherapies* (pp. 285-322). Itasca, IL: F. E. Peacock.

Beitman, B., Goldfried, M., & Norcross, J. (1989). The movement toward integrating the psychotherapies. *American Journal of Psychiatry, 146*, 138-147.

Beitman, B., & Mooney, J. (1991). Exposure and desensitization as Common Change processes in pharmacotherapy and psychotherapy. In Beitman, B. & Klerman, G. (Eds.) *Integrating pharmacotherapy and psychotherapy.* Washington, DC: American Psychiatric Press.

Bowen, M. (1978). *Family therapy in clinical practice.* New York: Jason Aronson.

Clarkin, J., Frances, A., & Perry, S. (1985). The psychosocial treatments. In R. Michaels, A. Cooper, S. Gunze, et al. (Eds.), *Psychiatry* (pp. 293-324). Philadelphia: J. B. Lippincott.

Eagle, M. (1986). The psychoanalytic and the cognitive unconscious. In R. Stern (Ed.), *Theories of the unconscious* (pp. 155-190). Hillsdale, NJ:

Analytic Press.

Ellenberger, H. (1970). *The discovery of the unconscious: The history and evolution of dynamic psychiatry.* New York: Harper and Row.

Fishman, D. (1988). Paradigmatic decisions in behavior therapy: A provisional road map. In D. Fishman, C. Franks, & E. Rotgers (Eds.), *Paradigms in behavior therapy: Present and promise.* New York: Springer.

Foley, V. (1989). Family therapy. In R. Corsini & D. Wedding (Eds.), *Current psychotherapies* (pp. 455-502). Itasca, IL: F. E. Peacock.

Freud, S. (1936). *Inhibitions, symptoms and anxiety.* London: Hogarth Press.

Goldfried, M., & Castonguary, L. (1992). The future of psychotherapy integration. *Psychotherapy: Theory, Research, Practice, Training, 29,* 4-10.

Greenson, R. (1967). *The technique and practice of psychoanalysis, Vol. 1.* New York: International Universities Press.

Havens, L. (1974). The existential use of the self. *American Journal of Psychiatry, 131:1,* 1-10.

Horowitz, M. (1988). *Introduction to psychodynamics: A new synthesis.* New York: Basic Books.

Horowitz, M., Marmat, C., Krupnick, J. et al. (1984). *Personality styles and brief psychotherapy.* New York: Basic Books.

Inderbitzin, L., & James, M. (1994). Psychoanalytic psychology. In Stoudemire, A. (Ed.), *Human Behavior: An introduction for medical students* (2nd ed., pp. 107-142). Philadelphia: Lippincott.

Kelly, G. (1955). *The psychology of personal constructs.* New York: Norton.

Kohut, H. (1977). *The restoration of the self.* New York: International Universities Press.

Kohut, H. (1984). *How does analysis cure?* Chicago: University of Chicago Press.

Luborsky, L. (1984). *Principles of psychoanalytic psychotherapy: A manual for supportive-expressive treatment.* New York: Basic Books.

Marks, I. (1987). *Fears, phobias and rituals.* New York: Oxford University Press.

May, R., & Yalom, I. (1989). Existential psychotherapy. In R. Corsini & D. Wedding (Eds.), *Current psychotherapies* (pp. 363-404). Itasca, IL: F. E. Peacock.

Mosak, H. (1989). Adlerian psychotherapy. In R. Corsini & D. Wedding (Eds.), *Current psychotherapies* (4th ed., pp. 65-118). Itasca, IL: F. E. Peacock.

Raskin, N., & Rogers, C. (1989). Person-centered therapy. In R. Corsini & D. Wedding (Eds.), *Current psychotherapies* (pp. 155-196). Itasca, IL: F. E. Peacock.

Rogers, C. (1951). *Client-centered therapy.* Boston: Houghton Mifflin.

Rogers, C. (1986). Rogers, Kohurt and Erickson. *Person-Centered Review, 1,* 125-140.

Schwartz, G. (1988). Cognitive behavioral therapy and health psychology. In D. Fishman, C. Franks, & F. Rotgers (Eds.), *Paradigms in behavior therapy: Present and promise* (pp. 197-231). New York: Springer.

Sherman, R., & Dinkmeyer, D. (1987). *Systems of family therapy: An Adlerian integration.* New York: Brunner/Mazel.

Slap, J., & Slap-Shelton, L. (1991). *The schema in clinical psychoanalysis.* Hillsdale, NJ: The Analytic Press.

Stein, D. (1992). Schemas in the cognitive and clinical sciences: An integrative construct. *Journal of psychotherapy Integration, 2,* 45-63.

Stein, D., & Young, J. (1992). Schema approach to personality disorders. In D. Stein, & J. Young (Eds.), *Cognitive science and clinical disorders* (pp. 272-288). San Diego: Academic Press.

Strupp, H., & Binder, J. (1984). *Psychotherapy in a new key: A guide to time-limited dynamic psychotherapy.* New York: Basic Books.

Turk, I., & Meichenbaum, D. (1983). *Pain and behavioral medicine: A cognitive-behavioral approach.* New York: Guilford.

Wachtel, P. (1982). *Resistance: Psychodynamics and behavioral approaches.* New York: Plenum.

Wachtel, P., & Wachtel, E. (1986). *Family dynamics in individual psy-chotherapy.* New York: Guilford.

Watzlawick, P., Weakland, J., & Fisch, R. (1974). *Change: Principles of problem formation and problem resolution.* New York: Norton.

Weiss, J. (1993). *How psychotherapy works: Process and technique.* New York: Guilford.

Wolpe, J. (1983). *The practice of behavior therapy* (3rd ed.). New York: Pergamon.

Woolford, R. (1988). The self in cognitive behavior therapy. In D. Fishman, C. Franks, & F. Rotgers (Eds.), *Paradigms in behavior therapy: Present and promise.* New York: Springer.

Yalom, I. (1980). *Existential psychotherapy.* New York: Basic Books.

Yontef, G., & Simkin, J. (1989). Gestalt therapy. In R. Corsini & D. Wedding (Eds.), *Current psychotherapies* (pp. 323-362). Itasca, IL: F. E. Peacock.

Young, J. (1990). *Cognitive therapy for personality disorders: A schema-focused approach.* Sarasota, FL: Professional Resource Exchange.

제 3 장

성격발달

이 장에서는 성격발달에 관한 개인심리학의 시각을 다루고자 한다. 무엇이 인간을 특별한 존재로 만드는가? 왜 일란성 쌍생아조차 성격이 뚜렷하게 다른가? 인간발달 단계에서 성격의 경향이 언제 처음 나타나는가? Adler학파는 상담사, 심리치료사, 교육자에게 독특하면서도 유용한 관점을 제시해 주고 있다.

유아는 뚜렷한 유전적 재능을 가지고 세상에 태어난다. 유아는 태어나면서부터 외부 자극에 끊임없이 반응하며 자신의 환경에 영향을 주는 능동적 역할을 지속적으로 수행한다. 시행착오 과정에서 어떤 반응이 나타났는가를 통해 아동들은 무엇은 하고 무엇은 하지 않을지를 "배우게 된다." 어떤 결과가 오건 간에 아동들은 이것을 고집하며, 어떤 것이든지 자신에게 의미있는 사람들에게 영향을 미치지 못하는 것은 하지 않으며, 새로운 상황을 통해 계속해서 "경험"을 축적해 나간다. 그러나 경험이 실재(reality)는 아니다. 이러한 경험들은 실재에 대한 주관적인 해석(subjective interpretation)에 의해 영향을 받는다.

아동들은 본능적인 욕구와 충동의 덩어리 이상의 존재이다. 유아와 어린 아동들의 무한한 창조적 힘은 종종 간과되어 왔다. 인간은 태어날 때부터 이미 다른 인간에게 중대한 기여를 하는 능력을 가지고 있다. 엄마의 젖을 먹는 아기는 분만의 세 번째 단계를 용이하게 하고 산모의 출혈을 줄이며 가슴 울혈을 경감시킨다. 그러나 지금까지 이러한 특별한 역할은 종종 간과되고 심지어 부정되기도 하였으며 엄마와 아이의 미묘하고 중요한 협동관계는 주목받지 못했다. 소속 (belong)의 욕구는 아동발달에 있어서 매우 중요한 부분이다.

우리는 청각장애와 언어장애를 가진 부모와 함께 사는 유아에게서 지각하고 선택하는 유아의 능력에 대해 많은 것을 배울 수 있다. 이런 상황에 있는 유아는 소리는 쓸모 없는 것이라는 것을 빨리 익혀, 자신의 얼굴을 찌푸리고, 빨갛게 만들고, 팔과 다리를 허둥대면서 소리 없이 "운다." 나중에 그 유아는 부모가 진동을 느낄 수 있게끔 바닥에 발을 구름으로써 화내는 방법을 배우게 될 것이다.

아동들은 자신의 성격을 능동적으로 창조한다. 아동들은 뛰어난 관찰력을 가지고 있지만, 그들이 관찰한 것을 해석하는 능력은 미숙하다. 문제에 대한 아동의 주관적 인식(subjective perception), 독특한 해석은 언제나 중요한 변수이다. 아동들은 잘못된 가정(assumption)에 기초를 두고 삶과 그들 자신에 대한 결론에 이르게 된다. 아동은 살아가는 방법을 창조하고 미래를 위한 청사진을 만들 때, "~한 경우에 한해서만(only if)"이라는 불합리한 생각을 가지고 살아가려는 경향을 가진다. 예를 들어, 아동은 "내가 남을 기쁘게 하는 경우에 한해서만(혹은 통제하고 있는 경우에 한해서만, 착한 경우에 한해서만, 유능한 경우에 한해서만, 옳은 경우에 한해서만), 정말로 소속될 수 있다"라는 결론을 내리기도 한다. 이러한 생각은 "나는 실제로는 어디에도 소속될 수 없다"는 잘못된 가정에 기초한다. 아직도 우리들 대부분은 우리가 이곳에 존재하고 있다는 사실만으로 이미 지니고 있는 지위를 찾고자 많은 시간과 에너지를 허비하며 보내고 있다.

그러한 "~한 경우에 한해서만(only if)"이라는 전제는 우리가 가장 두려워하는 것에 기초를 두고 있다. 우리가 남을 기쁘게 하는 데만 열중한다면, 가장 두려워하는 것은 거절이 될 것이다. 지배가 우선 순위라면 수치는 피하고 싶은 것일 것이다. 편함이 우선이라면, 최악의 것은 스트레스이다. 그리고 도덕적 우월에 가장 가치를 두게 되면, 의미 없음은 어떤 경우라도 피해야 하는 것이 된다. Adler학파에 의하면 유아들은 아주 일찍, 아마 생후 1년 이내에 "첫 번째 우선 순위(number one priority)"를 세운다. 이러한 생활방침을 따르면서 아동

의 성격이 형성되기 시작하며, 성격에는 편견의 콤플렉스, 선입견, 결론 그리고
신념들이 포함된다.

 이러한 과정은 말을 배우기 전에 시작되므로 좀더 나이든 아동 혹은 성인들
은 자신의 삶의 양식을 거의 알 수 없다. 아동이 처음부터 모든 새로운 경험을
시작할 필요는 없으나 이런 과정은 생존에 필수적이다.

1. 성격발달에 영향을 미치는 요인

1) 유전적 요인

성격발달에 미치는 유전적 영향을 뒷받침하는 증거가 점점 많아지고 있다. 우
리는 정확히 똑같은 유전자 구조를 가진 일란성 쌍생아들이 가끔 현저하게 다
른 성격을 가지고 있는 것을 볼 수 있다. 이것은 성인 일란성 쌍생아를 면접해
보면 흔히 드러난다. 틀림없이 동일한 어린시절에 대한 회상(recollection)을 가
졌더라도, 쌍생아들은 일반적으로 사건에 대해 전혀 다른 반대의 결론에 도달
한다. 이것은 무엇을 가지고 태어나는가 혹은 어떤 환경에서 태어나는가보다는
인생을 어떻게 인식하는가와 그것에 대해서 어떤 결정을 내리는가가 더 중요
하다는 것을 말해준다.

2) 체질적 요인

성격발달에 있어서 명백한 신체적, 정신적 결함을 제외한 내분비 체계나 중추
신경계, 성격발달과 같은 다양한 신체체계의 영향은 측정할 수가 없다. 그러나
지능은 여전히 생활양식(life style)에 영향을 미치는 요인이다. 건강하고 잘생
긴 아이는 특정한 환경적인 반응들을 경험하게 될 것이고, 그들의 친구들과는
다른 기회들을 만나게 될 것이다. 이와 유사하게 지능이 높은 아동들도 다른
아동들이 놓친 대안들을 본다. 그러나 체질적 특성 그 자체가 성격발달의 요인
이 되는 것은 아니다. 중요한 것은 아동 자신이 그 특성을 어떻게 인식하는가에
있다.

만일 어느 한 아동이 신체적 장애를 가지고 태어난다면, 그 아동은 낙담하여 결함을 가진 것처럼 행동할 수도 있는 반면, 심리적인 과잉보상을 추구하여 그러한 결함에도 불구하고 뛰어난 운동선수가 될 수도 있다. 모든 아동들은 자신의 유전적인 재능과 자신이 속해있는 환경적인 상황을 어떻게 인식할 것인가에 대해서 스스로 결정을 내린다.

3) 문화적 요인

문화는 아동들에게 세상을 바라보는 특별한 방법을 제공하며 생활양식의 발달에 있어서 몇 가지 경향들을 강조한다. 예를 들어 그리스와 라틴 아메리카의 몇 나라들은 여전히 매우 독재적이면서 남성지배적이다. 이런 나라의 남녀 아동 모두가 남성의 중요성에 대해 과장된 생각을 가지고 자란다는 것은 별로 놀랄 일이 아니다. 북아메리카의 문화는 경쟁적이라는 특징을 가진다. 경쟁은 가족관계를 포함해서 모든 관계에 뿌리 깊이 박혀 있어서, 대부분의 아동들은 문화의 영향을 받아 매우 경쟁적인 성격을 가지게 된다. 점차 다문화 사회가 되어가면서 문화는 더욱 중요한 요소가 되고 있다. 문화적 사고를 수용할 것인지, 거부할 것인지에 관해서 아동들은 더 많은 결정권을 가지게 된다.

4) 태내기와 분만기의 요인

태아의 발달을 연구하는 방법이 점점 더 발달하고 세밀해짐에도 불구하고, 아직까지는 태내기에 대해 많은 것이 밝혀지지 않고 있다. 그렇지만 태아는 자극을 진행시키고 있고, 무슨 자극을 만들 것인지를 어느 정도 결정한다. George Gershwin이 재즈 리듬에 대한 그의 재능을 발달시킨 것은 임신 기간 중에 그의 어머니가 앓았던 발작성 빈맥(the paroxysmal tachycardia)의 결과라는 설이 있다. 이는 그가 9개월 동안 불규칙적인 심장박동에 시달림을 받았다는 것인데 그것이 아마도 그의 엇박자(syncopated) 리듬에 대한 소질을 키우도록 한 것 같다는 이야기다.

분만기는 출산 바로 전, 출산하는 동안, 그리고 출산 직후의 순간으로 나눌 수 있다. 많은 연구들은 이미 이 시기가 일생에서 결정적인 시기임을 보여주고 있다. 예를 들어, 출산 직후 바로 옷도 입지 않은 신생아를 안은 산모는 확실히 그런 경험을 거부한 산모보다도 아이가 두 살이 되었을 때 그 아이와 처음으로 말하게 될 가능성이 더 많다.

2. 가족의 영향

모든 어린이는 사회적 환경에서 태어나며 자신이 맡은 역할에 대한 그들의 해석은 결정적이다.

출생 순위(birth order)　　출생 순위와 관련한 많은 연구 논문들이 출간되고 있지만, 거의 모든 연구는 상대적으로 그리 큰 의미가 없다. 왜냐하면 이들 연구 대부분이 아동의 태도와 행동, 가족 내의 동맹과 적대그룹의 형성, 그리고 아동이 그들 스스로 추구하는 위치(place) 내에서 사회적 상황에 접근하는 독특한 방법들을 고려하지 않고 있기 때문이다. 즉, 이러한 연구들은 출생 순위에 대한 아동 스스로의 인식을 고려하지 않았다. 예를 들면, 맏이가 심한 정신지체라면 둘째 아이가 뒤를 이어받아 맏이의 역할을 할 것이다. 아이가 사산된 이후에 태어난 아동의 경우는 보통의 경우보다 더 특별한 맏이로 키워질 수 있다.
　출생순위는 아동이 가족의 다른 구성원에게 얼마나 많은 영향을 주느냐와 가족들이 아동에게 어떤 영향을 주느냐를 고려하여 역동적으로 설명되어야 한다. 모든 아동이 소속감을 갖기 위해 노력한다는 것은 기억해야 할 중요한 사항이다. 한 가정에서도 같은 가정환경에서 태어나는 아이들은 아무도 없다. 각 아동이 태어날 때마다 상황과 환경은 변한다. 왜냐하면 (1) 부모의 나이가 더 많아짐에 따라 경험이 많아지며 가족이 확대되는 것을 더 좋아하거나 싫어할 수 있고, (2) 부모의 경제적 형편이 달라질 수도 있고, (3) 다른 동네로 이사간 상황일 수도 있으며, (4) 이혼이나 죽음 때문에 계부모를 둔 상황일지도 모르기 때문이다.
　아래에 제시하는 출생순위 유형론은 추정적인 지침(constructive guidelines)

을 제시한다.

외동자녀(only children)는 어린시절을 어른들 사이에서 보내기 때문에 기본적으로 인생에서 어려운 출발을 한다. 그러나 이것이 항상 불이익이 되는 것은 아니다. 외동자녀는 응석받이가 될 수 있고, 그 결과 언제나 관심의 중심이 되기를 바랄 수도 있다. 그러나 역할 본보기와 교육자들로서 성인들의 역할을 해볼 기회를 가짐으로써 가족생활 속에서 더 유능하고 더 협동적인 구성원이 될 수도 있다.

맏이(first born)는 편애받는 위치이기는 하지만 그것은 일시적인 것에 불과하다. 왜냐하면 모든 맏이는 그가 사랑받고 있는 자리를 물려주어야 하기 때문이다. 그래서 맏이는 첫째의 위치를 유지하고 그들의 경쟁자를 제2의 자리에 두려고 노력하는 유형과 낙담하여 스스로 둘째 아이에 의해 정복당하도록 그냥 놔두는 유형이 있다. 이러한 대안들 사이에는 많은 다양성이 존재한다.

둘째 아이(second children)는 계속해서 경쟁하면서 가끔은 그들 형제들의 성격과 반대의 성격을 발달시키기도 하는데, 특히 두 아이의 연령이 비슷하고 성이 같을 때 더욱 그러하다. 셋째 아이가 태어날 경우, 둘째 아이 또한 "짓눌려 찌그러진(squeezed)" 아이가 되고 만다. 이런 점에서 둘째 아이는 아래위의 형제들에게서 압력을 받아 그의 힘이 약해지도록 내버려두려고 하든가 아니면 형제들을 희생시켜서라도 그의 지위를 올리려고 하는 두 가지 일반적인 경향 중 한 가지를 선택하게 된다.

막내(young)는 모든 다른 형제들을 이기려고 하거나, 원조와 돌봄을 받으면서 자신이 중히 여겨지는 대상이기를 기대하면서 아기로 남으려는 두 가지 경향 중 하나를 선택하는 경향이 있다. 대가족에서는 자녀들도 보통 몇 개의 하위그룹으로 나뉜다. 예를 들어 5명의 가족은 막내 입장에서 보면, 3명의 나이가 좀 많은 형제들, 2명의 나이가 좀 어린 형제들로 구성되는 것처럼 보여진다. 이것은 가족 내에서 하위 그룹을 조사할 때는 우리가 이해하려고 하는 사람의 생활양식의 관점으로 조사해야 하며, 그러한 관점은 자녀들마다 모두 다르다는 것을 명심해야 한다는 사실을 보여준다.

Shulman(1973)은 맏이가 첫째의 지위를 내어주고 중간아이 역할을 하고,

둘째는 첫째를 압도함으로써 사실상 맏이의 역할을 할 수도 있다는 예를 들면서 서열적 위치(cordinal position)는 연대순(chronological)이라기보다 "심리적(psychological)"인 것이라고 강조한다.

가족구도　　가족구도는 가족집단의 사회심리학적인(sociopsychological) 배치를 설명한다. 가족구성원의 성격 특성들, 가족구성원들 간의 감정적인 유대, 출생 순위, 다양한 구성원들 간의 우세와 복종, 나이 차이, 성 차이, 그리고 가족의 크기가 모두 가족구도의 요인이 된다. 가족구도 안에서 아동의 지위는 장기간에 걸쳐 아동의 성격발달에 큰 영향을 미친다. 그러므로 치료사나 상담사는 내담자의 역동성을 알기 위해 출생 순위와 가족 내 내담자의 위치를 반드시 고려해야 한다.

　아동들은 가족 내에서 자신의 위치를 찾으려고 애쓴다. 이것은 가족구성원이 서로 긴밀한가 혹은 거리가 먼가, 누가 언제 태어났는가, 형제들이 출생 순위에서 그들의 위치를 어떻게 인식하는가, 누가 우두머리인가 또는 적어도 누가 가장 우두머리처럼 보이는가(만약 그러한 아동이 있다면) 하는 것에 영향을 미친다. 가족구도는 한 특정 아동을 직접적으로 묘사하지는 않는다. 그보다는 역동적인 이해의 방법을 제공하는데, 예컨대 나이가 비슷하고 동성인 첫째와 둘째는 종종 성격 면에서 매우 다르다. 다른 예는 성 역할에 관한 것이다. 여러 명의 딸들 가운데 외동아들, 혹은 여러 명의 아들 가운데 외동딸은 그 가족이 특별히 남아선호 혹은 여아선호 가족이라면 각각 독특한 형태의 가족구도를 경험한다. 물론 대가족일 경우에는 여러 가능성들이 있을 것이다. 예를 들면 비교적 규모가 큰 가족에서는 형제 그룹 내에서도 하위 그룹이 있을 것이다. 그러면 나이 어린 형제 하위 그룹에서도 가장 나이가 많은 아동은 맏이의 특성 몇 가지를 가질 것이다. 계가족(stepfamily)에서 출생 순위가 섞이는 것은 아동이 가족구도를 인식하는 데 혼란을 줄 수 있다. 그러나 이는 각 아동과 청소년이 이러한 새로운 기회에 무엇을 하고자 결정하느냐를 이해하게 될 때 명확해지게 된다.

가족분위기　　성장하는 아동이 반응하는 전형적인 가족분위기들이 많이 있다.

이 반응들은 가족들이 공유하고 있는 태도와 가치 등을 받아들이는 방향으로 발달할 수도 있고 그러한 태도와 가치들을 거부하는 방향 혹은 그 둘 이외에 어느 방향으로도 발달할 수 있다.

독서를 좋아하는 것, 음악에 대한 기호, 혹은 운동능력과 같은 특정 가족의 아이들이 공유하는 특성들은 그 가족분위기를 반영하고 있다. 그들은 공유되고 있는 가족의 가치를 표현한다. 운동에 가치를 둔 가족에서 모든 아동들이 어느 정도는 운동에 관심이 있을 것이라는 것은 매우 쉽게 예측할 수 있다. 아동이 공유하지 않은 특성들은 어느 정도까지는 부모 사이에서 경쟁으로 자란 가족 내의 경쟁적 분위기의 산물이다. 예를 들어 한 부모는 아주 깔끔하고 다른 부모는 지저분하다면 자녀들 중 몇 명은 깨끗하고 몇 명은 지저분할 수 있다.

자녀들이 가족분위기에 어떻게 반응하는지에 대한 또 다른 예는, 한 가족의 5명의 자녀 모두가 음악에 비상한 관심을 드러내는 경우이다(부모가 모두 음악가이기 때문에 음악이 이 가족에게는 공유된 가치이다). 그러나 각 아동들은 다른 악기를 선택하기도 하고 어떤 자녀는 "음치"이기 때문에 타악기로 탁월한 음악적 능력을 발휘함으로써 자신만의 독특한 위치를 발견한다. 이때 음악적인 재능은 가족가치를 공유하는 가족분위기를 나타낸다. 서로 다른 재능을 나타내는 것은 형제간 경쟁의 결과 때문이다. 어떤 가족에서 만일 한 부모는 음악가이고, 다른 부모는 음악가가 아니라면, 둘 혹은 세 명의 자녀는 음악가가 될 것이고, 다른 자녀들은 비교적 음악에 관심이 적을 것을 예상할 수 있다.

다음은 몇 가지 가족분위기와 그들의 특성들이다. 보통 이들 요소들 중 한 가지 이상이 가족 내에서 역동적으로 작용한다.

- 거부적인 분위기는 일의 행위자와 행위를 분리하는 데 실패하는 부모와 지속적으로 그들의 자녀를 비난하고 거부하는 부모가 예가 될 수 있다.
- 권위주의적인 분위기는 경직되어 있고 복종을 요구하여 심하게 순응하는 자녀 또는 반대로 심하게 반항하는 자녀를 만들어낸다.
- 순교적인 분위기에서는 고귀하게 고통받는 것이 매우 가치롭게 여겨진다. 영웅적인 행동으로 배우자에게 용기를 주어 음주를 그만두게 하는 알코올 중

독자의 배우자는 이 상황의 전형적인 예가 된다.

- 일관성 없는 분위기에서는 아동들이 다른 사람에게 무슨 기대를 해야 하는지, 다른 사람들이 자신에게 무슨 기대를 하는지 알지 못한다. 그러나 Dreikurs 는 이런 분위기는 대부분의 경우 자녀들보다는 부모가 혼란스러워 하고 있는 경우였으며 자녀들과 일치되는 것을 배울 필요가 있는 사람은 아이가 아니라 부모라는 것을 관찰했다.

- 억제적인 분위기는 사고와 감정을 표현하는 자유를 제한해서 가끔씩 과도한 공상을 하게 하거나 "겉치레하는" 데에 능숙한 아이로 만들 수 있다. 이러한 가족의 예로는 유머가 없는 사람들로 구성된 가족이거나 혹은 가족 간에 거의 말을 하지 않거나 감정을 거의 드러내지 않는 매우 편협한 종교적인 사람들의 집단을 들 수 있다.

- 절망적인 분위기는 낙심으로 가득찬 분위기로 설명할 수 있다.

- 과보호적인 분위기는 자녀들이 그들의 행동에 스스로 책임지는 것을 배울 기회를 방해한다.

- 동정적인 분위기는 가끔씩 "희생자(victims)"의 성장을 자극한다.

- 기준이 높은 분위기는 아동이 결코 어떤 것에서도 충분치 않다는 느낌을 갖게 한다.

- 유물론적인 분위기는 인간관계의 중요성을 간과해서, 종종 "최고"가 되기를 원하는 사람들과 최고가 되기를 단념하고 "최하"로 살아가는 사람들 모두에게 실패를 안겨 준다.

- 비난하는 분위기는 빈번한 비난이 특징이다. 부모들은 마치 누구든지 가족구성원이 아니라 외부인(outsider)인 것처럼 다루어서 그들 자녀들에게 편견의 기본적인 기술을 가르치는 결과를 가져온다.

- 부조화하는 분위기에서는 자녀들이 적군의 캠프에 있는 듯한 감정을 갖고 자라게 된다.

- 골이 깊은 문제가 있는 가정에서는 두 가지 상반된 분위기 중 하나가 우세하다(아주 무질서한 분위기 또는 아주 질서정연한 분위기). 무질서한 가족의 한 가지 예는 첫 번째 가족구성원이 아침에 일어나서부터 마지막 가족구성원이

밤에 잠자리에 들 때까지 거의 항상 말다툼과 싸움이 계속되는 가족이다. 지나치게 질서정연한 분위기의 가족은 오랫동안 독신으로 살았고 아주 유능한 간호사였던 새 계모가 가족을 병원처럼 관리하려고 하고, 계모의 규율적 태도를 받아들이기를 거부하며 될 수 있는 한 그녀의 동반자가 되기를 피하는 계자녀와 어떤 종류의 신뢰관계도 형성시키지 못하는 가족을 예로 들 수 있다.

1) 초기 경험

초기 경험(early experiences)은 그것이 비록 극적이거나 잠재적인 마음의 깊은 상처라 하더라도 성격 특성에 영향을 주지 않는다. 왜냐하면 개별 아동들은 경험의 중요성을 스스로 결정하기 때문이다. 현실(reality)을 주관으로 해석하는 힘은 분명하다. 성인 일란성 쌍생아에게 아주 어렸을 때 일어난 그들이 함께 기억하고 있는 사건들에 대해서 인터뷰를 할 때 이것은 분명해진다. 그들에게 그 사건에서 가장 생생했던 장면을 떠올려 보라고 하거나 그때 그 순간에는 어떤 느낌이 들었는지 물어보면, 그들이 그 사건을 완전히 다르게 경험했다는 사실을 알려 줄 대답을 할 것이다.

2) 난국

난국(impasses)이란 아동이 어떤 희생을 치르더라도 피해야겠다고 결정한 것을 말한다. 만일 첫 번째 우선 순위가 아주 초기에 선택된다는 가정이 옳다면, 우리는 난국이 가족상황이나 훈련방법과 관련이 있을 것이라고 추측할 수 있다. 통제를 첫 번째 우선 순위로 가진 사람들은 아마 어린시절 지나치게 억눌렸거나 무기력했고, 지나친 통제를 받아왔다는 것을 스스로 인식할 것이다. 우월을 첫 번째 우선 순위로 가진 사람들은 종종 좋고 나쁨, 옳고 그름, 성공과 실패를 중시하며, 수치가 자녀를 훈련시키는 일반적인 방법이었던 가족에서 성장했을 것이다. 그들은 어린 아동이었을 때 그들의 소속에 대해 의구심을 느끼고, 자신이 의미가 없거나 아무 것도 아니라는 것을 상상하는 것이 가장 어려운 것이라는 결론을 내렸던 것 같다. 편함을 첫 번째 우선 순위로 삼는 사람들은 많은 스트레스나 고통을 경험했을 것이며, 그런 고통의 반복을 피하기 위해 삶을 조직하기로 결정했을 것이다. 기쁘게 하기를 첫 번째 우선 순위로 삼는 사람들은 어떻게든 말 그대로 자녀의 존엄성을 무시하는 또는 그 이상의 행동들을 하는 부모나 가족에게서 거부되는 경험을 해왔을 것이다.

3. 생활양식[1]

Adler 심리학에서는 생활양식(the lifestyle)이라는 용어를 삶을 향한 개인의 기본적인 정향(person's basic orientation)이라고 설명한다. Ansbacher와 Ansbacher(1956)가 관찰한 바와 같이 이 용어는 고정되고 정적인 상태라기보다는 역동적인 상태를 의미한다. 이러한 관점에서 성격(personality), 심리(psyche), 특성(character), 자아(ego)와 같은 용어들은 상당부분 같은 의미를 지닌다.

개인의 생활양식은 그들의 사적 논리에 달려 있고, 그들의 생활계획들 중에서 발달하고, 그들 스스로 정립한 가상적 목표에 의해 강화되기 때문에 여기에서는 이 세 가지 개념을 분석하면서 생활양식에 대해 논의하고자 한다.

1) 사적 논리

무엇이 옳고 무엇이 그른가에 대한 개념과 무엇을 해야 하고 무엇을 하지 말아야 한다는 것에 대한 일반적인 개념은 일반적인 상식으로 여겨질 수 있다(Dreikurs, 1969). 사람들이 상황이 요구하는 것을 하지 않을 때, 그들은 보통 인간공동체의 논리와는 뚜렷이 구별되는 사적 논리(the private logic)에 기초하여 행동하고 있는 것이다. 모든 행동의 기저에는 뚜렷하게 인식되지는 않지만 행동의 원인이 되는 계획, 목표, 기대, 결정이 있다. 우리들 대부분의 행동은 우리가 지각하지 못하고 가끔은 알기를 원하지 않는, 그럼에도 불구하고 우리의 행동에 명확한 영향력을 미치는 사고 과정의 결과이다. 의식의 한계에 결코

---

1) Adler학파에서는 성격(personality)을 생활-양식(life-style), 생활양식(lifestyle), 또는 생활 양식(life style)으로 표현한다. 이들 용어는 모두 동의어이고 여기에서는 생활양식을 사용한다.

도달하지 않는 이러한 모든 사고 과정은 사적 논리의 부분으로 생각할 수 있다.

양심에 반해서 행동할 때마다 여기에는 우리의 "사적" 논리의 감각이 작용한다. 이것은 단순히 우리가 특정 상황에서 요구되는 것들을 회피하고 싶을 때에만 작용하는 것이 아니다. 매일의 생활에서 우리는 현실상의 실재(reality)들을 다루기보다는 항상 실재와는 일치하지 않는 세상에 대한 주관적인 인식을 한다. 이러한 사건들의 주관적 가치를 "현상학적인 장(pheomenological field)"이라고 부른다. 그 장 안에서 각각의 인간이 움직이고 있고, 그 장은 그 한 사람에게만 논리적으로 정당하다. 우리는 "사실들(facts)"을 있는 그대로 인식할 수 없다. 우리는 단지 "사실"들에 대한 상상 속에서 다소나마 확실한 느낌을 가질 뿐이다. 그러나 이러한 느낌은 우리의 행동, 태도, 목표를 결정하는 데 사용된다(Dreikurs, 1963, pp. 70-71 : Pew에 의해 재인용).

의식의 근저에서 일어나 우리의 행동을 결정하는 인식의 과정들은 우리의 생활양식에 중요한 영향을 미친다. 첫째, 양식의 광범위한 기본적인 목표들이 있다. 이것들은 가상들(fictions)인데 우리는 이것에 따라 행동하고 다른 요인들은 이러한 과정에 기여한다. 둘째, 이러한 태도들은 우리가 아주 어려서 우리 내부에서 혹은 우리 주변에서 무슨 일이 일어나는지를 의식적으로 거의 이해할 수 없을 때 형성된다. 그러나 이보다 더 중요한 것은 이러한 가상적 목표를 인식할 수 없는 이유가 주관적인 필연성에 있다는 것이다. 우리 각자는 마치 우리의 판단이 유일하며 절대적으로 옳은 것처럼 행동한다.

목표들이 장기간 생활양식의 내용을 제공한다고 해도 우리는 현재 일어나는 사건들에 다른 태도를 취할 수 있는 힘을 가지고 있다. 다시 말해서, 생활양식에 매어 있는 우리가 스스로 만들어낸 제한들은 개인의 창조적 힘을 제한하지는 않는다. 이것은 즉각적인 상황에 대해 결정을 내리는 능력이다. 우리는 결코 스스로에게 강제로 태도를 몸에 배게 하거나, 강제로 결정을 내리게 하거나, 강제로 목표를 세우게 하지 않기 때문에 우리 삶의 즉각적인 경험 속에서 스스로 세울 수 있는 단기 목표들도 인식해야만 한다.

장기 목표와 단기 목표뿐만 아니라 사적 논리 역시 Dreikurs가 "숨겨진 이유(hidden reason)"라고 부른 사고의 형태에 포함된다. 우리들 대부분은 자신이 행동하는 이유를 제대로 인식하지 못할 뿐만 아니라 그 이유가 되는 정신적 과정 또한 인식하지 못한다. "숨겨진 이유"는 무의식적으로 정당화되며 주어진 상황에서 목표들을 향해 행동한 뒤에 나타나는 효과로서 나타나게 된다.

그 과정을 알기 위해서 우리는 어떤 것을 말하고 행동할 때마다 우리 자신의 마음을 살펴볼 수 있다고 상상할 수 있어야 한다. 그럼에도 불구하고 상담사(혹은 다른 사람)가 내담자의 "숨겨진 이유"를 정확하게 추측했을 때, 이해받고 있다는 감정이 때론 너무 지나치게 강렬하여 심지어 정신병자나 비행 청소년들일지라도 자신들의 행동의 이유를 인정하지 않을 수 없게 된다.

2) 생활계획

아동들은 삶이 그들에게 요구하는 것들에 대처할 준비가 되어있지 않다. 이에 대처하기 위해서 그들은 인간공동체의 게임의 법칙들을 배워야만 한다. 공동체는 "삶"과 "인간조건"의 표본이라 할 수 있는 가족을 통해 전적으로 경험하게 된다. 아동들이 부딪히게 되는 모든 어려움들은 개인적으로 경험하게 되고, 이것은 모든 사람이 부딪히게 되는 어려움으로 해석된다. 어린이들은 시행착오 과정을 통해 그들에게 효과적으로 작용한다고 생각하는 가설(assumption)을 축적해 나간다. 이런 과정은 "누구도 효과적으로 작용하는 행동을 그만두지 않는다"는 말로 요약할 수 있다.

아동들은 문제에 대해서 자기보호기제와 가상적 해결을 발달시킨다. 우리는 어떤 환경 아래에서만 안전하다고 느낄 수 있는 가정과 우리가 어떤 특정 방법으로 행동해야만 가치로울 수 있다는 가정에 따라서 행동한다. 아동은 선함과 악함, 정상과 바닥, 남성과 여성 등과 같은 이분법(dichotomies)을 계속적으로 만들어내고 적용한다. 인간의 성격을 이루고 있는 모든 것은 삶을 준비하는 어린 시절에 세운 표현(manifestation)일 뿐이다. 생활계획(the life plan)은 현실 혹은 가상의 어려움들을 극복하기 위한 시도를 지속적으로 반복하는 데서 생겨난다. 이 계획에 따라서 평생 동반되는 생활양식이 발달한다.

3) 가상적 목표

우리 모두는 어린시절에 안전하고, 우월하고, 소속되기 위해서 필요한 것에 대해 가상적인 이미지를 발달시킨다. 이 가상적 이미지의 현실화는 생활양식의 핵심 목표가 되며, 결과적으로 개인 행동의 범위를 어느 정도 제한한다.

생활계획과 그것의 가상적 목표(the fictional goal)는 아동 스스로의 경험에 대한 평가 결과이다. 이 평가는 가끔 부정확한데 왜냐하면 아동들이 훌륭한 관찰자이며 비상하고 예리한 지각을 가졌음에도 불구하고 이들에게는 경험이 부족하여 그들 자신이 관찰한 것들을 적절하게 평가하는 데 필요한 경험이 부족하고 미성숙하기 때문이다. 아동의 지각은 부분적으로 생활양식이 아직 형성되지 못한 것에 기인한다고 볼 수 있다. 자기 것으로 정해진 양식이 없을 때 사람들은 경험을 "순수한" 그대로 받아들이며, 방해하는 생활양식에 의해 제한되지 않고 가능한 모든 지각에 열려 있게 된다. 가상적 목표에 의해 유도된 아동들은 그들에게 즉시 소속감을 안겨주고, 미래에 더 큰 소속감을 약속하는 생활양식을 스스로 찾기 위해 최선을 다한다. 그들이 찾는 생활양식 역시 스스로 그것을 정의 내림으로써 그들에게 우월감을 주는 것이다. 일단 형성된 생활양식은 자기-영속적인 성향을 띤다.

생활양식과 가상적 목표의 지침은 아주 긴밀하게 연결되어 있으므로 주도적인 가상은 생활양식에 근접하려는 경향이 있다. 한 사람의 주도적인 가상은 세상과 그 자신에 대한 심상(image)이다. 그러므로 한 개인의 생활양식은 관찰자가 개인의 주도적인 가상을 정확하게 추론할 수 있게 한다.

생활양식의 개념은 자신이 선택한 주도적인 가상적 목표에 따라서 스스로를 조절하는 태도를 알려준다. 우리의 창조성은 실제로 한계가 없기 때문에 (그것이 특히 우리 자신의 삶을 계획하는 방법에 관할 것일 때), 기존에 주어진 어떠한 주도적인 가상도 정해진 생활양식을 포함할 수 없다. 따라서 주도적 가상 목표가 형성되었다 하더라도 우리의 행동 범위를 어느 정도 제한하는 범위에서 생활양식을 계속해서 자유롭게 만들어 나갈 수 있다.

4) 생활양식의 발달

생활양식은 부모와 형제자매 모두가 배역을 맡아 연기하는 가족극장에서 일어나는 (이 드라마에서 아동은 스스로 감독의 역할을 하고, 아동의 최종 행동은 넓은 영역에서 이미 세운 대강의 계획에 따른 것이다) 연속 드라마의 과정에서 만들어진다. 핵가족은 어린 아동에게 하나의 사회이며 이 작은 사회 안에서의 지위를 찾기 위한 아동의 노력은 아동이 자신의 생활양식을 창조하는 데 영향을 미친다. 개인의 생활양식을 설명하는 데 있어서 상담사는 무엇이 그 아동의 드라마에서 선호되는지, 다른 역할자들이 어떤 역할을 하는지, 그리고 "감독"이 어떻게 그 드라마를 해석하는지, 즉 그가 어떤 역할을 연기했는지, 그리고 그 자신과 삶에 관해 어떤 결론들을 끌어냈는지에 대해 알려고 노력한다.

드라마 유추는 생활양식의 구조에서 다른 요소의 역할을 아는 데 도움을 준다. 이 요소는 무대에 등장한 연기자들의 등장 순서, 즉 출생 순서이다. 그러나 여기서 중요한 것은 항상 "감독"의 역할이라는 것을 명심해야 한다. 그것은 우리가 이해하려고 하는 개인에 대한 가치 판단이다. 만일 우리가 어떤 사람의 출생 순서를 안다면 그의 성격에 대한 몇 가지 일반적인 추측을 할 수 있다. 그러나 이러한 추측들은 "맏이는 이러이러하다", "중간은 이러이러하다" 등과 같은 보편적인 법칙들(nomothetic laws)에 기초를 둔 것이다. 하지만 실제 상황은 이와는 매우 다를 수 있고 개인들이 상황을 어떻게 보는지와 개별 사례의 법칙(idiographic laws)에 관해 그가 어떻게 행동하느냐에 따라 달라진다. 가족구도와 관련된 보편적 규칙들은 개별 사례의 법칙, 즉 개인의 생활양식을 밝히는데 도움을 준다.

개인의 생활양식을 창조하는 데서 가족구도가 차지하는 역할을 이해하기 위해서는 항상 그의 관점에서 드라마를 재구성하는 노력이 필요하다. 가족구도의 다이아그램(diagram)을 그리는 것은 상담사가 생활양식의 유형들을 알아내는데 도움이 된다. 다음의 가족구도 다이아그램은 큰 딸 Mary의 관점에서 그려진 것이다.

Helen	George	
33	35	

Mary	Susan	Bobby
13	−2세	−5세

다이아그램은 종종 2명의 "부모"보다 더 많은 사람을 나타낸다. 숙모, 삼촌, 조부모, 그리고 나이가 위인 형제들 모두가 아동이 생활양식을 창조하는 동안 (6세 혹은 7세에 이르기까지) 아동과 친밀했다면 아동의 입장에서는 이들이 "부모"가 될 수 있다. 다이아그램을 완성시키기 위해서는 죽은 형제들과 자매들도 다이아그램에 포함되어야 한다.

이 단원의 앞부분에서 우리는 성격발달에 영향을 미치는 다양한 요소들에 대해 논의했다. 개인의 생활양식은 이러한 요소에 대한 주관적인 해석의 결과이다. 각각의 중요성은 개인에 의해 창조적으로 결정된다. 예를 들어 우리는 유전적 재능과 환경적 영향들을 언급해 왔다. 두 가지 모두 중요하지만 그 중요도를 정하는 것은 개인이다.

아동들은(병, 상처, 그리고 입원 경험들은 물론이고) 부모에 의해 훈련된 방법과 즉각적 영향을 주는 좀더 큰 공동체의 문화적 영향들인 원재료들(raw materials)로부터 그들의 생활양식을 창조한다. 생후 몇 년 동안 아동들은 자신만의 고유한 질문들을 만들어 갈 것이다. 내가 누구일까? 나는 무엇을 해야 하나? 무엇이 선(good)인가? 무엇이 악(bad)인가? 아동들은 자신을 다른 사람들과 어느 정도 구분짓는 자신의 독특한 사적 논리를 창조한다. Dreikurs에 따르면 얼마나 많은 전형적인 삶의 계획들이 있는지는 알 수 없지만, 같은 생각과 목표들을 공유하고 있는 사람은 아무도 없을 것이라고 한다. 그러나 우리는 생활양식들에서 주목할만한 유사점들을 찾을 수 있다. 이는 여러 가지 다양한 다른 관찰물들과 경험들을 같은 단어로 표현할 수밖에 없는 언어의 빈곤 때문일지도 모른다. 그러면 어떤 형태든지 의사소통은 항상 그것을 주고받는 것에 있어서 유사성이 있어야 한다. 각각의 문화에는 독특한 지각양식이 있고 그 구성원들은 유사한 생각과 가치를 공유한다는 것 또한 가능한 이야기이다.

대부분의 삶의 문제들을 해결하는 데 있어 기초를 제공하는 몇 개의 생활양식들은 비교적 폭이 넓은 데 비해, 어떤 것들은 너무 편협한 기초를 가지고 있어 실패의 위험을 내포하고 있다. 생활양식에서 타고난 인식의 결함에도 불구하고 어떤 개인은 현실적 삶에 의해 생활양식이 도전 받을 때까지 매우 분별있게 잘 지닐 수 있을 것이다. 생활양식은 자기 스스로 창조해 내는 것이며 또한 독립적으로 존재하는 것이다. 생애 첫 해가 지난 후에 각각의 새로운 경험들은 신념을 굳히는 역할을 한다. 어떤 사람은 주위의 현실로부터 거의 영향을 받지 않고, 해마다 같은 기본 주제가 들어있는 초기 기억들을 이야기한다. 다른 말로 하면 개인은 그가 되어야만 하는 것과 그가 외부와 다른 사람들 그리고 삶에서 기대할 수 있는 것에 관한 그들 자신의 신념들(convictions) 혹은 가상들(fictions)을 창조한다.

Mosak은 이 신념들을 네 가지 그룹으로 분류한다.

(1) 자기 개념 : 나는 누구인가에 대한 확신
(2) 자기 이상(Adler의 용어) : 나는 어떤 사람이어야 하며 세상에서 특정한 위치를 차지하기 위해 어떤 사람이 되어야만 한다는 확신
(3) 세계관 : 세계가 나에게 요구하는 것
(4) 윤리적 확신 : 개인적인 "옳고 그른 것"에 대한 규범(Mosak & Dreikurs, 1973).

4. 생활양식과 상담

생활양식의 개념은 상담에 있어서 매우 유용한 도구이자 태도이다. Alder학파의 상담사에게 있어 생활양식은 자기 창조적인 것이다. 그러므로 상담사들은 내담자가 살아 있는 한 사람들은 성장하고 변한다는 긍정적인 태도로 접근할 것이다. 만약 우리가 성격을 피할 수 없는 내부 혹은 외부의 힘에 의해 형성된 것으로 본다면, 유전적인 영향들은 고정될 것이며 어린시절의 환경은 다시 되돌릴 수 없는 것이기 때문에 사람들을 보다 부정적으로 보게 된다.

아동들은 주위에 있는 성인들의 기대에 부응하려는 성향이 있다. 내담자의 생활양식을 이해하는 데 필요한 자료들을 모으는 것은 내담자의 해석 없이도 매우 유용하다. 내담자가 자신의 어린시절 가족구도와 가정분위기, 가족 안에서 그들의 지위에 관한 그들 자신의 해석을 내리는 것을 귀기울여 들음으로써 상담사는 매우 유용한 정보를 얻을 수 있다.

내담자가 자신의 어린시절의 가족구도와 가정환경에 대해서 이야기 할 때, 그는 그것과 관련된 그때의 상황과 생생한 순간들과 감정적인 경험들을 어느 정도 다시 체험하게 된다. 내담자의 감정적인 경험들을 공유함으로써 상담사는 더 깊은 이해에 도달하게 되고, 내담자가 자신의 삶에 있어서 더 많은 대안들을 발견하는 데 도움을 줄 수 있는 좋은 위치에 놓이게 된다. 내담자는 상담사의 도움으로 자신을 보게 되고 그들의 선입관, 지침, 신념을 더욱 또렷이 알 수 있게 된다. 그것은 마치 그들 앞에 거울이 걸려 있는 것처럼 자신이 유지하고자 하는 기본 신념들과 바꾸기로 결정한 기본적인 실수들이 무엇인지를 결정할 수 있다.

생활양식의 변화가 상담의 필수적인 목표는 아니다. 왜냐하면 주어진 생활양식 내에서도 다양한 대안적 행동들이 많이 남아 있기 때문이다. 예를 들면 어떤 남자의 생활양식이 "나는 어딘가에 속하기 위해 싸워야 돼"라는 신념을 가질 수 있는데, 만일 이 신념이 도전을 받는다면 그 사람은 "그럼 어쩌라구요? - 동네북(doormat)처럼 살라구요?"라고 반응할지도 모른다. 투쟁가(fighter)와 학대받고도 가만히 있는 사람(doormat) 사이에는 다른 대안들이 많이 있다.

여기에 필요한 몇 가지 경고가 있다. 생활양식을 명료하게 설명하는 것은 타인의 행동을 예견하려는 것이라기보다 타인을 이해하고 도우려는 것이다. 또한 사람들은 가끔 다음과 같이 변명함으로써 그들의 생활양식을 사용하기도 한다. "내가 뭘 어떻게 하길 바래요? 이건 내 방식이에요." 마지막으로 우리는 여기에서 사용하는 생활양식(시골의 생활양식 대 도심의 생활양식)과 개인의 작업방식(modus operandi)을 의미하는 좀더 포괄적인 의미를 지닌 생활양식을 구별할 필요가 있다. 생활양식은 각 개인만의 독특한 것으로 다른 사람들로부터 개인을 구분할 수 있게 한다.

참고문헌

Ansbacher, H. L., & Ansbacher, R. R. (Eds.). (1956). *The individual psychology of Alfred Adler.* New York: Harper & Row.

Dreikurs, R. (1969). *Grundbegriffe der individualpsychologie.* Stuttgart: Ernst Klett Verlag.

Mosak, H. H., & Dreikurs, R. (1973). Adlerian psychotherapy. In R. J. Corsini (Ed.), *Currcent psychotherapies.* Itasca, IL: F. E. Peacock.

Shulman, B. H. (1973). *Contributions to individual psychology.* Chicago: Alfred Adler Institute.

제 4 장
정신병리학

이 장의 목적은 세 가지이다. 첫째, 정상과 병리에 관한 Adler의 기본적인 관점을 기술하고, 그 의미를 확장시키며 명료하게 하기, 둘째, Adler학파의 관점을 정신장애의 진단 및 통계 편람(DSM-Ⅳ; The Diagnostic and Statistics Manual, Fourth Edition)의 질병분류학적 혹은 분류체계와 비교하기, 셋째, 정신병리의 일반적인 유형들을 초기의 생활 경험들, 잘못된 신념, 그리고 증후군 형식의 용어로 설명하기.

1. Adler학파의 관점에서 본 정신병리학

1) 기본 이론

Adler학파의 이론에 따르면, 건강하고 병리적이지 않은 사람들은 일반적으로 용기와 일반상식을 가지고 삶에서 만나는 다양한 과업들(tasks)을 처리한다. 이것은 사회적 관심(social interest)을 의미하는 것이지만 건강한 모든 개인이 언제나 완벽하다는 의미는 아니다. 때때로 건강한 사람들도 사적 논리를 사용하기도 하고 좌절과 열등감을 경험하며 이에 대한 보상으로 사회적 관심과 관계 없는 방법을 사용하기도 한다. 대부분의 사람들은 불완전함과 실수를 인간의 일부라고 생각한다. 반면에 병리적인 사람들은 그들이 완전해야 한다고 믿고 있으며 자신의 생각과 행동을 그러한 완전성을 획득하기 위한 수단으로 정당화시킨다. Adler에 의하면 모든 성격장애는 개인적 우월을 달성하려는 잘못된 사고의 결과이다. Adler는 이러한 잘못된 개념들은 대부분의 경우 삶의 초기에 형성된다고 믿었다(Adler, 1956).

신경증적인 기질(a neurotic disposition)은 정신병리를 쉽게 초래할 수 있는 조건에 대한 Adler식 용어로 과보호나 무시에 의해 혹은 이 둘의 복잡한 혼합에 의해서 특징지워질 수 있는 어린시절의 경험들로 인해 생긴다. 어린 아동은 이런 경험들로부터 삶의 과업을 정복하거나 대처할 능력이 없음에 대해 또는 자신과 세계, 생활양식이 되는 생활목표에 대해 심리적인 신념들을 발달시킨다. 이 신념은 아동이 가정이나 학교의 분위기를 적대적이고, 처벌적이고, 냉담한 것으로 수용하거나, 혹은 자신에게 난해한 것을 요구하고 욕구불만을 일으키는 환경이라고 인식할 때 혼란스럽게 되고 강화된다. 이러한 경험들은 숙련(mastery)과 성취(achievement)를 추구하도록 격려하기보다 오히려 어린이가 낙담하고 두려워하는 감정을 갖게 하며, 서로 믿고 사랑하는 인간관계들을 경험하기 보다 의심많고 교묘한 속임수를 쓰는 사람으로 성장하게 한다. 아동은 불안과 근심의 과장된 감정을 보상하기 위해 자기 중심적이고 비협동적인 성향을 보이게 된다.

역기능적인 생활양식은 융통성이 없는 생활양식이다. 여기서의 문제해결 방식은 과제지향적이고 사회적으로 유용한 "일반상식"보다 자기 보호적인 "사적 감각(private sense)"에 기초를 둔다. 한 번 이러한 일련의 잘못된 심리적인 신념들이 연합하고 자기-보호적인 대처 유형들이 확립되면, 개인이 삶을 다른 방법으로 보거나 다른 방식으로 생활에 반응하는 것이 매우 어려워진다. 그 결과 역기능적인 개인은 삶의 과업들을 생산적으로 다루지 못하고, 노동의 대가를 실제적으로 즐기지 못하며, 다른 사람과의 인간관계가 훨씬 줄어들게 된다. 반대로 숙련(mastery), 창조, 사랑, 기쁨을 주는 인간관계와 같은 아동의 건강한 경험들에 의해 긍정적으로 형성된 심리적 신념체계와 대처 유형들은 융통성 있는 생활양식을 형성하게 한다.

Adler는 사람들이 과제에 직면하지 못하는 것에 대해 변명함으로써 혹은 공격하거나 멀어짐으로써 자신을 보호하기 위해서 자신의 증후들(symptoms)을 "조정한다"는 정신병리학에 관한 독특한 이론을 제시하였다. Adler는 역기능적인 행동을 사회적 관심과 활동의 정도에 따라 판별하였다. 예를 들면, 신경증환자(neurotics)는 정신병자(psychotics)보다 사회적 관심을 더 많이 가지고 있다. 신경증환자는 "예, 그러나(Yes, but)"로 삶의 과제에 반응한다. "예"라는 대답으로 그의 사회적 책임들을 인정하지만, "그러나"로서 그의 책임에 대한 변명으로 그의 증상을 나타낸다. Mosak(1984)은 "예, 그러나" 반응들을 두 가지 유형으로 설명한다. "예, 하지만 나는 아파요(Yes, but I'm sick)." 이것은 정신신경증환자(the psychoneurotic)의 전형적인 반응이다. 그리고 "예, 그렇지만 난 그걸 무시해요(Yes, but I defy it)." 이것은 신경증적 성격과 성격 이상의 행동화(acting out) 반응이다. 생활과제에 대한 정신병자의 반응은 "아니오(no)"이다. 이로써 그는 세상과의 관계를 스스로 끊는다. Adler는 우울증(depression)과 강박신경증(obsessive-compulsion) 같은 신경증적인 증세들은 활동수준이 낮고, 불안신경증(anxiety neurosis), 정신분열증(schizophrenia), 알코올중독증(alcoholism)들은 활동 수준이 높다고 등급을 매겼다. 활동 수준이 가장 높은 사람들은 조증환자, 범죄자, 특히 살인자들이다(Adler, 1994a).

2) 이론의 발달

Adler는 모든 정신병리에는 공통적인 세 가지 주요 요소가 있다고 믿었다. (1) 낙담(discouragement), (2) 잘못된 지각(faulty perceptions), 그리고 (3) 생활양식 신념(life style beliefs). 더 나아가 그는 미성숙한 사회적 관심과 성격의 기능장애는 기본적으로 잘못된 생활양식의 결과라고 밝혔다. 이것은 Adler가 사망할 즈음 정상과 비정상에 관한 그의 관점을 보여 준다. Adler는 정신병리가 다양한 신체기관의 열등으로부터 생긴다고 생각했다. 이것은 다소 생물학적이고 환원주의적인 입장인데, 후에 그의 관점은 좀더 심리내적인 관점으로 바뀌었다. Adler는 역기능적인 행동을 열등감과 우월감(inferiority and superiority feelings) 사이의 충돌로 본다. 그는 "신경증적인 기질(neurotic disposition)"을 신경증(노이로제)의 발달을 초래하는 요소로서 설명했다. 응석의 생활양식(the pampered life style)이라는 용어가 후에 이 용어를 대체하게 된다. 그러나 이후 Adler는 좀더 사회심리학적 관점을 발전시켰는데 여기에서는 "공공선(common good) 대신에 자신의 중요성을 강조하는 행동을 정신병리로 보았다." Adler의 최종 이론은 여러 가지 면에서 정신병리학의 전체론적(holistic) 관점을 발전시키려는 최초의 시도라고 할 수 있다(Adler, 1964b). 생물학적(기관 열등성과 기관 언어)이고 사회학적인 영역으로부터 오는 특색들을 포함함에도 불구하고, 그것은 원래 생활양식의 프리즘을 통해 모든 과정들을 통합하는 정서발달과 정서장애 이론이었다.

> 이는 폐, 심장, 위, 배설기관, 성기관의 경우에 현저하다. 이런 기능들의 장애는 개인이 자신의 목표를 성취하기 위해 취하는 경향으로 표면에 드러난다. 나는 이러한 장애들을 기관 언어(the organ dialrct) 또는 기관 은어(the organ jargon)라고 불러왔다. 왜냐하면 신체 기관들은 총체적인 개인의 의도를 자신의 언어로 가장 잘 표현하기 때문이다(Adler, 1964b).

Adler학파의 뛰어난 임상의인 Irvin Neufield(1954)는 정신신체적(psycho-somatic) 접근들을 생물심리사회학(biopsychosocial) 혹은 개인심리학(individual psychology)과 같은 전체론적(holistic) 연구들과 구분했다. 대부분의 정신신체 이론들은 인간존재의 다면적인 역동성과 생물학적, 심리학적 그리고 사회적 차원(dimension)의 모든 상호의존성을 제대로 평가하는 데 실패했다. 이러한 다면적인 차원들을 제대로 이해하지 못하면 많은 정신·신체적 이론들에 관해 Neufield가 비판했던 것과 같이 협의의 환원주의를 초래하게 된다.

전체주의 이론을 지지한 사람들 특히 생화학자들과 신경증약리학자들 중에는 이런 역동들을 가볍게 다루는 경향이 있다. 이는 우울증(depressive disorders) 치료에서 특히 그러한데, 우울증은 단독 증세라기 보다는 오히려 광범위한 장애라는 인식이 점점 커지고 있다. 많은 사람들은 현재 우울증을 생체심리사회학적인 연속선 상에서 볼 때 개별적으로 분리된 증상들의 집합으로 본다. 증상유형은 그 연속선 상의 한쪽 끝에서 보면 생화학적인 요인들에 의해서 더 강하게 영향을 받는 것 같고, 반대편의 끝에서 보면 심리학적 요인들에 의해서 더 강하게 영향받는 것처럼 보인다.

우울증이 어떻게 진행되는지를 이해하기 위해서는 전체적인 혹은 생체심리 사회적인 입장에서 설명하는 것이 좋다. 현재는 실험에 의해 검증된 우울증에 관한 타당한 이론이나 모델이 없으므로 여기에 대해서는 단지 추측만이 가능하다. 최근의 연구 결과들에 따르면, 중요 우울증세를 경험한 사람들은 기쁨과 같은 감정들을 다루는 뇌의 통로와 회로가 파괴되었거나 외부 영향들로부터 스스로를 보호하는 데에 취약하다는 가설이 가능하다. 게다가 어린시절 부모와 같은 의미있는 사람들을 잃었거나 그들로부터 분리되는 것 등의 정신적 외상은 자기 확신과 자존감을 해치게 하고, 이에 대해 개인은 스스로를 보호하는 것에 취약해진다는 가설이 가능하다. 인생의 후반기에 심각한 심리적 스트레스를 받는 것은 어떤 식으로든 상실과 분리의 초기 경험들이 되풀이되어 나타나는 것이다. 현재 가지고 있는 사회적 지지체계와 보호방법의 개인적인 대처 전략들이 스트레스 요인(stressor)을 중립화시키기에 충분하지 못할 때, 이미 손상된 뇌의 생화학 조직은 과중한 짐을 지게되며 다음과 같은 우울증의 생물학적인 증후군을 일으킨다. 수면장애, 식욕장애, 정신운동성의 지체, 활력부족, 기쁨을 경험하지 못함, 무능력함, 그리고 변비와 두통 같은 신체적인 증후들, 이렇게 저하된 생리적 기능은 자신과 세상과 미래에 대한 독자적인 생활양식 신념(life style beliefs)을 강화시킨다. Pancner(1985a)도 이와 유사한 가설을 제시했다.

반면 보다 많은 심리사회적인 부담과 보다 적은 유전적·생물학적인 부담을 가지고 있고, 이전에는 신경우울증(a neurotic depression)이라 불리던 기분부전장애(dysthymic disorder)에는 생물학적인 증후들보다는 역기능적인 생활양식 신념과 대처방법들이 더 많이 나타난다. 따라서 기분부전장애(dysthymic disorders)가 기본적으로 심리적 치료에 잘 반응하는 것은 당연한 것이다. 하지만 주요 우울장애들(major depressive disorders)은 보통 심리치료와 병행하는 항우울 약물치료와 같은 생화학적인 치료에 더 잘 반응한다. 응석의 생활양식 혹은 신경증적 기질이 생활과제 수행을 방해한다고 가정한다면, 심리치료는 여기에 반드시 필요한 보조치료가 될 것이다. 그러나 생활과제 수행에 역기능이

거의 없거나 아예 없고, 가끔 그런 상황이 있을 때에는 심리치료를 받을 정당한 이유가 없어진다. "생화학 이론(biochemical theory)과 Adler학파 심리학 (Adlerian Psychology)"의 축사에서 전 북미 Adler학파 심리학회장이었던 Ronald Pancner(1985c)도 이와 같은 생각을 했었다. 이론과 실제에서 생물학적인 측면을 최소화하거나 거부하는 어떤 저항에 대해 Pancner는 다음과 같이 덧붙여 말했다.

> 우리는 정신적 장애와 관련된 다양한 요인들에 개방되어 있어야 한다. 우리 중 누구도 해답을 갖고 있지 않다. …… 그러나 독단적으로 "이것이 유일한 방법이야", 혹은 "저것이 유일한 방법이야"라고 말하는 것을 이제는 끝내야 한다고 생각한다. 어떤 사람을 정말로 이해하기 위해서는 그를 깊이 총체적으로 주시해야 하고 이 모든 것들을 깊이 명심해야 한다 (Pancner, 1985).

2. 분류체계 : Adler학파와 DSM-IV

Adler학파이론은 질병모델(disease-model)에 기초하고 있는 다른 정신병리적 체계와는 달리 성장모델(growth model)에 기초하고 있다. 이러한 구조는 역기능적인 사람을 정신적으로 병들었다기보다는 낙담한 것으로 보게 한다(Mosak, 1984). 정신병리학의 분류체계에는 두 가지 주요한 유형이 있다. 기술적인 (descriptive) 유형과 정신역학적인(psychodynamic) 유형이다. 기술적인 접근에서는 관찰 가능하거나 보고가치가 있는 증후학을 강조하는데, 여기서는 개인의 증상들을 특정한 증상을 나타내는 전문화된 표준들과 비교하여 진단한다. 좀더 형식적인 체계는 진단의 신뢰도와 타당성을 모두 보장하기 위해 설계된 각각의 진단들의 기준을 제외시키기도 하고 포함시키기도 한다. 그러므로 기술적 접근들은 통계적 수치모음과 분석, 그리고 모든 집단과 문화에서의 진단의 범위와 이환율 비교에 이바지한다. 정신병리학에 대한 정신역학적 접근에서는 이상행동이나 증상을 설명하는 심리적 이유와 기제들을 강조한다. Rudolf Dreikurs는 정신병리학의 정신분석적 접근에 관해 훌륭한 저술을 남겼으며 (Dreikurs, 1967a), 정신병리학을 평가하는 Adler식의 접근법을 장려하는 논문을 많이 썼다. *Psychodynamic, Psychotherapy and Counseling*(1967)은 이 주제에 대한 Dreikurs의 가장 중요한 논문을 모아 놓은 책이다.

Adler학파의 연구에서는 개인의 활동에 관한 관찰과 개인의 특성에 관한 기술들을 진단적 카테고리와 분류보다 더 중시한다. 그러나 교수법의 편의상 Adler는 성격을 네 가지 유형으로 구별했다. 지배형(ruling), 획득형(getting), 회피형(avoiding), 건강하고, 사회적으로 유용한 형(healthy, socially useful). 처음 세 타입은 낙담해 있으며 사회적인 관심이 낮기 때문에 이들을 기능장애로 여길 수 있다. Mosak(1959, 1971, 1973, 1975)은 간단하게 몇 가지 다른 성격 유형을 설명하고 획득형과 통제형을 중점적으로 분석했다.

Adler는 강박신경증(obsessive compulsive neurosis)을 모든 신경증의 원형이라고 생각했다. Freud의 경우 히스테리 신경증이 원형이었다. 우유부단함과 불신, 타인에 대한 경멸, 신과 같아지려는 노력, 그리고 사소한 일에 집중하는 것들은 Adler가 계속적으로 언급한 강박신경증환자들이 자기를 방어하는 방법들이다. 그는 다양한 유형의 신경증적이거나 정신이상적인 사람들은 자기를 방어하기 위해 다양한 방법을 사용할 수도 있으나, 그럼에도 불구하고 그들 모두는 공통적으로 삶의 과제를 회피하거나 거부하는 행동을 보인다는 사실을 지적했다.

미국에서 많은 임상가들과 보험관계자(insurance carrier)에 의해 제작된 정신장애의 진단 및 통계편람 "*Diagnostic and Statistical Manual of Mental Disorders*" 제4판(미국정신의학회 : American Psychiatric Association, 1994)은 대개 DSM-Ⅳ로 불린다. 정신병리학에 관한 독특한 이론을 가지고 있는 Adler학파의 연구와는 달리 DSM-Ⅳ는 17개의 주요분류와 200개가 넘는 정신이상에 대한 진단기준에 대해 설명하고 있다. 각각의 장애는 역학적이기보다 기술적인 진단기준의 독특한 형식을 가치고 있다. DSM-Ⅳ진단은 개인력과 임상적 진술들이 특정 정신장애를 위한 진단표준과 일치할 때 이뤄질 수 있다. 간단히 말해 DSM 체계는 의학적 모델과 소유의 심리학(psychology of possession)에 기초하고 있다. 반면에 Adler학파의 연구는 성장모델과 사용 심리학에(psychology of use)에 기초하고 있다. 따라서 Adler학파 치료사들은 행동과 생활양식의 주제인 개인의 역동성을 이해하는 것만큼 DSM-Ⅳ 유형의 기술적 진단에는 관심을 가지지 않을 것이다(Sperrt & Maniacci, 1992).

삶의 과제 수행을 강조하는 Adler학파와 비슷하게, DSM-IV는 병리를 사회적 관계(대인관계), 직업, 그리고 여가의 세 영역 중 하나 또는 그 이상에서 부적응에 관련된 임상적으로 의미있는 행동적 또는 심리적 증후들이나 패턴으로 본다. 개인을 전체적이고 생물심리사회학적으로 이해하려고 노력하는 Adler학파의 연구와 같이, DSM-IV는 다축적'분류체계(multiaxial classification)에 따라 상호관련적인 생체심리사회적 또는 인간의 삶의 체계를 고려하고 있다. 여기에는 다섯 가지 축이 사용된다.

축 Ⅰ : 임상적 증후군(예, 정신분열증)
축 Ⅱ : 성격장애 또는 정신지체(예, 경계선 성격장애)
축 Ⅲ : 일반적 의학 상태(예, 협심증)
축 Ⅳ : 심리사회적 및 환경적 문제들 경험(예, 실직의 두려움)
축 Ⅴ : 지난 시간의 높은 수준의 적응적 수행(예, 가난)
　　　　현재의 적응적 기능수준(GAF)(예, FAF-53)

Adler의 관점에서 축Ⅰ은 현재 나타내고 있는 문제의 내용에 근거한 진단차원이다. 이는 Dreikurs가 "주관적 조건"이라고 언급했던 것을 부분적으로 조사해봄으로써 결정된다. 축 Ⅱ의 진단은 생활양식을 어렴풋이 알려준다. 어떤 신념체계가 주어지면 내담자는 독특한 유형을 드러낼 것이다. 축 Ⅲ은 개인에게 부담스러운 상황으로 인식될 수 있는 기관열등성, 의학적 조건, 기관언어 또는 잠재적 장애조건 등에 관한 정보를 제공해 준다(Adler, 1956). 이러한 개인의 판단은 주관적인 것이다. 축 Ⅳ와 관련하여 개인심리학은 사회적 장에서 인간을 이해해야 한다고 오랫동안 강조하여 왔다. Adler(1956)는 "외적요인(exogenous factor)"의 이해에 관해 언급했다(p. 296). 사실 그는 DSM-IV(Adler, 1956, pp. 296-297)에 나와 있는 목록과 유사한 10개의 신경증 또는 정신증 발증의 전형적인 경우를 목록화하였다. 축 Ⅳ의 GAF 척도에 상응하는 Adler 심리학의 요소는 생활과제 평가라 할 수 있다. 축Ⅰ이 주관적 조건을 살피는 반면에, 축 Ⅳ는 Dreikurs(1976b)가 "객관적 상황"이라고 언급한 평가라고 볼 수 있다.

축 V의 이해는 임상의가 저항을 최소화하도록 도와준다. Adler(1956), Dreikurs(1967b), 그리고 다른 Adler학자들은 저항의 주요특성을 치료사와 내담자 사이의 목표를 잘 조절하지 못한 것으로 정의한다. GAF 척도는 현재의 기능수준과 최고의 기능수준 또는 과거의 기초선의 두 가지 점수를 제공한다. 현재의 수준과 과거의 최고 수준 간의 차이가 일반적으로 올바른 진단의 정확한 조건을 나타낸다. 현재 GAF 점수 40점과 기초선 점수 70점으로 주요 우울 증세를 진단받은 사람은 기초선 점수를 45점 받은 사람보다 훨씬 덜 신중한 진단과 발견을 갖게 될 것이다. 지혜로운 임상가는 GAF 점수를 고려하여 치료의 목표를 설정하고, 개입을 선택하고, 치료기간과 속도를 정할 것이다. 예를 들어 현재의 기능수준과 과거의 최고 기능수준이 41인 여자는 현재 기능수준은 55이고 과거의 점수는 85인 여자와 같은 치료목표를 가질 수가 없을 것이다. GAF 점수를 고려하지 않고 내담자의 협력을 구하지 않으면서 치료목표를 결정하는 임상가는 끊임없는 저항을 경험하게 될 것이다.

3. DSM-IV의 5축 진단체계와 Adler학파 사례공식화의 통합

DSM-IV의 5축 진단체계를 단일화된 Adler학파 사례공식화에 통합하기 위해서는 적용(practice)과 지도감독(supervision)이 수반되어야 한다. 한 번 배우고 나면 이것이 매우 유익한 것임을 확신할 수 있다. 이는 다음과 같이 간단히 요약될 수 있다. 자신의 독특한 생활양식(축 Ⅱ)을 가진 환자가 자신이 잘 적응하지 못하는 상황(축 Ⅳ)에 처해서, 자기에게 요구되는 것을 회피하고 거리를 유지(축 Ⅰ)하려고 일련의 증세를 사용할 수 있다. 그가 "선택"한 증세들은 기관 열등이나 불구, 장애(축 Ⅲ)와 같은 매우 부담스런 상황 탓으로 돌려질 수도 있으며 내담자가 자신의 삶의 과제에 적응하는 것으로 평가될 수 있다. 이와 유사하게 치료목표(축 V)를 합의하는 데 도움이 될뿐 아니라, 현재의 사회적 관심의 정도를 빨리 측정하기 위한 기준을 얻기 위해서 개입의 정도도 평가할 수 있다. 개인심리학의 원칙들은 그와 같은 공식화에 위배되지 않으며, Adler학자들은 현재 임상실제에 통합될 수 있기 때문에 동료들이 그들의 사상과 개념을 일반적인 언어로 표현하도록 허용한다. 전통적인 방법을 사용하는 생활양식의 탐색만이 사례공식화에 첨가된다.

Adler학파를 포함한 전체론을 지향하는 많은 치료사들은 전체론적 생물심리사회적(a holistic-biopsychosocial) 공식화라는 여섯 번째 축을 놓고 논쟁하곤 했다. 단순히 여러 축에서 생물심리사회적(biopsychosocial) 정보를 목록화하는 것만으로는 전체론적 공식화를 만들어 낼 수는 없다.

실제로 DSM 진단범주가 Adler학파 이론과 통합될 수 있는가? 책 속에서 Mosak(1968)은 임상가들이 중심주제나 기본적인 생활양식 신념들을 DSM 진단 범주들과 상호관련시키도록 했다. 이런 중심주제들은 임상적인 관찰, 심리검사, 그리고 특히 초기회상 등에서 결정된다. Mosak은 11가지 가장 일반적인 주제를 목록화했다. 획득자(getters), 통제자(controllers), 추구자(drivers), 선한자(to be good), 완벽주의자(perfect), 옳은 자(right), 순교자(martyrs), 희생자(victims), 개혁반대자(aginners), 감정회피자(feeling avoiders), 그리고 자극추구자(excitement seekers). 또한 그는 이 주제들을 19가지 진단범주와 결합시켰는데, 예를 들면 전통적으로 우울 신경증(depressive neurotic)으로 진단되었던 어떤 사람의 생활양식은 획득자, 통제자, 그리고 정의로운 사람의 생활양식이 다양하게 혼합된 것으로 나타날 수 있다는 것이다(Mosak, 1979). 반사회적 성격의 경우, 그의 관심사는 획득자, 개혁반대자, 흥분추구자의 것이 되기 쉬울 것이다. 진단적 범주와 생활양식 주제의 독특한 통합에 관한 좀더 많은 설명은 Mosak의 1968년과 1979년 논문을 참조할 수 있다.

Sperry와 Carlson(1993, 1996)은 장애에 관한 DSM 분류를 Adler학파의 심리역동의 용어로 설명하였다. 다음과 같은 DSM-Ⅵ 장애를 예를 들어 살펴보자. 망상장애, 섬망, 치매, 기억상실장애와 다른 인지장애, 물질관련장애, 기분장애, 불안장애, 신체형장애, 해리성장애, 성장애 및 성정체감 장애, 섭식장애, 성격장애, 적응장애, 아동과 청소년 장애.

4. 정신병리학의 일반 증상들

기념비적인 NIMH Epidemilogical Catchment Area(ECA) 연구(Rigier 외, 1984)의 성과로, 미국 인구의 약 19% 정도를 무력하게 만들고 있는 가장 보편적인 정신병리적 장애들이 목록화 되었다. 일부 Adler학자들은 이러한 장애에 관한 저서를 출판했는데(Sperry, 1987 ; Sperry, 1990 ; Slavik, Carlson, & Sperry, 1992a ; Slavik, Sperry, & Carlson, 1992b), 우리는 이런 ECA 장애, 즉 양극성장애, 정신분열증, 우울장애, 반사회적 성격장애, 불안장애, 그리고 중독성장애 중 여섯 가지에 대해 논의할 것이다. 우리는 경계선적 성격장애와 자살에 대한 Adler학파의 해석에 대해서도 논의할 것이다. 각각의 논의에서는 각 장애에 대해 어린시절의 경험, 열등감, 보상, 삶의 과제에 대한 접근, 증상형성의 결과 등에 초점을 둔 Adler학파 입장에서 해석한 서술적 정의가 포함된다.

1) 불안장애

불안장애(Anxiety Disorder)는 DSM-I과 II에서 노이로제나 신경증장애로 분류되었다. 신경증(neurosis)은 후속에 DSM에서 불안장애에 포괄적으로 포함되었다. 불안장애의 하위 범주에는 공포증, 강박장애, 공황, 범불안장애, 외상후 스트레스, 그리고 비정형적인 불안 등이 있는데, 이런 장애들은 공황장애와 범불안장애처럼 압도적인 불안 또는 공포장애처럼 위험한 물체나 상황에 직면했을 때 나타나는 것처럼 증상을 극복하려할 때 경험하게 되는 불안이 있다. 만약 불안이 강박관념(obsession)이나 반복행동(compulsion)의 저항으로 나타난다면 이는 강박장애(obsessive-compulsive disorder)로 진전된다. 공포장애의 기본적인 특징은 특정 대상이나 활동 또는 상황에서 심한 비합리적인 두려움을 느껴 계속해서 이에 대한 회피행동을 나타내는 것이다. 광장공포증(agoraphobia)은 공포장애의 한 형태이다. 공황장애(panic disorder)의 기본적인 특징은 정기적으로 되풀이되는 불안발작과 신경과민이다. 이런 발작의 특징은 갑작스럽게 엄습하는 강렬한 불안과 공포이며 흔히 절박한 죽음의 감정과 관련되어 있다. 범불안장애는 기본적으로 공포증, 공황장애 또는 강박장애와 같은 특별한 증상

없이 최소한 6개월 이상 불안이 보편화되고 지속되는 것을 말한다. 불안을 유발하는 부적절한 생각이 지속적으로 반복되는 사고 또는 강박사고와 공포를 완화시키기 위해 반복적으로 판에 박힌 행동(stereotyped action)을 계속하는 것이 강박신경장애의 기본적인 특징이다.

다음 사례는 점점 증가하고 있는 일반적인 불안장애에 대한 설명이다.

> 어느 교외 지역사회 대표의 아내였던 G부인(47세)은 교회에 있을 때 느끼는 두려움 때문에 심리치료를 받으러 왔다. 이야기가 진행됨에 따라 그녀는 집을 떠나는 것에 대해 강한 공포심을 가지고 있다는 사실이 분명해졌다. 교회에 가는 것에 대한 두려움이 생겨나기 전에도, 그녀는 쇼핑을 하거나 자녀들을 학교에 데려다주는 것을 어려워했다. 이 광장공포증세는 18개월 전에 그녀의 남편이 심장 발작을 일으킨 것과 관련되어 시작되었다. 그녀의 남편은 62세였는데, 이 때문에 그녀는 남편에게 다시 한 번 심장 발작이 일어나면 그것이 그에게 치명적일 것이며 그로 인해 남편이 죽을지도 모른다고 생각하여 이를 매우 두려워했다. 그녀가 남편에 대해 상당히 독립적이었음에도 불구하고 그녀는 이런 생각을 견디기 어려워했으며 집을 떠나는 것에 대한 두려움이 점점 커지는 것을 이해할 수 없었다.

Adler는 사람들이 실패를 두려워할 때 자존감을 보호하기 위하여 자신을 삶의 과제로부터 보호하기 위해 불안을 사용한다고 생각했다. 신경증환자는 야심적인 사람으로 여겨지는데, 그들은 용기없음과 나약함이 드러날까봐 늘 두려워하면서 살고 있다. Adler는 신경증환자가 "망설이는 태도(hesitating attitude)"나 "예, 그러나(yes, but)"로 삶에 대응한다고 말하곤 했다. 그 사람들은 결정을 계속 연기하고 다른 사람과 어려운 과제들로부터 안전한 거리를 유지하려고 노력한다.

> 광장공포증, 불안, 신경증, 그리고 모든 형태의 공포증은 실패의 두려움을 인정하기 싫어한다는 점에서 기원을 같이 한다. 그러나 어떤 것이건 간에 이러한 공포증들은 그 이상의 활동을 하려는 방법을 차단시키려는 목적을 수행하면서 원하는 것을 얻을 수 있게 한다. 즉, 끔찍한 열등감은 노출되지 않으며 심지어 그 자신에게조차 은폐된다. 강박관념, 발작, 피로, 불면증, 기능장애(예, 두통, 편두통 등)와 같은 모든 징후들은 그 자신의 열등감을 은폐하기 위해 매우 어려운 작업을 하는데서 오는 심각한 긴장감에서 생긴다(Adler, 1964b, p. 11).

이와 같은 신경증의 유형은 환자의 어린시절에 기인한다. 응석받이로 자란 아동은 삶의 과제를 수행할 준비가 되어있지 않기 때문에, 다른 형제가 태어날 때나 학교생활을 시작할 때 또는 이사나 부모의 죽음 같은 주변환경에 주요한 변화가 생길 때 이런 일을 감당해 낼 용기를 잃게 된다. 첫 번째 신경성 증상은 흔히 복통, 호흡기장애, 야뇨증, 울화기질(temper tantrums)과 같은 기관기능장애로 나타난다. 증상들은 부모들로 하여금 아동자신의 말을 듣도록 강요하고 아동자신들의 책임을 덜어주려는 목적을 지니고 있다. 이런 증상들은 아동이 자기가 원하는 것을 얻기 위해 사용하는 최상의 무기 중의 하나이다(Dreikurs, 1950).

2) 양극성장애(조울증)

이 증상의 주요특징은 조증(manic)과 우울증상(depressive)이 혼합된 기분(mood)이다. 이 과정의 초기에 조증은 정상적인 행복감(euphoria)과 매우 비슷해 보이지만, 이는 점차적으로 통제 불가능해지며 정신이상적이 되어간다. 조증환자의 20%는 망상(decusion)과 환각(hallucination)을 경험한다. 우울증 기간은 대개 매우 심각하다. 발병은 대개 몇 달, 심지어 몇 년 동안 지속된다. 그러나 환자는 가끔 한 증세에서 다른 증세로 며칠에 걸쳐 순환하거나 대조되는 증상들을 동시에 나타내기도 한다. 첫 번째 상태는 종종 조증으로 시작되며 30세 전에 시작하여 몇 달 안에 해결되지만, 만약 치료되지 않는다면 대부분 우울증으로 진행된다. 다음은 양극성장애의 전형적인 예이다.

> C씨는 심한 조증상태로 지역병원 정신과에 입원한 32세의 변호사이다. 그는 극단적으로 과활동적이고, 과민하고, 산만하며, 성미가 급하고, 또 지나치게 요구가 많은 사람이다. 그는 억압된 말투, 빈약한 사고, 그리고 아내에 대한 적개심을 나타냈다. 그는 아내가 간통을 했다고 생각하고 있다. 그는 5년 전에 그의 아내가 자궁척출 수술을 받은 후에 우울 상태 때문에 치료를 받았다. 그때 이후로 그는 초봄에는 조증을 그리고 늦가을에는 울증을 보여 왔다. 그는 우울이 발병하기 전에는 사교성이 풍부했으며 완벽주의적 성향을 가진 장남이었다. 조증과 울증상태 중간에는 변호사로서 오히려 성공적이었으며 성격악화의 징후는 찾아볼 수 없었다.

Peven과 Shulman(1983)에 의하면, Adler는 양극성장애의 역동에 관해 거의 언급하지 않았다. 그들은 이 증상에 대한 Adler의 진술을 다음과 같이 요약했다. (1) 순환성 성격장애(cyclothymic personality disorder)가 발현한다. (2) 기분은 고양된 감정과 깊은 무력감 사이를 왔다갔다 한다. (3) 이런 사람들은 그들 자신의 능력에 대한 믿음이 부족하다. (4) 조증은 자신과 다른 사람을 속이기 위한 책략으로 보여진다. Peven과 Shulman은 그들의 문헌검토에서 어떤 역동적인 이론도 이 장애에 대해 적절히 설명하지 못하고 있음을 발견했다. 그들은 조증과 울증의 자율신경 신호는 병원학적으로 볼 때 주로 심리학적으로 이해하기보다는 생리학적(physiological)으로 이해하는 것이 가장 좋을 것이라고 제안했다.

DSM-Ⅲ 기준에서 17명 환자의 포괄적인 심리학적 분석표를 평가한 연구에서 Peven과 Shulman은 양극성장애에 대한 여덟 가지 일반적인 요소를 발견했다. 양극성자들은 탁월함과 명성을 성취하는 것과 관련하여 비현실적으로 높은 목표를 가진다. 전형적인 양극성자들은 그들의 목적을 직접적으로 성취할 수 없을 때 부수적인 목표로 다른 사람을 감동시키기 위해 노력한다. 그들은 자신의 목표를 이룰 수 있다는 것을 확신하지 못한다. 그러나 그들은 이것이 그들 목표가 실현 불가능했기 때문이라기보다 그들 자신의 어리석음 때문이라고 여기면서 자신을 비난한다. 그들은 이런 거창하고 힘겨운 목표들에 대항하는 내부의 저항을 갖고 있다. 그런데도 그들은 충동적이며 내부 통제적이고 아주 대조적인 인지양식 때문에 이런 목표들을 자유롭게 버리지 못하고 있다. 다시 말해 그들은 옳고 그른 흑백의 명확한 양극단으로 사고하는 양자택일(either/or)의 사람들이다. 그들의 지각양식은 생각하는 사람(thinker)이기보다는 떠보려고 하는 사람(feeder)인 경향이 있다. 그들은 흥분을 추구하고, 사고하고, 느끼고, 행하는 것에 있어 극단적이며 형제 중 첫째(firstborn)인 경우가 많다.

Pevern과 Shulman(1983)에 의하면 조증기간에는 야심에 찬 업적을 달성하기 위해 최고의 노력을 보이는 반면에, 울증기간에는 업적 성취를 부정하고 그래도 성취할 것이 요구되면 지쳐서 삶에 참여하는 것을 거절하거나 보다 강하게 저항한다. 이들은 양극성장애가 순환적 성격을 가지고 있다는 것이나 조증은 "그의 우월의 목표를 이루기 위한 필사적인 시도"라는 Adler의 의견에 동의하지 않는다(Adler, 1961). 저자들은 생물학적 성향과 성격적 경향이 조울 행동을 하게 한다고 가정하고, "조증은 성공이나 즐거운 흥분에 의해 생겨날 수 있고 언제 멈출지 또는 어떻게 그 발생을 조절하거나 경감시킬 수 있을지 알지 못한 다. 사실 양극성장애는 그들이 가장 편안하다고 느끼는 방법이며, 이 때문에 이 들은 계속해서 그 증세의 유혹에서 벗어나지 못한다"라고 결론지었다(p. 14).

3) 정신분열증

정신분열증(Schizophrenia)은 최소 6개월 이상 의사소통, 사고, 개념, 정서, 행 동에 장애를 보이는 정신장애의 한 부류이다. 사고장애의 특징은 환각과 망상 처럼 현실을 잘못 해석하고 잘못 이해하도록 하는 개념형성 상의 변질이다. 이 런 장애들에 대해 몇몇의 심리학적, 유전적, 생화학적, 사회문화적 이론 연구들 이 이루어져 왔다. 다음은 망상형(paranoid type) 정신분열증의 예이다.

> H 부인은 33번째 생일 다음날 정신병원에 입원했다. 그녀의 가족들은 지난 9개월 동안 그녀 가 위축되어 있었고 적절치 못한 기분과 종교적 생각에 심취되었으며, 그녀의 남편과 교회 의 나이든 사람들이 "예수에게 했던 것처럼 그녀를 없애려고 한다"는 망상과 이상한 행동을 했다고 한다. 그리고 그녀가 33번째 생일날 "죽임을 당할 것이다"라고 확신했고, 40일 동안 밤낮으로 단식을 할 수 있을 때만 음모를 피할 수 있다고 주장하면서 생일전 3일 동안 침실 에서 꼼짝 않고 있었다. 병원에서 그녀는 모든 직원들이 그녀의 음식에 독을 넣으려 하고, 집단치료시간에 그녀를 십자가에 못박으려고 한다는 등의 비난을 하면서 모든 직원을 눈에 띄게 의심했다. 그녀는 대부분의 시간 동안 자기 안에 틀어박힌 채 이교도들과 함께 있어서 하나님과 직접 소통할 수가 없다고 불평했다. 그녀의 기분은 침체되어 있었고 가끔씩 말을 하기는 했지만 적절한 말은 아니었다.

Adler에 따르면 정신분열증 환자는 매우 낮은 자아존중감을 갖고 있는데, 이 런 낮은 자아존중감을 지나치게 이상화하고 과장된 우월성을 목표로 함으로써 이를 보상하고자 한다. 극도의 빈곤, 일관성 없는 양육, 기질적 요인들, 오랜 질병, 부모로부터의 분리 또는 이런 이유들 몇 가지가 함께 작용하여 아동의 열등감이 발달된다. 이런 경험은 환자로 하여금 자신은 완전히 특별하고 중요 한 존재이며, 다른 사람들은 자신의 욕구를 좌절시키는 적(enemies)이라는 시 각을 갖게 한다. 게다가 아동은 위축되고 협동적이지 않을 뿐 아니라 다른 사람을 부당하게 이용한다. 그는 주위 사람들을 그의 어려움의 전형으로 대하고 그의 웅대한 계획을 성취하는 일을 방해한다고 비난한다. 환각은 물론 편집증적 망상의 증상은 환자를 주어진 삶의 과제에 대한 책임으로부터 차단하고 보호하는 안전장치이다(Adler, 1958, 1979).

Shulman(1968, 1980)은 특히 정신분열증과 관련하여 심리과정에 대한 Adler식 해석을 체계적으로 기술하였다. Sperry(1991)는 두뇌-마음 연구와 Sulman의 해석을 통합하였다. 이 통합은 임상관찰과 이론에 바탕을 둔 Sulman의 해석에 더 많은 타당성을 부여하고 있다.

Gazzaniga(1998)는 중심신경체계이론의 취약성에 대해서 또는 신경과학 연구에 바탕을 둔 기관열등성에 대해서 인지이론을 발전시켰다. 그의 주장에 의하면, 개인은 자기 자신 및 삶에 대해 내적으로 일관된 일련의 도식 또는 신념을 만들어내며, 이러한 것은 매일의 일상을 예측할 수 있게 하고 또한 의미있게 한다. 그는 이러한 인지도식을 "두뇌해석자(brain interpreter)"라고 하였는데, 이 두뇌해석자는 생활양식 신념과 굉장히 유사하다. 이 해석자가 항상 정확한 정보를 가지는 것은 아니나, 이 해석자는 정보를 가능한 방법으로 해석해야 한다. Gazzaniga는 진행 중인 정보의 순서를 만들어내기 위한 자극을 가정하였는데, 그에 따르면 이것은 중심신경체계의 역기능을 보완하기 위한 노력이라는 것이다.

그래서 정신병환자는 두뇌해석자—특히 언어를 담당하는 좌반구—가 만들어내는 내생적 또는 내부발생적인 두뇌의 환경으로 인해 순서를 잘못 인식하게 된다. 이 혼란은 잘못된 생물학적 상태, 예를 들면 신경전달물질에서의 급격한 감소 또는 증가와 같은 상태에 의해 촉발된 비논리적인 신경작용이다. 그리고 이 신경전달물질은 상징 및 이미지를 만들어내는 우반구에 반대되는 영향을 준다. 해석자는 혼란스러운 사건의 의미가 무엇인지 결정을 내린다. 우반구가 계속적으로 이상하고도 이해할 수 없는 이미지와 인상을 만들어내기 때문에 좌반구는 어쩔 수 없이 이러한 잘못된 정보를 일관적이고도 논리적인 체계에 따라 해석하고 통합하게 된다.

내인성적 뇌의 변화, 특히 도파민과 같은 신경전달물질에서의 변화는 새로운 환경을 만들어내고, 그 속에서 두뇌해석자는 계속적으로 작용한다. 그 작용은 환자의 정신적인 관점에 강한 지침이 되는 지각을 만들어낸다. 변연계의 신경전달물질 활동에서 일어나는 그러한 변화는 뇌의 순환을 바꿔서 기분을 좋게 하는 관련이나 보상이 더 이상 발생하지 않도록 한다. 이렇게 텅 빈 공간을 기괴한 사고가 채우는 것을 상상해보는 것은 어려운 일이 아니다. 정상적인 보상체계로부터 사고의 유입이 없다면 정신분열환자들은 만성적인 정보 공백 상태가 된다. 그들은 주변 환경으로부터 정보를 찾게 된다. 그러나 그들의 사회적인 고립이 증가하기 때문에 그 정보를 찾을 기회는 거의 없게 된다. 일치적 타당성(consensual validation)이 감소함에 따라, 그들의 해석자는 환각과 망상이라는 가상의 실제를 만들어내게 된다.

이렇게 침입된 사고는 만성적인 정보 공백 상태에 유입되기 시작한다. 정신분열증 환자가 원하지 않는 사고의 유입으로 대처하게 되면 사고 자체가 비정상적으로 되기 시작하고 이로 인해 사회적으로 위축된다. 사회적 고립은 도움이 되기보다는 문제를 더 복잡하게 만든다. 처음에 두뇌해석자는 상상의 소리와 목소리를 듣게 된다. 그러나 지금은 친구나 가족과의 지속적인 관련 없이 그런 상상의 소리와 목소리를 해석해야만 한다. 이는 망상에 대해서도 같이 적용될 수 있다. 때때로 모든 사람들이 편집증적 사고를 경험한다. 무서운 자극이 없는 상태에서 느끼는 압도적인 두려움과 공포의 일화는 대체로 신경회로의 일시적인 생물화학적 균형을 맞추기 위해서 나타난 것이다. 그러나 그런 조건이 일화를 넘어 만성적 조건이 되면, 두뇌해석자는 신경화학적 역기능을 설명하기 위해서 현저한 망상을 창조하게 될 것이다.

4) 우울장애

우울은 슬픔, 비통한 반응, 정신병이 아닌 우울 또는 기분부전(dysthymic)장애, 마지막으로 주요 우울 또는 정신병적 우울함에 이르기까지 광범위한 장애이다. 기분부전장애의 주요특징은 우울한 기분 또는 대부분의 일상활동에 대한 흥미나 기쁨을 상실한 만성적인 기분장애이다. 이런 증상들은 최소한 반드시 2년 동안 나타나야 하지만 주요 우울이라 간주할 만큼 심하지는 않다. 과거에는 주요 우울을 생물심리사회적 측면에서 묘사했다. 주요 우울이 너무 심각하면 개인은 현실과 관계를 맺지 못한 채 망상을 발달시키며 때로는 심한 자살위험을 가질 수도 있다. 가장 심각한 증세 중 일반적인 것은 아침 일찍 일어나는 것이다. 환자는 식욕저하, 심인증적 증상, 자기 비하와 죄의식을 가지고 아침에 일어난다. 기분부전장애에는 심리치료가 선택사항인 반면에, 주요 우울장애에는 심리치료가 주이고, 약물치료와 전기충격치료(ECT)가 보조치료이다. 여기 주요 우울장애의 예가 있다.

> J부인은 메스꺼움, 자꾸 눈물이 나는 증세, 그리고 우울감 등의 증상으로 지역 정신건강센터에서 주요 우울장애로 진단받은 41세 된 가정주부이다. 그녀의 증상은 4개월 전 그의 남편이 다른 여자와 관계를 갖고 있다는 것을 알아차린 이후에 시작되었다. 그녀는 식욕저하와 집중력 장애, 새벽에 깨기(early-morning awakening), 메스꺼움, 생리통, 그리고 두통 같은 신체증상, 또한 죄의식과 불쾌한 감정을 느꼈다. 다른 뚜렷한 정신운동지체는 나타나지 않았다. 그녀 자신은 예전에 감정동요의 병력을 갖고 있지 않았지만, 그녀의 어머니가 지난 10년간 항우울제를 복용해 왔다고 말했다.

대부분의 우울에 대한 Adler학파의 이론은 비록 그것이 주요 우울증들과 다소 관계는 있지만 대부분은 주로 우울신경증(depressive neurosis)과 관련된다. Adler는 개인이 이룰 수 없는 가상적 목적을 추구할 때 일상생활의 위험요소를 과장한다고 믿었다. 그리고 이런 목표를 달성하는 데 실패하기 때문에 다른 사람이나 생활환경을 비난한다. 우울증 환자는 바라는 것을 얻지 못한 것에 대한 그의 분노와 다른 사람에 대한 그의 경멸을 나타낸다. 그는 삶의 책임들을 피하기 위해 다른 사람들로 하여금 그가 원하는대로 하도록 시킴으로써 자신의 약함을 이용하고 불평하는 것을 배워왔다. 그는 그의 나약함과 무능함을 다른 사람에게 입증하기 위해 어떤 희생이라도 기꺼이 감수하며, 그 과정에서 사회적 책임을 면할 수 있게 된다. 우울한 아동은 다른 사람을 지배하기 위해 눈물을 사용했을 만큼 낙담한 아동이었을 것이고 아마도 다른 사람들에게 매우 의존적이었을 것이다. 그는 병과 다른 스트레스로부터 회복하는 데 어려움을 겪었을 것이며 아마도 자기 능력을 발달시키기 위해 노력하기보다는 다른 사람들로부터 강제로라도 동정과 적극적인 도움을 얻어내는 것이 더 쉽다고 생각했을 것이다.

Kurt Adler(1961)는 우울증 환자가 건강한 기간 동안 다른 사람을 눈에 띄게 경멸한 것을 지적했다. 이때 우울증 환자의 의욕이 과도하게 넘치고, 결과를 성취하기 위해 전력을 다하는 과정에서 무자비함과 반항심을 드러낸다. 그가 실패하면 우울증 환자는 정기적으로 다른 사람들, 그의 가정교육, 불운함, 심지어 우울까지 비난한다.

자살은 흔히 우울의 특징으로 여겨진다. 1910년에 Adler는 자살이 사회적 의미를 갖고 있다고 제안했다. 그는 청소년의 자살을 보복행위로 여겼다. 이때 한 사람의 죽음은 그의 친척들을 슬프게 하고 그들에게 그들이 항상 하찮게 여겼던 잃어버린 것의 진가를 인정하도록 요구하는 것이다(Adler, 1956). 계속해서 그들은 사랑받는 사람, 규칙(관례), 또는 넓게는 세계까지 이런 보복의 대상으로 선택한다. Adler는 또 잠재적인 자살은 낮은 사회적 관심과 응석받이로 자란 생활양식을 반영하고 자살의 위협은 다른 사람을 통제하는 수단이라고 믿는다. Kurt Adler(1961)는 자살하는 사람은 자살에 대한 세 가지 신화를 가지고 있다고 제안했다. 그것이 영웅적 행동이라는 것, 그것이 다른 사람에게 상처를 줄 것이라는 것, 그리고 자살은 그것을 끝까지 해내기 위해서 용기가 요구된다는 것이다.

5) 반사회적 성격장애

원래는 정신질환자나 사회병리적 행동이라고 불려졌던 반사회적 성격장애(Anti-social Personality Disorder)의 주요특징은 다른 사람의 권리를 침해하는 지속적이고 만성적인 행동의 역사이다. 이 장애의 발병은 반드시 15세 이전에 시작되며 반사회적 행동은 성인기까지 지속된다. 잦은 직장이동에 따른 낮은 작업수행력, 장기결석 또는 실직, 구속경험, 결혼문제, 충동성, 쾌락적 생활, 난잡한 성 행위, 불신뢰성, 그리고 약물과 알코올 남용이 일반적인 특징이다. 다음은 반사회적 성격장애의 한 예이다.

유복한 부모의 18세 된 아들인 B. H.는 법정으로부터 진단을 받도록 지시받았다. 3주 전쯤에 B. H.와 두 어린 소년들은 문이 닫힌 묘지에 침입해서 비석 몇 개를 쓰러뜨리고 지상에 있는 무덤에 침입하려고 시도했었다. 피해액은 4천 달러로 추정되었다. 3명 모두 혈중알코올 농도가 법률로 정한 음주상태로 측정되었다. B. H.의 부모는 그가 9세 때 이미 학교에서 문제를 일으켰다고 진술했다. 12세 때에는 작은 휴대용 라디오를 훔친 사건 때문에 체포되었다. 13세에서 17세 동안 자주 작은 비행에 연루되었으나, 지역에서의 부모님의 지위 때문에 그리고 그의 아버지가 기꺼이 배상을 할 수 있었기 때문에 대부분의 경우 가까스로 처벌은 피했다. B. H.는 그의 쌍둥이 여동생들보다 10살이나 많았고 그의 부모를 포함한 어떤 사람과도 진정으로 가깝지 않다고 말했다. 그는 그의 반사회적 행동에 대해 어떠한 양심의 가책도 느끼지 않았고, 그의 부모가 말로는 이런 행동을 반대했지만 교묘한 방법으로 그것을 격려했다고 진술했다. 그는 8세 때 자전거 사고로 발작을 경험한 이후 항경련제를 복용하기 시작했다. 그는 발작증상의 위험이 계속 남아있음에도 불구하고 3주 후에는 투약을 거부했다.

Adler는 범죄자들을 직접 상담한 개인적 경험에 있어서 다른 어떤 훌륭한 선구자적인 학자들보다 풍부한 경험을 가지고 있었으며, 이들의 생활양식과 치료에 대해 광범위한 기록을 남겼다. Adler는 범죄행위의 근본에는 신경증 환자에서와 같이 사회적 관심의 결여가 있다는 것을 발견했다. 그러나 신경증 환자와 달리 범죄자는 다른 사람에게 도움을 받거나 부담을 주는 것을 꺼린다. 오히려 그들은 마치 세계전체가 그에게 적대적인 것처럼 행동한다. Adler에 따르면 범죄자들은 어릴 때 "값싼 우월 콤플렉스"를 발달시켜 다른 사람들에게 해를 끼침으로써 이득을 얻을 수 있다고 생각한다. Adler는 범죄자를 세 가지 유형으로 분류했다. 받기만 하고 절대 주지 않는 행동패턴을 지닌 응석받이 아동이었던 사람이 어른이 되어서도 이런 패턴을 계속 지니고 있는 경우, 어릴 때 방치되어서 냉담한 세계를 직접 경험한 경우, 그리고 그들의 드러난 결점 때문에 반감을 가진 소위 못난 아이들이라 불렸던 경우. 그러나 그들이 본질적으로 겁쟁이임에도 불구하고 그들의 원래 상황이 무엇이든 세 유형 모두 우월성을 추구하는 열의를 보였다. Adler는 범죄자들이 절대로 정당하게 싸우지 않는다는 것을 발견했다. 그는 유리한 입장에 있을 때만 범행을 저질렀다. 그가 체포되기 전에 몇 번의 죄를 저질렀을 경우 범죄자의 우월감은 더욱 강해진다. 그들은 오로지 그들의 자식들과만 협동할 수 있다. Adler(1956)는 범죄자들이 "항상 자신이 범죄자가 '될 수밖에 없었던' 이유를 찾는" 전적으로 무책임한 사람이라는 사실을 발견했다(p. 413).

6) 중독성 장애 : 알코올, 약물, 성

알코올이나 약물의존이란 일반적으로 기분을 전환시키는 물질과 병리적인 관계를 갖고 있는 경우를 말한다. 예를 들어 알코올 중독자나 약물중독자에게는 물질과의 관계가 일, 친구, 심지어 가족보다 더 중요하다. 이런 관계가 진행됨에 따라 중독자는 정상적인 기분을 느끼기 위해 그 물질을 필요로 한다. 역설적이게도 중독자에게 "정상적인" 느낌이란 그가 의존하는 기초적인 관계가 타인보다는 물질이기 때문에 고립감과 외로움을 느끼는 것을 의미한다. 전문가들 사이에서는 다양한 중독적인 행동들 사이의 공통되는 요소에 대한 인식이 높아지고 있다. 또한 비만, 흡연, 일 중독, 그리고 통제불가능한 성 행위들이 중독으로 간주되기 시작했다. 병적인 관계는 대개 물질과 연관되어 있으나 과도한 일이나 통제불가능한 성 행위 같은 상황과 연관되는 경우도 있다. 각각의 경우에서 중독자의 기분을 전환시키는 "경험"과의 관계는 그의 삶의 중심이 된다(Carnes, 1983). 다음은 DSM-Ⅳ 용어에서 알코올 중독(alcoholism)이나 알코올 의존(alcohol dependence)으로 정의할 수 있는 한 사례이다.

> D 씨는 20년 동안의 심한 알코올 사용의 경험을 인정한 42세의 미혼 신문칼럼 기자이다. 칼럼을 마친 어느 목요일 밤, 그는 그의 친구들과 술을 마시기 시작해서 새벽 4시 술집이 문을 닫을 때까지 계속 마셨다. 그는 그의 아파트로 돌아와서 잠깐동안 잤다. 깨어났을 때 그는 식욕이 없어 몇 잔의 스카치와 물을 마시기 시작했다. 그 후에도 그는 종종 신문사 사람들이 방문하면 밤늦게까지 와인을 마셨다. 그리고 라운지에 가서 하루종일 술을 마시는 이러한 반복이 4일 동안 계속되었다. 월요일 아침 그는 사무실로 갔는데, 커피를 마시려 하자 손이 심하게 떨려서 뜨거운 커피를 셔츠와 바지에 엎질렀다. 몇 모금의 브랜디를 마시고 나서 그는 긴장을 풀고 다시 칼럼을 쓰기 시작했다. 편집장이 금요일에 그가 어디 있었냐고 묻자 그는 기억을 할 수 없었고 아팠다고 이야기를 꾸며냈다. 그날 아침 이후에 그는 사무실을 나와 주치의를 보러갔다. 그의 의사가 음주에 대해 물었을 때, D 씨는 지난 8달 동안 술을 진탕 마시면서 보냈다는 것과 5주 전의 주말에 있었던 경험에 대해서 이야기했다. 그때 그는 10일 동안 회사에 결근하고 아파서 기진맥진해 있었다. 어느 날 그의 친구가 그에게 술을 마시는 데 문제가 있다고 말했지만 그는 술을 "조절할" 수 있다고 믿었기에

친구의 금주모임 참가 권유를 거절했다. 그는 또한 그의 약혼녀가 그에게 음주에 대해 도움을 구하지 않으면 헤어질 것이라고 협박했다고 말했다.

Adler(1956)는 중독의 시작이 불안, 우울, 그리고 성기능 부전 같은 신경증상은 물론이고, 수줍음, 격리에 대한 갈망, 신경과민, 과민성, 그리고 참을성 없음으로 특징지워지는 심한 열등감에 기초해 있음을 발견했다. 기분을 전환시키는 일에 대한 갈망은 종종 허풍이나 힘을 갈망하는 형태인 우월 콤플렉스로 시작된다. 더 나아가서 Adler는 "모든 중독사례는 고통을 완화해 줄 것을 찾는 사람(중독자)을 다루는 것이다"라고 말했다(p. 423).

Lombardi(1973)는 통제집단과 비교해서 약물중독자의 생활양식을 연구했다. 그들의 초기기억에서 나온 주제들을 살펴본 결과 중독자들은 그들 자신의 삶의 방향이 결여된 의존성향을 가진 사람이다. 그들의 사회적 관심은 발달되지 못했고 그들은 세상을 냉담하고 위험하다고 보았다. 게다가 중독자들은 경쟁하거나 뛰어나려는 시도를 하지 않고, 어린애 같음, 충동, 고립, 신경과민, 과민성, 참을성 없음, 그리고 불안, 우울, 성기능 부전과 같은 신경증상으로 삶에 반응했다. 중독자는 그에게 무한한 힘의 느낌을 주는 약물로 인해 그들이 "기분 좋은 상태"일 때만 자기효능감을 느낄 수 있었다. 그들의 초기 생활훈련을 살펴보면 그들은 과잉보호도 방치도 거부도 받지 않았다. 그들은 역할 모델을 통해서나 자신의 경험들에 의해 사회적으로 책임감 있는 성인으로 삶을 살아가기 위한 준비가 되지 않았다. 중독자들은 그 자신이 사회적으로 바람직하지 못한 특성을 가지고 있다는 것과 따뜻하고 지속되는 개인 간의 관계를 형성하는 데 어려움을 가지고 있다는 사실을 기꺼이 인정한다.

비록 처음에는 Carnes(1983)가 성중독에 초점을 맞추었지만, 성중독의 주요 신념의 분석이 모든 중독행동의 기본임을 믿는다. 잘못된 신념은 (1) 나는 근본적으로 나쁘고 가치롭지 못한 사람이며 누구도 나를 나만큼 사랑하지 않을 것이다(자아관), (2) 만일 내가 다른 사람들에게 의존해야 한다면, 나의 욕구는 결코 만족되지 못할 것이다(세계관), (3) 중독적인 기분을 전환시키는 경험이 내 삶에서 가장 중요하다(가상적 목표). 중독자는 사람들을 믿지 않고 목표달성을 위해 흥분, 은폐, 그리고 속임수 같은 책략과 안전장치를 사용한다.

7) 경계선 성격장애

경계선 성격장애(Borderline Personality Disorder)는 분노, 불안, 격앙되고 불안정한 감정, 분열과 비인격화 등의 일시적 의식장애, 정체성 혼란, 변덕스런 대인관계, 그리고 자해를 포함한 충동적 행동 등이 다양하게 결합하여 복잡한 형태로 나타난다. 스트레스는 일시적인 정신이상을 촉진시킬 수 있다. 다음은 경계선 성격장애의 예이다.

> G. W.는 계속해서 자살할 생각을 한 이틀 후 그의 치료사에 의해 지역 정신건강센터의 병원응급실에 위탁된 24세 된 무직 남성이다. G. W.는 이전에 그의 손목을 베었고, 이런 자살시도 때문에 두 차례 입원했었다. 초자연적인 명상에 몰두하게 된 고등학교 4학년까지 그는 정상적으로 행동하는 듯 보였다. 대학에 입학한 첫 학기 동안 그는 집중하는 데 상당한 어려움을 겪었고, 초자연적인 교주(종교적 지도자)를 찾는 데 그의 대부분의 에너지를 다 쏟아붓고 있는 듯했다. 때때로 엄청난 불안과 공허감이 그를 압도했지만, 그는 피가 날 정도로 그의 손목을 살짝 그으면 그것들이 갑자기 다 사라져버리는 것을 발견했다. 그는 현재의 치료사와 18개월 동안 치료를 하고 있다. 초기에 그는 치료사의 공감과 직관력에 매우 매료되었었고 지금은 1주일에 두 번 있는 치료시간에 집중하는 듯했다. 가장 최근의 자살 충동은 치료사가 서부해안에 있는 다른 진료소로 옮길 것이라는 말을 했을 때 일어났다.

Adler학파의 견지에서 볼 때, 경계선 성격장애는 아동이 삶의 요구를 직면하기에 바람직하지 못하고 부적당하다고 느끼는 가족상황에 그 근원이 있다. 자기 연민, 무력감, 그리고 불이익의 감정은 경계선 성격장애자들이 세상을 극복할 독특한 특권을 요구하도록 한다. 그들은 사람을 있는 그대로의 실제 사람으로 보지 않고 완전히 선하거나 완전히 나쁜 사람으로 인격화(personification)한다. 그들의 인지 양식은 쉽게 사람을 과장하거나 이상화하는 엄격한 추상성으로 인해 유연성을 상실한다. 경계선 성격자들은 과거의 경험에서 유추하여 추론하며 새로운 관계에 쉽게 적응하지 못한다. 그는 어떤 것이 잘못되어 가고 있을 때 다른 사람들을 비난한다. 만약 그가 자신의 무능력을 비난한다면, 그는 그 상황을 변화시킬 가능성에 대해서는 훨씬 더 무력감을 느낄 것이다. 외적인 상황이 그의 통제밖에 있기 때문에 그의 감정은 희망과 절망 사이를 오르내린다. 사람들과의 관계에서 성실하게 반응하는 것을 배우지 못했기 때문에 그들

의 인간관계는 파란만장, 의존상태(종속관계), 반항, 그리고 속임수로 특징지
워진다. 그의 자아존중감은 감정과 함께 계속적으로 오르내리기 때문에 무너지
기가 쉽다. 그들에게는 헌신도 없고, 소속감도 없으며, 책임의식도 거의 없다
(Schulman, 1982).

Adler는 비록 그가 이러한 용어를 좋아하지는 않더라도, 정상적인 행동과 병
리적인 행동에 대해서 임상적으로 관련된 이론을 기술했다. 그는 이보다 사회
적인 관심차원을 강조하는 사회적으로 유용한 또는 무용한 행동이라고 언급하
기를 더 좋아했다. Adler의 이론이 DSM-IV와 상반되는 것은 아니다. DSM-IV
가 본질적으로 비이론적인 모델이라면, Adler의 접근법은 이론적으로 더 역동
성이 있으며 인지적이고 체계적인 역동성을 지닌다. 그러므로 Adler식 병리학
은 병리적인 장애의 치료 및 이해에 풍부한 방법을 제공한다.

참고문헌

Adler, A. (1956). In H. H. Ansbacher & R. R. Ansbacher (Eds.), *The individual psychology of Alfred Adler.* New York: Harper & Row.

Adler, A. (1964a) *Superiority and social interest.* In H. H. Ansbacher & R. R. Ansbacher (Eds.). Evanston, IL: Northwestern University Press.

Adler, A. (1964b) *Problems of neurosis.* In P. Mairet (Ed.). New York: Harper and Row.

Adler, K. (1958). Lifestyle in schizophrenia. *Journal of Individual Psychology, 14*(1), 68-72.

Adler, K. (1961). Depression in the light of individual psychology. *Journal of Individual Psychology, 17*(1), 56-67.

Adler, K. (1979). An Adlerian view of the development and treatment of schizophrenia. *Journal of Individual Psychology, 35*(23), 147-161.

American Psychiatric Association. (1994). *Diagnostic and statistical manual of mental disorders.* (4th. ed.). Washington, DC: Author.

Carnes, P. (1983). *The sexual addiction*. Minneapolis: CompCare Publications.

Dreikurs, R. (1950). *Fundamentals of Adlerian psychology*. New York: Greenburg Publishers.

Dreikurs, R. (1967a). Psychodynamic diagnosis in psychiatry. In R. Dreikurs (Ed.), *Psychodynamics, psychotherapy, and counseling: Collected Papers of Rudolf Dreikurs*. Chicago: Alfred Adler Institute, 95-102.

Dreikurs, R. (1967b). The psychological interview in medicine. In R. Dreikurs (Ed.), *Psychodynamics psychotherapy, and counseling: Collected Papers of Rudolf Dreikurs*. Chicago: Alfred Adler Institute, 125-152.

Gazzaniga, M. (1988). *Mind matters: How mind and body interact to create our conscious lives*. Boston: Houghton-Mifflin.

Lombardi, D. (1973). The psychology of addiction. In H. H. Mosak (Ed.), *Alfred Adler: His influence on psychology today*. Park Ridge, NJ: Noyes Press, 71-75.

Mosak, H. (1959). The getting type: A parsimonious social interpretation of the oral character. *Journal of Individual Psychology, 15*(2), 193-198.

Mosak, H. (1968). The interrelatedness of the neuroses through central themes. *Journal of Individual Psychology, 24*(1), 67-70.

Mosak, H. (1971). Lifestyle. In A. Nikelly (Ed.), *Techniques for behavior changes: Applications of Adlerian theory*. Springfield, IL: Charles C. Thomas, 77-81.

Mosak, H. (1973). The controller: A social interpretation of the anal character In H. H. Mosak (Ed.), *Alfred Adler: His influence on psychology today*. Park Ridge, NJ: Noyes Press, 43-52.

Mosak, H. (1979). Mosak's typology: An update. *Journal of Individual Psychology, 35*(2), 92-95.

Mosak H. (1984). Adlerian psychology. In R. Corsini & B. Ozaki (Eds.), *Encyclopedia of Psychology*. New York: Wiley-Interscience, 232-258.

Mosak, H. (1985, May) *Mosak's typology: Behaviors, psychopathology and psychotherapy.* Paper presented at North American Society of Adlerian Psychology, Atlanta.

Neufield, I. (1954). Holistic medicine versus psychosomatic medicine. *American Journal of Individual Psychology, 10*(3, 4), 140-168.

Pancner, R. (1985a, July). Biochemical theory and Adlerian psychotherapy. Audiotape. *International Association of Individual Psychology.* Montreal.

Pancner, R. (1985b). Impact of current depression research on Adlerian theory and practice. *Individual Psychology: The Journal of Adlerian Theory, Research & Practice, 41*(3), 289-301.

Peven, D., & Shulman, B. (1983). The psychodynamics of bipolar affective disorders. Some empirical findings and their implication for cognitive therapy. *Journal of Individual Psychology, 39*(1), 2-16.

Regier, D., Myers, J., Kramer, M., Robins, L., et al. (1984). The NIMH Epidemiological Catchment Area (ECA) Program: Historical context, major objectives, and study population characteristics. *Archives of General Psychiatry, 41,* 934-941.

Shulman, B. (1968). *Essays in schizophrenia.* Baltimore: Williams and Wilkins.

Shulman, B. (1980). *Essays in schizophrenia* (2nd ed.). Chicago: Alfred Adler Institute.

Shulman, B. (1982). An Adlerian interpretation of the borderline personality. *Modern Psychoanalysis, 7*(2), 137-153.

Slavik, S., Carlson, J., & Sperry, L. (1992a). Adlerian marital therapy with the passiv-aggressive partner. *American Journal of Family Therapy, 20*(1), 25-35.

Slavik, S., Sperry, L., & Carlson, J. (1992b). The schizoid personality disorder: A review and an Adlerian view and treatment. *Individual Psychology, 48*(2), 137-154.

Sperry, L. (1987). Common psychiatric presentations in clinical practice: DSM-III and dynamic formulations. *Individual Psychology, 43*(2), 131-143.

Sperry, L. (1990a). Dissociation multiple personality, and the phenomenon of evil. *Journal of Pastoral Counseling, 25*(1), 90-100.

Sperry, L. (1990b). Personality disorders: Biopsychosocial descriptions and dynamics. *Individual Psychology, 48*(2), 193-202.

Sperry, L. (1991). The psychotic disorders: An update. *NA.S.A.P. Newsletter 24*(4), 5-6.

Sperry, L., & Carlson, J. (1993). *Psychopathology and psychotherapy: From diagnosis to treatment.* Muncie, IN: Accelerated Development.

Sperry, L., & Carlson, J. (1996). *Psychopathology and psychotherapy: From diagnosis to treatment of DSM-IV disorders.* (2nd ed.). Philadelphia: Taylor and Francis/Accelerated Development.

Sperry, L., & Maniacci, M. (1992). An integration of DSM-III-R diagnosis and Adlerian case formulations. *Individual Psychology, 48*(2), 175-181.

제 **2** 부

기술과 전략

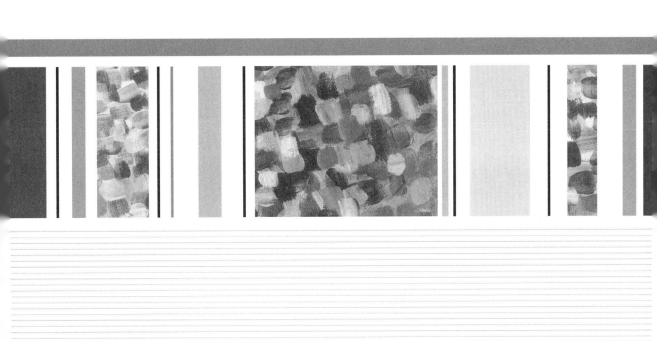

제 5 장

분석과 평가

개 인심리학의 이론은 사회목적론적(socioteleogical)이다. 사회심리학자들은 사람들을 사회적이고 창조적이고 활동적이며 특별한 목표를 향해 나아가는 의사결정적 존재이며 독특한 신념과 지각에 의해 영향을 받는 존재로 이해한다.

"변화만 믿어라"라는 말은 내담자를 이해하는 데 매우 도움이 되는 말이다. 이 말은 상담의 진행방향을 제시하는 중요한 것이다. 그러나 우리의 논의는 상담과 치료 모두에 중점을 둔다는 것을 명확히 하자. 상담은 주로 한 개인이 자기 패배적 행동을 수정하고 효과적인 결정을 하며 보다 효과적으로 문제를 해결할 수 있도록 돕는 데 관심을 둔다. 심리치료는 생활양식에 영향을 주고, 잘못, 실수, 그리고 자기 패배적 인식을 바꾸고 개인의 신념과 목표에 실질적인 영향을 주는 데 관심을 둔다. 상담과 치료에는 모두 같은 이론과 기법들이 적용된다.

1. Adler 상담의 원칙

1) 사회목적론적 관점

모든 행동이 가지고 있는 목적을 찾는다   개인심리학은 그 초점을 목적에 둔다는 점에서 독특하다. 이 목적론적 방침은 전통적인 원인론적 접근과는 반대로 상담사와 내담자 간의 교류에 중점을 둔다는 주목할 만한 특성을 가지고 있다. 개인심리학은 증상을 제거하는 것과 행동양식의 변화를 추구하는 것뿐만 아니라 내담자가 주위환경의 무력한 희생자가 아니고, 자신의 의지대로 행동하는 존재라는 사실을 내담자에게 이해시키는 것에 강조점을 둔다(Dreikurs, 1953).

내담자의 낙담은 그들의 목적을 보면 이해할 수 있다. 개인심리학에서는 사람들과 잘 어울리지 못하는 것과 같은 행동 패턴을 정적인 문제라기보다 심리 동향을 파악할 수 있는 유용한 표시로 여긴다. 예를 들어 "무능함"의 결과로 무엇이 일어나는가? 무능함을 드러냄으로써 아동은 그들의 부모가 그들을 위해 그들의 숙제나 집안 일을 대신 하도록 시킬 수 있다. 어떤 상황을 스스로 처리할 수 없다는 것을 드러냄으로써 성인들은 어떤 다른 사람이 그 상황을 그들 대신 처리하도록 시키려는 의도를 가지고 있을 수도 있다. 같은 방식으로 어떤 다른 삶의 도전에 직면하지 못하는 사람은 특별히 다뤄지기도 하고 관계를 통제하거나 어떤 다른 부분에 힘을 발휘하기도 한다. 여기서 힘이란 그에 대한 기대나 과제 수행에서 면제되는 것을 의미한다. 상담사의 목표는 내담자로 하여금 자신의 이러한 동기들을 자각하게 하고 결과적으로 그들의 모든 행동은 그들이 삶에 대해 어떤 전제를 가지고 있느냐에 따라 이해될 수 있다는 개념을 받아들이게 하는 것이다. 내담자는 자신의 목적을 이루려는 방식으로 행동한다. 다시 말해 내담자는 그들의 욕구를 충족시키는 행동을 "버리지" 않는다.

예를 들어 만약 내담자가 여성들과의 관계에서 만족을 찾을 수 없다고 불평한다면 상담사는 이 행동의 목적(여성과 사귀는 것에 있어서의 그의 무능력)을 이해하려고 노력한다. 이 부분의 무능력 때문에 내담자는 여성과 사귀는 데 있어서는 불편함을 느끼겠지만, 그가 안전하다고 느끼는 삶의 장소인 그의 일에는 최선을 다한다. 그렇지 않으면 아마도 그 사람의 무능함으로 인해 그의 친구들이 걱정을 하고, 그에게 "적합한 여자를 찾아주기 위해" 두 배의 노력을 하게 만들 수도 있다. 실제로 그는 수많은 사람들이 자신에게 관심을 가지게 하고 자신과 접촉하도록 만든다. 일단 상담사가 내담자의 무의식적 동기일 수 있는 행동의 대가를 파악했다면, 상담사는 내담자가 그들의 동기와 그것이 그들의 생활양식에 미치는 영향에 대해서 자각할 수 있도록 도와주어야 한다.

사회적 관심을 자극한다   개인심리학은 사람들을 그들의 목표와 기능을 완전히 실현하기 위해서 다른 사람과 협동해야 하는 사회적 존재로 본다. 게다가 Adler학파에서는 정신건강은 남들과 무언가를 주거나 받는 삶에 참여하는 것과 다른 사람과 협동하는 것, 그 사람의 사회적 관심에 의해서 측정될 수 있다고 믿는다. Adler학파에서는 낙담한 사람들에게 자기 내면을 보는 대신에 외부를 보면서 다른 사람들을 도울 것을 제안한다. 사회적 관심과 다른 사람에 대한 관심은 자기 흥미와 자기 자신만의 이익이나 현재 낙담된 위치와는 상반되는 것이다.

2) 창조적이고 의사결정적 존재

사람은 그들 주위의 자극에 단순히 반응만 하는 존재가 아니라 자신의 삶의 과정에 적극적으로 영향을 주는 존재이다. 내담자가 이러한 사실을 깨닫고, 삶에서 일어나는 일들에 대한 그들의 책임을 당연한 것으로 여기도록 돕는 간단한 상담방법은 "당신은 _____이나 _____과 관계된 것들로부터 당신 자신을 어떻게 유지합니까?"라고 질문하는 것이다. 만약 내담자가 "나는 나의(남편, 선생님, 상사)와(과) 더 이상 협동을 할 수 없습니다"라고 말하면 상담사는 그녀에게 "나는 협동을 하지 않겠습니다"라고 진술을 바꿔 말하도록 요구하고 그것으로 인해서 그가 관계에 책임을 지도록 한다. 상담사는 내담자가 언제든지 변화를 결심할 수 있지만, 어떤 이유들로 인해 겉보기에는 그가 변하지 않으려는 것처럼 보인다는 것을 확실히 알고 있어야 한다. 그리고 나서 내담자는 앞서 언급한 바와 같이 내담자 자신이 특별히 다뤄지거나 도움을 받게 되는 것, 관계를 지배하는 것, 또는 그에게 주어지는 그 밖의 대가를 살펴본다.

2. Adler 상담의 목적

Adler학파의 상담은 상담의 4단계에서 각 단계에 상응하는 네 가지 주요목적을 갖는다.

- 내담자가 상담사에게 이해받고 받아들여진다고 느끼도록 내담자와 공감적 관계를 형성한다.
- 내담자가 그의 생활양식을 결정하는 동기나 목표는 물론 내담자의 신념과 정서를 이해하도록 돕는다.
- 내담자가 그의 잘못된 목표와 자기 패배적 행동을 자각하도록 돕는다.
- 내담자가 문제행동이나 문제상황에 대해서 대안책들을 고려해서 변화를 실행하도록 돕는다.

1) 공감적 관계 형성하기

Adler학파에서는 상담사와 내담자 상호간의 합의된 목표를 향해 적극적인 파트너로서 함께 작업하는 평등하고 상호 협력적인 관계를 추구한다.

상담사에게는 효과적인 도움을 주는 관계를 위해 필요한 조건을 제공해 줄 책임이 있다. 내담자는 "상담받는" 소극적인 수용자가 아니라 협력적인 관계에서 적극적으로 개입해야 하는 당사자이다. 내담자와 상담사의 관계는 계약에 있어 분명히 설명되어질 수 있다. 계약할 때 상담과정의 목표와 상담과정에서 상담사와 내담자 각자가 동등한 파트너로서 맡아야 하는 책임 등을 자세히 열거한다. 평등과 책임을 강조하는 것은 "치료받기 위해 상담받으러 간다"는 일반적인 생각과는 다른 것이다. Adler 상담에서 내담자는 그들이 자신의 행동에 책임이 있다는 것을 인식해야 한다.

관계의 목표는 명백하기 때문에 상담사와 내담자 모두는 상담의 과정을 평가할 수 있다. 상호협력하여 목표를 정하는 것은 자신의 삶을 자신이 결정하는 내담자의 능력을 존중해 준다는 것을 의미하며, 또한 내담자를 돕는 상담사의 역할을 분명히 해준다. 그것은 또한 내담자에게 상담사가 이러한 방향으로 자신이 변화하도록 기꺼이 돕는다는 것과 헌신을 보장한다.

상담과정을 통해서 상담사는 내담자가 자신의 유용한 가치를 자각하여 이를 받아들이고 활용하도록 돕는다. 상담에서는 내담자의 결점과 약점을 분석하는 데 초점을 두지 않는다. 상담사의 가장 강력한 무기는 격려이다. 격려받은 내담자는 신념, 감정, 목표, 그리고 행동을 변화시킬 수 있는 자신의 강점과 개인적인 힘을 자각할 수 있게 된다.

이와 같은 긍정적 접근은 내담자의 단점보다 유능함을 강조한다. 이로 인해 내담자는 자신이 직면하여 극복해야 하는 장벽과 장애물을 덜 위협적으로 인식하게 되며 직장이나 가정에서의 나쁜 관계, 실수, 또는 실패를 그가 배우고 성장하기 위한 기회로 이해하게 된다.

여기서 비밀 보장과 사생활 보장은 필수적인 요소이다. 치료는 내담자가 자발적으로 과정에 참여할 때 더욱 효과적이다. 관리나 보호감독을 위해 상담사가 배정된 내담자는 더 성가신 결과를 피하기 위해서가 아니라면 협조에 동의하지 않을 것이다. 그런 상황일지라도 내담자가 협력하기 전까지는 "상담"이 부드럽게 진행되지 않을 것이다.

강요받은 상담의 경우는 더욱 진부해진다. 이러한 상담에 Adler 상담의 기본 개념은 좋은 지침을 제공한다. 상호존중을 유지하라. 관계를 형성하기 위해 분명하고 간단한 목표를 설정하라. 내담자가 낙담해 있으며 목표를 지향하고 있다고 이해하라. 상담에서 가장 기본적인 것은 상담사와 강요받은 내담자 간의 치료적 동맹을 형성하는 것이다.

2) 신념, 감정, 동기, 목표 이해하기

Adler 상담에서 생활양식은 기본 개념이다. 생활양식은 그 자신과 타인에 관한 신념, 지각, 그리고 감정을 기본으로 하여 세워진 구조로써 개인의 구성개념이다. 상담사는 내담자의 신념, 지각, 감정을 확인하기 위해 노력하며 그의 이야기를 주의 깊게 듣는다. 그것은 반영적 경청의 특별한 방법으로 언어적인 의사소통과 비언어적인 의사소통의 모든 구성요소를 이해하기 위한 적극적인 시도이다. 상담사는 신념과 목표를 알기 위해 내담자의 동기를 관찰한다. 이로써 전체적 통합(a holistic synthesis)이 이루어지게 되는데, 모든 것들은 생활을 좀더 편하게 만들기 위해서 그것이 어떻게 생활양식에 적용되며 그 사람의 역동성을 좀더 많이 이해하기 위해서 그것을 어떻게 사용할 수 있는가 하는 관점에서 이해된다(Dreikurs, 1967).

상담사는 개별적 요소들의 단편적인 해석에는 흥미가 없다. IQ 점수, 성격검사, 그리고 지난 과거와 같은 것들은 오로지 행동 패턴과 관련해서 이해되어야 한다. 상담사는 개별적 요인이 아닌 전체적인 심리적 움직임의 의미를 보아야 한다.

모든 진술은 진술의 앞뒤 맥락과의 관계에서 이해되어야 한다. 즉, 내담자의 유형과 관련된 측면에서 이해되어야 한다. 내담자가 "나는 최선을 다했다. 그러나 다른 사람들은 좀처럼 만족하지 않는다. 아직 나는 그들을 기쁘게 하기 위해 계속 노력하고 있다"고 말할 때, 상담사는 낙담의 감정뿐만 아니라 다른 사람을 기쁘게 하는 것의 중요성과 목적에 대한 신념도 다루어야 한다. 내담자가 다른 사람을 기쁘게 하기 위해서 희생자, 심지어 순교자가 되려고 하는가? "단지 당신을 위해 무언가를 한다"는 목표는 아마도 내담자가 자기 주변의 다른 사람들이 자신에게 은혜를 입고 있다고 느끼게 만들기 위한 것이 될 수도 있다. 이런 경우에는 "당신은 만족할 수 없는 것인가 아니면 만족하고 싶지 않은 것인가?"라고 묻는 것이 적절하다.

일단 상담사가 내담자의 말을 적극적으로 듣고 전체적 통합의 원리를 적용하여 내담자의 생활양식을 이해하게 되면, 상담사는 내담자로 하여금 생활양식에 영향을 주는 그의 기본신념과 인식을 자각하게함으로써 상담사와 같은 수준의 이해에 도달하도록 도울 수 있다. 내담자에게 생활양식을 이해시키고 그것이 어떻게 해서 그렇게 된 것인지를 분명히 보여주는 바로 그런 의사소통이 상담관계에 깊은 영향을 주는 치료적 효과이다. 어떤 사람의 생활양식을 진정으로 이해하는 것이 공감의 최고 형태라고 할 수 있는 것이다. 내담자가 자신이 이해받고 있으며 받아들여진다고 느낄 때, 그들은 문제가 되는 자신들의 행동과 잘못된 전제에 직면할 수 있고 그것들을 바꾸려는 시도를 할 수가 있다.

상담과정에서 드러나게 되는 잘못된 믿음이란 무엇인가? "삶은 공평하지 않다", "사람들은 나쁘다", "나는 옳아야만 한다", "나는 기뻐야만 한다", "나는 최고일 때만 가치 있다", "승리가 전부이다." 이와 같이 몇 개 안 되는 그릇된 신념 목록에서도 삶의 어려운 문제에 대해서 사람들이 서로 다르게 접근한다는 것이 분명히 드러난다. 여기에서 상담자는 내면에 깔린 신념을 확인해 준다.

Michele : 나는 상사를 만족시키기 위해 내가 할 수 있는 모든 것을 해요. 그러나 그는 전혀 만족하지 않아요. 나는 그를 이해할 수 없어요.

상담사 : 당신은 만약 당신이 누군가를 만족시킬 수 없다면, 노력하는 것 자체가 아무 의미없다고 느끼는군요.

신념은 그릇된 감정을 유발한다. 상담사는 내담자의 말을 주의 깊게 듣고 감정을 반영하여 공감을 해줌으로써 내담자의 감정과 그 뒤의 신념들 그리고 감정이 성취하고자 하는 목적을 확인할 수 있도록 돕는다. 여기서 상담사는 내면에 깔린 감정을 확인해 준다.

Michele : 나는 상사를 만족하게 하기 위해 내가 할 수 있는 모든 것을 해요. 그러나 그는 전혀 만족하지 않아요. 나는 그를 이해할 수 없어요.

상담사 : 당신은 혼란스럽겠군요, 실망스럽기도 하고 말입니다.

상담사의 이런 반응은 대화를 감정의 토론으로 이끌고 상담사와 내담자가 좀더 집중적으로 감정을 탐색할 수 있게 한다. 그러나 Michele의 기본적 신념이 "나는 즐거워야만 한다. 그렇지 않으면 성공할 수 없다"임을 알아차리게 되기까지 단지 감정을 탐색하는 것은 그녀의 신념이 자신의 감정에 영향을 주고 있다는 것을 그녀가 알아챌 수 있게 도와주지는 못할 것이다. 신념이 감정에 영향을 준다는 것이 Adler학파의 관점이다. 부끄럽다는 당신의 신념이 쑥스러운 감정을 느끼도록 만드는 것이지 다른 어떤 것이 있는 것은 아니다.

Adler학파의 상담가는 동기를 이해하고 공감을 발달시키고 관계를 향상시키기 위해 감정을 탐색하기 때문에 감정 이면의 신념에 대해 의논하기 위해서 항상 감정이상의 것을 다루어야 한다. 잘못된 신념에 직면함으로써 내담자는 자신의 감정에 좌우되는 것이 아니라 자신의 감정을 통제할 수 있게 되고, 감정을 변화시킬 수 있게 된다는 것을 알아차리게 한다. 여기에서 상담사는 잠정적 가설을 제시함으로써 관계를 진척시킨다.

Michele : 나는 상사를 만족시키기 위해 내가 할 수 있는 모든 것을 해요. 그러나 그는 전혀 만족하지 않아요. 나는 그를 이해할 수 없어요.

상담사 : 만약 당신이 누군가를 만족시킬 수 없다면, 노력하는 것 자체가 아무 의미가 없다고 믿고 있는데 과연 그럴까요? 당신의 노력을 알아차리지 못하는 당신 상사의 실책이 당신의 비협조 심지어 협조하지 않음을 정당화시키고 있군요.

상담사는 내담자의 감정을 잘 듣고 신념을 확실히 파악한 후에만 이런 반응을 할 수 있을 것이다. 상담사가 할 수 있는 다양한 반응들을 보여주기 위해서 앞의 예에서 내담자의 말을 세 번 반복해 보여주었다. 이 중 세 번째 반응이 공감과 이해를 넘어 행동을 자극하기 위해 고안된 것이다. 대화가 가설적으로 제시되었음에 주목하라("~라고 할 수 있을까요?"). Michele은 자신의 변화를 스스로 결정할 수 있다. 동시에 상담사의 반응은 목적을 생각하도록 상호작용 한다. Michele이 그의 목표와 의도들과 접촉하기 전까지는 변화를 향한 의미있 는 움직임을 하기 위한 동기를 얻지 못할 것이다. 그러나 목적을 자각하게 되면 그가 자신의 목적을 선택하게 되고 자신이 그것을 바꿀 힘을 가졌다는 것을 알아차리게 된다.

다음 예는 상담사가 단순히 그들을 반영하는 대신에 공감을 넘어 내담자의 감정의 목적을 다룰 필요성을 묘사하고 있다.

> Jim은 1년차 교사로 그와 그의 학생들 사이의 일들을 설명한다. "나는 수업준비에 많은 시 간을 보냅니다. 나는 특별한 워크숍에 참가하고 심지어 자료를 구입하기 위해 내 개인자금 도 사용합니다. 나의 최선의 노력에도 불구하고 학생들은 나에게 고마워하지 않습니다. 그들은 수업시간에 소란스럽고 수업에 참여하지 않으며 숙제도 거의 하지 않습니다. 나는 포기했어요. 왜 노력하나요? 아무런 소용이 없어요!"

Jim은 교사로서의 그의 노력에 대해 심하게 낙담해 있다. 그의 불평은 열심 히 일하는 것을 그만두는 것을 스스로 정당화시키려는 목적을 가지고 있다. 그 는 자신이 그의 절망을 말하면 상담사가 그를 동정하여 그가 학생들과 직면해야 하는 책임을 면제해 줄 것이라고 믿었다. 만약 상담사가 이런 감정의 목적을 찾으려고 노력하지 않고 그의 감정을 이해하고 공감하는 데 초점을 두었다면, Jim과 상담사 사이의 대화는 아마도 다음과 같을 것이다.

Jim : 와(휴)! 나는 이 학생들을 위해 모든 노력을 다했어요. 그러나 아무런 소용이 없었어요.

상담사 : 정말 희망이 없어 보이네요.

Jim : 누구라도 이런 학생들과는 아무 것도 할 수 없을 거예요.

상담사 : 당신이 성공할 수 있는 방법이 없는 것 같네요. 당신은 낙담하고 있군요.

Jim : 그것뿐이 아니에요. 집에서…

이 예는 상담사의 단순한 공감은 내담자의 부적당한 감정을 더욱 자극하게 된다는 것을 보여준다. 더 적절한 접근은 먼저 감정을 듣고 공감한 다음 감정을 넘어서 내담자의 인지, 신념, 태도, 그리고 목적으로 움직여 나간 후 Jim이 문제를 깨닫고 변화하기 위한 동기를 부여하는 것이다.

Jim : 와(휴)! 나는 이 학생들을 위해 모든 노력을 다해왔어요. 그러나 아무런 소용이 없었어요.

상담사 : 당신이 "나는 성공할 수 없다"는 믿음을 갖고 있다는 생각이 들어요.

Jim : 확실히 나는 성공했다고 느끼지 못해요.

상담사 : 나는 학생들이 그것을 느끼고 당신의 믿음에 따라 당신에게 반응하고 있다는 생각이 들어요.

Jim : 글쎄요, 나는 낙심했어요. 아무 것도 효과가 없어요!

상담사 : 이 학생들은 구제불능이라는 당신의 믿음이 당신의 실패를 정당화할 수 있을까요? 공공연하게 당신이 부적절하다고 말해버림으로써 당신은 희생자가 된 것 같아요.

Jim : 아마도요. 그럼 내가 어떻게 하면 좋을까요?

상담사는 Jim의 믿음과 감정의 궁극적인 목적을 깨우쳐줌으로써 그가 다른 대안책을 고려할 수 있도록 도왔다.

3) 잘못된 목표와 자기 패배적 행동을 통찰하기

내담자에게 동기를 부여하고 행동하고 움직이게 하는 데는 지각(perception)이 가장 중요하다. 우리는 우리가 사물을 어떻게 보느냐에 기초해 행동하지 다른 사람의 지각에 기초해서 행동하지 않는다.

> 개인심리학은 개인의 행동이 항상 목표를 향해 움직인다고 본다. 목표는 동기자극제이다. 목표는 행동의 최종 원인이 된다. 목표는 의도의 마지막 지향점이다. 목표 그 자체는 종종 무의식적이거나 최대한 불분명하게 해석된다. 상담은 내담자가 자신의 목표를 이해한 후 이를 바꾸도록 돕는 것이다(Shulman, 1985).

대부분의 사람들은 그들이 뭔가 잘못되어 있다고 생각하고 상담을 받으러 온다. 상담은 개인이 자신들의 잘못된 생각을 자각하고 왜 자신이 그런 방식으로 행동하는지를 이해하도록 돕는 것이다. 다시 말해, 상담의 목표는 내담자가 그들의 행동의 목표를 스스로 이해하고 무의식적인 목표가 어떻게 그들의 목표를 이루도록 하는지를 이해하도록 하는 것이다.

상담사는 내담자와 공감하고 그를 수용하지만 또한 직면하기도 한다. 숨겨진 목적과 목표에 대한 통찰은 우리가 다른 사람과 어떻게 상호작용하는지 자각하도록 돕기 위해 고안된 해석과 기술들을 통해서 뿐만 아니라 직면과 용기를 통해서 가능하다. 내담자가 무엇 때문에 보다 효율적으로 행동하지 못하는가에 대한 통찰은 내담자가 겉으로 드러난 모순을 해결할 수 있도록 도움을 준다. 이로써 내담자는 그들의 잘못된 목적을 버리고 효율적인 행동양식을 추구하게 된다.

4) 대안책을 찾아 새로운 선택하기

상담과정의 마지막 단계는 방향 재설정을 향해 진행된다. 이것은 통찰을 행동으로 변화시키는 행동을 지향(action-oriented)하는 상담과정으로 이를 위해 행동을 유발하기 위한 다양한 능동적(적극적)인 기술들이 사용된다. 신념이 이해되고 목표와 의도가 인식되며, 신념과 목적을 동반하는 감정이 받아들여지고 명확해지며 또렷이 설명된다. 이제는 대안을 찾고 새로운 선택을 해야 한다.

Michele : 나는 상사를 만족하게 하기 위해 내가 할 수 있는 모든 것을 했어요. 그러나 그는 전혀 만족하지 않아요. 나는 그를 이해할 수 없어요.

상담사 : 당신은 낙담해서 당신이 누군가를 만족시키지 못한다면 당신을 실패자라고 생각하는군요. 이것은 당신이 당신 자신을 받아들이기 위해 선택한 생각입니다. 대신에 당신은 "나는 최선을 다할 것이다. 그리고 그가 만족하지 않으면 그것은 그의 잘못이다"라고 생각할 수 있습니다. 여기에 대해서 어떻게 생각하세요?

상담사는 내담자의 감정을 듣고 신념과 목적을 명확히 할 뿐 그것을 강요하지는 않는다. 이때 흔히 초보 상담사들은 종종 난항에 빠지게 되는데, 이를테면 내담자의 생각을 그대로 되풀이하는 것이다. 그러나 숙련된 상담사는 그 대신 생각해 볼만한 대안적 생각이나 신념을 제공한다. 방향 재설정 단계를 성공시키는 효과적인 요인은 바로 격려이다. 격려는 내담자에게 변화를 유도하는 최고의 요소이다. 격려는 사람이 그의 관심에 따라 행동할 수 있도록 해주는 자존감과 자신감을 불러 일으킨다. 앞서 지적했듯이 낙담은 기능을 상실하게 하는 기본 요소 중의 하나이다. 격려는 자신감과 용기를 증가시킬 뿐 아니라 변화를 촉진시킨다. 내담자가 격려를 통해 용기를 얻게되면 더 긍정적인 방향으로 행동하고 다른 사람의 격려와 지지에 보다 개방적으로 변모하게 된다. 내담자가 다른 사람을 격려하는 것을 배우게 되면 그들은 다시 그들 자신을 격려하게 되며, 이로써 자신감 있는 행동이 더 큰 자신감을 자극하는 순환과정을 강화하게 한다.

변화를 촉진하는 또 다른 요소는 확고한 목표이다. 상담사가 특정한 목표와 목적을 명확히 진술해 주면 내담자는 더욱 적극적으로 변화에 참여하게 되고 변화를 실행하고자 노력하게 된다.

내담자의 변화를 초래한 요인을 밝힌 연구에 의하면 통찰이 치료적 변화를 위한 도구로서 가장 자주 언급된 요인이다. 또한 변화는 목표와 목적의 해석을 통해 일어난다는 사실이 드러났다(Kal, 1972). 그러나 임상가들은 연구에서 치료 밖의 행동의 중요성에 대해서도 강조했는데, 이는 대안적 행동을 시도해 봄으로써 통찰이 실제화 된다는 것이다. 통찰은 필요조건이 아니라 행동 변화를 위한 강력한 부가물로 고려되어야 한다. 왜냐하면 사람들은 통찰 없이도 충분히 행동의 변화를 일으킬 수 있기 때문이다.

3. 시작하기

내담자는 상담 초기부터 상담관계의 본질을 이해해야 한다. 대부분의 사람들은 이러한 관계를 경험해 본 적이 없다. 내담자들은 경험의 부족과 매스미디어의 부정확한 정보들로 인해 잘못된 기대를 하기 쉽다. 내담자들은 상담사가 단순히 듣기만 하거나 혹은 문제의 답을 제시해줄 것이라고 기대할지도 모른다. 심지어 상담사들이 마술과 같은 힘으로 문제를 아주 빨리 그리고 단번에 해결해 줄 것을 기대하기도 한다.

따라서 상담관계의 형성시기에 상담사들은 내담자에게 반드시 상담사의 역할을 확실하게 설명해 주어야 한다. 상담사들은 여러 가지 대안을 내담자들이 고려할 수 있도록 도와주는 것이며, 결국 선택은 내담자들의 몫이라는 것을 명확히 해야만 한다.

상담사와 내담자의 관계는 공동의 작업이지 한쪽이 상위에 있거나 하위에 있는 것이 아니다. 상담의 목표가 명확히 설명되고 또 상호간에 동의된 경우에만 이렇게 평등한 관계가 실현될 수 있다. 상담관계의 형성시기에 내담자들은 그들이 무엇을 원하는지, 그들이 원하는 것을 얻기 위해 어떤 계획을 세워야 하는지, 그들의 목적을 성공적으로 달성하는 것을 방해하는 것이 무엇인지 등에 관한 계획을 세워야 한다.

Beth :	나는 당신이 나같은 사람을 도와줄 수 있다고 생각해요.
상담사 :	당신 자신에 대해서 그리고 왜 여기에 와 있는지에 대해 말해주세요.
Beth :	이미 말했지만 나는 능력은 있지만 학교 성적이 나빠요.
	나는 공부에 흥미를 가질 수가 없어요.
	나는 읽기에 약해요. 나의 읽기 교사가 되어 주실래요?

상담사 :	나는 읽기 교사가 아니랍니다. 하지만 당신이 어떤 것을 찾도록 도와 줄 수는 있어요. 당신은 자신의 바라는대로 살아가지 못하고 있다고 느끼는 것처럼 보이네요.
Beth :	그것은 단지 나만의 바람이 아니에요. 우리 부모님이 매우 실망하세요. 그래서 전 시험을 망칠까봐 두려워요.
상담사 :	집으로부터도 압박을 받고 있군요.
Beth :	그래요. 아버지는 정말로 미쳤어요. 그는 내가 절대 성적을 올릴 수 없을 것이고 무슨 일에 대해서건 책임질 능력이 없다고 하세요. 그래서 난 너무 혼란스럽고 무엇을 해야할지를 모르겠어요.
상담사 :	당신은 집에서 많은 압박을 받고 있고, 당신 자신에게 많이 낙심해 있군요. 그렇다면 이번 상담에서 얻고자 하는 것은 무엇인가요?
Beth :	나는 왜 내가 동기유발이 되지 않는가를 이해하고 싶어요. 그리고 어떻게 부모님의 간섭에서 벗어날 수 있는지도 배우고 싶어요.
상담사 :	그렇다면 무엇부터 이야기 해볼까요?
Beth :	나는 왜 동기유발이 되지 않을까요?
상담사 :	그렇다면 우리의 목적은 학교와 관련돼서 당신을 성공하지 못하게 하는 동기들을 이해하는 것이 되겠군요.

처음 단계에서 상담사는 Beth의 말을 차근히 잘 들으면서 그가 왜 여기에 와 있으며 무엇을 얻기를 원하는지 알 수 있도록 도움을 주는 방향으로 꾸준히 나아간다. 상담은 개방적인 것이 아니라 찾고 있는 것을 명료화하는 데 초점을 두어야 한다. 나중에 목적이 바뀔 수도 있겠지만 Beth는 상담계약의 초점과 목적을 이미 형성하였다.

내담자는 상담사가 무엇을 제공해 주어야 하는지 그리고 내담자가 상담관계에 어떻게 참여해야 하는지를 분명히 이해하고 있어야 하며, 상담사는 상담과정을 명확히 개념화하고 도움을 구하는 사람에게 그것을 뚜렷하게 알려 줄 수 있어야만 한다.

4. 효과적인 조력관계

1) 동기와 기대

사람들은 종종 상담에 대해 잘못된 기대를 한다. 상담의 몇 가지 전문지식이 동기부여 영역에 속해 있기 때문에 상담가는 도움을 찾는 개인의 동기를 식별하는 능력을 잘 갖추고 있다. Mosak과 Gushurst(1997)는 내담자의 동기수준의 목적과 의미를 파악하는 방법을 명시했다. 예를 들면 누군가가 "나는 혼란스럽고 어찌할 바를 모르겠다. 내가 두 방향으로 당겨지고 있는 것 같아서 어떤 결정도 할 수 없다"라고 말한다고 하자. 이때 상담사가 그 사람의 딜레마를 극복하도록 도와주자마자, 내담자는 "네, 그렇지만…(yes, but)"과 같은 대답을 할 것이다. 여기서 상담사는 좋은 의도를 가지고 있지만, 다른 한편으로는 그 문제의 다른 면을 먼저 고려해야만 한다는 것을 제시하고 있다. "네, 그렇지만…"이라는 식으로 삶을 살아온 사람은 체면치레는 할 수 있을지 몰라도 성공은 하지 못할 것이다. 신경증은 체면치레의 일종으로 신경증적 자세는 "네, 그렇지만"의 자세이다. Mosak과 Gushurst(1971)가 관찰한 바에 의하면,

> 다시 말해 그의 진술에는 "나는 어디에도 가지 않을 것이다"라는 의도가 숨겨져 있으며, "갈등"은 자신을 고정시키려는 방법이다. 그가 이렇게 고정되어 있는 까닭은 환자마다 다르다. 그렇지만 그들은 손실을 막거나 이익을 유지하려는 두 가지 범주 중 한 가지에 속한다 (p. 428).

사람들은 어떤 입장을 취하지도 어떤 방향을 선택하지도 않음으로써 그의 의도를 지키고 어떤 것을 잃을 위험에 처하지 않을 수도 있고 아주 약간의 이익을 취할 수도 있다. 다른 말로 하자면 의사결정을 하지 않음으로써 한 가지 이상의 위치를 유지할 수 있다. 한 학생의 불평을 예로 들어보자. "내가 직장을 그만두고 학업에 전념한다면, 나는 내 학비를 충당할 수 없을 것이다. 그렇지만 내가 일을 계속한다면 공부에 투자할 시간이 없다." 결과적으로 이 학생은 계속해서 학업에 노력을 덜 투자할 것이다. 상담사는 내담자가 일과 학업, 그 두 가지 극단 사이에는 많은 대안들이 있음을 볼 수 있게 도와준다.

우리는 흔히 "당신은 내가 의존적인 사람이라고 생각하고 있는 것 같네요"

라는 말을 듣는다. Mosak과 Gushurst(1971)는 다음과 같이 말한다.

> Adler학파의 관점에 의하면, 의존성은 다른 사람을 자신을 위해 봉사하도록 하는 삶의 움직임(life movement)이다. 그 스스로의 부당함과 필연적인 의존성의 회피에 대한 확신으로 의존적인 사람들은 그가 생각하기에 다른 사람이 자기보다 더 강하기 때문에 자신을 도와줄 의무를 가진다고 보고 그들의 원조(assistant)를 구하며 계속 도움을 받는 데 집중한다. 무능함을 선언하는 다른 방법은 "혼자서 해낼 수 없을 것 같다"라고 말하는 것인데, 여기서 환자들은 보통 그의 감정과 독립적인 삶에 대한 무능력을 언급한다. 자신의 문제에 대한 이런식의 진술은 환자가 자신을 억제하고, 자신을 안전하고 평온하게 유지하고 실수나 노출로부터 보호하려는 의도를 숨기고 있다. 이러한 종류의 진술은 자신의 최상의 모습만을 외부에 보이려는 통제자와 완벽주의자들 사이에서 자주 나타난다(p. 429).

내담자들은 비록 그 동기가 의식적으로 숨겨진 것일지라도 상담사들이 내담자의 동기를 이해하려고 한다는 것을 상담 시작부터 인식할 수 있다. 상담사들이 감정과 신념뿐 아니라 그 목적에도 반응할 때 내담자의 인식은 확장되며 변화의 가능성은 증가한다. 더욱이 상담사가 내담자의 사적 논리를 수용함으로써 내담자의 진술을 이해한다는 것을 인식하게 되면, 내담자와 상담사 사이에는 즉각적인 신뢰가 형성된다. 상담사는 더 나아가 내담자로 하여금 잘못된 사적 논리에서 벗어나 일반적 논리를 받아들일수록 도와야 한다.

실제 의미와 숨겨진 의미   내담자가 말을 할 때 상담사들은 내담자가 한 말의 의미와 목적을 알아채는 것이 중요하다. 상담을 이끄는 두 가지 방식을 살펴보자.

Christopher :   나는 혼자서는 아무 것도 할 수 없는 것 같아요.

상담사 :   당신은 매우 실망하고 있고 패배감을 느끼고 있군요.

Christopher :   예, 다른 사람들처럼 편안해지고 싶은데 그것이 옳은 것 같지 않아요.

상담사 :   당신은 정말로 긴장하며 살고 있군요.

이 대화에서 상담사는 느낌에 초점을 맞추고 신념에 대해 언급한다. 다음의 대화는 내담자가 가질 수 있는 목표에 초점을 두고 있다.

Christopher :   나는 혼자서는 아무 것도 할 수 없는 것 같아요.

상담사 :   긴장을 푸는 것이 두렵나요?

Christopher :　예. 내가 긴장을 풀면, 나는 실수를 할 것 같고 바보처럼 보일 것 같아요.

상담사 :　　　실수를 한다는 것은 위험하지요. 당신은 통제된 상태와 무슨 일이 일어날
　　　　　　지 예상할 수 있는 상황에서만 편안함을 느낀다는 것이 가능하다고 생각하
　　　　　　나요?

　이 대화는 상담사는 공감을 하면서, 재빨리 Christopher의 행동목적과 신념
에 대해 이야기하기 시작한다. 상담사는 내담자가 자신의 삶과 자신의 선택들
을 좀더 적극적으로 바라볼 수 있도록 영향을 준다.

내담자가 진술한 문제는 종종 실제 문제가 아니다　　상담초기에 내담자가 표현하
는 문제들은 내담자들이 상담사가 진정으로 자신의 말을 듣고 있는지, 내담자
를 어떻게 인식하고 있는지를 시험해 보는 방법일 수 있다. 만약 상담사가 숙련
되지 못했거나 과도하게 수용적이라면, 내담자들은 자신의 진정한 근심을 나누
려 하지 않을 것이다. 실제적이고 숨겨진 의미에 보다 일찍 관여하는 것은 상담
사의 능력에 대한 내담자의 믿음을 증가시키고 변화의 과정에 좀더 일찍 참여
할 가능성을 높여준다.

　특히 아동이나 부부상담을 할 때 내담자들은 가족 중 누군가가 제안을 했던
지 아니면 그를 거기에 오게 만들었기 때문에 상담을 받고있다고 생각할 수
있다. 이런 상황에서는 누군가가 이곳에 보낸 것에 대해 내담자가 어떻게 느끼
는지 자유스럽게 논의하는 것이 중요하다. 내담자는 그것에 대해 화가 났거나
부적당하고 불공평하다고 느낄 수도 있고 부당하게 취급당한다고 생각할 수도
있다. 이에 대한 논의가 반드시 필요하다. 상담관계를 분명히 하고 내담자가
작업하고 싶어하는 것을 선택하도록 도와줌으로써 목표를 향해 나아가도록 다
리를 놓아주는 것이 중요하다. 예를 들면 부모는 아이가 학교에서 좀더 동기유
발되도록 도와달라고 상담사에게 보내지만, 실제로 아이의 가장 큰 문제는 형
제나 또래와의 관계일 수 있다. 이런 경우 다른 사람이 생각하는 문제보다는
아이의 관심사를 목적으로 하여 상담을 시작하는 것이 훨씬 효과적일 것이다.

　배우자와 화해하기 위해 상담에 온 내담자들에게 상담사는 배우자의 관심사
가 서로 다를 수도 있음을 알고 그들의 진정한 관심사가 무엇인지를 그들이

결정하도록 도와야 한다. 상담사는 내담자들이 상담에 왔을 때 어떤 기분이었는지에 대해 서로 토론하도록 격려해 주고, 내담자의 결혼관계에 대해 그들이 지각하는 바에 따라 작업할 것이라고 분명히 이야기해 준다.

부정적이고 비현실적인 기대　사람들은 다양한 이유로 여러 가지 기대를 가지고 상담을 하러 온다. 비관적인 사람들은 "나는 변할 수 없다", "아무도 나를 도울 수 없다", "삶은 불공평하다" 혹은 "사람들이 나쁘다"라고 생각한다. 그들은 어떤 일이 일어날 것이라고 거의 기대하지 않으며, 그들의 부정적인 기대는 종종 자기 충족적 예언이 된다. 그들의 부정적인 견해와 그들 삶에 대한 잘못된 자기 패배적 신념들은 상담에 참여하는 것을 방해한다. 부정적 기대를 가진 사람들과는 명백한 계약을 하는 것이 중요하다. 그렇지 않으면 내담자는 아무 것도 달라지지 않는다는 것을 증명하기 위해 상담을 계속할 수도 있다. 상담사는 변화를 막으려는 부정적 기대나 아무 것도 달라지지 않을 것이라는 것을 증명하려는 상담에 대한 저항에 직면할 수도 있을 것이다. 내담자는 그들의 잘못된 지각이 어떻게 그들의 경험에 영향을 미쳤는지를 알게 되었을 때 비로소 변화할 수 있다.

상담에 대해 비현실적으로 매우 높은 기대를 가지고 있는 내담자도 있을 수 있다. 그들은 매우 의존적이며 자신의 변화의 책임을 상담사에게 떠넘긴다. 그들은 아마도 "나의 모든 것은 운명이다", "다른 사람들은 나를 보호해야만 한다", "나는 완벽할 수 있다", "다른 사람은 모두 틀렸다" 혹은 "나의 문제는 간단하다. 만약 당신이 능력이 있다면, 반드시 단시간 내에 나를 도울 수 있어야만 한다"라고 믿기도 한다. 이러한 신념을 지닌 내담자들은 그들의 삶의 과제에서 빠른 변화가 보이지 않게 되면, 상담사 혹은 그의 주위상황을 비난한다.

상담 첫 회기에서 상담사는 기회를 분명히 해야 한다. 경청하기, 공감하기, 이해하기, 내담자의 신념을 분명히 하기, 그리고 내담자의 목적과 행동을 통찰하는 것은 행동을 자극하여 변화를 촉진시킨다. 내담자도 여러 가지 대안을 고려하고 선택함에 있어서 정직하고 열려있으며 조화되고 참여적이고 열성적이어야 한다. 상담사들은 단지 변화가 일어나도록 도와줄 뿐이다. 변화가 일어나기 위해서 상담사가 도움을 줄 수는 있지만, 그러기 위해서는 내담자가 상담에 대해 이해해야 하며 변화하려는 결심을 해야 한다.

내담자는 상담이 작업이라는 것을 이해하기 시작한다. 이것은 상담사가 내담자의 전폭적인 참여와 협동을 기대할 때 이루어지게 된다. 내담자는 말만 해서는 안 되며 결정하고 행동해야 한다. 상담사는 내담자가 상담을 통해 얻은 통찰을 자신의 삶에서 행동으로 변화시킬 수 있도록 돕게 된다.

2) 구성요소

과거의 상담사와 심리치료사 교육과정은 요즘보다 덜 구조적이었다. 지금까지 상담기술은 삼투작용처럼 현장에 있는 지도자들이 만든 이론을 읽음으로써 발전될 수 있다고 믿어왔다. 전문가들이 훈련하는 동안 지도감독(supervision)을 주기는 했지만 훈련은 구조적이지 못했고 기술 발전에 초점을 둔 특별한 프로그램을 사용하지 않았다.

Rogers, Gendlin, Kiesler 그리고 Truax(1967)의 연구와 Truax와 Carkhuff(1967)의 연구는 전문적인 상담과 심리치료가 "더 좋을 수도 혹은 더 나쁠 수도 있다"고 발표한 최초의 자료이다. 그 자료는 전문적인 상담의 결과들이 예측하기 매우 어렵다는 결과를 나타내는 연구에 기초하고 있다. 모든 상담사들이 비록 같은 훈련을 받았을지라도 그들이 모두 같은 치료효과를 이끌어내지는 못한다는 것이다.

이러한 발견들은 효과적인 도움을 줄 수 있는 요소들을 연구하도록 촉구하였다. 이 연구에 따르면 특별한 감정과 대인관계 차원에서 기능하는 상담사의 능력은 상담사가 더 좋거나 또는 더 나쁜 효과를 내는 데 매우 중요한 영향을 끼친다고 한다.

Rogers와 그의 동료들(1967)은 조력관계에서 필수적인 요소인 대인관계적 차원에서 공감, 무조건적인 존중, 그리고 일치성 등을 제시하였고, Truax와 Carkhuff(1967)는 정확한 공감, 비소유적 애정, 그리고 순수함을 제시하였다.

Carkhuff(1972)는,

조력하는 데 있어서 가장 중요한 발전은 아마도 조력자가 반응적인 차원에서 진취적으로 개입하는 차원으로 개입의 영역을 확장시킨 것이다. 따라서 조력자의 공감과 무조건적인 존경과 일치성을 강조했던 원래의 공식들은 조력자의 명확성(Truax & Carkhuff, 1967), 직면, 즉시성의 해석 등 좀더 행동지향적인 차원에 의해 보충되었다(Carkhuff, 1972, p. 71).

3) 조력자의 지각구조

상담사는 주요 이론들이 잘 정리된 한 권의 책 또는 한 가지 이상의 이론을 필요로 한다. 또한 상담사는 행동변화의 역동성을 명확히 이해해야 하고 이러한 변화를 실행하는 데 필요한 특별한 기술들을 알고 있어야 한다. 효과적인 상담사들은 또한 내담자들과의 조력 관계를 형성하는 데 도움이 되는 지각구조(즉 신념과 인식의 구조)를 알 필요가 있다. Combs, Sóper, Gooding, Benton, Dickman, 그리고 Usher(1969)는 조력관련 직업을 하는 상담사와 성직자들의 인식구조를 조사했다. 그들은 수많은 조력관련 직업에 있는 유능한 전문가들에게서 매우 높은 수준의 유사한 지각구조를 발견했다. 이 연구자들은 유능한 조력자(helper)들이 지니고 있는 신념을 발견하였다. 그 예는 다음과 같다.

타인에 대한 신념　유능한 조력자들은 타인을 그들 자신과 그들의 삶을 스스로 다루고, 문제에 대한 해결책을 찾을 수 있는 능력을 가진 사람으로 파악한다. 그들은 자신과 자신의 삶을 다룰 수 있는 사람들의 능력에 확신을 가지고 있다. 그들은 타인이 기본적으로 좋은 뜻을 가지고 있고 다정하다고 여기며 타인의 가치와 존엄성을 충분히 인식하며 이를 존중한다. 유능한 조력자들은 타인을 표면적인 사건의 부산물이라기보다 근본적으로 발전적이며 열린 대상으로 여기며 행위는 예측가능하며 이해가 가능하다고 믿는다.

자신에 대한 신념　유능한 조력자들은 기본적으로 안정되어 있다. 이로 인해 이들은 타인의 요구에 동참하거나 타인과 일체감을 느끼는 능력을 발달시키게 된다. 이들은 자신을 신뢰할 수 있으며 삶의 도전에 능히 대처할 수 있는 사람으로 여긴다.

상담사의 목적에 관한 신념   유능한 조력자들은 그들의 목적이 타인을 통제하기보다는 자유롭게 하는 것으로 본다. 즉, 사람을 통제하거나 교묘히 다루거나 지배하는 것이 아니라 사람들을 보조해주고 편안하게 하고 촉진시키는 것이 그들의 목적이다.

이들은 작은 주제보다는 큰 문제에 관심을 기울이는 경향이 있으며 자신을 감추기보다는 노출시키려 하며 자기애적이라기 보다는 이타적이다.

상담과제로의 접근에 관한 신념   유능한 조력자는 대상, 사건, 규칙 또는 규정과 같이 사람에게 영향을 주는 어떤 것보다는 사람 자체에 더 많은 관심을 가진다. 유능한 조력자는 실제 사건보다는 그들이 지각한 경험에 더 많은 관심을 기울이기 때문에 타인에게 접근할 때 주관적인 경향을 보인다.

Combs와 그의 동료들(1969)은 조력자들의 지각 구조의 중요성에 대해 많은 관심을 끌어냈다. 이들은 어떤 신념이 유능한 조력자를 만드는가에 관해 중요한 지침을 제공하였다. 연구를 통해 얻어진 이런 개념들은 조력관계에 대한 Adler학파의 이론과 일치한다.

이것과 반대되는 신념들이 실제로 성공적인 상담과정에 방해가 될 수 있다는 사실을 분명히 해야만 한다. 상담사는 상호 의사소통의 집중적인 훈련을 받아야 한다. 이런 경험들은 신념이 상담과정을 도울 수도 있고 또는 방해할 수도 있다는 경험과 신념을 일치시키는 데 도움이 된다. 경험있는 상담사라 할지라도 그들의 신념이 내담자에게 미치는 효과에 대한 피드백을 받기 위해 집단활동에 지속적으로 참여해야 한다.

5. Adler학파 상담사

1) 특성

앞에서 논의한 연구에 나타난 상담사의 특성은 훌륭한 Adler식 상담사의 특성과 매우 유사하다. 본 단원에서는 Adler식 상담사 역할의 본질을 이루는 요소들이 강조되었다. 논의를 진행시킴에 있어서 이 중의 몇몇 요소들은 여기서 다시 언급될 필요가 있다.

상담사들은 그들의 가치관뿐 아니라 그들의 성격과 잘맞는 이론을 선택할 수 있으며 Adler학파 역시 예외가 아니다. 우리 역시 상담과정에 접근하는 방법에 영향을 주는 모델을 가지고 있다. 무엇보다도 먼저 우리는 적극적인 참여자이다. 우리는 내담자들과 공동으로 작업하며, 동시에 우리가 상담과정에 책임이 있다는 것을 인지하고 받아들인다. Adler 상담은 행동의 목적과 심리역동의 독특한 법칙에 관심을 가짐으로써 상담과정을 행동적인 차원으로 이끈다. 이는 이미 앞에서 밝힌 바와 같이 공감과 반영 그 이상이어야 한다. Adler 상담에서는 또한 내담자의 메시지에서 신념과 목적을 밝혀내는 방법과 내담자의 신념과 목적이 그의 감정에 어떻게 영향을 끼치며 삶의 과정에 어떻게 접근하는지를 통찰할 수 있도록 가장 생산적으로 개입하는 방법을 찾는 것에 주의를 기울인다.

선택된 몇 가지의 반응을 통해 우리는 이런 모든 요소들을 고려하도록 토론의 방향을 잡아나갔다. 우리는 공감적 반응에서 가설적인 직면으로 변화해 나가는 것이 상담과정을 더욱 가속화시키는 것을 보았다. 우리는 내담자들이 갑자기 왜 그들이 그런 방식으로 행동했으며 어떻게 그들이 변화할 수 있는지를 인식하는 마법과 같은 순간을 기다리지 않는다. 우리는 직면, 해석, 그리고 노출과 같은 능동적인 과정을 수행한다. 이러한 과정들은 내담자의 신념과 목적에 도전할 뿐 아니라, 그들의 통찰이 내담자 자신의 신념과 자기 개념(self-concept) 그리고 목적에서 일어나는 변화를 반영하는 특별한 활동과 행동으로 될 수 있도록 영향을 미친다.

우리의 성격은 조력과정에서 매우 유용하다. 성격 이론을 아는 것과 여러 가지 상담기법들에 정통해지는 것도 중요하지만, 이러한 지식들은 조력자의 성격에 통합되어야 한다. 상담과정은 조력관계에서 대인 간의 요구 변화에 대한 창조적이며 자연스러운 반응을 필요로 한다. 이론적인 입장과 관계 없이 우리는 내담자들의 행동 모델이 된다. 우리는 내담자들이 우리의 관점, 가치, 목표, 감정에 의해 영향을 받는다는 사실을 언제나 마음에 간직해야 한다. "절충적인 (eclectic)" 상담사는 아직 이런 개념을 통합시키지 못하고 있다. 여기서 좋은 Adler식 상담사에게 가장 중요한 성격특성 몇 가지를 제시하고자 한다.

자기 신념에 대한 자각   상담사들은 반드시 다음 질문에 답변할 수 있어야 한다. "나는 누구인가", "내가 믿는 것은 무엇인가", 그리고 가장 중요한 것으로 "나의 신념이 내 상담에 어떻게 영향을 미치게 되는가?" 훌륭한 상담사들은 내담자뿐만 아니라 자신들 역시 상담과 상담사의 역할에 대해 잘못된 신념을 가질 수 있다는 것을 자각해야 한다. 그래서 그들이 조력전문직에 있는 이유를 찾고, 맹점을 만들어 낼 수 있는 동기, 목적, 태도, 감정을 인지해야 한다.

자기 감정에 대한 자각   상담사들은 다른 사람의 감정에 귀기울이고 감정에서 비언어적 지시를 찾아내도록 훈련받는다. 그렇지만 이들은 무엇보다 상담과정에 영향을 미치는 스스로의 감정에 대해서 인식해야만 한다. 내담자에 연루되는 것은 상담의 진보에 열정을 불어넣어 줄 수도 있고, 또는 좌절에 관해 함께 낙담하거나 변화가 없게 할 수도 있다. 이런 일이 발생하면 상담사는 그와 같은 변동을 자각해야 한다.

만약 내담자가 성장하면 그 성장은 상담사의 훌륭한 작업 결과일 뿐 아니라 동시에 내담자의 이해와 솔선의 결과이다. 이와 같은 맥락에서 진전되지 않고 실패하는 것은 종종 내담자가 자신이 배운 것을 적용할 의지가 없었기 때문이라고 할 수 있다. 진보하지 못하고 실패하는 것이 잘못된 진단 혹은 내담자의 내부 통찰이 외부 행동으로 움직이는 것을 도와주는 상담사의 능력 부족 때문일지라도, 상담사들은 그들의 행동과 내담자의 진보 사이의 관계가 기계적이라는 가정은 하지 않아야 한다. 유능한 자문자는 상담관계에 어려움이 있는 상담사를 도와줄 수 있다. 자문자는 동료, 상관, 선생이 될 수 있다. 자문자는 상담과정이 진행되지 못하는 것이 잘못된 진단 때문인지, 상담사와의 비효율적인 의사소통 때문인지, 내담자의 동기 부족 때문인지를 명확히 하도록 도와줄 수 있다. 상담사들이 가장 명심해야 할 것은 어떤 진보도 내담자의 협력 없이는 일어나지 않는다는 것이다.

상담사의 모델 역할에 대한 자각   상담사들은 자신이 의도하건 그렇지 않건 간에 내담자의 본보기가 된다. 내담자들은 상담관계에 매우 민감하며 상담사들이 그들 자신의 인간적인 관계를 효과적으로 다루기를 바란다. 그래서 그들은 그의 직업 생활을 방해하지 않는다. 개인 생활이 매우 혼란한 상담사는 직업적인 능력에서도 신뢰받기 힘들다. 상담사와 자녀와의 관계 또는 결혼관계 혹은 친구관계가 만족스럽지 못하다면 그들이 과연 다른 사람을 도울 수 있겠는가? 물론 상담사에게는 그 어떤 문제도 있어서는 안 된다는 이야기는 아니다. 그렇지만 그들의 생활양식이 내담자들에게 커다란 영향을 끼친다는 것을 명심해야 한다.

상담과정에서 효과적으로 영향을 미치기 위해서, 상담사는 내담자들이 상담사를 인식하는 방법과 그들이 의사소통하는 유형을 이해해야 한다. 내담자들은 종종 우리가 무엇을 하고 어떻게 우리의 삶에 도전하는지를 배운다.

높은 윤리적 기준   상담사는 반드시 진실되어야 하며 내담자의 복지에 관심을 가져야 한다. 그들은 비밀스런 정보를 폭로해서는 안 된다. 비록 궁극적으로는 사회에 충성하는 것이라고 할지라도 상담의 주요 책임은 내담자에게 있다. 개인 상담에서 논의한 것이 무엇이든지 간에 내담자의 동의가 있을 때에만 이를 다른 사람들과 공유할 수 있다. 상담사는 신뢰할 수 있어야 하며 믿음직스러워야 한다. 즉, 내담자 혹은 타인에게 위험하다는 것이 명확할 때, 그들은 윤리적인 행동을 강력하게 실행해야 한다.

내담자의 발달에 필수적인 조건에 대한 자각   상담사가 내담자로 하여금 보다 삶에 만족하게 하고, 그들이 상담을 하러 온 목적을 성취하도록 도우려면 상담사는 다음의 필수적인 조건을 갖추어야 한다.

- 공감 내담자가 세계를 인식하는 방법으로 세계를 본다. 공감은 개인의 감정을 정확하게 인식하고 내담자와 그런 인식을 공유할 수 있을 때에 가능하다. 이는 개인의 사적 논리와 신념과 감정을 이해하는 것을 포함한다.
- 돌봄과 관심 언어적, 비언어적 참여로 내담자의 복지에 관한 깊고 참된 관심을 보여주어야 한다.
- 진실성과 개방성 이 두 가지는 상담사의 자기 노출로 인해서 매우 쉽게 이루어진다. 상담사의 말은 행동과 일치하기 때문에 자기 고백은 건설적인

관계의 기초가 된다.

- 긍정적 관심과 존경 상담사는 내담자 개인과 그의 인간적 가치에 대해 긍정적인 관심과 존경의 태도를 보여야 한다.
- 개인 행동의 의미와 목적의 이해와 명확화 상담사의 임시적인 가설과 노출을 통해 내담자들은 그들의 삶을 이끄는 동기를 통찰할 수 있는 능력을 기른다.
- 행동지향적 기법 직면과 힘을 북돋우는 격려와 같은 기법의 사용은 내담자를 변화시킬 수 있다.

참고문헌

Carkhuff, R. R. (1972). New directions in training for the helping professions. Part 1: The development of systematic human resource development models. *The Counseling Psychologist, 3*(3), 4-11, 12-30.

Combs, A. W., Soper, D. W., Gooding, C. T., Benton, J. A. Jr., Dickman, J. G., & Usher, R. H. (1969). *Florida studies in the helping professions* (University of Florida Monographs, Social Sciences No. 37). Gainesville: University of Florida Press.

Dreikurs, R. (1953). *Fundamentals of Adlerian psychology.* Chicago: Afred Adler Institute.

Dreikurs, R. (1967). *Psychodynamics, psychotherapy, and counseling.* Chicago: Alfred Adler Institute.

Kal, E. (1972). Survey of contemporary Adlerian clinical practice. *Journal of Individual Psychology, 28*(2), 261-266.

Mosak, H. H., & Gushurst, R. S. (1971). What patients say and what they mean. *American Journal of Psychotherapy, 25*(3), 428-436.

Rogers, C., Gendlin, E. T., Kiesler, D. J., & Truax, C. B. (1967). *The therapeutic relationship and its impact.* Madison, WI: University of Wisconsin Press.

Shulman, B. (1985). Cognitive therapy and the individual psychology of Alfred Adler. In M. J. Mahoney & A. Freeman (Eds.), *Cognition and psychotherapy*. New York: Plenum.

Truax, C. B., & Carkhuff, R. R. (1967). *Toward effective counseling and psychotherapy: Training and practice*. Chicago: Aldine.

제 6 장
심리치료적 개입

A dler학파의 상담과정은 4단계로 구성되어 있다. (1) 관계구축, (2) 분석과 사정, (3) 통찰, 그리고 (4) 재정향설정. 지도적인 이론가들은 모두 상담관계의 중요성과 그것이 필요한 조건에 대해 강조해 왔다. 이 장에서는 상담과정에 대한 단계와 기술을 상세히 설명하고 상담사와 내담자 사이의 관계를 바라보는 Adler학파의 관점을 제시한다. 치료적 개입은 관계기 형성된 상황과 발전해가는 각 단계들에서 발생한다.

1. 관계구축

Dreikurs(1967b)는 관계의 속성을 다음과 같이 설명한다.

우리가 이해하고 있는 바로는 적절한 치료적 관계는 전이(transference)가 아닌 상호 신뢰를 필요로 한다. 이것은 단순히 접촉해서 신뢰감을 형성하는 것 이상이다. 치료적 협력은 목표에 대해 협력할 것을 요구한다. 환자와 치료사의 목표와 관심이 충돌할 때는 만족스런 관계가 형성될 수 없다. 치료적 관계를 유지하기 위해서는 어떤 치료에서든 공통 과제를 위하여 환자의 협조를 얻는 것이 필요 불가결한 조건이라는 것을 지속적으로 인지해야 한다. 환자의 목표와 치료사의 목표가 일치하지 않을 경우에는 "저항"이 생긴다.

1) 상호 신뢰와 존경

상호 신뢰와 존경은 Adler식 조력관계에서 본질적인 요소이다. Adler식 조력관계는 우월한 위치와 열등한 위치가 따로 없는 평등한 관계이다. 내담자는 심리적인 움직임을 창조하는 방향으로 공동 노력하는 상황에서 함께 작업함으로써 그들 자신의 삶에 대한 책임감을 느끼게 된다.

Adler 상담사들은 변화를 촉진시키기 위해서 다양한 절차를 활용한다. 비록 그 기술이 상담과정 중의 여러 단계에서 사용될 수 있다 하더라도, 우리는 그 기술들이 가장 자주 사용되는 상담단계에서 그것들을 논의할 것이다. 절차에 관한 개념규정을 잘 알려주기 위해 당신이 상담사라고 가정하고 설명해 나갈 것이다.

2) 관심 가져주는 행동과 주의 깊은 경청

효과적인 치료적 관계는 당신의 내담자가 제시한 관심에 초점을 맞춤으로써 시작된다. 이는 당신이 눈을 마주치기 시작하고 그것을 잘 유지할 때 용이해진다. 시각적 접촉은 눈을 고정해 놓고 말똥말똥 쳐다보는 것이 아니다. 당신의 자세는 이완되어 편안해야 한다. 약간 몸을 앞으로 굽히는 자세를 통해서 내담자에게 그에 대한 당신의 관심과 배려가 전달되는데 이것은 접촉이 계속 유지되고 있다는 암시가 된다. 당신의 설명(comments)은 내담자가 말한 것에 새로운 자료를 첨부시키지 않은 채로 즉각 따라나온다. 이것은 내담자로 하여금 그들 자신을 자발적으로 표현하도록 돕는다.

효과적인 상담관계에서는 당신이 내담자의 의사소통에 책임을 져야 하며 당신의 친절함을 분명하게 전달할 것을 요구한다. 일상생활에서 단지 말만 듣는 것이 아니라 내용, 감정, 그리고 의도를 실제적으로 경청하는 사람을 만나기는 어렵다. 그러므로 자신의 이야기를 들어주는 사람과 접촉하게 된다는 것은 내담자가 계속 이야기를 하게 하는 강력한 격려가 된다.

Emilio : 나는 부모님의 기대에 부응할 수 없어서 괴로워요. 나는 앞으로도 그들의 기준에 부합할 수 없을 것 같아요.

상담사:	당신은 그렇게 하기 위한 노력조차 소용이 없다고 느끼는군요.
Emilio:	나는 노력해 왔어요. 그러나 내 노력은 소용이 없었어요. 내 노력으로는 충분하지가 않네요. 항상 할 수 없을 것이라는 이 느낌이 정말 나를 화나게 만들어요. 예를 들어 …

당신은 내용과 느낌에 따라서 메시지를 듣고 당신이 들었다고 믿는 것에 대한 증거를 찾게 된다. 특히 첫 몇 분 동안 당신이 들은 것과 관찰한 것을 반영해 주는 것은 큰 도움이 된다. 이것은 Emilio로 하여금 즉각적으로 그가 어떻게 느끼는지에 대해 더 많은 것을 말하도록 격려한다. 여기서 당신이 충분히 이해하지 못했던 어떤 것이라도 그냥 지나치도록 내버려두지 않는 것이 중요하다.

적절한 관심을 주고 경청하는 행동은 상담관계에서 상호 신뢰와 존경을 발달시키는 필수적 요소이다. 이러한 분위기는 변화와 움직임에 관한 상담사의 함축적인 가정이 내담자에게 분명히 이해되고 수용될 가능성을 증가시킨다.

내담자들은 그들 자신이 변화의 힘을 가지고 있다고 믿는 상담사의 믿음을 알아차리게 된다. 이러한 믿음은 내담자로 하여금 그들이 종종 '할 수 없는' 것이라고 보았던 것이 실은 '하지 않았던' 것이라는 사실을 깨닫도록 돕는 데서 입증된다. 한 내담자가 "나는 내 아들이 숙제하도록 지도하는 것을 그만둘 수 없어요"라고 말할 때 이 내담자에게 그 말을 다시 해보도록 요구할 수 있으며, 내담자로 하여금 그 대신 좀더 솔직하게 "나는 내 아들의 숙제지도를 그만두지 않을 거예요"라고 말하도록 할 수 있다.

이러한 단순한 진술기법은 종종 내담자들로 하여금 문제가 되는 행동을 그들 자신이 계속해서 선택하고 있다는 것을 깨닫도록 돕는다. 어떤 점에서 그들은 '나는 하지 않을 거예요'라고 말할 때에 불편함을 느낄 수 있다. 왜냐하면 이러한 말들은 그들이 자신의 선택에 의해서 행동을 한다는 사실을 분명히 표현하는 것이기 때문이다. 그러므로 책임은 전적으로 행동을 한 내담자 자신에게 있다. 상담사는 내담자를 존중하면서 책임성에 대한 이러한 느낌을 전달한다. 이는 결정은 자신이 내린다는 사실을 내담자들이 한 번 알게 되면 그들이 자신에게 좋은 쪽으로 결정할 것이라는 믿음을 나타낸다.

3) 목표 합의하기

상담을 하는 것은 목적을 가지고 대화를 나누는 것이다. Adler학파의 학자들은 내담자와 상담사의 목표에 대한 합의를 강조한다. 상담은 인식을 발달시키고 통찰력을 일반화시키며 활동을 자극하려는 목적을 가지고 있다. 변화를 일으키기 위해서는 공통의 치료적 과제에 협조하고 집중하는 것이 필수적이다. 말수를 최소한으로 줄이고 인생에서 시험을 만나게 되면 사람의 진보가 방해받는다는 잘못된 인식과 관념에 주의를 집중하라.

조력관계에 있어서 중요한 관점은 왜 내담자가 원조를 찾는지 그리고 그들이 상담으로부터 기대하는 바가 무엇인지를 명확하게 설명하는 계약을 세우는 것이다. Dreikurs는 결핍된 활동이나 저항이 상담사와 내담자의 목표 사이의 불일치로부터 언제 발생하는지를 인식할 수 있는 명확한 지침을 제공한다. 예를 들어 상담사는 Shonda의 낮은 학업성적이 그녀의 부모와의 힘겨루기에 대한 증상임을 Shonda가 깨닫는 것이 중요하다고 판단할 수 있다. 상담사는 그녀의 행동이 아무도 그녀를 공부하도록 만들지 못한다는 사실을 증명하려는 시도이며, 그녀가 부모의 노력을 헛되게 하는 것을 즐기고 있다는 표시라고 본다. Shonda는 다른 면에서 부모를 자신의 관심 밖으로 떼어놓고 그녀 자신의 사회적 기술을 개발하는 데 더 많은 관심을 두는 듯이 보인다. 상담과정은 내담자가 중요한 것으로 인식하는 것을 다룰 때와 내담자가 토의하고 변화되길 원하는 것을 다룰 때에만 효과적일 수 있다. 결국 그녀의 관심사를 다루면서 그것을 수용하면 그녀는 학업성적에 대한 새로운 접근을 개발시킬 동기를 갖게 될 것이다.

상담에서 당신은 가끔씩 내담자가 문제를 해결하려 하지 않고 주제를 피하거나 당신이 하는 말을 따르지 않는다는 것을 깨닫게 될 것이다. 이럴 때는 지금-여기 대화법으로 현재 일어나고 있는 일을 설명함으로써 초점을 재구축해야 한다. 과제에 재초점 맞추기는 내담자로 하여금 그들이 어떤 특정한 주제를 회피하는 방식을 자각하도록 한다. 이것은 또한 접촉의 목적과 맹목적인 계약- 내담자로 하여금 효과적으로 삶의 도전에 부응하도록 하는 것을 억제하는—을 재구축하도록 돕는다.

목적을 선정하기 위해서 당신은 "이것이 당신이 되려고 했던 사람입니까? 당신은 이것과 다른 행동방식을 생각할 수 있나요? 만약 당신이 계속 이러한 패턴으로 나간다면 어떤 일이 일어날지 상상할 수 있나요?"라고 물어 볼 수 있다.

Claudia : 나는 Paul이 나를 대하는 방식에 미칠 것 같아요. 나는 더 이상 참지 않을 거예요.

상담사 : 당신은 화가 났고 거기에 대해 무엇인가를 해야된다는 것을 느끼고 있군요.

Claudia : 나는 화났어요. 그러나 감당할 수는 있어요. 당신은 지난밤 TV 영화를 보았나요? 그건 정말 좋았어요.

상담사 : 당신이 화난 것과 거기에 대해 무엇을 해야 하나를 토의하는 시점이 되면, 지금처럼 당신은 항상 어떤 다른 것을 말하는 것을 알게 되었어요. 당신도 그것을 알고 있는지 궁금하군요. 우리가 이 문제를 가장 효과적으로 다룰 수 있다는 것에 대해 어떻게 느끼세요?

당신은 내담자가 과정을 숨기는 방식에 대해 이야기하여 상담이 초점에서 빗나가는 것을 막을 수 있다.

4) 느낌에 대한 반영과 공감적 이해

상담의 효과는 공감적 이해와 같은 감정적이고 인간적인 차원에서 상담사가 어느 정도 수준으로 대응하는가와 관련된다. 공감은 이해의 의사소통으로서 최상의 것으로 규정된다. 우리는 내담자의 눈, 마음, 그리고 가슴을 통해 그들의 세계를 본다. 그렇게 해야 상담사는 내담자의 느낌, 믿음, 의도를 이해하게 된다.

공감적 이해는 타인의 핵심 감정을 파악하고 이해한 것을 서로 나누는 것이다. 한 번 이러한 이해가 구축되면 상담을 위한 기반이 형성되고 변화가 창조된다.

공감에는 내담자에 의해서 표현되는 느낌과 그 메시지를 듣고 있는 상담사에게서 도출된 느낌 모두가 포함된다. 느낌을 반영하는 것은 내담자로 하여금 그들이 경험한 것을 깨닫게 하고 그때의 느낌들을 표현할 수 있도록 돕는다.

인지적인 내용에 대해 반응하는 것은 어떤 사람이 표현한 것의 문자적인 의미를 다루는 것이다. 이것은 음악 없이 노래의 가사만을 듣는 것과 같다. 느낌과 내용 둘 다를 이해하는 과정은 상담관계에서 아주 중대하다. 이것은 내담자의 인식과 자기 이해를 증가시키고 상담사로 하여금 변화를 촉진시키는 데 필요한 조건들을 개발할 수 있도록 한다.

Nina : 　　나는 집단에서 통제 받고 양보를 강요받는 것에 지쳤어요. 나는 더 이상은 이런 식으로 살 수 없어요.

상담사 : 　당신은 집단의 통제에 대해 화가 났고 자유롭게 당신 스스로 결정을 내리고 싶군요.

Nina : 　　나는 그런 것 없이도 더 행복해 질 수 있다고 생각해요. 왜냐하면 나는 스스로 결정을 내릴 수 있기 때문이에요.

5) 침묵의 생산적인 활용

침묵의 가치와 그 의미를 바르게 판단하고 평가하는 것이 항상 쉬운 일은 아니다. 상담사는 침묵을 깨기 위해 어떤 말이라도 억지로 해야 한다는 느낌을 매우 자주 받는다. 어떤 경우 이것은 '폐쇄적 질문'(단지 내담자에게 '예' 혹은 '아니오'의 답을 요구하는 질문)을 사용하면서 행해지는 데 이는 문제를 더욱 심각하게 만든다.

　침묵은 생산적으로 활용되어질 수 있다. 내담자에게 주제를 지속적으로 다룰 책임을 지게 하는 것이 한 가지 방식이다. 침묵을 편안하게 받아들이면 내담자는 주제를 다루기 시작해서 그의 관심을 나눌 책임을 인식하기 시작한다. 잠시 침묵을 수용한 뒤에 당신은 "방금 무슨 일이 일어났다고 생각하십니까?"라고 물을 수 있다. 또 다른 접근은 내담자의 침묵 뒤에 감추어진 이유를 폭로하는 것이다. 예를 들어 "이유가 … 때문인가요?"라고 하면서 가능한 목적을 언급한다. 내담자가 침묵을 고수하는 이유들로는 상황을 통제하기 위해서, 특별한 목적을 얻기 위해서, 보복하기 위해서, 혹은 아마 이런 상황에서 아무 것도 할 수 없다는 것을 보이기 위해서 등의 것을 생각해 볼 수 있다.

　침묵은 또한 상담사와 내담자가 상호적으로 수용할 수 있는 목표를 개발하지 못했다는 것을 의미할 수도 있다. 또는 목표 선정이 이루어지지 않았을 수도 있고, 내담자의 입장에서 약간의 잘못된 가정이 있을 수 있다. 예를 들어, 상담 사들은 조언을 주는 사람이고 인터뷰에 대한 전적인 책임은 상담사에게 있다 라고 믿는 것이다. 이러한 상황에서는 목표를 다시 형성할 필요가 있다.

침묵은 또한 회피를 뜻하기도 한다. 신체 움직임을 관찰해 보면 침묵의 목적 을 알 수 있는 단서를 찾을 수 있다. 예를 들어 내담자의 눈이 초점을 맞춘 것이 아니라 어떤 것에 고정되어 있는 것처럼 보이면, 그 사람은 생산적인 침묵 속에 빠져 있다고 볼 수 있다. 대신에 내담자가 긴장하여 부자연스럽게 눈의 접촉을 피한다면, 그 사람은 주제를 회피하고 있다고 볼 수 있다. 침묵하는 동안 자신의 감정을 파악함으로써, 당신은 또한 내담자의 침묵을 이해할 수도 있다. 분노 (anger)는 내담자가 통제에 대한 욕구를 가지고 있다는 것을 암시할 수 있다. 반면 혼란(confusion)은 내담자가 당신이 이런 상황에서 아무 것도 할 수 없다 고 믿고 있다는 것을 나타낼 수 있다.

또한 침묵은 생산적일 수 있다. 내담자가 시작한 침묵은 그가 깊은 생각에 빠져 있고 자기 성찰을 하고 있으며 새로운 통찰이나 인식을 충분히 이해하려고 시도 하거나 혹은 새로운 방향들에 대해 평가하고 있음을 나타낼 수 있다. 이러한 것들 은 모두 침묵할 좋은 이유들이고 당신은 여기에 개입할 필요가 없다.

침묵은 또한 인터뷰의 진행을 늦추는 데 활용할 수 있다. 이로써 개인들은 그들의 느낌과 목적에 대한 이해를 병합할 수 있게 된다. 내담자로 하여금 당신 의 목적이 충족되길 요구하지 않고 기다릴 의향이 있다는 사실을 알게 하는 것은 수용과 이해를 전달하는 매우 긍정적이고 믿을 만한 방법이 될 수 있다.

6) 비언어적인 의사소통

상담의 대부분의 의사소통이 언어적으로 이루어지기는 하지만, 비언어적인 구 성요소들—얼굴표정, 신체자세, 목소리 톤, 그리고 호흡의 템포—역시 매우 중 요하다. 어떤 사람이 말을 하는 순간 그 사람의 모든 것도 말하는 것이다. 만약 당신이 이것을 이해하는 데 실패한다면 당신은 진정한 메시지를 놓치게 될 것이다. 목소리는 한 가지만을 말해 줄 수 있지만 신체는 다른 것들을 전해준다.

목소리 톤과 눈의 마주침을 알아차려라. 몸가짐, 근육긴장, 얼굴표정, 그리고 제스처들은 모두 비언어적 표현이다. 꽉 쥔 주먹이나 편 손으로 이완된 또는 굳은 자세를 나타낼 수 있는 여러 가지 가능성들이 있다. 내담자는 앉은 자세로 반항, 거리감, 그리고 자기통제감을 표현할 수 있고, 혹은 표정으로 분노, 혼란스러움 또는 승인 등을 드러낼 수 있다. 승인반사는 특징적으로 씩 웃는 것인데, 이것은 당신의 내담자가 무슨 말을 했던지 상관없이 감정적인 가정을 이해했다는 것을 즉각적으로 전달하는 것이다. 언제나 내담자는 비언어적으로 의사소통한다.

만약 당신이 내담자의 비언어적인 의사소통의 어떤 패턴을 관찰한다면, 이것은 감정적인 가설을 형성할 때 그 메시지를 해석하는 데 있어서 종종 생산적으로 활용할 수 있다. "…에 관해 이야기하는 것을 무척 어려워 하는 것 같군요. 거기에 대한 생각이 당신을 화나게 만드나요? 아무도 당신을 이해할 수 없을 거라고 믿고 있나요?"라고 말해 볼 수 있다. 이런 질문은 관계를 개선하고 통찰하게 하며 변화를 촉진시킬 수 있다. 당신은 또한 당신 자신의 비언어적인 행동을 이해할 필요가 있으며 그런 행동이 얼마나 탐색을 촉진시키거나 좌절시키는지를 알아야 한다. 당신의 비언어적인 표현들은 내담자에 대한 호의와 비호의를 전달할 수 있다.

의사소통의 한 가지 중요한 영역에는 눈물과 울음이 포함된다. 상담과정 중에 눈물을 흘리는 곤란한 상황이 생길 수 있다. 손닿는 곳에 한 통의 티슈를 준비해 두어야 한다. 내담자가 울려는 기색을 보이면 그에게 티슈를 주면서 '우는 것도 괜찮아요'라고 말한다. 만약 내담자가 눈물을 감추려고 애쓰고 있다면, 당신은 그 의미에 대해서 논의할 수 있는데, 예를 들어 그가 우는 것이 연약함의 표시라고 믿고 있는지 아닌지에 대해 논의해 볼 수 있을 것이다.

7) 잠정적 가설과 격려

Adler의 상담에서는 내담자의 행동의 목적에 대해서 잠정적 가설들을 제공하는 데 역점을 둔다. 가설들은 상담의 초기단계에도 제시되어 토의한다. 상담사가 내담자로 하여금 자신의 행동 목적을 이해하도록 돕는 것은 중요하다. 사람의 행동은 그 사람의 고유한 관점으로부터 이해된다는 상담사의 인식은 행위 뒤에 깔린 의미를 인식하는 데까지 확장된다. 예를 들어,

Kali :   나는 남편의 의견에 귀를 기울이려고 노력해 왔어요. 하지만 그게 말도 안 된다는 걸 깨달았어요. 그래서 나는 내 생각대로 합니다.

상담사 :   그를 의지할 수 없게 되어서 실망했겠군요.

여기서 상담사는 내담자에게 그저 동감만을 표현하는데, 이는 장황한 감정의 탐색으로 이어지기 쉽다. 이런 경우 남편과 아내의 관계에 대한 가설을 공식화하는 것이 이에 대한 대안이 될 것이다.

Kali :   나는 남편의 의견에 귀를 기울이려고 노력해 왔어요. 하지만 그게 말도 안 된다는 걸 깨달았어요. 그래서 나는 내 생각대로 합니다.

상담사 :   당신이 언제나 통제력을 갖는 일이 가능한가요? 당신은 당신이 옳아야 한다고 믿고 있는데, 이것으로 인해 당신 남편을 무시하는 것이 정당화되고 있어요.

여기서 상담사는 믿음과 의미에 초점을 맞추고, 그 행동이 Kali의 입장에서는 이해된다는 메시지를 전달한다. 동시에 단순히 느낌을 인정해주는 대신에 마음의 움직임을 다뤄줌으로써, 상담사는 느낌과 행동에 영향을 주는 목표와 신념들을 보다 더 쉽게 수정할 수 있게 만들어 준다.

상담관계는 잠정적 가설들을 토의함으로써 강화된다. 숨겨진 행위의 목적과 동기에 대한 관점을 나누고 그것을 해석함으로써 Adler 상담사는 관계를 더욱 효과적으로 만드는 공감을 전달한다.

격려 또한 시작부터 상담관계의 한 요소가 된다. 언어적이고 비언어적인 메시지에 주의를 기울이고 내담자의 관심에 초점을 맞추며 언어화되기도 하고 암시적이기도 한 느낌에 민감하게 반응하는 전체과정을 격려한다. 어떤 사람에

게는 이것이 그들이 지금까지 처음 경험하는 관심, 조화, 밀접한 인간관계일 수 있다.

8) 관계를 훼방할 수 있는 장애들

어떤 심리적인 장애는 내담자와의 협동을 방해할 수 있다. 어떤 이는 상담관계가 자아존중감과 사람을 대하고 삶의 도전에 부응하는 습관적인 방식에 암묵적인 위협이 될 수 있다고 생각한다(Shulman, 1973). Shulman은 상담관계를 방해하는 몇 가지 장애를 제시했다.

불완전함에 대한 두려움　상담하러 오는 것은 연약함을 인정하는 것이다. 왜냐하면 사람은 자신의 문제를 홀로 해결할 수 있어야 한다고 생각하기 때문이다.

> Abe는 자신의 전문직에서 정상에 오른 자수성가한 사람으로 아내와 청소년 딸이 상담을 받으러 가는 것에는 의의를 제기하지 않는다. 그러나 만약 그 자신에게 어떤 문제가 있다면, 스스로 해결할 수 있어야 한다고 매우 강하게 느끼고 있다.

노출의 두려움　자신의 생각과 느낌을 타인과 공유하는 것은 그 사람이 타인에게 투사하기 원하는 이미지를 파괴할 것이다.

> Kayla는 38세의 독신 여성으로 실수하지 않으려고 무척 노력하는 사람이다. 성공한 선생님으로서 그녀는 스스로에게 절대 실수하지 않는 잘 조직된, 그리고 자기 통제력 있는 사람의 이미지를 투사해왔다. 그녀는 사람들과의 관계에서 그것이 옳은 것인지에 대해서는 확신이 없었다. 그녀는 "나는 실수하고 싶지 않아요"라고 말한다. 그녀는 타인과의 관계에 대한 그녀의 느낌을 표현할 수가 없었다.

비난에 대한 두려움　자신을 드러내면 심지어 상담사라 하더라도 비난할 것이다.

> Carla는 단지 남을 기쁘게 할 때만 인정받을 수 있다고 믿어왔다. 그래서 그녀는 자신의 괴로움을 분노와 격정으로 드러내는 것이 매우 위험한 일이라고 생각하고 있다.

내담자들은 자신의 자아존중감을 보존하기 위해서 혹은 상담사를 패배시키기 위해서 어떤 방어를 활용할 수 있다. Shulman(1964)은 이런 방어들을 범주화하고 있다.

1. 외면화(externalization : "잘못은 내 밖에 있다") 외면화는 자아존중감을 보
존하기 위해서 그리고 자기 자신의 행동에 대한 책임을 회피하기 위해서 활
용된다. 외면화함으로써 사람들은 타인을 비난하게 되고 자신을 환경의 희
생자로 간주하게 된다. 외면화에는 다음과 같이 다양한 형태가 있다.

- 냉소(cynicism : "삶 자체가 실수다") 냉소적인 사람들은 책임자들과 "체
계" 등을 비난함으로써 그들 자신의 행위에 대한 책임에서 달아난다. 그들
은 사람들이 자신들의 욕구에 부합될 때에만 관심을 보이는 존재로 본다.

  33세의 Cory는 큰 부를 얻었다가 그것을 다시 잃었다. 당연히 그는 좌절했는데, 그는 이에
  대해 오로지 타인들만을 비난했다. 그는 자신의 파산을 야기시킨 스스로의 행동이나 탐욕,
  그리고 오만을 간과하고 오로지 타인의 행동에만 집중했다.

- 부적절함(inadequacy : "나는 단지 무고한 희생자이다") 이런 사람은 무능
력과 무력감을 호소한다.

  32세의 Lynn은 오랫동안 책임감으로부터 도망다녔다. 그녀는 자신에게 부과된 어떤 과정이
  나 과제에도 직면해 본 적이 없고 항상 무력하게 시간을 보내고 있다. 어린시절 근친상간의
  희생자인 그녀는 그녀 주위의 곳곳에서 부당함을 찾아내고, 만약 어떤 요구가 그녀를 압박
  하면 그녀는 "휴가"를 떠난다.

- 반항(rebellion : "나는 삶에 순종할 수가 없어요") 이러한 개인들은 삶의
모든 규칙에 도전한다. 그들은 단지 이기기 위해서가 아니라 사회에서 일
반적으로 통용되는 규칙들을 깨뜨리기 위해서 삶과 전투를 벌인다.

  25세의 Hugh는 최근의 "삶의 규칙"에 항거하는 개혁운동을 시작했다. 그는 자기 고유의 규
  칙을 만들기 시작하면서, 음식에 유독성분이 첨가되었다거나 적절한 영양분이 결핍되어 있
  다고 두려워하며 거의 식사를 못하고 있다.

- 보호(protection : "모두 그들의 잘못이다") 이런 사람은 끊임없이 다른
사람들을 비난하고 일어난 모든 일에 대해 책임을 회피한다.

아주 큰 사업에서 몇몇 부서 관리자들은 일을 잘 못해내고 있다. 회장은 정말로 필요한 정보와 자원들을 제공해 주지 않은 데 대한 책임을 인정할 생각은 하지 않고 회사의 퇴보에 대해 그들을 비난한다.

2. 맹점(blind spots: "보지 않으면, 그건 지나가 버릴 거야")   이런 사람은 문제에 직면하기를 거부함으로써 문제가 없는 듯이 가장한다.

   Mary는 그녀의 다섯 아이 중 세 아이가 정신병리적 증후를 보임에도 불구하고 계속해서 가족상담을 거부하면서, 아이들은 완벽하게 정상이고 건강한 가족이라고 강력하게 주장하고 있다.

3. 과도한 자기 통제(excessive self-control : "나는 어떤 것도 나를 슬프게 하도록 내버려두지 않을 거예요")   자기 통제감이 너무나 강력해서 모든 감정, 즐거움 혹은 불쾌함을 강하게 억압하게 된다. 이런 사람은 즐거움과 비탄 둘 다를 느낄 수 없게 된다.

   Luis의 16세 된 딸이 학교생활에 적응하지 못하고 친구도 없고 지나치게 비만인데도 불구하고, Luis는 그가 아버지로서 노력해 온 모든 것이 실패했다고 다른 사람들에게 말하는 그 순간에도 항상 웃고 있다.

4. 독단적인 옳음(arbitrary rightness : "나는 결정했어요. 그 사실에 대해 나를 혼란스럽게 하지 마세요")   이런 사람은 제멋대로 결정을 내리고 의심하지 않는다.

   Stephanie는 매우 성공한 변호사이다. 그녀의 강철같은 마음은 그녀의 전문직에서는 이점이 된다. 그러나 독단적인 옳음은 그녀의 남편과 아이들에게는 참을 수 없는 것이었다.

5. 교묘함과 혼란(elusiveness and confusion: "나에게 강요하지 마세요")   이런 개인들은 거짓말을 해서, 무시하는 체하면서, 혹은 주제를 바꿈으로써, 자신을 타인으로부터 감추려고 시도한다.

   Kay는 종종 혼란스러워 했는데 이것은 그녀에게 책임이나 결정내리기를 회피할 수 있는 편리한 변명거리가 되었다.

6. 헌신과 자기 비난(contribution and self-disparagement : "나는 항상 틀렸어")

이런 개인들은 죄책감을 표현한다. 이런 느낌은 남들에게 선한 목적이라고 확인받을 수 있는 행동을 그들이 지속하도록 한다.

> Ben은 지적이고 말 잘하는 청소년으로 발끈 성질을 부려 가족을 괴롭히고는 그로 인해 죄책감에 싸이게 된다.

7. 조작된 고통(suffering as manipulation : "나는 다른 사람을 통제하려고 합니다") 이런 사람들은 그들이 그렇게 하지 않으면 얼마나 괴롭게 될까를 예상함으로써 그들이 원하는 것을 얻는다. 그들은 심지어 타인들의 눈에 자신들이 영웅시되는 순교자적인 행동을 하기도 한다.

> Jill에게는 항상 사물이 잘못된 것으로 보인다. 그래서 그녀는 가족으로 하여금 얼마나 그녀가 고통스러운가를 알게 하려고 서두른다. 가족 상담을 통해서 그녀의 가족들은 결국 왜 항상 모든 일이 결국 그녀의 뜻대로 되는지를 알게 되었다.

2. 분석과 평가

분석과 평가의 단계는 두 가지 목적을 가지고 있다. 생활양식을 이해하는 것과 생활양식이 삶의 과제에서 개인의 기능에 영향을 미치는 방식을 이해하는 것이다(Mosak & Dreikurs, 1973). 상담사는 현재의 상황과 내담자가 자신에 관한 느낌뿐 아니라, 사회적 관계, 업무에 대한 책임, 그리고 성역할에 접근하는 방식을 파악하는 것으로 상담을 시작하게 된다. 비록 이런 조사가 자료를 볼 수 있도록 개방된 방식으로 이루어지지만, 생활양식에 관련된 정보는 일반적으로 체계적으로 모아진다. 여기 상담사가 물어볼 만한 몇 가지 질문들이 있다.

사회적 관계 당신의 사회생활은 어떻습니까? 소수의 아주 절친한 친구가 있나요? 그저 안면만 있는 사람들을 많이 알고 있나요, 아니면 당신은 고독한가요? 당신이 가진 친구의 수에 만족하십니까? 당신은 다른 사람들과의 관계에 만족하십니까? 당신은 소속감이나 수용감을 느끼십니까?

일 당신 직장에서의 일은 어떻습니까? 하는 일을 즐깁니까? 성공적인가요? 당신은 일에 과도하게 연루되어 전념하는 일 중독증자인가요? 당신의 직장 동료(혹은 학생들)는 당신을 어떻게 생각하나요? 당신은 권위에 대해서 어떻게 처신하나요? 일은 보람되고 만족스러우며 적절한 보수를 받고 계신가요. 허드렛 일인가요, 아니면 당신 삶의 전체를 사로잡고 있는 것인가요?

성 생활 당신의 성(남성으로서 혹은 여성으로서)에 만족하나요? 당신은 당신 자신을 매우 남성다운 혹은 여성다운 존재로 봅니까? 이성과의 관계가 어떻습니까? 당신은 여성 혹은 남성에게 어떤 특별한 관심이 있나요?

자기에 대한 느낌 당신은 어느 정도 자기 만족과 자기 수용이 됩니까? 여가시간에는 뭘 하시나요? 어떻게 개인적인 시간을 즐기십니까? 당신은 자신을 억압하십니까? 당신은 자신에 대해 좋은 느낌을 갖고 있나요? 당신은 자신을 좋아하십니까?

때때로 상담사는 이렇게 물을 수 있다. 당신의 목표는 무엇입니까? 당신이 이해하고 있는 당신 생활의 의미와 목적은 무엇입니까?

조사에서는 또한 내담자에게 그들의 사회적 관계, 일, 성관계, 자기 자신, 특별한 생활, 여가, 그리고 부모역할 등의 영역에서 성공한 최근의 느낌을 평가해 보라고 요구할 수도 있다. 1점에서 5점이나 또는 1점에서 10점의 척도는 삶의 과제에 대한 내담자의 지각의 정도를 측정할 수 있게 한다.

1) 바꿔 말하기

바꿔 말하기(paraphrasing)는 내담자의 생각을 그들이 의도했던 대로 상담사가 확실히 이해했는지를 점검하는 과정이다. 바꿔 말하기는 내담자가 말한 내용에 대해 선택적인 관심을 기울이도록 하고 내담자가 진정으로 말하고자 한 것을 검토하도록 한다. 이 과정에는 당신이 이해한 것을 의사소통하는 것뿐 아니라, 당신이 정확하게 들었는가의 여부를 알아보기 위해 내담자의 생각을 반영하는 것이 포함된다. 여기에는 두 가지 과제가 있다. 주의 깊고 정확하게 듣는 것과 당신이 들은 것을 표현하는 것 그래서 내담자가 당신이 이해했다는 것을 아는 것이다.

바꿔 말하기는 말을 바꾼다거나 앵무새처럼 따라하는 것이 아니라, 이해한 것을 교환하는 것이며 행동함으로써 공감하는 것이다. 이것은 내담자의 메시지를 일반화시키든지 혹은 그 진술을 보다 더 명확히 함으로써 얻어질 수 있다.

Claudia : 나는 그에 대해서 잘 모르겠어요. 때때로 그는 매우 친절한데 그리고 나선 다시 매우 험악해지기도 해요.

상담사 : 당신은 그가 어떻게 행동할지 종잡을 수가 없다는 거군요. 그는 예상하기 어려운 사람인가 봐요.

바꿔 말하기는 또한 내담자가 표현하는 내용에 암시되어 있는 목적이나 목표를 언급하기도 한다. 예를 들어 "당신은 더 심해지고 싶어하는 것 같아요." 혹은 "나는 그들이 당신을 통제할 수 없다는 것을 그들에게 보여주고 싶어한다는 인상을 받아요."

만약 상담사가 내담자의 진술 내용을 놓치거나 오해한다면 관계는 혼란스러워진다. 바꿔 말하기는 관계를 세워가도록 돕는 한편, 상담사가 내담자의 인식을 분석하고 사정하는 데 있어서 기준점(checkpoint)으로서의 역할을 한다.

2) 우선순위와 생활양식 척도

결정을 내리기 위해서는 내담자의 우선순위(priority) 또한 조사되어야 한다. Adler 상담사들은 어떤 사람의 우선순위를 측정하는 것이 생활양식에 대한 한 단면을 신속히 파악할 수 있는 매우 유용한 임상방법이라고 믿는다. 목적을 가르치기 위해서 Adler는 우선순위의 네 가지 타입을 제시한다. 지배(ruling), 획득(getting), 회피(avoiding), 그리고 사회적 유용함(socially useful). Adler는 이변이 없는 한 각각의 우선순위들이 개인을 지속적으로 특징지어가게 하고, 그럼으로써 그 사람의 독특성이나 생활양식이 결정된다고 지적했다. 우선순위의 개념은 사람을 범주화하는 데 사용되는 것이 아니다. 왜냐하면 모든 개인은 너무나 복잡해서 그런 기본적인 유형으로 분류할 수가 없기 때문이다. 우선순위는 단기 목표와 장기 목표를 이해하고, 그 사람의 핵심신념을 파악하는 데 사용될 수 있다.

우선순위는 다음 질문에 대한 대답에 기초해서 결정된다. "내가 가장 중요하게 추구하는 것은 무엇인가?" 그리고 "내가 반드시 피해야 하는 것은 무엇인가?" 많은 유형의 우선순위들(편안함, 기쁘게 하기, 통제, 그리고 우월)이 있다. 예를 들어 Kefir(1972)는 네 가지 최우선적인 우선순위들이 있다고 규정내렸다. Tia는 다음의 순서로 우선순위들을 정리하였다.

중요하게 추구하는 것	어떤 경우에도 피하고 싶은 것
편안함	스트레스
기쁘게 하기	거절
통제	모욕
우월	무의미

만약 Tia의 우선순위가 편안함이라면, 그녀는 기쁘게 하기와 통제, 우월성보다 편안함에 우선권을 줄 것이다. 그녀의 우선순위는 "단지 내가 편안할 수 있을 때에만 나는 진정으로 존재한다"라는 잘못된 신념에 기초해 있다. 회피하는 것은 "나에게 가장 나쁜 것은 스트레스를 받는 것이다. 어떻게 해서든지 그것을 피하고 싶다"라는 것일 수 있다. 이러한 회피 우선순위들은 우리의 용기와 사회적 관심을 심각하게 제한하기 때문에 우리의 생활에 치명적인 영향을 미친다.

상담사가 분석과 조사단계에서 활용할 수 있는 두 번째 접근은 우선순위들을 인터뷰하는 것이다. Kefir와 Corsini(1974)는 내담자의 우선순위와 관련된 임상적 개입으로 내담자의 생활양식과 핵심이 되는 신념에 대한 특별한 측면을 빠르게 탐구할 수 있다고 제시했다. Kefir는 생활양식의 유형학 정보와 Adler의 유형에 대한 처음 작업에 기반을 두고 네 가지의 기본적 우선순위-우월, 통제, 편안함 그리고 기쁘게 하기-를 탐구하기 위한 인터뷰 기술을 개발하였다.

우월(superiority) 유능함, 정의로움, 유용함, 희생자, 순교자와 같은 다양한 유형들 가운데 가장 보편적인 우선순위는 우월일 것이다. 우선순위가 우월인 사람은 항상 다른 사람의 행동과 환경에 관계 없이 항상 우월을 지향하려고 할 것이다. 또한 그들은 만나는 사람들에게 다양한 수준의 열등감이나 죄책감과 같은 일련의 감정들을 지속적으로 불러일으킬 것이다.

우월의 대가는 과도한 연루, 지나친 책임감, 피곤, 스트레스, 그리고 타인들과 관계맺는 것에 대한 불확실성이다.

통제(control)　　또 다른 보편적인 우선순위는 통제인데 이것은 보통 두 가지 유형 중 하나이다. 한 가지 유형은 타인 통제에 강조점을 두는 것이고, 다른 타입은 자기 통제에 강조점을 두는 것이다. 타인 통제에 우선순위를 두는 사람은 목표를 지속적으로 성취해가거나 적어도 그들의 목표를 향해 전진한다. 그러나 그들은 그들 주위의 사람들에게 도전감과 저항감을 불러일으킨다. 통제의 방법들은 폭넓고 다양하지만 우선순위는 동일하다. 이 우선순위의 대가는 타인들과의 거리감이다.

자기 통제에 우선순위를 두는 사람은 '완고한' 사람이 될 수 있다. 이런 사람들은 다른 사람에게서 좌절감을 불러일으키는데, 이들은 종종 자기 통제자로부터 거리감을 느끼게 된다. 자기 통제자는 또한 자발성과 창조성의 감소라는 부가적인 대가를 치를 수 있다.

편안함(comfort)　　편안함이나 방종에 우선순위를 두는 사람은 만족을 지연시킬 수 없을 것이다. 그들은 즉각적인 즐거움이나 만족을 원한다. 그들은 원하는 것을 얻지만 그 과정 중에 다른 사람들을 귀찮게 한다. 그들은 좌절을 겪으려고도 책임을 지려고도 하지 않기 때문에 그들이 치러야 할 대가는 생산성의 감소이다.

기쁘게 하기(pleasing)　　남을 기쁘게 하는 사람들(pleaser)은 그들 자신을 존중하지 않고 타인으로부터의 존경도 기대하지 않는다. 남을 기쁘게 하는 사람에 대한 즉각적인 반응은 "참 좋은 사람이구나"라는 것이다. 그러나 시간이 지나면 그는 타인들로부터 거부, 좌절, 자포자기, 그리고 분노 같은 부정적인 반응을 종종 불러일으킨다. 남을 기쁘게 하는 사람의 대가는 성장의 저해, 소외, 그리고 보복이다.

우리는 이러한 정보의 종류를 Wheeler, Curlette, Langenfeld, Main이 제시한 능동적이고 수동적인 연속선 상에서 살펴봄으로써 발전시킬 수 있다. 예를 들어 우월에 우선순위를 두는 능동적인 사람은 순교나 정의로 기울어질 수 있다. 반면에 수동적인 사람은 숭고함과 자기 희생으로 기울어질 수 있다. 외부 통제자들은 폭군이 됨으로써 그들의 우선순위를 능동적으로 성취할 수 있으며, 교활한 사기꾼이 됨으로써 수동적으로 성취할 수도 있다. 자기 통제자들은 더욱 수동적일 수 있다. 편안함을 추구하는 자들은 항상 응석받이 같이 행동함으로써, 수동적으로 앉아있음으로써, 혹은 서비스 받기를 기대함으로써 자신의 목적을 능동적으로 수행할 수 있다.

남을 기쁘게 하는 사람들은 항상 자신의 욕구를 타인들의 욕구아래에 둠으로써 매우 수동적일 수 있고 혹은 지속적으로 자신을 즐겁게 해 줄 수 있는 사람을 찾아 나섬으로써 과도하게 능동적일 수도 있다. 그들은 동정심, 즉 다른 사람들에게서 그들을 돕고자 하는 열망을 끌어낼 수 있다. 그러나 이러한 열망은 좌절감이나 절망으로 곧바로 바뀌게 된다. 능동적으로 남을 기쁘게 하는 사람들은 지속적으로 타인으로부터 보상받거나 인정받기 위해 해야 할 무엇인가를 찾고 있다. 처음에는 이런 사람들을 대하는 것이 유쾌했지만 그들의 소신과 의사결정기술이 결핍되어 있다는 것이 드러나게 되면 사람들은 그들에게 실망하게 된다.

3) 우선순위를 정확하게 정하기

내담자의 우선순위들은 하루 일과 중에서 그들이 행하는 일이나 그들이 행할 때에 느껴지는 감정에 대해 자세히 설명해 보라고 요구함으로써 정해질 수 있다. 상담사는 이러한 설명으로부터 그들의 우선순위를 추론하게 된다. 우선순위를 알아내는 두 번째 기술은 그들에게 네 가지 우선순위 중에서 가장 중요한 것이 무엇인지 정해보라고 직접 요청하는 것이다. 당신은 단순히 각각의 우선순위를 설명할 수 있고 그리고 나서 물을 수 있다. "이 네 가지 설명 중에서 어느 것이 당신을 가장 잘 설명하고 있나요? '통제감을 갖는 것이 나에게는 가장 중요합니다', '나에게는 타인을 즐겁게 하는 것이 가장 중요합니다' 등등. 그리고 나서 네 가지 우선순위를 설명한다.

또 다른 방법으로 당신은 왜 내담자가 자신의 삶을 다루는 데 특정의 우선순위를 적용하는지에 대한 두 가지 질문을 제시하는 시나리오를 만들어 볼 수 있다. 두 가지 기본적인 질문은 "나는 소속되는 데 있어서 나의 최우선적인 우선순위를 어떻게 활용하는가?" 그리고 "내가 선택한 우선순위를 활용할 때 반드시 피해야만 하는 것은 무엇인가?"이다. Kefir는 편안추구자들은 스트레스를 피하고 남을 기쁘게 하는 사람들은 거부를 피하며 통제자들은 상황이나 타인들에 의한 굴욕감을 갖는 것을 피하고 우월 추구자들은 삶의 무의미감을 피한다고 주장한다.

따라서 편안한 것이 최우선인 내담자는 자신들의 상황에서 편안할 수 있는 상황을 만들어내는 방법들을 강구할 것이다. 편안함을 우선순위로 하는 내담자는 "내가 오로지 편안할 수 있을 때에만 어딘가에 진정으로 소속되어 있거나 남들에게 필요한 사람이라는 느낌이 들어요"라는 잘못된 신념에 기반을 둘 수 있다. 이런 특별한 내담자의 신념 내에 작동하는 회피기제는 "나에게 가장 나쁜 것은 스트레스이다. 그러므로 나는 어떤 대가를 치르더라도 이것은 피해야 한다"라는 것일 수 있다. 스트레스는 정상 상태이기 때문에 사람들은 내담자의 편안함의 우선순위가 어떻게 타인들에 대한 사회적 관심을 표현하고 성장하려는 용기를 꺾을 수 있는지 이해하게 된다.

다른 가능한 탐색기술은 간단하게 기록하는 조사지이다. 이것은 35가지 내용의 자기보고형식의 도구로, 내담자가 상담 중이나 혹은 집에서 작성할 수 있다. Kern의 생활양식 척도(1982, 1997)는 생활양식을 다섯 가지 요소로 범주화한다. 통제, 완벽주의, 기쁘게 하려는 욕구, 자아존중감 그리고 기대. 비록 Kefir의 우선순위에 대한 설명과 어떤 부분은 유사하지만, Kern의 생활양식 척도는 사적 논리에 대한 관점보다 내담자의 생활양식에 대한 좀더 폭넓은 진술을 얻기 위해 시도된 것이다. 이 방법의 또 다른 장점은 행정가에게 빠르게 전달되고, 생활양식 주제들에 대한 양적인 프로파일을 획득하며, 상담사가 내담자를 이해하는 데 도움이 되는 즉각적인 자료를 제공할 수 있다는 것이다. 보다 큰 장점은 생활양식의 개념을 보다 깊이 있게 이해하기 위한 연구방법으로서 이 척도가 활용된다는 점인데, 이것에 대해서는 부록 C에서 설명할 것이다.

4) BASIS-A

또 하나의 매우 유용한 평가도구는 Kern과 그의 동료들(Kern, Wheeler, & Curlette, 1993)에 의해 개발된 것이다. 이 BASIS-A(Basic Adlerian Scales for Interpersonal Succsess-성인용) 목록은 다섯 가지 생활양식 주제를 측정한다. 소속-사회적 관심 갖기, 전진하기, 주도권 잡기, 인정추구하기 그리고 신중하기. 이 BASIS-A 목록은 또한 다섯 가지 HELPS 척도를 포함하는데, 이것은 다섯 가지 BASIS-A 척도의 해석을 확장하고 용이하게 한다. 이 범주들은 엄격함(H), 권리부여(E), 모든 것과 연결됨(L), 완벽주의(P), 그리고 부드러움(S). Kern범주와 BASIS-A는 부록 C에서 설명할 것이다.

5) 우선순위와 생활양식 주제를 효과적으로 다루기

상담사와 내담자에 의해서 우선순위의 주제가 정해지고 이해된 이후에는 대안적인 행동과 태도를 고려해야 한다. 상담사는 우선순위나 주제를 바꾸려 하지 않는다. 만약 하나가 포기된다면 또 다른 것이 그것을 대체할 것이고 문제는 그대로 유지된다. 목표는 내담자로 하여금 그들이 타인들에게 야기시키고 있는 느낌을 이해시키는 것이고, 그 우선순위를 유지하기 위해서 그들이 치러야 할 대가가 어떤 것인지를 알게 하는 것이다. 목표는 내담자로 하여금 "단지 ~할 때만"(단지 내가 즐거울 때만, 내가 존재한다거나, 단지 내가 힘이 있을 때만 나는 내 자리를 찾을 수 있다는 등)이라고 하는 불합리한 자세로부터 탈피시켜, 극단적으로 행동하지 않아도 자신들의 존재감과 위치를 찾을 수 있다는 사실을 깨닫게 하는 작은 동기를 부여하는 것이다.

> Jared는 56세의 주식중개인인데 그 자신이 최근 회사 지도 감독자에서 회계간부로 강등된 사실을 절대로 받아들일 수가 없었다. 치료사가 "당신이 다른 사람을 감독하는 것이 그렇게 중요한가요?"라고 가설적으로 물었을 때, 그는 다음과 같이 말함으로써 이것을 부인했다. "아니오. 나는 15명의 회계간부들을 관리했을 때 지금보다 더 사람들을 진정으로 도왔어요."

그의 진술에 이어서, "그래서, 당신은 사무관리자로 있을 때 더 통제력을 가질 수 있었군요"
라고 바꿔 말함으로써, 상담사와 내담자는 우선순위가 사실상 통제라는데 동의했다.

이미 강조했듯이, 내담자가 상담관계를 안전하고 이해받고 있다고 느껴서
협조했기 때문에 Jared와 상담사는 그런 통찰에 도달할 수 있었다. 관계의 구성
을 이해하는 것은 상담사가 내담자의 우선순위를 정하고 생활양식 척도로부터
얻어지는 삶의 주제를 정확히 알아낼 수 있는 상담사의 능력에 의해 촉진될
수 있다. 상담사가 이러한 연결을 만들어낼 수 있을 때, 낙담한 내담자는 어떤
특별한 문제에 관해서 대안들이 있다는 사실을 이해하고 믿게 된다.

직면(confrontation)　　직면은 상담사가 내담자로 하여금 그들의 행동과 의도
사이의 불일치, 그들의 느낌과 메시지 사이의 불일치, 그들의 통찰과 행동 사이
등의 불일치를 깨닫게 할 수 있는 과정이다.

Shulman(1973)은 직면은 즉각적인 반응이 요구된다는 느낌을 불러일으키도
록 고안된 질문과 도전의 결합체라고 한다. 그러므로 이것은 내담자의 잘못된
목적을 재반영함으로써 치료적인 움직임을 자극하는 것이다. Shulman은 직면
시키려는 의도를 가진 많은 기술들을 제시하였다.

주관적인 관점에 직면하기　　Dreikurs(1976a)는 이 직면기술을 "숨겨진 원인을
드러내기"로 설명한다. 즉, 상담사는 내담자의 행동을 수용하도록 만드는 자신
들만의 사적 논리와 직면시킨다. 예를 들어 "나는 정말 술에 취했기 때문에 이
렇게 행동하는 것 뿐이야", "난 수면부족으로 아무 일도 할 수 없었어. 설령
일하러 갔다하더라도 그랬을 꺼야…", "나는 너무 민감해서…."

Dreikurs는 상담사에게 "그 순간 당신은 어떤 생각을 했죠?" 혹은 "당신은
자신에게 그때 뭐라고 말했나요?"라는 질문으로 직면해 볼 것을 제안한다. 그
는 또한 만약 상담사가 이해되기를 원하고 직면이 효과적이기를 원한다면, 그
들은 내담자의 말속에 숨겨진 이유를 드러내야 한다고 말한다. 직면하는 동안
바꿔 말하기는 내담자로 하여금 존경하는 사람으로부터 그들 자신의 진술을
들을 수 있게 해준다.

잘못된 신념과 태도에 직면하기　이러한 타입의 직면을 불러오는 신념과 태도
는 내담자의 고유한 특성, 세상, 삶에 대한 의미와 요구에 대한 기본적인 신념이
다. Shulman(1973)은 "이런 기본적인 신념은 빈칸에 채워진다고 한다. 나는
_____입니다. 삶은 _____ , 그러므로 _____."(p. 201) 예를
들어, 다른 사람들이 그들을 성가시게 한다고 불평하는 사람은 이렇게 직면할
수 있다. "당신은 잘 속아넘어가는 사람처럼 보고, 말하고, 행동하는군요. 그래서
당신은 사람들이 당신을 성가시게 하도록 만들어요. 당신 이외의 다른 사람들을
비난하지 마세요. 왜냐하면 당신이 그들을 그렇게 하도록 만들었으니까요."

사적 목표에 직면하기　이 직면은 감정을 부인하려는 내담자에게 활용될 수 있
다. 이 직면은 "당신은 그들이 화내길 바라나요?" 혹은 "당신 생각에 이것이
변명이 될 수 있다고 생각하십니까?"라고 조심스럽게 잠정적 가설로 제시할
수 있다.

비건설적인 행동에 직면하기　이 직면은 지금-여기의 문제를 다룬다. 이를테면,
"당신은 방금 주제를 바꿨군요. 우리가 어떤 문제에 너무 가까이 다가갔나요?"
혹은 "나는 당신이 한 단어에 대해서만 논쟁하면서 그 개념은 무시하고 있다는
것을 알았어요. 어떻게 생각하세요?"

　Shulman(1973)이 말하였듯이, "직면기술은 내담자가 어떤 주제에 대해 즉각
적인 반응과 즉각적인 변화를 설명할 수 있도록 고안된 것이다(p. 205)." Adler
식 직면은 내담자가 그들의 목적, 사적 논리, 행동을 즉각적으로 이해할 수 있
도록 고안되었다. 이것은 변화하려는 내담자의 용기와 능력을 자극한다.

6) 해석

해석은 사람이 어떤 특정한 방식으로 행동하는 이유ㅡ행동, 신념 혹은 느낌의
목적에 관해ㅡ를 다루는 것이다. 내담자의 내적 준거체계로부터 해석을 끌어냄
으로써 우리는 이해에 대한 새로운 관점을 얻을 수 있다. 다시 말해서 당신은
이 기술을 내담자가 새로운 관점을 생각하고 개발하도록 돕는 데 활용하여, 내

담자가 폭넓은 대안을 발견할 수 있도록 도울 수 있다.

해석은 오로지 내담자가 그것을 수용해서 이해하고 활용할 수 있을 때에만 효과적이다. 저항을 최소화시키기 위해 해석은 일반적으로 "…라는 뜻입니까?" 혹은 "…라고 볼 수 있습니까?"라는 잠정적인 형식으로 제시된다. 그리고 동시에 해석은 내담자가 들을 준비가 되어있고 신중하게 그 해석을 고려한다는 믿음이 생길 때 제공되어야 한다.

Toban : 나는 내 일을 어떻게 잘 해낼 수 있을지 혼란스럽습니다. 어느 정도는 그 일을 해낼 수 있지만, 만약 내가 잘해내면 그들은 내게서 더 많은 것을 요구할 것입니다. 그러면 나는 그들의 또 다른 기대에 부응할 수가 없게 돼요.

상담사 : 당신은 자신의 능력을 확신하지 못하는군요. 그건 당신이 의도적으로 일을 잘해내지 않음으로써 사람들이 당신의 무능력을 용인하게 만들려는 것이라고도 할 수 있지 않을까요?

당신은 내담자의 감정을 듣고 부적절함을 드러내는 목적을 잠정적으로 암시하게 된다.

7) "질문"

이 상담기술은 Adler에 의해서 처음 개발된 것인데 징후가 기질적인 것인지, 기능적인 것인지를 판단하는 데 사용된다. 단기치료에서는 "기적 질문" 같은 유사한 기술을 활용한다. 만약 어떤 사람이 두통 혹은 호흡곤란 같은 신체적인 징후를 불평한다면, 당신은 "만약 당신이 좋아진다면 무엇이 달라질 수 있나요?"라고 묻는다. 만약 상태가 기능적인 것이어서 목적을 가지고 있다면, 그 사람은 "나는 일하러 가고 싶어요"라고 말하거나, "나는 더 열심히 공부하고 싶어요"라고 말할 수 있다. 이것은 신체적 증상으로 무엇인가 회피하려고 한다는 것을 말해준다. 만약 그런 목적이 드러나지 않는다면, 그 상태에는 아마 기질적 혹은 신체적인 이유가 있을 것이다. 심리적인 원인 없이 신체적인 병이 있을 수 있지만, 내담자는 여전히 특별한 목적을 위해 그 병을 이용할 수 있다.

3. 생활양식의 명료화

생활양식은 심리적 움직임의 기반이 되는 기본 전제와 가정이다. 생활양식은 "나
는 _____입니다. 세상은 _____입니다. 그러므로, _____"
라는 삼단논법으로 설명되어질 수 있다(Allen, 1971b). 우리는 이런 전제 하에
믿고, 느끼고, 의도하고, 행동하며, 심리적으로 우리의 관점을 정당화시키려고 노
력한다. 우리의 생활양식은 우리의 믿음, 신념, 태도의 유형에 따라 형성된다.

생활양식에 대한 조사는 상담사와 내담자 사이의 심리적인 절충으로 시작한
다. 신체언어, 목소리 톤, 그리고 표현 태도는 그 사람의 생활양식을 드러낸다.
그러므로 상담사는 내담자가 쓴 각본과 그것이 진정으로 의미하는 바가 무엇
인지를 이해할 필요가 있다(Mosak & Gushurst, 1977). 자기 패배적이거나 순
응하지 못하는 유형이 토의될 때는 내담자가 비난받는다는 느낌이 들지 않게
하는 것이 매우 중요하다. Mosak과 Dreikurs(1973)는 "치료사는 평가받는 것,
이해받는 것 그리고 비난받는 것 등을 구별할 수 있도록 도와야 할 것이다. 이
구별은 쉽게 할 수 있는 것이 아니며 받아들이기도 쉽지 않다"라고 말했다.

1) 가족구도에 대한 평가

생활양식은 가족구도의 설문지나 초기 회상을 통해 내담자의 가족분위기를 평
가함으로써 형성된다. 가족분위기는 가족가치, 태도, 그리고 양육방법뿐만 아
니라 내담자와 그 부모의 관계를 파악하기 위한 질문을 통해 이해된다. 상담사
는 생활양식의 형식에 따라 질문을 한다. 부록 A에 생활양식 형식의 예가 있다.

Adler학파에서는 형제자매간이 부모만큼이나 또는 부모보다 더 많이 서로에
게 영향을 끼친다고 믿는다. 많은 가정에서 부모가 아이들에게 영향을 미치는
것만큼 아이도 부모에게 영향을 미친다. 그러나 가족환경의 분위기를 주도적으
로 잡아나가는 것은 부모인 경우가 많은데, 특히 유년시절에는 더욱 그렇다.

가족구도 질문지   질문지는 개인의 자아개념, 형제자매 간의 관계성, 반응한
사람에 대한 영향력 있는 힘, 그리고 생활에 대한 결정을 내리는 데 영향을 끼

치는 경험들을 통찰할 수 있도록 한다.

질문지는 출생 순위, 형제자매의 성격과 서열, 그리고 형제간과 부모 자녀 간의 상호작용과 같이 Adler학파 상담사들이 영향력 있다고 믿는 요소들을 조사한다. 중요한 것은 출생 순위가 아니라 가족 안에서 자녀들이 그들의 위치를 어떻게 인식하고 무엇을 행하는가 하는 심리적 위치이다.

상담사는 질문지에 따라 내담자가 왜 상담을 원하는지와 기본적인 삶의 과제가 수행되어져 가는 방식에 얼마나 만족하는지를 질문함으로써 상담을 시작한다. 그런 다음 상담사는 이름, 나이, 직업, 부모에 대한 설명, 그리고 그들의 두드러진 성격특성들에 대해 간단히 말해줄 것을 요청한다. 이렇게 기초 정보를 얻은 이후에, "아버지가 가장 좋아하는 아이는? 그리고 어머니가 가장 좋아하는 아이는? 자녀들에 대해 부모가 야심을 가지고 있는가? 자녀들과 아버지의 관계는 어떤가? 어머니는...? 형제자매 중 아버지와 가장 비슷한 사람은 누구인가? 어떤 점에서? 어머니와 가장 비슷한 사람은 누구인가? 어떤 점에서?" 그리고 나서 상담사는 내담자와 부모의 관계와 가족 내에서 부모의 역할을 하는 사람이 내담자의 삶에 미친 영향에 대해 묻는다(Eckstein, Baruth & Mahrer, 1975).

부모에 관해서 그리고 부모와 자녀와의 관계에 대해서 질문을 한 후 내담자의 형제자매에 관해서 질문한다. 내담자를 포함한 연장자부터 각각의 형제자매 이름, 나이, 특성과 성격적 특징에 대한 설명을 목록화한다. 죽은 형제자매도 각각의 위치에 표시하되, 이름의 둘레에 깨어진 원을 그리는 것과 같은 방법으로 죽음을 표시한다(Eckstein et al., 1975). 그리고 나서 가족구도 질문지는 "형제자매 중에서 당신과 가장 다른 사람은 누구인가?" "어떤 측면에서?"라고 묻는다. 내담자가 외동일 경우에는 "또래 중 당신과 가장 다른 사람은 누구인가? 어떤 점에서?"라고 질문한다. 그 다음 질문은 "당신과 가장 비슷한 사람은 누구인가? 어떤 점에서?"이다. 이것은 상담사로 하여금 내담자가 어떻게 자신을 보고 있는지, 그가 가장 훌륭하다고 인정하는 특성과 가장 좋지 못하다고 인정하는 특성을 이해하게 한다. 형제자매에 관해서 물을 수 있는 다른 질문은 "어느 형제들이 서로 싸우고 논쟁합니까? 누구랑 같이 놉니까? 누가 누구를 돌봐

줍니까?" 등이 있다.

이제는 초점을 내담자 자신에게로 옮겨서 상담사는 다음과 같은 질문을 한다. "당신은 어떤 아이였습니까? 남다른 재능이나 성취, 혹은 야망을 가졌었습니까? 신체적 발달은 어떠했나요? 신체적 혹은 심리적인 장애가 있었나요?" 그리고 나서 내담자에게 첫 관계와 성 경험에 관한 성 발달에 대한 질문을 한다. 여성일 경우 첫 생리시기에 관한 경험을 이야기할 것을 권유한다.

가족구도 조사에서 그 다음 항목은 특성목록에서 형제자매와 관련하여 내담자를 서열화하는 것이다. 이것을 하기 위해서 상담사는 질문지에서 '지능'과 같은 특성을 24개의 속성들 중에서 하나 선택한다. 그리고 한쪽 난에는 형제자매 중 가장 높은 지능을 가진 사람을 다른 난에는 가장 낮은 지능을 가진 사람을 표기한다. 내담자가 최고와 최저 중 어느 쪽도 아니면, 상담사는 내담자의 형제 관계에서의 지위를 유추할 수 있다.

특성	최고	최저
지능	Mary(Sam)	George

Sam은 지능서열로는 Mary쪽에 더 가깝다. 그는 자신을 가족 가운데 가장 머리가 좋은 것은 아니지만, 지적인 편에 가깝다고 보고 있다. 내담자의 자기 지각을 표현하도록 돕는 모든 특성에 이와 같이 순위를 매긴다.

가족역동성　수많은 성격 유형은 가족 분위기, 서열, 심리적 위치(각자가 가정에서 자신의 위치를 인식하는 방식), 그리고 훈육방식에 따라 나타날 수 있다. 첫째 아이는 보다 더 많은 힘을 가졌다고 믿는 부모의 유형을 받아들인다. 가령, 아버지가 거칠고 강압적이며 매사를 자기 방식대로 처리한다면 자녀는 그런 특질을 모방하려고 한다. 반대로 어머니가 철회나 침묵 같은 수동적이고 파괴적인 방식으로 통제한다면 그 아이는 이런 특질들을 받아들일 것이다. 첫째 아이들은 그들이 중요하다고 생각하는 부모의 특성을 본받으려고 노력할 수도 있고, 또는 그러한 기준으로 살 수 없다고 생각해 포기해 버릴 수도 있다. 둘째 아이는 일반적으로 가정에서 중요한 존재가 되기 위해 그들에게 기대되는 것과 필요한 것을 강하게 지각한다. 둘째 아이는 첫째 아이의 행동과 부모에 의해서 평가되는 행동을 주의하면서 첫째 아이(장남 혹은 장녀)가 간과한 부모의 특질을 받아들인다. 둘째는 맏이가 성공하지 못한 영역을 잘 파악하여 이것이 가족단위 내에서 수용감과 소속감을 제공하는 경우 재빨리 이 영역으로 움직여간다. Shulman은 "형제자매 사이에서 나타나는 행동의 차이는 양지바른 곳을 차지하기 위한 그들 간의 경쟁 때문이라고 볼 수 있다. 둘째 아이는 첫째 아이의 영역을 피해서 자신의 행복을 위한 다른 어떤 곳을 찾는다"(p. 49).

Dreikurs에 의하면, 성격 특질은 가족집단 내에서의 힘의 정치에 대한 아이들의 반응이다. "유사성과 상이성은 협력과 경쟁을 지칭한다"(Dreikurs, 1975). 가장 닮은 형제끼리는 협력적이다. 반대로 서로 가장 다른 형제들은 겉으로는 경쟁상대가 아닐지라도 실제로는 주요 경쟁자이다. Dreikurs는 대항(rivalry)과 경쟁(competition)을 비교하면서, 전자는 드러나는 경쟁으로 설명하고 후자는 상대가 실패한 곳에서 성공하기를 원하는 것과 같은 반대의 성격 특질을 개발해 나가게 하는 것으로, 각 아동에게 큰 영향력을 가지는 것으로 보았다(Dreikurs, 1957). 경쟁(competition)은 주로 성장 기간 동안 항상 비교 평가되어지는 가까운 형제자매간에 발달한다(Shulman, 1973. p. 49).

명백히 형제자매는 다른 형제자매의 성격 특질 형성에 중요한 영향을 미친다. 가족 내에서의 심리적 위치는 부모의 양육태도 만큼이나 중요하다.

요약하면 가족구도의 분석에는 다음 네 가지가 필요하다. 첫째, Adler 이론이 성격발달 과정에서 가장 영향력 있다고 보는 요소들과 Adler학자들이 어떤 현상의 유형 속에서 발견하는 함축적 의미, 그리고 Adler학파에 의해 규정된 보편적인 생활양식들을 확실하고 포괄적으로 잘 알고 있어야 한다. 둘째, 유형들을 인지하고 발견하고 특성화시키는 능력이 있어야 한다. 셋째, 유사성과 상이성의 존재를 구분하는 능력이 있어야 한다. 넷째, 이미 일관성 있게 확인된 것 중에서 추정법(extrapolation)을 사용하거나 아니면 두드러지게 특별한 현상학적 세계에 대한 직관적이고 감정이입적인 파악능력으로 정확하게 추론할 수 있는 능력이 있어야 한다.

2) 초기 회상에 대한 해석

초기 회상(ERs : Early Recollections)은 Adler학파 상담사들이 생활양식을 규정하는 과정에서 수집하는 또 다른 중요한 정보유형이다. 초기 회상은 유아기에서 회상되는 특별한 사건들이다. 내담자들은 마치 그 사건을 볼 수 있는 것처럼 명확하게, 세부 상태까지 발생하는 그 순간의 생각과 느낌까지도 생생하게 기억해 낼 수 있다. 그것은 단지 개인의 유년시절에 대한 보고가 아니다. 이는 신념, 잘못된 태도, 자기 패배의식, 심리적 행동에 대한 특별한 법칙들을 드러낸다. 초기 회상은 Adler 이론에서 매우 중요한 것이다. 그 이유는 우선 Adler학파의 성격 이론에 따르면, 초기 회상은 현재의 태도, 신념, 동기(Mosak, 1958 : Gushurst, 1971a)의 표현물이기 때문이고, 두 번째는 Adler학파에서는 사람들이 자아와 세계에 대한 현재의 관점과 일치하는 유아기의 일들만을 기억해 낸다고 믿기 때문이다(Adler, 1958). Gushurst(1971)의 경우 초기 회상은 "한 개인이 자기 자신과 다른 사람, 그리고 삶을 일반적으로 어떻게 보는지, 생활 속에서 무엇을 위해 애쓰는지, 그가 삶에서 어떤 일이 일어나기를 기대하는지에 대한 청사진을 제공한다고 지적했다(p. 33).

> 〔초기 회상〕은 처음에는 주제별로 해석되고, 두 번째로는 특별한 세부사항에 관해서 해석된다. 초기 회상에서 통합된 특성들은 특정한 개체로서보다는 원형(prototype)으로서 해석된다. 이는 언급된 특정한 개인보다는 일반적이거나 권위적인 형상으로 묘사된다. 회상의 내용이 기본적으로 생각할 거리를 주지만, 연속적인 해석이 개인을 둘러싼 보다 더 많은 것들을 솔직히 묘사한다. 특성적 행위보다는 특성적 견해(outlook)가 묘사된다(Mosak, 1958. pp. 107-108).

> 주된 주제나 유형은 TAT주제나 투사적 그림 그리기와 유사한 방법으로 해석되며 개별적 파편으로 나누어지지는 않는다. 예감으로 시작해서 개인적 주제들이 함께 도출되고 그것들의 단일성과 유형은 메시지를 판독한다. 내담자의 감정과 느낌들은 중요한 해석의 실마리를 제공한다(Nikelly & Verger, 1971. p. 57-58).

각 개인은 전에 일어났던 수많은 경험들 중 특정한 사건만을 선택한다. 사람들은 각 기억의 특정 측면만 강조하고 다른 것들은 무시하거나 완전히 생략한다. 기억은 선택적이고 평가적인 과정의 산물이다. 그러므로 우리는 초기 회상

에서 얻은 객관적 자료로 내담자의 신념과 목표 같은 현재의 생활양식의 기본
요소를 추론할 수 있게 된다.

　Kopp과 Dinkmeyer(1975)는 면담에서 활용할 수 있는 표준화된 절차를 제시
한다. 이것은 모든 연령대에서 다 적절히 사용할 수 있지만, 여기서는 학생들의
회상을 수집하는 것에 대해 언급하고자 한다.

> 당신이 할 수 있는 한 당신이 아주 어렸을 적, 최초의 기억으로 거슬러 올라가 보세요… 당신
> 이 가장 어렸을 때 어떤 일이 있었나요(당신은 7살 혹은 8살이었을 수도 있어요). 그것은 좋
> 은 일일 수도 있고, 나쁜 일일 수도 있습니다. 혹은 중요할 수도 중요하지 않을 수도 있는
> 사건입니다. 그러나 그것은 당신 생애에 단 한번 일어났던 유일한 사건이어야 하며, 당신은
> 그것을 당신 마음에 그림처럼, 영상처럼 매우 명확하게 기억해 낼 수 있어야 합니다.
>
> 　자, 이제 당신에게 일어났던 어떤 사건이나 사실을 이야기해 보세요. 그것은 당신이 그림
> 으로 그려낼 수 있는 어떤 것으로 또는 무엇인가 특별한 어떤 것으로 그것이 일어났던 그
> 순간을 분명히 기억할 수 있는 것이어야 합니다.
>
> 　학생들이 그 기억을 말하기 시작하면 기억에 대한 시각적이고 특별한 부분을 잘 경청한
> 다. 약간의 배경설명이 필요할 수도 있다. 그러나 그 사건 주변적인 것에 너무 많은 시간을
> 허비하지 말고 대신에 실제로 일어났던 것을 집중적으로 다루어라.
>
> 　"우리는 항상 …… 이랬어요. 항상 …… 이러곤 했지요" 혹은 "일어나곤 했어요"라는 문장
> 들은 이것이 반복적으로 일어났던 사건임을 시사한다. 학생에게 다른 것들보다 더 확실하게
> 두드러진 기억을 선택해서 그때 일어났던 것을 말해보라고 요구하라. 만약 특별히 어떤 사
> 건이 다른 것에 비해 두드러지게 기억되지 않는다면, 그 사건을 무시하고 단독 사건으로
> 설명되어질 수 있는 다른 초기 기억을 선택하게 하라.
>
> 　다음 기억으로 넘어가기 전에 다음의 질문들을 해보고 그 반응을 기록하라.
>
> 　당신은 그때 느낌이 어땠는지 혹은 일어나는 일에 대해 당신이 해야한다고 여긴 반응이
> 무엇이었는지 기억할 수 있나요? (만약 기억할 수 있다면) 그것을 설명해 보세요. 왜 당신
> 은 그런 식으로 느꼈나요?(혹은 왜 그렇게 반응했나요?)
>
> 　나머지 것들 중에서 마치 당신이 기억 속의 스냅사진을 보듯이 가장 생생하고 분명하게
> 기억할 수 있는 한 순간, 그 순간의 기억에서 가장 뚜렷하게 드러나는 부분은 어떤 것입니
> 까? 그 순간에 당신은 무엇을 느꼈습니까? 당신은 어떻게 반응했습니까?
>
> 　우리의 경험들은 비록 우리가 그 첫 기억 속에서 학생 때의 기초적인 신념과 동기들을
> 보기 시작할 수 있다하더라도, 이러한 해석의 정확도는 부가적인 기억들이라도 일치할 때
> 더욱 증가한다. 그러므로 상담사의 평가는 적어도 세 가지 정도의 기억들에 기초해야 한다.
> 전형적으로 3개에서 6개의 기억을 수집한다(p. 24).

상담사는 "나는 당신이 기억하는 첫 7, 8살 때의 특별한 사건을 기록하고 싶습니다. 무슨 일이 일어났고, 가장 인상깊었던 순간은 언제였는지, 그때 어떻게 느꼈는지에 관해 말씀해 보세요"라고 이야기함으로써 좀 덜 전문적인 방향으로 지시할 수 있다. 내담자가 지시에 따르면 상담사는 내담자가 말하는 것을 그대로 기록한다. 만약 지시에 따르지 않는다면 다양한 다른 방법들을 모색해야 한다. 내담자가 저항적이거나 "나는 어떤 특별한 사건도 기억할 수 없어요"라고 말하면 그 사람에게 아무거나 하나를 생각해 보라고 요구해야 한다. 바로 그 순간에 대부분의 사람들은 실제로 일어났었던 한 사건을 기억한다. 비록 꾸며낸 이야기라 하더라도, 그것은 내담자 자신과 다른 사람에 관한 신념을 드러낸다. 그런 일이 일어나면 상담사는 내담자가 해야 하는 일을 하지 않고 그 반대의 일을 하는 경향이 있는 사람이 아닌가 의심할 수도 있다. 다른 한편 어떤 사람은 무척 창조적이다. 그들은 간헐적으로 사건을 상상으로 만들어내어 회상한다. 또한 회상한 사건을 부분적으로 미화시키기도 한다. 때때로 그들은 회상할 수 없다고도 한다. 물론 그가 임의로 생각해 낸 사건은 진단적으로 볼 때 실제로 일어났던 일만큼이나 유용하다. 또 다른 창조적 방법은 좀더 나이가 들었을 때의 기억을 회상하라고 제안하고 그것을 기록하는 것이다.

사람들이 초기 회상 과정에 기꺼이 협조하려는 의지를 보이지 않을 때, 상담사는 그들이 무의식적으로 자신을 드러내는 것에 저항한다는 점에 대해 논의할 수 있다. 이런 통찰은 내담자를 자극하여 다음 상담에서 몇 가지 초기 회상을 할 수 있도록 한다.

Sweeney(1975)는 초기 회상을 활용하는 방법에 대해 몇 가지 부가적인 안내 지침을 제공한다.

- 능동적인가 수동적인가?
- 내담자는 방관자인가 참여자인가?
- 내담자는 주는 쪽인가 받는 쪽인가?
- 내담자는 앞으로 나아가는가 뒤로 후퇴하는가?
- 내담자의 주변은 어떠한가?

- 내담자의 신체적 태도는 어떠한가?
- 내담자는 혼자인가 다른 사람과의 함께 있는가?
- 내담자는 다른 사람들, 일, 세상에 대해 관심이 있는가?
- 내담자는 다른 사람과의 관계에서 자신을 어떻게 인식하는가? 열등한가? 우월한가?
- 내담자가 활용하는 감정은 어떤 것이 있는가?
- 사건이나 결과에는 어떤 정서적 분위기가 따라왔는가? 세부사항이나 성향은 언급되었나?
- 권위자, 부하, 남자, 여자, 노인, 젊은이의 전형적인 유형이 스스로 드러났는가?
- 사건의 핵심을 포착할 수 있는 제목을 달아라. 가령 아이스크림에 대한 한 여성의 회상에서 : "소녀가 일을 해내다!"라는 제목을 달았다.
- 주제와 전반적인 패턴을 찾아라.
- 가족구도에 관한 정보에서 확증을 찾아라(p. 49).

Watkins는 초기 회상의 가치를 다음과 같이 요약했다.

> 초기 회상(ERs)은 상담과정에서 유용하고 효과적인 평가 도구가 될 수 있다. 그것들은 종종 상담사에게 내담자의 역동성에 대해 상당한 통찰력을 부여한다. … 하지만 투사적 기법으로서 초기 회상을 이용하는 것에 대해 비판적 관점이 많다는 것을 이해하는 것이 중요하다. 초기 회상의 임상적 유용성은 통계적으로 아직 입증되지 않았다(Watkins, 1985, p. 32).

통계적 타당성이 부족하다는 Watkins의 진술은 Adler주의자들이 현실적이며 임상과정을 강조한다는 사실을 반영한다.

3) 기본적 오류의 검증

가족구도에 대한 요약과 초기 회상에 대한 해석은 상담사로 하여금 내담자의 잘못되고 자기 패배적인 지각을 명확하게 하도록 한다. 이런 개념들은 주고받고, 협력적이고, 평등하며, 인간관계에 책임감을 강조하는 Adler학파의 '사회적 관심'의 안내지침과는 매우 상이하다. 초기 회상과 가족구도에 대한 해석은 종종 자기 관심, 힘에 대한 관심, 회피, 그리고 철회를 지적한다. 이 모든 것들은 잘못된 지각들이다.

Mosak과 Dreikurs(1973)는 잘못되고 자기 패배적인 지각을 다음과 같이 분류하고 있다.

1. 과잉 일반화 "사람들은 적대적이다", "모두(all)"라는 의미가 종종 내포되어 있다. "인생은 위험천만하다", "언제나(always)"라는 의미를 내포한다.
2. "안전"에 대한 잘못되고 불가능한 목표 "한 번 잘못하면 죽을 거야" 혹은 "나는 모든 사람을 즐겁게 해야만 해."
3. 삶과 삶의 요구에 대한 잘못된 지각 극단적인 착각이나 환각 상태에서 이런 것을 관찰할 수 있다. 전형적인 신념은 "삶은 절대 내게 휴식을 주지 않아"라든지 "사는 건 너무 힘들어"일 수 있다.
4. 자신의 가치에 대한 과소평가와 부정(Adler학파는 모든 개인의 가치를 인정한다) "난 멍청해." 그리고 "난 아무 쓸모없는 사람이야" 또는 "난 한낱 주부일 뿐이야."
5. 잘못된 가치 "다른 사람을 짓밟아서라도 일등이 되어라."(p. 57)

4) 통합과 요약

상담사의 주된 임무 중 하나는 가족구도 조사, 초기 회상의 해석, 기본적 오류에 대한 검증으로부터 수집한 정보를 통합하고 요약하는 것이다. 이런 진단적 과제는 다음과 같은 사항을 도출해 내는 것을 목적으로 한다.

> 가족 내에서 개인의 역할에 대한 간결한 진술(혼자든지 아니면 가족 중 다른 사람의 역할과 비교하든지), 성공하고 실패하는 주된 영역들, 그들이 수행해 온 역할을 결정하는 데 영향을 미친 주된 영향력, 명백한 주요 목적, 자신과 타인의 개념과 일반적 삶에 관한 개념, 또는 성, 신체적 장애, 종교 등과 같은 특별한 삶의 개념에 관한 추론적 진술(Gushurst, 1971b, p. 31).

이런 통합과정은 내담자가 쉽게 자신의 역동성을 이해하도록 하기 위해서 감정뿐만 아니라 잘못되고 자기 패배적인 지각을 드러내는 분명하고 간결한 요약을 도출할 수 있어야 한다. 요약은 내담자가 이를 고찰하여 구체적인 점들을 논의할 수 있도록 한다.

요약에서 Adler학파의 치료사는 가족구도 질문지에 대한 답변에서 나타나는 주된 특징을 끄집어냄으로써 상담을 진행하고 초기 성격의 간단한 심상을 얻을 수 있다. 삶에 대한 개인의 최근 견해는 초기 회상을 해석함으로써 얻어진다. 그리고 삶의 접근방식에 있어서 잘못된 요소들은 '사회생활의 논리'가 요구하는 것과 현재의 신념을 비교함으로써 구체화된다. 가장 중요한 것은 이런 진단절차가 끝난 후 개인은 집중해야 할 매우 구체적인 문제를 가지게 되며, 그는 그의 삶을 바꿀 것을 결심해야 한다는 것이다(Gushurst, 1971b, p. 34).

때때로 상담사들은 내담자 앞에서 생활양식의 요약본을 보여준다. 그 다음 상담사는 내담자에게 그것을 큰 소리로 읽도록 할 수 있다. 이런 절차는 의문을 야기시키는 부분에서 잠시 멈추고 그에 대해 논의할 수 있는 기회를 제공한다. 상담사는 내담자가 읽는 것을 듣고 내담자가 읽으면서 강조하는 것과 빠뜨리는 것에 주의함으로써 많은 것을 얻을 수 있다. 이 과정에서도 비언어적인 표현이 풍부한 자원이 된다.

비록 이런 절차가 믿을 수 없을 만큼 간난하게 보여도 이 과정을 잘 이해하기 위해서는 임상적으로 유용한 Adler 이론을 깊이 있게 이해해야 한다. 생활양식의 요소들을 종합하고 통합하는 데는 Adler 심리학에 대한 기본 개념 이해가 필수적이다.

근본적인 동질성과 성격 패턴으로 인해 사람들은 몇 가지의 생활양식을 정의내릴 수 있다. Mosak(1971)은 공통의 증후군에 대한 분석을 용이하게 하는 지침을 제공한다. 그는 "생활양식은 행동은 반드시 개인의 '움직임의 법칙(law of movement)'을 따른다는 통일성의 원칙을 형성한다"고 진술했다(p. 77). Mosak은 통상적으로 관찰되는 몇 가지 생활양식을 설명하고 있다.

- "획득자", 삶과 타인을 이용하고 조정하는 사람
- "욕망자", 지나치게 야심적이고 결벽성을 띠며 강한 집념을 가진 사람
- "통제자", 삶을 통제하기 위해서 자발성이나 감정을 억제하고 삶이 그들을

지배하지 못하도록 노력하는 사람

- 좋은 사람이길 원하는 사람, 그들이 나쁘다고 생각하는 사람들에 비해 우월하다고 느끼는 사람
- 우월감을 느끼고 싶어하는 사람, 이들은 자신이 최고가 아닐 때 자신을 가장 열등한 사람이라고 생각한다.
- 모든 이를 즐겁게 해 주기를 원하는 사람, 자존감이나 가치에 대해 항상 다른 사람의 인정과 평가에 의존하는 사람
- 자신을 다른 사람보다 고양시키는 높은 기준치 때문에 도덕적으로 우월하다고 느끼는 사람
- 변화기피자, 삶의 모든 기대와 요구에 전적으로 반대하는 사람, 자신이 언제나 무언가에 반대한다는 것 외에는 그들 자신이 어떤 사람인지조차도 잘 모르는 사람
- "희생자", 고난을 추구함으로써 다른 사람에게서 동정과 연민을 끌어내는 사람으로 이들은 매우 창조적이다. 순교자들처럼 어떤 목적을 위해서가 아니라 이유 없이 어떤 것에건 기꺼이 고난을 감수한다. 그들은 상당한 융통성과 영감을 보여준다.
- "순교자", 희생자와 같이 고난 당하지만 특별한 목적을 위해 죽는 사람이다. 흔히 "부정 수집가(injustice collector)"로 언급되는 그들은 조용히 감내하든지 아니면 고통받는 것을 확연히 드러낸다.
- "어린애 같은 사람(babies)", 자신의 매력과 귀여움으로 다른 사람을 이용함으로써 자신의 위치를 찾아내는 사람
- "무능한 사람", 무슨 일이건 제대로 할 수 없다는 듯이 행동함으로써 다른 사람의 도움을 지속적으로 유도하는 사람
- "합리주의자"와 "지성주의자", 감정과 자발성을 피하고 지적재능이 소용되는 상황에서만 안정을 느끼는 사람
- "자극 추구자", 일상적이고 반복적인 활동을 싫어하고 흥분을 창출하고 돈 구는 사람

조지아주립대학의 상담심리치료학과에서 만든 추가 연구에서는 Mosak (Wheeler, Kern, & Curlette, 1986)에 의해 제안된 것보다 더 적은 범주를 지적하고 있다. 하지만 이것과 유사한 유형들은 다양한 심리적 행위의 몇 가지 예를 나타내는 것뿐이란 것을 명심해야 한다. 그것들은 행위와 신념을 간결한 언어로 나타내주는 점에서 유용하지만, 각 내담자의 생활양식은 유일한 것이기 때문에 제시된 유형과는 관계 없이 특정 양식으로 이해해야만 한다.

앞서 진술한 유형들이 전부는 아니다. 그러므로 상담사는 다양한 정보들 속에서 관련성을 알아내고 새로운 유형을 만들 수 있는 능력을 개발해야 한다. 어떤 양식이 규정되면 이는 유사성과 상이성으로 비교된다. 유사영역이 형제자매 간의 유대, 역할 본보기, 가족가치의 수용을 반영하는 반면, 내담자와 다른 가족구성원과의 상이 영역은 경쟁 영역이 될 수 있다. 부모가 경쟁적인 분위기에 중점을 둔다면 형제자매 간의 태도에 존재하는 차이점을 부추길 것이다.

생활양식의 분석에 의한 정보는 내담자의 자각을 이해할 수 있게 할 뿐만 아니라 내담자가 이해되고 있다는 느낌을 갖게 하기 때문에 유용하다. 이러한 유형의 이해는 더 중요하게는 동질감과 좋은 작업관계를 이룰 수 있도록 한다. 이는 내담자로 하여금 상담사를 신뢰하게 하고 무언가가 변화될 수 있다는 희망을 갖게 한다. 감정과 공감에 대한 상담사의 반응은 매우 중요하다. 그러나 우리가 묘사하는 이해는 행동하게끔 하는 힘을 가진다.

단순히 당신이 화났다고만 알고 있는 사람을 다루는 것과 당신이 내는 화가 "나는 최선이 무엇인지 알고 있다"라는 신념을 나타내는 것이라는 통찰을 하고 있는 사람을 대하는 것에는 큰 차이가 있다. 이러한 이해는 공감을 넘어서는 것이며 당신은 특별한 감정을(예컨대, 화와 같은) 나타내기를 결정하고, 그로 인해 다르게 반응할 수도 있다는 사실에 직면하게 된다.

생활양식의 해석은 상담사나 내담자 모두로 하여금 상담관계와 상담과정에서의 성격과 방향에 대한 새로운 방법을 개발할 수 있게 한다. 내담자의 생활양식과 잘못된 또는 자기 패배적 지각은 상담과정 중에서 재발할 수 있다. 생활양식은 고정된 한 번의 진단공식이 아니라, 다양한 삶의 도전들에 대한 내담자의 대처 방식과 관련해서 지속적으로 검토되어야 하는 주제이다.

4. 통찰

Adler 이론에서는 우리가 어떤 존재인가에 따라 행동이 발달하는 것이 아니라 우리가 자신이 어떤 존재라고 믿고 있는가에 따라서 행동이 발달한다고 믿는다. 즉, 행동은 경험의 결과가 아니라 우리가 그것들을 어떻게 해석하는가의 결과라는 것이다. 우리의 행동은 자기 기대와 자기 충족적 예언의 결과에 근거를 두고 있다.

상담의 통찰 단계는 내담자들이 왜 자신이 그런 반응을 선택하는지를 알도록 돕는 데에 초점을 맞춘다. 비록 상담사가 강의를 하거나 충고를 하지는 않지만, 상담은 내담자가 자신에 대해 배우는 교육적인 과정이다. 신념, 목적, 의도에 대한 끊임없는 강조를 통해서 개인의 사적인 논리는 해명되고 논의된다.

우리들 모두는 다양한 상식과 사적 논리 수준을 나타낸다. 그러나 역기능적인 행위를 드러내는 사람들은 상식적인 견지에서 삶을 보지 않고 단지 사적 논리에 따라 삶을 바라본다. 그들에게는 사회적 관심이 부족하며 이들은 타인과 협력하길 꺼리는 자기 중심적 방식으로 그들의 문제를 해결해 나간다.

Adler학파는 통일성(unity)의 견지에서 행위 패턴을 전체론적으로 해석한다. 그러므로 그들은 지적이고(intellectual), 감정적인(emotional) 이중적 통찰을 받아들이지 않으며, 내담자가 통찰하는 동안에는 문제를 다루지 말아야 한다고 생각하지도 않는다. 게다가 지적인 통찰은 그 사람의 문제를 해결해가는데 도움이 되기보다는 사람들이 계속해서 상담을 받도록 하려는 책략이 될 수도 있다.

이해한 바를 명확히 제시는 했으나 아직 그들의 신념을 변화시키려는 노력을 하지 않거나 새로운 행동을 시도하지 않는 사람은 그런 행동들의 목적에 직면해야만 한다. 내담자들은 상담을 계속함으로써 상담사들과 그들과 친한 사람들에게 그들의 좋은 의도를 공식적으로 분명히 표명한다. 그러나 이런 사람들은 변화의 수용을 거부하거나 변화를 거절하여 그들의 좋은 의도와 선의의 노력에 이의를 제기함으로써 그들을 돕기 위한 상담사들의 시도를 좌절시킨다. 이것이 Adler가 "예, 그러나" 게임이라고 이름 붙인 상황이다. 그 사람의 심리적 변화를 드러내는 모든 부수적인 변명은 "나는 내가 이걸 그만두어야 한다는 것을 알아요. 그러나 … 이다."

해석은 (1) 생활양식, (2) 최근의 심리적 동향, (3) 목표, 목적, 의도, 그리고 (4) 사적 논리(private logic)와 그것이 작동하는 방식을 잘 인식하는 것을 의미한다. 통찰은 개인의 생활양식에 대한 기본적인 전제와 이 전제가 어떤 식으로 개인을 이렇게 잘못되고 자기 파괴적이며, 성공적이고 만족스런 삶을 살지 못하게 하는지에 대한 지속적인 논의를 통해 얻어진다.

이런 정보는 개인의 지금-여기 행동을 통해서 도출되며 가족구도의 위치에서도 도출된다. 그것은 또한 내담자의 출생 순위에 대한 직감이나 심리적인 위치에 대한 가족구도의 이해에서도 얻어진다. 초기 회상은 해석을 명백히 하고 예리하게 하는 데 사용된다. 마지막으로 살아가면서 하게 되는 다양한 도전에 관한 질문(일, 사회적 접촉, 성적 관계, 자기-이미지 그리고 영적인 관심)은 행동의 동기와 목적에 대한 통찰을 제공한다.

Adler학파의 해석은 고전적인 정신분석학의 해석과는 분명히 구분된다. Adler학파의 해석은 생활양식의 관계 속에서 이루어진다. 그러므로 생활양식은 핵심적 주제이다. 해석은 내담자의 현 상황의 견지에서 정적으로 이루어지는 것이 아니라, 끊임없는 내담자의 변화에 따른 것이다. 그것은 다른 사람들과의 상호교류의 방향과 과정을 나타내며, 또한 그들이 행동을 통해 얻기를 바라고, 특별하기를 바라고, 통제하거나 어떤 배려를 얻기 위하여 기대하는 바가 무엇인지를 알려준다. 그러므로 해석은 내담자로 하여금 움직임의 패턴과 그것의 의미를 볼 수 있게 한다.

해석은 행동의 목적과 그 결과를 다루는데, 이것은 지금-여기의 행동과 내담자의 의도에서 나온 기대와 예상에 초점을 둔다. 해석은 의미와 움직임의 유형에 대한 범위의 견지에서 항상 전체적으로 행해지며 요소들을 유형으로부터 분리시켜 분석하려는 시도는 하지 않는다.

1) 제시방법

해석을 제시하는 방식은 아주 중요하다. 해석은 일반적으로 잠정적인 가설형태로 만들어진다. "그것을 _____라고 할 수 있을까요?", "_____일 수도 있을까요?", "당신에 대한 생각을 당신과 나누고 싶어요." 개방된 추측과 예감은 매우 효과적인데 그것은 항상 옳아야만 한다는 상담사의 부담을 덜어주기 때문이다. 예감이나 추측이 언제나 완전할 필요는 없다. 그것은 또한 상담사가 내담자의 행동을 볼 수 있는 거울을 제공한다. 해석은 가설적으로 제공되기 때문에, 내담자는 억지로 자신을 변호하지 않아도 되고 찬성이나 반대에 대해 아주 자유로울 수 있다. 그리고 상담사가 틀렸을 때 두 사람은 다른 대안을 고려할 수 있다.

상담사가 내담자에 대한 해석을 추측하는 방식은 완벽하게 수용될 만한 과학적인 과정이고 상담관계에서 효과적일 수 있다. 만약 상담사가 정확하게 추측한다면 내담자는 이해 받았다는 느낌을 가지게 될 것이다. 잘못 추측한 경우에도, 상담사는 불완전할 수 있는 용기를 보여주고 다른 가치있는 요소가 관계에 기여할 기회를 가지게 된다.

그러나 해석이 직면적으로(confrontational) 행해질 때가 있다. 이것은 내담자가 말한 의도와 그가 실제로 믿는 것 사이에 모순이 있을 때 발생한다. 이런 행동에 대한 목적을 토론함으로써 개인은 그의 생활의 상호교류를 유발시키는 기본적 신념과 목표를 인식하도록 도와준다.

때때로 내담자들은 그들 자신을 해석하도록 고무되어진다. 내담자가 그들 자신을 해석할 수 있게 된다면 해석은 더 나아질 것이라고 믿는 사람도 있다. 내담자가 그들 자신의 생활양식에 익숙해짐에 따라 그들은 다른 대안들을 고려해 볼 수 있게 된다. 내담자 자신의 해석을 도출하기 위해, 상담사는 "당신이 당신의 생활양식에 관해 이해한 것에서 볼 때 당신이 방금 나에게 묘사했던 최근의 경험을 어떻게 설명하시겠어요?"라고 물어볼 수 있다.

2) 목표

때때로 상담사는 고의적으로 과장되게 해석을 제공할 수 있는데, 이때 내담자는 그들 행동에 대한 어리석은 요소들을 볼 수 있게 된다. 이런 유형의 해석은 역설적인 의도와 동일한 목적을 가진다. 과장된 해석이나 역설적 의도 모두는 그들이 지닌 극단적인 성향으로 인해 목적하는 바에 영향을 줄 수 있거나, 심지어 변화를 이끌어 낼 수 있다.

일반적으로, 신뢰와 동질감이 형성되기 전에는 해석해서는 안 된다. 그러나 의미 있는 해석은 실제 관계를 만들 수도 있다.

해석은 행동의 목적과 움직임에 관심을 갖도록 한다. 그렇기에 해석은 "자기 자신의 모습을 파악하기" 시작하도록 도울 수 있다. 이에 대한 예로, "아시다시피"라는 말로 대화를 혼탁하게 만드는 사람을 꼽을 수 있다. 각각의 사람들은 그런 문장에서 자신만의 독특한 표의적인 의미를 갖고 있다. 어떤 사람에게 있어서는, 이것이 "알잖아요, 그렇지요?"일 수 있고, 다른 사람들에게는 이것이 "당신은 모르는군요" 또는 "아실 수 있겠습니까?" 혹은 "아무도 모를 거예요." 또 다른 사람들에게 이것은 "당신은 알아야 해요"를 뜻한다. 대부분의 사람들은 얼마나 자주 자신들이 "아시다시피"라는 문장을 별안간 끼워 넣는지 잘 모른다. 만약 그들이 대화를 명확하게 하는 데 관심을 갖는다면 그들은 자신들이 말하는 것을 혼탁하게 하는 행동 속에서 자신들을 발견하도록 배울 것이다. 종종 우리는 그것에 저항함으로써 증상을 유지시키고 있다. "아시다시피"라는 단어를 사용하는 습관과 싸우는 대신, 그것을 말할 때 자신을 통제하도록 제안받으면 내담자들은 그들이 그런 말을 또 했을 때 웃으면서 말한다. "또 다시 옛 습관이 나오네요."

자기 패배적인 지각에 개입하는 능력 혹은 개인의 행동 목적을 알게 하는 능력은 해석의 목적을 요약한 것이다. 자기 자신을 이해하고 바람직하지 못한 행동을 억제함으로써 자기 패배적인 패턴을 중지하는 것을 배우게 된다. 이것은 능동적이고 건설적인 행동을 실천할 기회를 열어가는 것이며 잘못된 목표를 긍정적인 목표로 대체하는 기회를 열어가는 것이다. 새로운 신념과 새로운 긍정적인 목적의 예들은 "나는 기여함으로써 소속됩니다"라는 것이다(목적 : 포함됨). "나는 내 행동을 결정할 수 있고 책임질 수 있습니다"(목적 : 자신의 행동에 대한 권위와 책임). "나는 협동에 관심이 있습니다"(목적 : 정의와 동료애). 그리고 "나는 갈등을 해소할 수 있습니다"(목적 : 타인들의 개방성을 이해하고, 수용하고, 그리고 힘겨루기를 피함으로써 성숙한 행동 취하기).

개인이 상담사의 해석에 반응하는 방식이 상담과정을 다음 단계로 이끈다. 해석은 항상 실험적임을 기억하라. 그러므로 상담사가 항상 옳을 필요는 없다. 또한 실험적인 접근에서는 상담사가 잘못되었다 해도 내담자는 상처받지 않을 것이라는 것을 강조한다. 그들은 그렇게 생각하지 않았다고 간단히 말할 것이다. 만약 상담사가 정확하게 추측하는데 실패했어도 우울해 하지 않는다면, 내담자는 상담사도 실수할 수 있다는 것과 실수가 그들을 상처 입히지 않는다는 것을 배우게 된다는 이점이 있다. 상담사는 완벽하지 않음으로 인해 용기를 주는 본보기가 되어 종종 올바른 해석만큼이나 많은 것을 가르쳐준다. 내담자는 누군가가 실수를 했다고 세상이 무너지지 않는다는 것을 깨닫기 시작한다.

3) 결과

만약 해석이 정확하고 유익하면 다음과 같은 몇 가지 것들이 발생한다. 해석이 주어질 때 그 개인은 인식반응을 한다(상담사가 말한 것이 이해된다는 것을 뜻하는 웃음이나 미소). 달리 말하면, 해석은 "정답을 맞춘 것"이고 개별적으로 적용될 수 있다. 또는 그 내담자는 심사숙고하는 듯한 표정을 지을 수 있는데, 이는 보통 상담사의 생각을 진지하게 고려하고 있다는 표시이다.

이런 자료에 대한 Adler식 해석은 법에 입각한(일반성을 다루는)것이 아니라 주관적인, 즉 각각 개인들의 유일한 생활양식에 적합하게 설계된 것이다. 해석은 모든 종류의 개인관계에서의 상호작용에 대한 의사소통을 포함하며, 설명보다는 움직임을, 원인보다는 목적을 강조한다. 달리 말하면 Adler식 해석은 고정적이기보다는 역동적이다.

내담자의 자기 패배적인 행동에 대해 책임있는 숨겨진 의도를 드러냄으로써,

그리고 그것들을 명확하게 설명함으로써 상담사는 내담자가 이러한 의도를 불쾌한 것으로 여기도록 만들 수 있다. 이것이 바로 Adler가 "내담자의 스프에 침 뱉기"로 표현한 내용이다. 이것은 비록 그 사람이 여전히 그 스프를 먹는다 해도 이전에 먹던 스프의 맛은 아닐 것이라는 것이다. 그 사람은 여전히 자기 패배적인 행동을 할 수 있다. 그러나 그 행동을 좋아하지 않을 것이고 혹은 그 목적도 모르는 채로 그렇게 행동하지는 않을 것이다.

5. 재방향 설정

재방향 설정(reorientation) 단계에서 상담사와 내담자는 함께 대안이 될만한 태도, 신념, 그리고 행동을 두루 고찰한다. 이 접근방법은 내담자들이 삶의 도전에 대해 좀더 효과적으로 대처할 수 있도록 내담자를 재교육하고 자극을 유발하는 것이다. 상담사는 대안들을 단순히 인식하는 수준을 넘어서야 하며 위험에 대해 용감하게 변화를 추구해 갈 수 있어야 한다. 이것은 과거의 경험에 초점을 맞추기보다는 오히려 직접적인 인간관계 상황에 초점을 맞출 때 가능케 된다. 내담자가 상담관계 내에서 어떻게 변화할 수 있는지를 살펴봄으로써, 내담자는 다른 관계에서도 이를 시험해보려는 동기를 개발하게 된다.

1) 현실적인 목표 세우기

재방향 설정의 초기 단계는 내담자가 원하는 것을 함께 명료하게 하는 것이다. 상담초기에는 상호간 목표 합의에 초점을 두었지만, 재방향 설정 단계에서는 내담자의 목표가 명백히 정립된다. 상담사는 내담자의 불평이 환경에 관한 것인지, 자신에 관한 것인지를 확고하게 해야 한다. 사람들이 자신을 변화시킬 때 그들의 환경도 변화시킨다는 것을 확실히 아는 것이 중요하다. "나는 모든 갈등에서 이겨야만 해"에서 "나는 기꺼이 협동하고 다른 사람 말에 귀 기울이며 필요할 때는 양보도 할거야"라는 신념의 변화는 그 사람의 대인관계에 중요한 영향을 미친다. 이러한 변화는 내담자가 다른 사람에게 이전과는 전적으로 다르게 반응하도록 자극할 것이고, 결과적으로 그 사람의 감정, 목표, 그리고 행동 또한 변화시킬 것이다.

또한 이러한 변화에 대한 내담자의 목표가 현실적인지의 여부를 결정하는 것이 중요하다. 비현실적인 목표는 실망으로 이어질 뿐이다. 예를 들면 여자와 사귈 수 없었던 어떤 사람은 인기있고 매력적인 여성과 사귀겠다고 결정할 수 있다. 만약에 그 관계가 성공하지 못하면, 그는 "봤지? 나는 노력했어. 그러나 나는 조금도 나아지지 않았어"라는 자기 패배적인 접근을 취함으로써 그의 실패를 정당화할 수 있다. 상담사는 이 사람이 여성들에게 받아들여지지 않는다는 잘못된 가정을 확신하도록 내버려두지 말고, 그가 여성들과 더 친밀하게 지낸다는 중간 목표를 설정하도록 격려하는 것이 좋다.

> 내담자가 기본적인 생활 패턴을 인식한 이후 행동 변화에 착수하기 위해서, 치료사는 "이것이 당신이 되고 싶은 유형의 사람입니까? 당신은 더 좋은 방법을 생각할 수 있습니까? 만약 당신이 오랫동안 이 패턴을 계속 고수한다면, 근본적으로 어떤 일이 일어날 것이라고 예상하십니까?"라는 질문을 할 수 있다(Nikelly & Bostrom, 1971, p. 104).

재정향 단계의 목표인 사람과 삶의 과제에 대한 새로운 방향설정은 신념, 지각, 느낌, 그리고 목표가 더 적절해지고, 좀더 상식적인 수준에 있게 될 때 일어난다. 이 단계는 실제로 한 사람의 행동과 관계가 그 사람의 의도나 신념과 어떤 관련이 있는지를 보여준다. 상담사는 내담자가 어떻게 그의 목표와 의지를 선택하는지 그리고 그것들이 모든 그의 행동, 느낌, 그리고 삶의 과제에 대한 접근에 어떤 영향을 미치는지를 내담자에게 반영해 준다.

> 치료사는 내담자가 그에게 의미있고 중요하다고 해석한 것에 따라 행동하는 것을 이해해야만 한다. 내담자는 그의 목적을 이루는 데 도움이 되는 것은 무엇이든 간에 배우거나 잊어버린다. 그러나 그런 선택은 사회적인 관계에 대한 그의 감각을 방해할 수 있고 자기 실현을 저해할 수도 있다(Nikelly & Bostrom, 1971, p. 105).

2) 문제해결과 결정 내리기

문제해결과 결정 내리기는 상담과정에서 내담자가 실제활동의 변화로 옮겨가는 단계의 기본적인 기술이다. 이 기술은 내담자가 문제를 적절하게 탐구하고 이해할 수 있도록 고안되었기 때문에 내담자의 목표를 정확하게 규정할 수 있다. 다음 단계는 행동에 대한 대안적인 과정을 고려하여 내담자가 가치들을 살피고 그것들의 우선순위를 정하는 것을 돕는다. 행동의 각 과정은 내담자들이 목표와 가치를 실현하도록 돕는 방법을 고려하는 과정이라고 할 수 있다.

Carkhuff(1973)는 이 과정을 다음과 같은 단계로 체계화시키고 있다.

1. 문제규정하기 : 상황에 대해서 명확하게 이해하기
2. 목표규정하기 : 성취할 과업을 명확하게 규정 내리기
3. 대안적인 행동의 과정을 개발하기 : 목표를 성취할 수 있는 수단을 계발하기
4. 내담자의 가치등급을 개발하기 : 내담자에게 중요한 것들을 설명하기
5. 행동과정을 선택하기 : 가치등급 영역에서 과정을 평가하기
6. 행동과정을 수행하기 : 행동과정 상에서 행동방식을 계발하기

Adler식 상담과정에서 상담사와 내담자는 그들 목표의 우선순위를 정하고 가능한 대안들과 결과를 생각해본 후, 이 대안들이 내담자가 그의 목표를 성취하는 데 어떻게 기여하는지를 평가하고 나서 행동을 취하는 것으로 방향을 재설정한다. 상담사는 내담자로 하여금 어떻게 잘못된 지각과 자기 패배적인 지각이 효과적인 결정을 방해하는지 생각해보도록 돕는다.

Tasha : 나는 좋은 직장을 갖고 싶어요. 그러나 내가 고용될 수 있을 거라고는 생각지 않아요. 아마 나는 임시직으로 있게 될 것 같아요.

상담사 : 당신은 자신에 대해 확신이 없군요. 가지려면 모든 것을 가지든지 아니면 아무것도 가지지 않아야 한다는 당신의 신념이 좋은 직장에 종사하도록 결정하는 것을 방해하는 듯하군요.

3) 더 기능적이고 새로운 대안 찾기

Adler식 상담의 목표는 개인이 더 효과적이고 더 행복해질 수 있는 능동적이고 건설적인(active-constructive) 행동을 하게 하는 것이다. 진행해 나가는 데 있어서 생기는 실패는 이런 견지에서 해석되어야 한다. 상담사는 내담자가 자기 패배적 행동을 고집하는 목적과 대가를 볼 수 있도록 도와준다. 그 효과에 대하

여, "만약에 당신이 변한다면 일어날 수 있는 최악의 것은 무엇인가?"라는 질문을 내담자에게 던지는 것이 유용할 수도 있다.

내담자는 사실은 "최악의 것"이 결국 그렇게 나쁘지 않다는 것을 깨닫게 되고, 행동을 변화시키는 것, 예를 들어 다른 사람과 더 좋은 관계를 갖는 것과 같이 긍정적인 결과를 통하여 그들의 삶에 관하여 끊임없이 결정을 내리게 되는 선택의 결과를 다시 한 번 배우게 된다. 심지어 더 중요하게는 그들의 신념, 지각, 목표를 넘어서서 그들의 감각과 행동까지도 변화시키는 힘을 보게 된다.

Adler학파는 행동수정체계가 아니라 동기수정체계이다. 즉, 초점은 태도, 신념, 지각, 그리고 목표의 변화에 두고 그 변화로 인해 행동 또한 변하게 될 것으로 본다. 이것은 Adler 상담사가 때때로 내담자에게 어떤 행동을 꾸며서 해보게 함으로써 세상을 전혀 다르게 경험하기 시작하도록 하는 "마치…인 것처럼 행동하기"를 제안하게 한다.

내담자들에게 삶에 도전하는 그들의 비효과적인 접근방법이 어떻게 생기고 유지되는지를 보여주는 것이 중요하다. 사람들은 이룰 수 없는 목표를 창조하거나 역기능적인 신념을 채택함으로써 그들 자신을 실패로 몰고 간다.

> Damon은 "나는 내가 즐거운 대로 행동할 수 있어. 내가 나의 규칙을 만들어." 그리고 또한 "나는 다른 사람들과는 달라"라고 믿었다. 그의 목표는 흥분을 추구하는 것이다. 그는 학교 생활이 잘되지 않자 중퇴했다. 적절한 생활기술을 가지고 있지 않기 때문에, 그에게는 흥분하거나 보답하는 것 외에는 모든 것이 시시한 일이다. 흥분을 찾기 위해서 그는 마약에 손을 댔다. "나는 내가 바라는 규칙을 정할 수 있고 내가 즐거운 대로 행동할 수 있어"라는 그의 신념이 그가 구속되지 않을 것이라고 믿도록 했다.

상담사의 과제는 Damon으로 하여금 이런 자기 패배적인 신념이 어떻게 그를 심각한 문제에 빠지게 하고 그것들이(자기 파괴적 신념이) 어떤 식으로 안전에 대한 잘못된 기반을 제공하는지를 볼 수 있도록 돕는 것이다. Damon에게는 흥분을 얻을 수 있는 능동적인 방법이 있다는 것과 이 방법은 파괴적이기보다는 좋은 결과를 얻을 수 있다는 사실을 알려 줄 필요가 있다. 그 자신과 일반적인 삶에 관한 그의 신념을 바꿈으로써, Damon은 일을 새롭고 좀더 도전적인 방식으로 생각할 수 있게 될 것이며 사람들과 성공적으로 관계를 맺을 수 있는 자신의 능력을 신뢰할 수 있게 될 것이다.

> Maria는 "감정을 표현하는 것은 위험해", "사람들은 나를 부당하게 대해", "나는 어떻게 해서든지 다른 사람들을 즐겁게 해야만 해", 그리고 "만약에 내가 최고가 되지 않으면, 나는 아무 것도 아니야"라고 믿는다. 그녀의 목표는 바르게 행동하거나 스스로를 통제함으로써 다른 사람들의 위에 서는 것이다. 그녀는 자신의 감정을 표현할 마음이 없기 때문에, 사회와 가족관계에서 어려움을 겪는다. 그녀는 자신과 사회, 사람들 사이에 벽을 만들고 그것을 유지시켜 나간다. 그녀는 자신의 아이들이 그녀를 존중하지 않으며, 그녀가 그의 가족들에게 얼마나 부적절하게 대하는지를 넌지시 내비친다. Maria는 자신이 부적절하게 취급당한다는 신념을 뒷받침하는 데 아이들의 태도를 사용한다. 가족이 그녀에게 감사하지 못한다고 분노하는 대신에 그녀는 그들의 비평을 실망스럽게 받아들인다.

Maria가 더 효과적이고 만족스러운 생활을 하기 위해서는 자신의 진실된 감정을 표현할 수 있어야 하고, 자신의 희생으로 다른 사람을 기쁘게 하는 일을 멈춰야 한다. 상담사는 내담자가 그렇게 하도록 지적해주고, 자신의 감정을 표현하고 비록 그가 정상에 있지 않더라도 그 자신에 대해 좋게 느낄 수 있는 특정한 새로운 길을 발견할 수 있도록 그를 격려해야 한다.

Dreikurs(1967b)가 말하기를,

> 재방향 설정의 동기를 부여하기 위해서 나는 내담자가 그의 목적과 의도에 직면하도록 하는 거울기법을 사용한다. Moreno도 사이코 드라마에서 "거울기법(mirror technique)"을 유사한 목적으로 사용한다. 목표를 해석하는 것은 변화를 자극하는 데 있어서 매우 효과적이다. 환자가 그의 목표를 인식하기 시작할 때 이러한 자각은 행동을 바꾸기 위한 자극의 요소가 된다. Adler는 이 과정을 "내담자 스프에 침뱉기"라고 불렀다. 그러나 목표와 의도에 대한 통찰은 제한적이지 않다. 즉, 통찰은 환자로 하여금 그가 자신의 방향을 자유롭게 선택할 수 있고 결정할 수 있는 능력이 있음을 알게 한다(p. 70).

변화에 초점을 맞추는 것에는 내담자로 하여금 그들의 자기 패배적인 잘못된 신념, 잘못된 생각, 생의 요구에 대한 잘못된 생각, 잘못된 목적과 목표들을 깨닫도록 돕는 것이 포함된다. 그들이 이러한 요인들 간의 상관관계를 알게 될 때, 내담자는 변하려는 자세를 취하게 되고 긍정적인 방향으로 움직이게 된다.

4) 특별한 전략들

Adler 상담에서 사용할 수 있는 다양한 치료 전략에는 다음과 같은 것들이 있다. 각각에 대해서 간단히 설명하고자 한다.

- 즉시성
- 격려
- 역설적 의도
- 내담자 스프에 침뱉기
- 마치 ~인 것처럼 행동하기
- 자기 모습 파악하기
- 변화 창조하기
- 과제설정과 이행
- 인터뷰 종결과 요약하기

즉시성(immediacy) 즉시성은 당신이 지금-여기(here and now)에서 내담자를 경험하는 방식을 표현하는 것을 의미한다. 즉시성은 관계를 증진시키기도 하지만 상황을 망쳐놓을 수 있는 잠재성을 가지고 있기 때문에 가설적인 접근이 필요하다. 만약 내담자가 자기 인식과 자기 이해에 있어 진보를 이루면 즉시성의 커뮤니케이션은 좀더 직접적일 수 있다.

즉시성은 내담자들이 언어적·비언어적으로 의사소통하는 것을 알도록 도와주는 데 사용된다. 건강하고 성숙한 사람들은 일치적인 의사소통, 즉 자신이 말하고자 하는 것과 실제로 말하는 내용에 있어 일치한다. 관계의 즉시성의 측면에서 볼 때 당신은 내담자와의 관계를 명백하게 해야 한다.

Ling : 나는 내가 시작할 수 있도록 돕는 무언가를 하고싶어요. 하지만 소용이 없어요. 다들 나보다 앞서가기만 해요.

상담사 : 당신은 당신이 시작하길 원한다고 말했지만, 나는 당신의 목소리에서 당신이 이미 포기했고 여전히 자신을 다른 사람과 비교하는 방식에 관심을 가지고 있다는 인상을 받았어요.

이 예에서 당신은 내담자가 스스로를 패배시키고 있다는 인상을 내담자와 나누고 있다.

격려(encouragement)　격려는 내담자가 그들의 가치를 알도록 도와주는 데 초점을 맞춘다. 그들을 격려함으로써 당신은 내담자들이 자신의 강점과 가치를 깨닫도록 도와주게 된다. 그 결과 그들은 자신이 결정하고 선택할 수 있는 힘을 가지고 있음을 알게 된다(Dinkmeyer, 1972).

한 사람의 정체성은 대인관계의 산물이다. 왜냐하면 한 사람이 받게 되는 피드백이 자신의 것으로 내면화되어서 정체성을 창조하기 때문이다. 만약 어떤 사람이 자신에게는 용기가 없고 적응력이 부족하다고 느낀다면, 자아존중감(self-esteem)의 결핍은 역기능적인 행동을 유발하고 인생의 과제를 수행하는 데 실패하도록 만든다. 격려는 내담자의 신념을 변화시키기 위해 이용할 수 있는 가장 강력한 방법이다.

격려는 신념과 자기 인식(self-perceptions)에 초점을 맞춘다. 격려는 장점을 찾아 이것으로 내담자에게 피드백을 제공해서 내담자가 자신의 강점(strengths)을 알아차리도록 하는 것이다. 우리처럼 실수에 초점을 맞추는 문화에서 이러한 접근은 불리한 조건(결점)은 무시하고 장점을 강조함으로써 기준을 위반하는 것이 된다. 상담사는 내담자의 부정적인 자기 개념과 기대를 변화시키는 것에 관심을 둔다.

격려는 여러 가지 형태를 취할 수 있는데 그것은 상담과정의 단계에 따라 다르다. 초기에는 그들의 감정과 의도를 진실되게 들음으로써 상담사가 그들을 가치있게 여긴다는 것을 알도록 할 수 있고, 상담과정 중에 그들을 충분히 수용하고 평등한 참여자로 여김으로써 그들이 신용받고 있다고 느끼게 한다. 그들의 강점을 개발하기 위해 고안된 상담 평가단계에서는 내담자가 자신의 일을 스스로 선택할 수 있는 능력과 자신을 변화시키려고 노력하고 있음을 알아채서 그것을 격려해야 한다. 재방향 설정단계에서 상담사는 개인의 용기를 자극함으로써 변화를 증진시킨다. 그러므로 격려는 상담과정의 모든 측면에서 없어서는 안 될 지극히 중요한 요소이다.

Briana : 학교성적은 나에게 거의 의미가 없어요. 할 수 없던 건 아니었는데, 우리 선생님
은 너무 많은 것을 요구하고 너무나 빨리 하기를 요구했어요.

상담사 : 너는 속도를 조절하면 공부를 할 수 있다고 느끼는구나.

당신은 Briana가 좌절한 것을 느끼고 그녀가 자신의 능력을 신뢰하도록 하
는 데에 역점을 둔다. 만약 그녀가 자신의 능력을 인정한다면 속도를 수정하기
위한 절차가 고려될 수 있다. 당신은 Briana가 잠재력을 가지고 있다는 걸 증명
해 보여야 한다.

역설적 의도(paradoxical intention)   Adler는 "증상에 대한 규정"을 역설적 의
도라 불렀고, Dreikurs는 그것을 "반암시(antisuggession)"라고 불렀다. 이 기법
은 내담자가 그들의 증상을 더 심하게 강조하거나 개발하도록 격려하는 기법
이다. 예를 들어 한 아이가 산수숙제를 하지 않는다면, 당신은 내담자에게 이것
이 좋은 방법이라고 가르쳐주면서 다른 어떤 숙제도 하지 말라고 권할 수 있다.
만약 어떤 사람이 손톱 2개를 물어뜯는다면, 당신은 그에게 더 많은 손톱을 물
어뜯으라고 권할 수 있다.

보통 어떤 특정한 기간 동안 역설적인 방법을 추천하여 실험삼아 해보는 것
이 가장 좋다. 이러한 실험과정은 내담자로 하여금 그들이 경험으로부터 배운
것을 알게 한다.

역설적 의도는 사람으로 하여금 그들의 상황에 대한 현실을 극적으로 자각
하게 하고 자신의 행동에 대한 결과를 수용해야 한다는 것을 알게 한다. 당신이
내담자를 그의 행동과 대립하는 당신의 역설적인 거부에 직면시킬 때, 그 행동
은 내담자가 보기에 덜 매혹적인 것이 된다. 이 과정은 개인이 과장된 시각으로
확대하여 문제를 볼 때, 그의 행동을 변화시키려 할 것이라는 확신을 암시적으
로 제시한다. 또한 이 기법은 그 증상을 너무나 어리석고 우스운 것처럼 보이게
만들어 내담자가 그것을 마침내 포기하도록 만들 수도 있다.

Kirk : Hugbey 씨는 매우 불공평해요. 그는 나를 내내 괴롭히고 내가 되받아칠 때마
다 나를 교장선생님께 보내요.

상담사 : 당신은 Mr. Hugbey가 불공평하다고 느끼는군요. 그렇다면 당신은 왜 그와 협

조하지요?

Kirk : 협조요? 말도 안돼요! 절대로 그렇지 않아요!

상담사 : 내가 보기에 당신은 그와 게임을 하고 있는 것 같아요. 당신은 그가 당신을 괴롭힌다고 말했어요. 그러나 만약 당신이 유혹에 넘어 가지 않으면 당신은 그를 이길 수 있을 거에요. 만약 당신이 반응하지 않는다면 그가 어떻게 할지 상상할 수 있겠어요?

당신은 정확히 정반대가 되는 행동을 해보라고 제안하고 선생님에게 협조하지 않음으로써 "승리하게" 한다. 실제로 학생과 선생님 모두 다 이 역설적 의도에서는 "승리"하게 된다.

Adler와 Dreikurs는 증상을 유지하는 것과 그것에 대항하여 싸워야 하는 것을 가르쳤다. 역설은 내담자가 도움을 청하러 올 때 상담사는 그가 지금까지 해오던 것을 하라고 하기 때문에 종종 효과가 있다. 더 이상 그것과 투쟁하지 않음으로 해서 내담자는 선택에서 자유로울 수 있다.

내담자 스프에 침뱉기(spitting in the client's soup)　　Adler의 기법은 그가 "깨끗한 양심에 먹칠하기"로 언급했던 다른 사람의 스프에 침을 뱉고 그 스프를 자기가 먹게 되는 기숙사의 일화로부터 나온 것이다. 행동을 하는 사람에게 그 행동의 의미를 적용시킴으로써 행동을 수정하게 하는 Adler 기법 중의 한 가지이다. 상담사는 행동의 목적과 그 대가를 잘 평가해야 하고 내담자가 보기에 그 행동의 만족감과 유용성을 축소시킴으로써 그의 게임을 망쳐야 한다.

Sef : 당신은 만약 내가 첫 번째나 최고가 될 수 없다면 제 역할을 다하지 않는다고 말했지요. 나는 그것을 포기해야 한다고 생각해요.

상담사 : 계속하세요.

Sef : 나는 혼란스러워요.

상담사 : 내가 말하고자 하는 것은 당신이 항상 최고가 되는 것에 너무나 신경을 써서 당신이 즐길 수 있는 많은 것들을 해보지 못하고 있다는 것이에요. 그러나 만약 당신이 계속해서 그런 식으로 자신을 보호하기를 원한다면 그 모든 것들을 하지 않아도 될 권리가 있어요.

당신은 Sef가 최고를 고집할 권리가 있다는 것을 지적하면서, 또한 분명히 그런 선택이 얼마나 그 자신을 제한하는지도 보여준다. 내담자는 여전히 그 선택을 고수하겠지만 예전처럼 썩 내키지는 않을 것이다.

마치 ~인 것처럼 행동하기(acting as if)　　이것은 "만약 내가 … 할 수 있을 때에만"이라는 구실을 붙이는 내담자에게 사용하는 행동지향적인(action-oriented procedure) 과정이다. 이것은 내담자가 다음 한 주 동안 원하는 방식으로 "마치 … 인 것처럼 행동하도록" 제안하는 것이다. Mosak과 Dreikurs(1973)는 당신이 이러한 불합리한 가정을 다루는 방법을 제시하고 있다. 내담자에게 행동이 언제나 위장될 수는 없다는 것을 보여줘라. 사실상 행위는 행위자가 그런 방식으로 행동하겠다고 동의할 때에만 나타난다.

Drew :　　나는 여자들과 친밀하게 지낼 수가 없어요. 만약 내가 Dirk처럼 모임에 가서 게임에 관한 이야기를 할 수만 있다면…

상담사 :　　당신은 여자들과 이야기하는 것을 어려워하는군요. 이번 주 동안 당신이 마치 Dirk가 된 것처럼 행동하고 게임에 대해 말해보길 바래요.

당신은 Drew에게 마치 여자들과 얘기할 수 있는 용기를 가진 것처럼 행동해보라는 과제를 제시한 후 이것이 실현되기를 기대해본다. 만약 잘 되지 않는다면 되면 당신은 Drew가 좋은 경험을 하지 못하게 하는 것이 무엇인지 상세히 탐색해 볼 수 있다.

자기 모습 파악하기(catching oneself)　　직면과 해석을 통해 내담자들은 그들의 목적을 알게 된다. 일단 그들이 변화하기로 결정하면 상담사는 그들이 변화길 원하는 어떤 행동 속에서 "자신의 모습을 파악하는 것"을 배우도록 한다. 우선 그들은 매우 늦게 자신을 알아차릴 것이고, 자신의 힘을 증명해 보이려고 노력하거나 관심을 끌려는 덫에 다시 빠졌다는 것을 깨닫게 될 것이다. 내담자는 인식과 연습으로 그들의 자기 패배적인 지각과 계속되는 행동 모두를 예견하는 것을 배운다. 그 결과 그들이 문제가 되는 행동을 자극하는 상황에 있을 때 그런 상황을 피하는 법을 배우거나 행동을 변화시킬 수 있는 법을 배울 수 있게 된다. 이런 접근은 유머 감각이 없다는 것에 실망하는 대신에 바보스러운 행동에 웃을 수 있는 능력을 필요로 한다.

Kirsten : 그렇게 하지 말아야 한다는 건 알지만, 나는 Jack과 힘 겨루기의 함정 속에 빠져있는 느낌이에요.

상담사 : 당신은 그가 당신이 옳다는 것을 증명하도록 자극하고 있다는 것을 알고 있군요.

Kirsten : 예, 우리는 많이 다퉜어요. 주로 누가 옳은가 하는 것이지요.

상담사 : 나는 당신이 싸움에 휘말린다는 느낌이 들 때, 당신 자신을 알아차리기를 바래요(당신이 옳다는 것, 힘이 더 있다는 것에 연루되려고 한다는 것을). 그리고 논쟁에 연루되는 것을 거부해 볼 것을 권합니다.

변화 창조하기(creating movement)   상담과정 동안은 내담자들은 자신의 행동의 목적을 이해하게 됨으로써 새로운 시각을 가지도록 재교육된다. 이 행동은 상호간의 동의와 상호작용에 의해서 가능해진다. 만일 그렇게 되지 않을 때에는 대안을 가지고 행동을 창출할 수 있어야 한다.

계획이나 전략이나 기술 또는 상담사의 어떤 개입도 내담자 스스로가 성공하기를 원하지 않는다면 성공할 수가 없다. 전략과 전술은 상담사와 내담자 간의 관계의 질에 따라 내담자를 효과적으로 변화시킬 수 있다. 방향설정에 대한 내담자의 저항이 어떠하든지 간에 내담자의 협력을 얻어낼 필요가 있다. 만약 내담자가 어떤 규칙을 위협적인 것으로 받아들인다면 내담자는 치료사에 대한 신뢰를 잃어버릴 수 있다(Dreikurs, 1967b). 놀라게 하기 같은 동작기법은 신중하게 사용되어야 한다. 동작 기법을 무분별하게 사용한다면 이는 행동 실패라는 결과로 이어질 것이다.

당신이 내담자를 놀라게 할 때 그 내담자는 예상치 못했던 상담사의 행동을 보고 듣게 된다. 놀라게 하는 것의 목적은 내담자의 특별한 행동에 극적인 관심을 기울임으로써 변화를 창조하는 것이다. 놀라게 하는 것의 한 가지 형태는 잠시 동안 내담자의 잘못된 신념에 동의하도록 허용하는 것이다.

Claudia : 내가 남자들과 데이트할 때나 함께 나갈 때마다 그들은 항상 나를 비난해요. 나는 다시는 데이트를 하지 않을 거예요.

상담사 :   그렇군요. 나도 동의해요. 다시는 당신을 헐뜯는 남자와 데이트하지 마세요. 아
            마도 그들은 옳은 말이라곤 못하는 사람일거예요.

당신은 그녀가 데이트에 대해서 자포자기하는 말에 동의하면서 내담자의 견
해를 받아들였다. 내담자가 "다시는 …하지 않을 거예요"라는 극단적인 용어를
쓰면서 자신의 문제를 다루었기 때문에 당신은 그녀의 확신을 반영해 주었다
("절대 헐뜯는 남자와 데이트를 하지 마세요"). 잘못된 신념에 일시적으로 동
의함으로써 당신은 그 신념에 초점을 맞추고, 그 신념 속에 숨겨진 문제를 요령
있게 잘 지적해 낼 수 있다.

과제설정과 이행(task setting and commitment)   과제설정과 이행하기는 내
담자가 그들의 문제에 대해 어떤 특별한 행동을 취하도록 하는 단계이다. 이러
한 단계들은 단순하게 대안책을 고려하는 수준을 넘어서 그들이 실제로 변화
하도록 해야 한다. 이 단계가 효과적이기 위해서는 과제가 명확해야 하며 이것
을 내담자 스스로가 선택할 수 있어야 한다. 그렇지만 당신은 내담자들이 다양
한 대안책들을 인식할 수 있도록 도와줄 수는 있다.

이 과제에는 시간의 제한이 있어야 한다는 것이 핵심이다. 만약 내담자들이
삶과 계약하고 있다고 생각한다면 좀더 견뎌내기가 쉬울 것이다. 내담자가 특
정한 과제를 제한된 시간 동안 성공적으로 해낼 수 있게 되면 당신은 구체적인
어떤 격려를 할 수 있게 된다. 먼저 토의함으로써 과제들은 "실험"으로 고려될
수 있다.

과제를 설정하고 특별한 실행을 해나가는 단계는 내담자가 새로운 신념과
느낌을 행동으로 전환하도록 하고 진행과정 동안 힘을 비축하며 자신의 진보
를 평가하기 위한 피드백을 제공하도록 돕는다. 그 과제가 성취되지 않았을 때
당신은 내담자가 그 계획의 효율성을 평가하도록 돕는다. 만약 그 계획이 효과
적이지 않다거나 적절하지 않다면 그것을 수정하면 된다.

과제를 설정할 때는 내담자가 특정한 과제를 설정하도록 돕는 것이 포함된
다. 과제의 목표는 현실적이고 획득 가능하며 측정 가능함으로써 다음 모임에
서 구체적인 진전을 토의할 수 있어야 한다.

인터뷰 종결과 요약하기(terminating and summarizing the interview) 효과적으로 인터뷰를 종결하는 것은 경험이 적은 상담사에게는 부담스러운 일이다. 당신은 인터뷰의 최소 시간과 최대 시간에 대해 어느 정도 생각하고 있어야 한다. 아동에게는 30분 정도, 청소년과 성인에게는 45분에서 50분 정도가 충분하다. 내담자들은 언제 인터뷰가 시작되고 언제 종결될지에 대해 알고 있어야 한다. 제한된 시간을 알려주는 것은 대기하고 있는 내담자를 인식시키는 실질적인 이유도 있지만, 내담자가 시간제한을 모를 경우 종종 그들의 주된 고민을 말하는 것을 뒤로 미루는 경향이 있기 때문에 중요하다. 만약 시간이 제한되어 있다는 것을 알면 내담자들은 중요한 주제를 좀더 일찍 다루려고 할 것이다.

종결은 새로운 내용을 다루는 것이 아니라 지금까지 다뤄 온 내용을 정리하는 것이다. 만약 내담자가 새로운 주제를 끄집어내면, 당신은 "그것은 다음 주에 시작하는 것이 좋겠네요"라고 말할 수 있다. 내담자에게 인터뷰를 요약해 보도록 하면 그걸 통해 당신은 내담자의 인식과 의도를 분명히 알 수 있게 된다. 하나의 효과적인 방법은 내담자에게 "나는 _____을 배웠어요"라는 빈 문장을 완성하도록 하는 것이다.

이 장에서 우리는 조력관계의 기본적인 요소와 효과적인 조력자의 지각의 조직화에 대해 이야기했다. 이를 위해 상담의 목표, 변화의 이론, 그리고 몇 가지 상담기법들을 기술하였다. 기법들은 단순한 하나의 전문적인 절차가 아닌 상담사의 일부가 되어야 한다. 상담사는 적극적인 방법들을 활용하는 민감하고 공감적인 경청자를 필요로 한다. 이는 그가 내담자를 돌보기 때문이고 기법들을 적극적으로 사용하여야 내담자의 행동과 변화를 좀더 많이 유도할 수 있기 때문이다.

참고문헌

Adler, A. (1958). *The practice and theory of individual psychology.* Patterson, NJ: Littlefield, Adams.

Allen, T. W. (1971a). Adlerian interview strategies for behavior change. The *Counseling Psychologist, 3*(1), 40-48.

Allen, T. W. (1971b). The individual psychology of Alfred Adler: An item of history and a promise of a revolution, *The Counseling Psychologist, 3*(1), 3-24

Carkhuff, R. R. (1973). *The art of problem solving.* Amherst, MA: Human Resource Development Press.

Dinkmeyer, D. (1972). Use of the encouragement process in Adlerian counseling. *Personnel and Guidance Journal, 51*(3), 177-181.

Dreikurs, R. (1957). *Psychology in the classroom.* New York: Harper & Row.

Dreikurs, R. (1967a). A psychological interview in medicine. *Journal of Individual Psychology, 10,* 99-122.

Dreikurs, R. (1967b). *Psychodynamics, pychotherapy, and counseling.* Dubuque, IA: Kendall/Hunt.

Eckstein, D., Baruth, L., & Mahrer, D. (1975). *Lifestyle: what it is and how to do it.* Chicago: Alfred Adler Institute.

Gushurst, R. S. (1971). The technique, utility, and validity of lifestyle analysis. *The Counseling Psychologist, 3*(1), 30-40.

Kefir, N. (1972). *Priorities.* Unpublished manuscript.

Kefir, N., & Corsini, R. J. (1974). Dispositional sets: A contribution to typology. *Journal of Individual Psychology, 30,* 163-178.

Kern, R. M. (1982, 1997). *Lifestyle scale.* Coral Springs, FL: CMTI Press.

Kern, R. M., Wheeler, M. S., Curlette, W. L. (1993). *BASIS-A Inventory.* Highlands, NC: TRT Associates.

Kopp, R., & Dinkmeyer, D. (1975). Early recollections in lifestyle assessment and counseling. *The School Counselor, 23*(1), 22-27.

Langenfeld, S., & Main, F. (1983). Personality priorities: A factor analytic study. *Journal of Individual Psychology, 39*, 40-51.

Mosak, H. H. (1958). Early recollections as a projective technique. *Journal of Projective Techniques, 22*, 302-311.

Mosak, H. H. (1971). Lifestyle. In A. G. Nikelly (Ed.), *Techniques for behavior change*. Springfield, IL: Charles C Thomas.

Mosak, H. H., & Dreikurs, R. (1973). Adlerian psychotherapy. In R. Corsini (Ed.), Current *psychotherapies*. Itasca, IL: Peacock.

Mosak, H. H., & Gushurst, R. S. (1977). What patients say and what they mean. In H. H. Mosak (Ed.), *On purpose*. Chicago: Alfred Adler Institute.

Nikelly, A. G., & Bostrom, J. A. (1971). Psychotherapy as reorientation and readjustment. In A. G. Nikelly (Ed.), *Techniques for behavior change*. Springfield, IL: Charles C. Thomas.

Nikelly, A. G., & Verger, D. (1971). Early recollections. In A. G. Nikelly (Ed.), *Techniques for behavior change*. Springfield, IL: Charles C Thomas.

Shulman, B. H. (1962). The family constellation in personality diagnosis. *Journal of Individual Psychology, 18*, 35-47.

Shulman, B. H. (1973). Confrontation techniques in Adlerian psychotherapy. In B. H. Shulman (Ed.), *Contributions to individual psychology*. Chicago: Alfred Adler Institute.

Sweeney, T. J. (1975). *Adlerian counseling*. Boston: Houghton Mifflin.

Watkins, C. E. Jr. (1985). Early recollections as a projective technique in counseling: An Adlerian view. *American Mental Health Counselors Association Journal, 7*, 32-40.

Wheeler, M. S., Kern, R., & Curlette, W. (1986). Factor analytic scales designed to measure Adlerian lifestyle themes. *Journal of Individual Psychology, 42* 1-16.

제 7 장
심리교육과 심리교육적 개입

 dler 심리학은 전통적으로 오랫동안 교육에 개입해 왔다. 부모, 교사, 상담사들은 모두 Adler가 교육에 관해서 강조한 것으로부터 많은 도움을 받고 있다. 이 장에서는 부모가 심리교육적으로 개입하는 방법, 가능한 몇 가지의 문제 영역, 그리고 심리교육 기회의 스펙트럼에 걸친 일반적인 과제들을 다루고자 한다.

심리교육(PE : psychoeducation)은 학습장애를 치료하는 클리닉에서부터 병원의 환자교육, 정서 영역에 관한 학교 교육과정에 이르기까지 그 범위가 넓다. PE는 숙제(L'Abate, 1986; Last, 1985), 독서치료(Gambrill, 1985), 활성화(enrichment)(Guernuey, 1977; Smith, Shoffrer, & Scott, 1978), 그리고 사회기술 훈련(Curran & Monti, 1983) 등의 다양한 보조치료(adjunctive treatment) 방법과 같은 의미로 쓰여지고 있다. 특히 PE와 부부치료를 통합하려는 시도에서 PE에 관한 관심이 가족치료와 부부치료사들 사이에서 점점 증가하고 있다(Guerney, Brock, & Coufol, 1986; Carlson & Dinkmeyer, 1986).

1. 심리교육 모델

Adler는 심리학 분야에서 최초의 교육자로 인정받고 있다. 그는 공개시연(public

demonstration)을 통해 청중들에게 정보를 주고 그들을 교육시키고자 하였다. 이는 환자들에게 도움이 되었을 뿐 아니라 참석한 사람 모두 Adler의 개념과 기법의 시범을 통해서 치료과정을 배울 수 있도록 하였다. Adler학파는 여러 분야에서 이와 같은 공개시연 과정을 지속적으로 시도해왔다. 가장 일반적인 것은 부모, 교사, 학생들을 대상으로 시도된 교육이다.

1) 심리교육이란 무엇인가?

심리교육은 조언을 해주는 것이 아니다. 우리는 이미 책, 비디오, 오디오테이프 등에 있는 많은 정보를 통해 충분한 조언을 얻을 수 있다. 정보가 치료적 관계를 강화하는 것과 관련되어 있지 않다면 그것은 심리교육이 아니다. 심리교육은 좋은 상담관계를 위한 훌륭한 대용품은 아니지만, 회기와 회기 사이에 환자가 변화될 가능성을 제공하는 구체적인 수단이 된다.

치료사가 내담자에게 충고를 하는 것은 실패-실패 상황(lose-lose situation)이다. 만약 치료사가 유익한 충고를 준다면, 내담자는 다음 대답을 듣기 위해 치료사에게로 돌아오게 될 것이다. 이 내담자는 고기를 잡는 방법 대신 고기를 받게 된다. 만약 치료사의 충고가 효과가 없었다면 그 내담자는 치료사가 별로 유능하지 못하며, 심지어 자신에게 피해를 주었다고 말할 수도 있다. 더 나아가 그는 치료사가 무능하며 자신을 더 낙담하도록 만들었다는 결론을 내릴 수도 있다.

20년 전에 Guerney, Stollak, 그리고 Grerney(1970)는 심리교육이라는 방법을 채택해야 한다고 강력하게 주장했다. PE 모델은 Authier, Gustafson, 그리고 Kasdorf(1975)에 의해 체계화되었다. 이들은 심리교육 모델의 특성은 정신병리학과 심리치료에 관한 전통적인 모델과 반대된다고 한다. 심리교육의 주창자들은 그들의 접근방법을 '증상-처방-치료-회복'과 같은 병리학의 형태가 아닌 개인과 개인 간의 태도 및 기술을 가르치는 형태로 구조화했다. 이러한 교육은 개인이 현재 및 미래의 심리적 문제들을 해결하고 삶의 만족도를 높이는 데 적용될 수 있는 것이었다.

심리교육 모델에서 치료사의 역할은 기본적으로 교사의 역할과 유사하다. 심리교육 치료에서 내담자는 전문가에 의해 증상이 제거되어질 필요가 있는 사람이 아니라, 학습할 수 있고 자신이 배운 기술들을 적용할 수 있는 학생으로 간주되며 또 그렇게 다루어진다. 물론 심리교육 방법을 사용하는 치료사와 전형적인 교사를 구분하는 것은 교육받는 것에 대한 정서적-행동적-대인관계적인 특성이다.

PE의 기원은 인본주의 심리치료와 행동주의 심리치료의 전통에까지 거슬러 올라 갈 수 있다. Carl Rogers는 인본주의적 전통에서 의학적 모델인 병리학으로부터 치료사를 자유롭게 하는 데 공헌했다. 치료에서 '환자'를 '내담자'로 부르자고 주장한 Rogers의 입장은 이러한 새로운 시각을 분명하게 대변해 준다. 게다가 Rogers는 내담자들이 자기-지시를 하며 자신들의 문제를 건설적으로 해결할 수 있는 능력을 가지고 있다고 믿었다.

그러나 PE를 사용하는 치료사들은 치료에 대해 Rogers와 의견을 달리한다. Rogers에게 있어서 치료사의 가장 중요한 역할은 내담자에게 그들의 가치와 중요성을 경험할 수 있는 대인관계적인 환경을 제공하는 것이다. 이러한 환경 내에서 내담자는 대화를 통해 자신들의 문제의 특성을 이해하기 시작한다. Rogers는 내담자가 이러한 환경 속에서 성장에 대한 자신의 능력을 차단받지 않으며 스스로 치료사가 되기 시작한다고 생각했다. 반면에 PE를 사용하는 치료사들에게 있어서 내담자를 돕는 최고의 방법은 그들에게 그들의 행동을 변화시킬 수 있는 구체적이고도 효과적인 기술과 방법들을 가르치고 그런 능력을 제공하는 것이다. 인본주의적 접근에 대한 또 다른 지지자인 Carkhuff(1971)는 훈련을 통해 이해와 능력을 결합하는 것이 치료의 한 방법이라고 생각했다.

PE의 발전은 또한 행동주의적 방향설정에서도 많은 도움을 받았다. 모델링과 강화에 대한 행동주의 개념의 원리와 기법들은 PE의 실제상황에서 중추적인 요소이다. 모델링과 강화는 PE를 가르치는 데 있어 치료사들만 사용하는 것이 아니라 내담자 자신의 행동을 변화시키고 나아가 타인의 행동을 변화시킬 수 있는 새로운 기술을 내담자에게 가르친다. 행동주의 접근의 또 다른 전통은 PE의 모듈 단위 발전을 포함시켜왔다. 몇 년 전 행동주의 치료사들은 이완과 같은 사회기술을 가르치는 것이 관련된 다른 사회적 기술 또는 대처기술과 결합되지 않는다면 그 사용이 제한적일 수밖에 없음을 알게 되었다. Cautela(1967)는 내담자들에게 다섯 가지의 자기 통제 기술을 가르칠 것을 제안했다. (1) 이완(relaxation), (2) 둔감화(desensitization), (3) 생각의 멈춤(thought stoppong), (4) 내현적 민감화(covert sensitization), (5) 주장(assertiveness). PE를 사용하는 임상가들은 또한 내담자 및 부부와 함께 할 수 있는 모듈 단위를 발전시켜야 할 것이다.

2. 가족과의 작업

부모는 아동이 성장하는 심리적 환경을 책임져야 한다. Adler학파 용어로 가족환경(family atmosphere)은 부모의 가치판단에 대하여 설명하고 있다. 앞서 지적했듯이 가족 안에서의 서열은 아이의 성장에 영향을 미치며, 형제와의 상호작용은 다른 사람들과 잘 지내는 방법에 관한 신념을 발전시키도록 돕는다. 가족구성과 가족분위기에 문제가 있고 건전하지 못할 경우, 이는 아이의 성장에 필연적으로 영향을 끼치게 된다.

부모들은 아동에게 최초의 모델 혹은 종종 유일한 모델이 되기도 한다. 아동은 부모를 통해 신념, 태도, 그리고 기술들을 습득하게 된다. 부모들 간의 의견일치 또는 불일치는 가정의 분위기, 예를 들면 평화롭거나 호전적인, 명랑하거나 우울한, 온정적이고 밀접하며 상호 관련되어 있거나 차갑고 거리감이 있으며 서로 분리되어 있는 가정분위기를 만든다.

Adler학파에서는 오래 전부터 아동을 양육하는 데 있어서 어머니나 아버지 그리고 다른 사람들이 부모라는 훌륭한 역할을 수행하기 위해서 교육이 필요하다는 것을 분명히 해 왔다. 이는 생물학적인 유전이 모든 필요한 기술들을 보장하지는 못하기 때문이다. 과거의 경험은 종종 우리의 양육기술에 대한 정보의 원천이 되기도 한다. 만약 부모나 부모의 역할을 해야 할 사람들이 자신들의 성장과정에서 성공적인 양육자를 경험하지 못했다면 그들의 아이들은 낙담할 것이며 최소한 부모 노릇을 하면서 겪게 되는 수많은 문제점들에 직면하는데 있어서 좋은 선례를 가지지 못하게 될 것이다. 좋건 나쁘건 간에 원가족(부모)의 경험은 다음 세대(자녀)의 가족역동에 아주 큰 영향을 미친다.

우리 사회에서 '평범한 부모'와 '보통 가정'은 점점 줄어들고 있다. 핵가족은 늘어나고 있는 가족형태들 가운데 단지 한 가지 양상일 뿐이다. 조부모나 다른 친인척들이 부모의 역할을 떠맡기도 한다. 그렇기에 "평범"한 가정과 부모의 모습을 이끌어내기란 거의 불가능하다. 1990년의 센서스 자료를 보면 직장을 가진 아버지, 자녀를 양육하는 어머니(둘 다 초혼의 경우), 그리고 2명의 자녀를 가진 가정은 인구의 4% 미만이었다. 결혼과 재혼, 그리고 이혼 비율은 거의 50 대 50의 비율을 보이며, 가족 내에서 아동의 수는 감소하고 있다. 분명히 가족은 변하고 있다.

이런 다양성 때문에 전통적인 부모의 역할이 성공적으로 수행되지 못하는 경우가 많다. 많은 부모들이 매우 권위주의적인 가정환경에서 성장했지만, 오늘날에는 이것이 효과적인 신뢰관계를 만드는 데 도움이 되지 않는다. 평등을 지향하는 기본적인 움직임은 우리 사회에서는 아직 가족관계에까지 전파되지 못했다.

한때 복종적이었던 여자들과 아이들은 가정의 중심으로 동등한 위치를 갖게 되었다. "내가 시키는 대로 하라"는 식의 권위주의적 접근은 이제 더 이상 우리 사회에 적합하거나 효과적이지 않다. 오늘날 아이들은 공정하지 않은 것은 하려 하지 않는다. "뛰어"라고 하면 아이들은 "얼마나 높이요"라고 묻는 대신 "왜요?"하고 묻는다. 아이들의 이러한 반응은 평등과 권리에 대한 그들의 신념을 반영하는 것이다.

때문에 이렇게 변화된 환경에서 부모들은 효과적인 새로운 기술과 접근을 배우는 것이 필요하다. 이러한 새로운 기술들은 아이들과 더욱 평등하고 민주적 관계를 만들어낼 수 있도록 한다. 부모가 경청, 의사소통하기, 동기부여, 격려, 그리고 아동이 책임감을 가질 수 있도록 돕는 기술들을 익힌다면 평등의 추구는 부모와 아동 모두에게 이익이 될 것이다.

1) Adler식 부모교육의 역사

Adler는 1922년 Austria의 Vienna에 첫 번째 아동 지도 상담소(child guidance clinic)를 설립하면서 부모교육을 시작했다. 현재 진행 중인 사례에 대한 공개적인 강좌는 문제 아동과 함께였지만, 이런 공개상담은 "정상 아동"을 가진 부모들과 교사들이 예방법을 배울 수 있도록 했다.

1930년까지 32개의 상담소가 학교와 부모-교사 연합에 의해 설립되었다. 이러한 교육적 접근법이 감정적으로 낙담한 아동에게 가장 효과적이라는 Adler의 생각은 Rudolf Dreikurs로 하여금 계속적으로 교육적 실험의 발전과 집필에 박차를 가하게 하였다. Dreikurs는 일생 동안 북미, 이스라엘, 그리고 유럽에 걸쳐 큰 공헌을 남겼으며 심리교육에 헌신했다.

2) 부모교육의 원리

부모교육의 목표는 부모와 자녀관계를 증진시키는 것이다. 이는 부모에게 자녀를 훈육하는 것에 대한 대안과 동기부여, 그리고 의사소통을 제공함으로써 이루어진다. 부모교육은 부모로 하여금 새로운 생각과 기술에 대해 마음을 열도록 한다. 부모교육과정은 부모의 생각을 비판하거나 평가절하하는 것이 아니라 보다 새로운 시각을 제공하는 것이다. 그 후에 부모는 자녀를 위해 어떤 새로운 생각, 신념체제, 그리고 목표가 적당할지 결정하게 된다.

대부분의 부모교육은 집단으로 시연된다. 부모교육 집단은 "치료"에 대한 처방을 하지도 치료를 수행하지도 않는다. 대신 그들은 전통적인 학습체계에서 강력하지만 종종 무시되는 힘을 사용하도록 허락받는다. 이것은 강의나 충고로 구성되어 있지 않다. 보통 상담사들과 도움을 주는 다른 전문가들이 대개 이러한 부모교육 집단의 지도자가 된다.

Adler식 부모교육센터는 전통적으로 교육 집단을 제공해 왔다. 지금 교회, 성당의 각 교구, 그리고 유대교회는 이러한 체계를 갖추고 있다. 이 외에도 학교와 대안학교, 성인 야간교육 수업 및 정신병원과 정신건강센터 그리고 근로자 보조 프로그램(EAP ; employee assistance program)의 외래 프로그램에도 이러한 교육이 실시되고 있다. 부모교육은 또한 사법제도에서도 발견되는데, 부모의 역할을 남용하거나 태만히 한 부모에게는 강제적이고도 치료적인 접근이 수행된다. 이제 부모교육은 다양한 직업과 환경을 가진 부모들에게 제공된다. 부모교육을 통해 부모들은 자녀와의 관계에서 영향을 받는다.

부모교육이 미치는 영향력은 비단 교육참가자에게만 해당되는 것이 아니다. 왜냐하면 각 회기는 참가자들의 배우자, 자녀, 그리고 자녀의 교사들에게까지 영향력을 미치도록 구성되었기 때문이다. 매주 한 시간 또는 두 시간 정도로 구성되는 부모교육에 의해 직접적으로 영향을 받는 사람의 수는 50명 내지는 그 이상이다.

3) 부모교육에 관한 Adler의 기본 이론

부모교육의 목표 중 하나는 인간행동에 대한 이론을 간단하고도 이해하기 쉽게 가르치는 것이다. 행동 이면에 있는 목적과 감정들은 아동의 그릇된 행동을 알아야만 가장 잘 이해하게 된다. 일단 아동 행동의 목적을 알고 나면 부모들은 대안적인 행동의 과정들을 발전시킬 수 있고 이는 아동들에게 대안적인 행동을 북돋아 줄 것이다.

부모교육 집단에서는 가능한 한 빨리 이 기초 이론을 이해하고 토의해야 한다. 종종 첫 번째의 몇몇 회기들은 그릇된 행동의 목적에 초점을 둔다. 일단 행동의 목적을 알고 나면 부모는 아이의 그릇된 행동에 대한 대안을 장려할 수 있게 된다.

가장 넓게 사용되는 교육 프로그램은 STEP(Systematic Training For Effective Parenting)이다(Dinkmeyer et al., 1997). 이 프로그램 중 3권의 책 "*Parenting Young Children*(0~6세)", "*The Parent's Handbook*(6~12세)", "*Parenting Teenagers*(13세 이상)"은 자녀의 연령에 따른 부모의 필요성에 대해서 설명하고 있다.

4) 잘못된 행동의 네 가지 목표

부모교육의 첫 번째 단계는 아동의 그릇된 행동 목표 네 가지를 이해하는 것이다. Dreikurs(1991)는 모든 아동의 그릇된 행동을 각각 그의 목적에 맞도록─(1) 관심, (2) 힘, (3) 복수, (4) 부적절함의 표시─네 가지로 분류했다.

아동의 비행 배후에 숨겨진 다른 의도가 있다는 것은 보통 부모들에게는 생소한 정보이다. 부모들은 아이의 이러한 행동을 혼란스럽고, 성가시며, 극단적인 경우 심한 좌절과 혼돈으로 받아들인다. 부모가 보통의 비행과 우리가 다루고자 하는 것과 같이 특별한 의도를 가진 비행을 구분하지 못할 경우, 이는 극단적으로 아이를 상처 입힐 수도 있는 방향, 이를테면 정신적·육체적 학대로 이어질 수도 있다.

처음에는 부모들이 이 네 가지 목적에 대해 어느 정도의 혼란스러움과 의문을 느끼며 반응할 수 있다. 그러나 그들은 결국 두 가지 기술(그릇된 행동에 대한 그들 자신의 반응, 부모의 대처에 대한 아동들의 반응)을 사용함으로써 아이의 비행에 감춰진 목적들을 이해하게 된다. 이 접근 방식은 부모가 아동에게 전적으로 의존하기보다는 아동 행동의 정확한 지시자(accurate indicator)로 기능할 수 있게 한다. 네 가지 목표에 대해 자세히 다루겠다.

관심(attention) **끌기**   비행의 네 가지 목적들은 각각 아동의 낙담정도를 나타내준다. 첫 번째 목적인 관심은 많은 긍정적인 측면들을 가지며 이는 아동 자신이 모험하고 탐구하고 있는 주위 세계에 대한 호소이다. "나에게 집중하고 있나요? 내가 아직 여기 있나요?"가 바로 아동의 관심을 끄는 행동의 목적을 표현한 것이다.

3세인 Chantel은 엄마를 좋아하고 가능한 한 집 주위에서 엄마를 따라다닌다. Chantel는 엄마를 따라다닐 때마다 자신의 신발끈 중 하나를 풀거나 바지를 잡아끌었다. 엄마는 관심끌기 행동의 성가신 정도에 따라 귀찮기는 했지만 다정하게 "얘야" 혹은 약간 덜 다정하게 "그만해"라고 하며 Chantel의 행동을 받아들였다. Chantel은 엄마가 관심을 끌기 위한 그녀의 노력을 알아챈 것이 기뻤고, 엄마가 이러한 자신의 노력을 좋아하지 않는다는 것을 눈치챌 때마다 이를 멈추었다.

이 예에서 엄마는 Chantel의 행동에 화가 나고 이유없이 그녀를 괴롭히는 딸의 행동에 혼란스러웠을 것이다. 그리고 엄마의 화남에 대해서 Chantel은 그녀의 목적인 관심을 얻었다는 이유로 그 행동을 잠시 멈추었다.

부모가 그들의 자녀가 그들의 주관적인 욕구에 기초해 결정할 수 있는 능력을 가졌음을 인정해주면 그릇된 행동은 아동에게 만큼 부모에게도 의미를 지니게 된다. 이것은 더욱 받아들이기 어려운 비행인 힘과 복수의 행동에서도 사실로 드러난다.

힘(power)　두 번째 목표인 힘은 통제에 대한 자신의 욕구를 과대평가하는 아동에게서 발견된다. 힘을 추구하는 아동은 "만약 내가 다른 모든 사람들을 통제할 수만 있다면, 나는 중요한 사람이 된다"라는 그릇된 신념에 의한 것이다.

이런 그릇된 행동 형태에 대한 부모의 반응은 종종 화를 내거나 "여기 주인은 누구지? 너니 아니면 나니?"라는 감정을 가지는 것이다. 이것은 부모의 권위적 역할을 빼앗으려는 시도이거나 부모의 권위에 대한 도전이므로 권위주의적인 부모들은 종종 힘을 가지려고 하는 아동의 그릇된 행동을 보면서 혼란스러워 한다.

누가 정말 힘을 가지고 있는지 결정하기 위해 아동과 힘 겨루기를 선택한 부모들은 전투(battle)에서 이길지는 모르지만 전쟁(war)에서는 지게 된다. 힘 겨루기에서 진 아동들은 힘의 중요성을 더욱 확신하게 된다. 잠자리에 드는 시간 또는 다른 문제에 관해 아동과 힘 겨루기를 함으로써 부모는 아동보다 더 강력한 존재가 되는 것이 정말로 중요하다는 것을 보여준다. 그렇게 되면 아동의 눈에는 힘이 더욱 효과적이고 매력적인 것으로 보이게 된다.

복수(revenge)　복수의 목적은 상처입고 배신당하고 또는 부당하게 다뤄진 감정의 결과이다. 복수를 추구하는 아동은 그들을 괴롭힌 "부당함(injustice)"을 그 당사자로 하여금 책임지게 하려고 한다. 아동들은 직접적으로 복수할 수 없기 때문에 다른 여러 가지 방법을 강구한다.

아동은 어떤 그릇된 행동이 그의 부모를 화나게 하는지 알고 있으며 복수로 그것들-욕하기와 같은-중 하나를 사용할 것이다. 이런 행동의 목표를 알지 못하는 부모는 그들에게 상처를 주기 위한 아동의 행동으로 혼란스러워 하며, 종종 이런 종류의 복수를 아동에게 되돌려주게 된다. 그에 따라 이런 악순환은 계속된다.

부적절함의 표시(display of inadequacy)　모든 그릇된 행동의 네 가지 목적은 아동의 낙담의 표현들이다. 네 번째 행동의 목적은 극단적인 낙담을 표현한다. 이 목표는 때때로 실패에 대한 두려움 또는 포기로 불리기도 한다.

> Blake는 세 아들 중의 막내이다. 그의 아버지는 주말마다 종종 그를 데리고 농구코트로 가서 슈팅연습을 하고 다른 아이들과 경기도 한다. Blake는 아직 공을 능숙하게 드리블하지 못했다. 그는 공을 잡을 때마다 그것을 다른 아이에게 재빨리 패스했다. 주말이 왔으나 Blake는 농구코트에 가고 싶지 않았다. "밖은 너무 더워요. 게다가 나는 아무리 해도 잘할 수 없어요." 그는 여태까지 경기를 해오면서 아빠와 함께 추구하는 것을 이루려고 노력했으나 실력이 늘지 않아 낙담했고 이것들을 포기하기로 결심했다. 네 번째의 목적을 가진 아동은 자신이 할 수 없다고 생각하고 더 이상 시도하려 하지 않는다. 만약 부모가 그의 실패가 노력의 부족 또한 능력의 부족이라고 아동을 설득한다면, 아동은 부모로부터 어떠한 기대도 하지 않게 될 것이다.

아동은 자신들이 상황을 해석하는 방법에 따라 네 가지 목적 중 어떠한 것이라도 사용할 것이다. 그릇된 행동이 관심끌기에서 시작해서 부적절함의 표시로 끝나는 네 가지 목적들로 순서에 따라 진행되는 것은 아니다. "누구도 효과가 있는 행동을 버리지 않는다"라는 말은 그릇된 행동의 목적지향적인 개념을 설명하는 데 도움을 준다.

부모가 같은 상황에서 다른 방법으로 반응을 보일 때 아동의 그릇된 행동은 멈출 수 있다. 예를 들어 Blake의 아버지는 아들의 목적과 농구를 하는 능력에 대한 극단적인 낙담을 알아차려야 한다. Blake가 그의 목적을 깨닫지 못할 수는 있지만 그것의 결과는 인식할 수 있다. 만약 Blake가 자신은 농구와는 맞지 않다고 그의 가족을 설득한다면, 그는 최악의 농구선수로 취급받는 당혹스러움에서 벗어날 수 있을 것이다. 아들의 행동에 대한 아버지의 올바른 전략에는 긍정적인 노력을 격려하기, Blake가 동등한 수준에서 경기할 수 있도록 게임 변형시키기, 아동이 하는 것처럼 행동하기("마치 ~인 것처럼(as if)") 등이 포함될 수 있다.

5) 부모교육용 참고서적

회기의 전형적인 형태는 다섯 가지 기본적인 주제들, 전 회기의 과제와 활동에 대한 토론, 최근에 읽은 연구과제에 대한 토론, 실제적인 연습, 요약, 그리고 읽기와 다음 회기를 위한 과제 할당을 포함한다. 지도자는 지난 회기에서 사용된 특정한 기술을 토론(예를 들면, 자연적·논리적 결과와 같은)하기 위하여 질문을 준비할 수도 있다.

지도자의 역할에는 이론에 대한 토론뿐만 아니라 그 이론을 그들의 실제 생활에 적용시키도록 집단을 이끌어가는 것도 포함되어 있다. 그리고 연습시험에서는 참가자들이 반응하며 듣기와 같은 특정한 개념이나 기술을 사용해 활동할 수 있도록 해야 한다.

집단교육은 구성원 각자와의 실무적인 계약을 내포하고 있으므로, 상담사는 구성원 각각이 새로운 경험을 공유할 기회를 가졌음을 명심해야 한다. 상담사는 또한 새로운 기술을 시도해 보는 것이 필요한 활동이라는 것과 집단회기 밖의 관련된 일도 이 과정의 한 부분이라는 집단기대를 발달시킬 수도 있다.

책을 사용하는 부모집단은 오랫동안 성공적으로 기능해 왔다. 이것의 장점은 읽고 참고하기에 유용한 하나의 자원이라는 것이다. 그러나 이런 집단유형은 참가자들이 근본적으로 동기유발이 되어 있으며, 글을 읽을 줄 알아야 한다는 제한점을 지니고 있다.

6) 부모 C-집단

C-집단   부모 C-집단은 교사 C-집단을 부모에 맞게 변형시킨 것이며 그 목적도 비슷하다(원리를 학습하는 것을 넘어서 경험을 공유하는 것이다). 우리가 어떻게 기능하며 우리의 태도, 신념, 그리고 감정이 아동과의 관계에 미치는 영향을 아는 것은 C-집단의 필수요소이다. 여기서 C는 그룹 내에서 일어나는 많은 힘들을 나타낸다.

- 그룹 구성원 모두에게 제공되는 자문(consultation)
- 동등하게 함께 활동하는 구성원들의 공통된 관심사에 대한 협력(collabora-

tion)

- 구성원들이 서로 격려하고 격려받을 수 있도록 하는 구성원들 간의 협동 (cooperation)
- 구성원들 간의 신념체제, 감정체제와 더불어 논의되고 있는 개념에 대한 명료화(clarification)
- 부모와 아동들 간의 관계를 성공적으로 수정하는 것을 막는 목적, 태도, 감정에 대한 직면(confrontation). 변화를 원한다면 오래되고 비합리적인 신념에 직면해야 하고 누가 옳은지를 증명하는 것이 아닌 모순과 관찰을 공유하기 위한 직면의 기준이 집단 초기에 집단상담사에 의해 세워져야 한다.
- 구성원의 문제는 오로지 집단에서만 공유될 것을 보장하는 비밀성(confiden-tiality)
- 단순히 과제를 읽고 다음에 모임에서 이를 토론하는 것을 넘어서 각 집단원이 직면해야 할 과제 수행(commitment)
- 특정 기간에 속도와 목표라는 두 가지 관점에서 각각의 구성원들에게 평가받게 될 집단개입의 목적인 변화(change)

STEP 프로그램   유아용 STEP, 아동용 STEP, 청소년용 STEP 프로그램은 가장 널리 사용되고 연구되는 Adler의 부모교육자료들이다(Dinkmeyer, et al., 1997, 1997, 1998). 이 프로그램들은 400만 이상의 부모들을 확보하고 있으며, 스페인어, 일본어, 독일어, 그리고 그리스어로 번역되어 왔다. STEP 프로그램에 대한 50개 이상의 연구논문들이 있다(American Guidance Service, 1986).

　STEP 프로그램에 의해 제공되는 집단경험은 부모 안내서와 녹화된 사례 및 실전연습을 토대로 하며, 토론규칙 또한 집단경험을 만들어낸다. 집단상담사 안내서에는 프로그램을 구성하는 7회기 각각에 대한 형식을 포함하고 있다. 안내서에는 또한 문제를 가진 구성원들 다루기, 부모에게 주는 유인물의 선택, 선전용 자료, 평가도구, 비디오 사본, 그리고 회기 지침과 같은 상담사 기술에 대한 부가적인 정보들을 포함하고 있다. 상담사는 각 회기에서 사용할 지침이나 어떤 특정한 논의로 집단을 이끌 것인가 하는 전문적인 판단에 대한 선택권을 가진다.

7) 집단 시작하기

부모를 위한 집단 프로그램 운영자들은 종종 한 집단에 수용될 수 있는 인원을 초과한 경우에 직면할 수 있다. 구성원들이 소집단의 이점을 충분히 누릴 수 있게 하기 위해서 집단은 상담사를 제외한 10명 또는 12명의 참가자를 초과하지 않아야 한다. 부모들의 경험과 도전의 수준을 맞추기 위해서 비슷한 연령 수준의 자녀를 가진 참가자들로 집단을 구성해야 한다.

STEP 프로그램은 소형 소개 책자와 프로그램의 초점과 주제들을 요약한 8분짜리 테이프를 제공한다. 부모들은 견본 프로그램을 보고 자신들에게 교육이 필요한 이유를 알게 된다. 그것은 나약함의 표현이 아니라 오히려 성장을 위한 지적 수행의 표현인 것이다.

이 점은 특히 중요하며 상담사의 많은 관심을 받을 만한 가치가 있다. 과거에 적절한 설명을 듣지 못하고 자란 상태에서, 부모들은 이 교육 프로그램에 참여하게 된 많은 이유들을 다루어야만 한다. 종종 부모들은 "내 부모님이 나에게 썼던 방식을 쓰는 것이 나에게도 도움이 될 꺼야"라고 생각한다. 그러나 부모들은 이런 방어자세가 효과가 없다는 것을 알게 된다. 이런 경우 상담사는 부모로 하여금 그들의 권위적인 자세를 민주적인 자세로 변화할 수 있도록 도와주어야 한다. 그들에게는 부모로서의 능력이 부족한 것이 아니라 좋은 기술과 모델들이 부족한 것이다. 이러한 본질적인 차이를 지적하고 도움이 필요한 부모들에게 그것을 암시해 주는 것도 상담사의 책임이다.

8) 집단지도자 기술

부모 집단상담사들은 집단경험을 잘 구성하기 위해 특정한 기술을 사용한다. 이런 기술들은 다른 집단의 환경에서 요구되는 기술과 유사하지만, 이것은 부모라는 존재의 특성을 배우고 일반화하는 것에 초점을 맞춘다.

구조화하기(structuring)　　　구조화는 각 집단원들이 무엇을 기대하고 있는지를 정확히 알 수 있게 해준다. 모임 시간과 장소, 회기의 길이, 그리고 목적과 목표들은 모두 집단을 구조화시키는 데 필요하다. 구조화는 집단의 첫 번째 회기에서 이루어진다. 상담사는 현재 상황이 집단의 목표 및 목적에 부합하는지 아닌지를 결정하기 위해 집단에서 무슨 일이 진행되고 있는지 알고 있어야 한다.

일반화하기(universalizing)　　　일반화하기는 집단원들에게 그들의 경험이 다른 사람들의 경험과 유사하다는 것을 깨닫게 해준다. 또한 집단은 집단원들이 서로 얼마나 많은 공통점을 가지고 있는지를 느끼게 해주는 기회도 제공한다. 집단원들을 위해 이런 표면적으로 공통적인 경험을 묶고 유사형을 찾아내는 것은 상담사가 할 일이다. 집단에서 한 집단원이 어떤 문제를 공유하려 할 때, 상담사는 다른 사람으로부터 반응을 유도하기 위해 "이와 비슷한 어려움을 겪었던 사람 없나요?"라고 질문하거나 경험을 공유하기 위해 집단원들을 유도하는 질문을 할 수 있다. 종종 어떤 부모가 언어적으로나 비언어적으로 자발적인 반응을 보이면, 지도자는 그 집단원을 격려하여 추가 반응을 보이도록 유도할 수 있다.

연결하기(linking)　　　연결하기는 집단원들의 견해에서 공통적인 요소를 확인하는 과정이다. 상담사는 시간이 지날수록 생각, 즉 집단원들이 경험한 "주제"가 늘어난다는 것을 발견한다. 부모 집단을 예로 들자면 이러한 주제는 보통 "아이들을 재우는 것이 어렵다" 혹은 "때로는 때리는 것(spanking)이 실제로 말을 듣게 하는 유일한 방법이다"가 될지 모른다. 연결하기와 일반화하기는 응집력과 공동체감 그리고 목적에 대한 감각을 증가시킨다. 주제가 표현되고 그것이 발견될 때 상담사는 "나는 Tom과 Elaine이 둘 다 그들의 둘째 아이에 관해 걱정하고 있는 것 같네요"와 같은 말로 공통요소를 분명하게 연결시킬 수 있다. 상담사는 둘째 아이의 공통적인 문제와 그들을 다룰 수 있는 새로운 방법의 가능성에 대해 짧게 토론할 수 있다.

긍정적인 면에 초점 맞추기(focusing on the positive)　　　부모가 자녀와 힘 겨루기를 하거나 혹은 다른 어떠한 대립적 상황에 몰두해 있을 때, 그들 자녀의 긍정적인 면을 본다는 것은 어려운 일이다. 그러나 부모가 아이의 긍정적인 면에 초점을 맞추고 아동의 재능과 장점을 격려해 주는 것은 아동들의 행동을 변화시키는 데 도움이 된다. 상담사는 부모의 변화와 향상된 점들을 깨닫게 해줌으로써 격려하는 행동의 모델이 될 수 있다. 부모는 종종 집단 내의 누군가가 자신에게 인식시켜 주기 전에는 그러한 변화가 있었다는 사실을 깨닫지 못한다.

과제수행(commitment) 상담사는 집단원들에게 집단에 대한 수행을 지속적으로 의식하게 해야 한다. 개개인이 모든 회기에 참여하고, 토론에 참가하며, 거기에서 나왔던 생각들을 자신의 가족에 적용시켜 보는 것이 중요하다. 숙제는 집단과정에서 빼놓을 수 없는 부분이다. 상담사는 회기의 후반부와 그 다음 회기의 도입부에서 특별한 과제를 요구할 수도 있고, 집단원들에게 그들의 경험을 공유하도록 요청할 수도 있다.

요약하기(summarizing) 회기 끝에서 요약하기는 회기를 진행하는 동안 집단원들이 느꼈던 감정이나 생각을 다룬다. 그것은 모임의 내용들을 다룰 수도 있고, 다음 주를 위해 각 집단원들이 계획했던 수행을 다룰 수도 있다. 상담사는 각 참여자들에게 "나는 …를 배웠다"라는 문장을 완성하도록 요구하는 것으로 시작할 수 있다. 이 과정은 회기 동안 집단원들이 얻은 것을 공유할 수 있도록 하며 상담사가 혼란과 의혹들을 교정하고 명료화하는 기회를 준다.

격려(encouragement) 격려는 부모들이 특히 어렵고도 혼란스러운 것이라고 생각하는 기술이다. 이것은 우리 문화 속에서 동기부여의 좀더 확장된 형태인 칭찬으로 오해되기도 한다. 이 둘의 차이점은 격려는 내면적인 능력과 긍정적인 기대를 지향하는 것인데 반해, 칭찬은 일반적으로 외형적인 부분에 초점을 둔다는 것이다.

9) 집단단계

부모집단은 보통 다음과 같은 3단계로 진행된다.

Ⅰ. "아이를 고쳐라" : 부모들은 자녀들의 부적절한 행동을 고치기 위해 집단에 온다. 그들은 상담사가 이 과업을 어떻게 달성해야 하는지 알려주기를 기대한다. 즉, 관계에서의 변화가 아동으로부터 오기를 바라는 것이다.

Ⅱ. "제가 바뀌어야만 하나요?" : 이 단계로 가는 과정에서 부모들은 가장 효과적인 결과는 자신들이 자녀의 행동에 책임이 있음을 깨달을 때 나올 수 있음을 알게 된다. 부모들은 관계를 변화시키기 위해서 이전과는 다른 무언가를 시작해야 함을 느끼게 된다. 만약 부모가 융통성이 없거나 변화의 필요성을 잘 느끼지 못한다면, 부모는 이 시점에서 집단에서 가장 낙오하게 될 것이다.

Ⅲ. "우리는 노력하고 있어요" : 이 단계에서 부모는 격려를 받는다. 각각의 부모가 자신의 가정에 적용할 새로운 아이디어를 찾음에 따라 아동과 10대 자녀를 둔 그들의 삶은 향상된다. 이 마지막 단계에서 부모들이 집단으로부터 진정한 지지를 느끼기 때문에 집단을 종결하는 것이 어려운 경우도 종종 있다.

10) 부가적인 심리교육 자료들

부부 외에 다른 특성을 지닌 사람들을 위한 많은 심리교육자료가 있다. 예를 들면, 부부교육을 위한 TIME(Training in Marriage Enrichment, Dinkmeyer & Carlson, 1984), 교사를 위한 효과적 교수방법을 위한 체계적 훈련(STEP, Dinkmeyer, McKay, & Dinkmeyer, 1980), 청소년을 위한 책임있고 효과적인 부모 준비(PREP, Dinkmeyer et al., 1985), 초등학생을 위한 자기와 타인 이해의 발달(DUSO, Dinkmeyer & Dinkmeyer, 1980) 등이 있다. 이러한 자료들은 모두 Don Dinkmeyer Sr.에 의해 저술되었다. 이 외에도 그는 교육 프로그램 개발을 통해 개인심리학에 크게 기여하였다.

3. 부부치료에서의 심리교육

Levant(1986)는 PE를 부부와 가족치료 내에서 떠오르고 있는 "새로운 전문 영역"이라고 묘사했다. 사실은 Levant의 이러한 정의가 내려지기 20년 전에 Bach와 Wyden(1968)은 "공정한 싸움(fair fighting)"을 주장했다. David Mace 는 1960년대 초반에 "풍요로운 결혼(marriage enrichment)"을 출판했다. 관계 의 증진(relationship enhancement)에 관한 Guerney의 책(1977)은 부부의 기술 을 다룬 최초의 책 중 하나이다. 게다가 결혼 감수성 훈련(marriage en-counter)과 다른 PE에 관한 프로그램, 그리고 활성화(enrichment) 프로그램들 도 전문가와 공공기관에서 호평을 받고 있다.

Guerney, Brock, 그리고 Coufol(1986)에 의하면, PE를 모델로 삼는 부부치료 사들은 부부관계의 실패를 진단하기보다 긍정적인 관계에 초점을 맞추도록 도 와야 한다고 말한다. PE 치료사들은 부부로 하여금 자신들이 원하는 관계를 규정하도록 돕고 그들이 이러한 목표에 도달할 수 있도록 기술을 가르친다. 부 부치료사들은 전통적 치료 모델을 사용하는 것이 아니라, 지식, 기술, 그리고 신뢰감을 증가시키기 위해 노력한다. 가르침, 풍요로움, 그리고 총체적인 목표 는 부부치료사들의 주요 목표가 되고 있으며, 이에 적합한 전문가는 외과의사 가 아닌 교사이다(Guerney, Brock, & Coufol, 1986).

Guerney(1977)는 부부들과 작업하는 것에 관련된 수많은 관계태도와 기술훈 련 모듈(module)을 작성하기 위해 PE를 사용한 최초의 부부치료사이다. Guerney의 업적은 많은 이들에 의해 모방되고 정교화되었으며 연구되었다. 이 장의 후반부에서 부부를 위한 대표적인 PE 프로그램 몇 가지가 소개될 것이다.

4. PE와 부부치료의 관계

PE의 개념은 전통적인 부부 및 가족치료와 유사한 점이 많이 있으나, 부부와 가족치료와는 접근방법 다르다. Doherty와 Baird(1987)는 심리교육적인 접근 방법과 부부 및 가족치료와의 관계를 설명하는 5단계 모델을 제시했다(1987).

- **1단계** 이 단계는 가족에 대해 거의 또는 아예 생각하지 않는 개인적인 심리 중재를 나타낸다.
- **2단계** 이 단계는 인지적이지만 정서적이지 않은 문제로 주변에 가족이나 부부를 연관시키는 활동을 언급한다. 부부에게 정보를 제공하기 위해 강의 또는 상담 회기가 주어지는 것이 이 단계의 한 예이다.
- **3단계** 부부가 어떻게 서로 관련되어 있는지를 공유하게 하는 인지적인 정보와 정서적인 요소를 포함시킨다.
- **4단계** 이 단계는 PE의 적절한 영역이다. PE에서 부부 또는 가족은 구체적인 문제에 초점을 맞춘 특정한 회기에 참가한다. 이 단계는 교육적이고도 정서적이며 표현적인 내용으로 구성되어 있다. 정보와 기술훈련이 PE회기의 중요 초점이다.
- **5단계** 이 단계는 부부 및 가족치료사들의 적절성을 나타내준다. 이 때의 치료는 잠정적으로 다소 긴장되어 있으며 강압적인 것으로 규정될 수 있다. 필요하다면 부부생활에서 일어나는 어떤 것이라도 다룰 수 있다. 그러나 Docherty의 4단계와 5단계는 일반적으로 그 경계가 분명하지 않다.

1) 부부와 함께 하는 PE의 효과

수많은 심리교육 프로그램들은 부부와 가족을 질적으로 향상시키는 것에 역점을 두었다. 그러나 이러한 프로그램들이 과연 효과적인가? Giblin, Sprenkle, 그리고 Sheehan(1985)은 23개 프로그램들에 대해서 정교한 메타-분석을 한 결과를 발표하였다. 그들은 크기 44로 표현되는 중간정도의 효과에 주목하였는데, 여기에서는 프로그램 참가자들의 평균이 프로그램에 참가하지 않은 사람들보다 더 나은 변화를 보였다. Giblin의 자료는 또한 다른 연구자료들에서 프로그램 교육을 받은 심각한 문제를 가진 부부가 그렇지 않은 부부에 비해 월등한 효과를 보았다는 것이 증명되었다(Ross, Baker, & Guerney, 1985).

실제로 심리교육적 중재는 치료의 중요한 형태가 되고 있는 부부 및 가족치료의 심리문제에 대한 치료에서 상당한 가능성을 보여주고 있다(Anderson,

Reiss, & Hogarty, 1986).

5. PE에 대한 비판

부부 및 가족에 대한 PE의 접근은 너무 낙천적으로 부부와 가족의 힘에 초점을 둔다는 비판을 받아왔다. 반면에 부부 및 가족치료는 병리적인 문제를 강조한다는 비판을 받기도 한다. 이에 대해 Doherty와 Bowman(1989)은 PE를 사용하는 사람들은 부부 및 가족의 어두운 면을 좀더 인식할 필요가 있으며, 반면에 가족치료사들은 부부 및 가족의 밝은 면을 좀더 인식할 필요가 있다고 한다.

이 문제에 있어서 PE 접근방법의 채택에 방해가 되는 몇몇 요소가 있음을 인식하는 것이 도움이 될 것이다. Auther, Guerney, 그리고 Kasdorf(1975)는 많은 치료사들이 의학적 모델과 관련되어 익숙하다고 느끼는 의사-환자의 역할을 버리는 데 어려움이 있음을 지적하고 있다. 왜냐하면 이러한 역할은 치료사가 상당한 정도의 권력과 우월함을 가지게 하기 때문이다. Doherty와 Bowman(1989)은 많은 치료사들이 전통적인 의학적 모델에 집착할수록 심리교육적 접근의 가치있는 측면은 비효율적이 된다고 지적한다.

권력과 우월함 외에 제3자 지불방식(third-party reimbursement)의 문제가 남아있다. 일부 보험회사들은 교육적인 심리치료 서비스에 대한 비용지불을 거절해 왔다. 의학적 모델에 대한 지원을 유지하는 데 있어 경제력은 과소평가될 수 없다. 아마도 이것이 치료사들이 PE를 부부 및 가족치료에 보조적인 수단으로 선택하는 이유일 것이다.

PE에 대한 마지막 비판은 귀납주의(reductionism)에 대한 임상적 위험과 관련된 것이다. Hunter, Hoffnung, 그리고 Ferholt(1988)는 심리교육의 배타적 사용에 내포된 몇 가지 위험을 지적하였다. 이들은 심리교육이 감정적 고통을 부인할 수 있고, 그래서 실제 가짜 상호성(pseudomutuality)을 야기시킬 수도 있음을 지적하였다. 이에 반해, 그들은 부부 및 가족치료에 대해 심리교육적 접근과 정신분석적인 접근을 결합시킨 반귀납주의적(nonreductionistic)인 접근방법을 제안했다.

참고문헌

Anderson, C., Reiss, D., & Hogarty, G. (1986). *Schizophrenia and the family: A practitioner's guide to psychoeducation and management.* New York: Guilford Press.

Authier J., Gustafson, K., Gueney, B., & Kasdorf, J. (1975). The psychological practitioner as teacher: A theoretical historical and practical view. *The Counseling Psychologist, 5*(2), 31-50.

Bach, G. R., & Wyden, P. (1968). *The intimate enemy.* New York: William Morrow.

Carkhuff, R. (1971): Training as a mode of treatment. *Journal of Counseling Psychology, 18,* 123-131.

Carlson, J., & Dinkmeyer, D. (1986). TIME for a better marriage. *Journal of Psychotherapy and the Family, 2,* 19-28.

Cautela, J. (1967). Covert sensitization. *Psychological Record, 20,* 459-468.

Curran, J., & Monti, P. (Eds.). (1983). *Social skills training: A practical handbook for assessment and treatment.* New York: Guilford Press.

Dinkmeyer D., & Dinkmeyer, D. Jr. (1980). *Developing understanding of self and others.* Circle Pines, MN: American Guidance Service.

Dinkmeyer, D., McKay, D., & Dinkmeyer, D. Jr. (1980) *Systematic training for effective teaching.* Circle Pines, MN: American Guidance Service.

Dinkmeyer, D., & Carlson, J. (1984). *Training in marriage enrichment.* Circle Pines, MN: American Guidance Service.

Dinkmeyer, D., et al. (1985). *Preparing responsible and effective parents.* Circle Pines, MN: American Guidance Service.

Dinkmeyer, D. Jr., Carlson, J., Dinkmeyer, D. (1994). *Consultation: School mental health professionals as consultants.* Muncie, IN: Accelerated Development.

Dinkmeyer, D., McKay, G., Dinkmeyer, D. Jr. (1997). *The Parent's Handbook* from Systematic training for effective parenting (STEP). Circle Pines, NM: American Guidance Service.

Dinkmeyer, D., McKay, G., Dinkmeyer, J., McKay, J. and Dinkmeyer, D. Jr. (1997). *Parenting Young Children* from Early childhood STEP. Circle Pines, NM: American Guidance Service.

Dinkmeyer, D., McKay, G., Dinkmeyer, D. Jr. (1998). *Parenting Teenagers* from Systematic training for effective parenting of teens (STEP/Teen). Circle Pines, NM: American Guidance Service.

Doherty, W., & Bowman, T. (1989, May/June). Therapy and enrichment: Enemies or allies? *Family Therapy News,* 6-7.

Doherty, W. J., & Baird, M. A. (Eds.). (1987). *Family-centered medical care: A clinical casebook.* New York: Guilford Press.

Dreikurs, R. and Soltz, V. (1991). Children: The challenge (reissue) New York: NAL/Dutton.

Gambrill, E. (1985). Bibliotherapy. In A. Bellack & M. Hersen (Eds.), *Dictionary of behavior therapy techniques.* New York: Pergamon Press.

Giblin, P., Sprenkle, D., & Sheehan, R. (1985). Enrichment outcome research: A metaanalysis of premarital, marital and family interventions. *Journal of Marital and Family Therapy, 1,* 257-271.

Guerin, P., Fay, L., Borden, S., & Kautto, J. (1987). *The evaluation and treatment of marital conflict: A four stage approach.* New York: Basic Books.

Guerney, B. (1977). *Relationship enhancement: Skill-training programs for therapy, problem prevention and enrichment.* San Francisco: Jossey-Bass.

Guerney, B., Brock, G., & Couful J. (1986). Integrating marital therapy and enrichment: The relationship enhancement approach. In N. Jacobsen & A. Gurman, (Eds.), *Clinical handbook of marital therapy.* New York:

Guilford Press.

Guerney, B., Stollak, G., & Guerney, L. (1970). A format for a new mode of psychological practice: Or how to escape a zombie. *The Counseling Psychologist, 2*(2), 97-104.

Hunter, D., Hoffnung, R., & Ferholt, J. (1988). Family therapy in trouble: Psychoeducation as solution and as problem. *Family Process, 27,* 327-337.

L'Abate, L. (1986). *Systematic family therapy.* New York: Brunner/Mazel.

Last, C. (1985). *Homework.* In A. Bellack & M. Hersen (Eds.), *Dictionary of behavior therapy techniques.* New York: Pergamon Press.

Levant, R. (1986). An overview of psychoeducational family programs. In R. Levant (Ed.), *Pychoeducational approaches to family therapy and counseling.* New York: Springer Publishing Co.

Ross, E., Baker, S., & Guerney, B. (1985). Effectiveness of relationship enhancement therapy versus therapist's preferred therapy. *American Journal of Marital and Family Therapy, 13,* 11-21.

Smith, R., Shoffuer, S., & Scott, J. (1978). Marriage and family enrichment: A new professional field. *The Family Coordinator, 28,* 87-93.

제 **3** 부

적 용

제 8 장
아동상담과 청소년상담

아 동상담과 청소년상담은 두 집단을 별개로 다루어야 할 만큼 전혀 다르 다. 아동상담에는 대부분 부모, 선생님, 대리인이 함께 참여한다. 아이 들이 언어적 표현을 다소나마 할 수 있게 되면, 개인이나 집단으로 상담을 받을 수 있게 된다. 청소년(13세 이상)은 상담사에게 독특한 난제를 제시한다. 난제 란 치료에서 어느 부분을 강조해야 할지를 결정하는 것이다. 청소년들의 자율 성을 더 활성화시키는 쪽으로 노력해야 하는가? 아니면 조직 내에서(학교나 가족) 더 잘 기능하는 것을 도와야 하는가? 상담사는 이들 자율성과 사회적응 간의 균형을 잘 유지해야 한다. 청소년상담은 주로 자존감과 사회적 관심을 증 가시키는 것을 목적으로 한다.

생활양식의 평가는 아동과 청소년상담을 구분짓는 또 하나의 요소이다. 대 부분의 아동상담에서는 Dreikurs의 "네 가지 잘못된 목표"와 아동의 가족구도 에 대한 지식을 이용하기 때문에 아동의 생활양식 평가는 필요하지 않다. 어린 이에게 나타나는 잘못된 행동은 대부분의 경우 어른에 의한 것이 많다. 그러나 청소년들은 아동과는 달리 친구들의 관계에 더 많은 관심을 가지지만 어른을 즐겁게 하는데는 관심을 덜 가진다. 또래 압력, 흥분과 실험을 위한 욕망, 그리 고 급격한 신체적, 심리적인 변화는 청소년상담을 아동상담과는 질적으로 다르 게 만드는 요소들이다.

1. 유아상담

갓난 아이, 영아, 취학전 유아들이 어린 아동으로 분류된다. 많은 Adler학파의 상담사들은 언어습득 이전의 영아들도 정교한 심리학적인 해석을 이해할 수 있다고 믿는다. 모의실험에서 인지반사가 유도되었을 때, 영아들은 상담사의 권유를 이해했음을 부모에게 똑똑히 보여주었다. 문제가 되는 행동이 더 이상 효과가 없다는 것을 깨달은 아이들은 그들의 행동방식을 바꾸게 된다. 다음의 사례는 가족교육센터에서 흔히 나타나는 상황을 잘 설명하고 있다.

Cynthia의 어머니는 19개월 된 Cynthia를 파괴적인 테러범이라고 했다. 그녀는 끊임없이 서랍을 뒤집어 엎고, 물건을 잡아 찢고, 소란을 피웠다. 그녀의 엄마는 어쩌할 바를 몰라 했다. 여섯 형제들 중 맏이였던 그녀의 엄마는 Cynthia를 키우기 전까지 부모로서 자신이 유능하다고 생각했다. Cynthia의 엄마는 노동중재자였기 때문에, 자신이 그녀의 딸로부터 어떠한 협력도 이끌어 낼 수 없다는 사실에 더욱 괴로워했다. 그녀는 Cynthia의 행동에 깊게 상처 입었고 딸을 아주 싫어한다는 말까지 했다.

상담사는 Cynthia의 목표가 복수하는 것이라고 가정하고 엄마에게 한달 동안 Cynthia가 집에서 소란을 피우기 시작할 때마다, 아무 말 없이 즉시 화장실로 기꺼이 갈 수 있는지를 물었다. 엄마는 자포자기하면서 동의했다. 그러나 그녀는 Cynthia가 이 행동이 목적을 가진 것이라는 것을 알게 되려면 하루에 적어도 10번은 화장실에 가 있게 될 것이라고 예측했다. 그러나 그녀는 계획을 지킬 것을 동의했다.

엄마는 무대에서 물러나고(이 사례는 대중공개상담에서 가져온 것이다), Cynthia가 들어왔다. 그녀는 인터뷰 동안 말을 하지는 않았지만 주의 깊게 듣는 정상적인 유아였다. 그녀는 복수의 목표가 드러났을 때 인지반사 반응을 나타냈다. 명백히 말해 그녀는 자신이 혹사당했다고 믿고 있었다. 그렇기 때문에 그녀의 감정은 상처입었고 보복하길 원하게 되었다. 상담사는 그녀가 뭔가를 파괴하기 시작할 때마다 엄마가 화장실에 갈 것이라고 엄마가 할 실험에 대해 그녀에게 말하고, 이 협정이 공정하다고 생각하는지를 Cynthia에게 물었다. 그녀는 부정하면서 머리를 흔들었다. 상담사가 그녀의 엄마가 그와 같은 충고를 실제로 잘 수행할 것으로 믿는지를 Cynthia에게 물었을 때, 아이는 불확실해 하는 것처럼 보였다.

일주일 후에 Cynthia의 엄마는 가족교육센터에 왔다. 그녀는 딸 사이의 관계에서 극적인 변화를 경험했다고 보고했다. 엄마는 그녀의 딸을 즐겁게 했고 Cynthia가 태어난 이래 처음으로 그녀와 즐거운 시간을 보내고 있다고 했다. 그녀는 첫째 날에는 6번 화장실로 갔고, 둘째 날에는 2번 갔다. 그리고 가족교육센터에 오기 전날 밤엔 한 번 혼란스러웠던 것을 제외하고는 다시는 "화장실 처방"를 사용할 필요가 없었다고 한다.

아마도 엄마는 상담과정에 Cynthia가 개입하지 않아도 충분히 성공할 수 있었을 것이다. 그러나 인상 깊었던 것은 그녀의 나쁜 행동의 목표에 대한 Cynthia의 새로운 인식이 그녀의 엄마가 그녀를 다르게 대할 것이라는 지식과 잘 연결되어 거의 기적과 같은 변화가 일어나게 되었다는 점이다.

우리의 경험에서 볼 때 초기 상담에서 진단을 내리기 위해 매우 어린 아동과도 면담을 하는 것이 유용하다. 아이들이 더 말을 잘하게 됨에 따라 상담사는 아이들을 상담과정에 끌어들일 수 있고, 그들의 협력을 얻을 수 있게 되며, 그들의 개입과 참가를 촉진시킬 수 있다. 더구나 Adler학파는 나쁜 행동을 하는 모든 아이는 용기를 잃은 아이라고 믿기 때문에 상담사의 특정한 격려와 가족교육센터의 경우 청중에 의한 격려는 상담과정의 중요한 부분이다. 센터에서는 어린 영아들을 그들의 부모와 분리하여 면담한다. 아이들 대부분은 청중들(공개상담시연에서의) 앞에 서기를 좋아하며, 특히 청중들이 인터뷰에 응해 준 그 아이에게 감사를 표현하는 말을 할 때 매우 기뻐한다.

어린 아이들은 주위 환경에 깊이 영향을 받는다. 그들은 가족상담 과정에서 매우 중요한 역할을 담당한다.

> 8개월 된 Reba는 5명의 아이 중에 막내였다. 위의 4명의 자녀들이 사소한 행동 문제를 나타내는 시절을 다 겪고 난 후, 지금 다시 부모는 Reba에 관해 걱정하고 있다. 가족교육센터에서 전 가족이 함께 면담했을 때, 이 8개월 된 아이는 단지 아랫입술을 빠는 것으로 나머지 가족들을 지배했다. 세션 내내 Reba는 정기적으로 그녀의 입술을 빨곤 했으며, 부모 중 한 명이나 다른 형제자매들이 일어나서 방을 가로질러 걸어가 그녀의 입술을 빼곤 했다.

아이들이 더 나이를 먹고 말로 자신을 표현할 수 있게 됨에 따라 개인치료는 종종 그들의 문제를 다루는 최선의 방법이 된다.

> 4세인 Marc는 이웃집 개에게 심하게 물렸다. 면접할 당시 그는 야뇨증과 천식에 걸렸었고 악몽으로 고통받았으며 극단적인 공포를 느꼈다. 이 사건이 소송에 연루되어 있었기 때문에 그의 변호사가 아이에게 사건의 진술을 요청하였다.
>
> Marc는 그림을 그리고 'Bowser가 Marc를 물었다'라고 썼다. Marc의 경우 비록 부모가 아이들을 다루는 방법을 이해할 수 있도록 도움을 필요로 했지만, 센터의 치료사들은 "대화치료"로 Marc와 직접 작업하기로 선택했다.

이 경우는 우리가 감정, 신념, 그리고 목적에 대해 얘기하면 어린이도 이를 이해하고 있음을 증명해 주고 있다. "대화치료"란 아이와 함께 앉아서 이야기하며, 따뜻하고 신뢰하는 관계를 구축하고, 때때로 자신과 세계에 대한 아이의 잘못된 시각을 부드럽게 수정하는 것을 말한다. 아동에 대한 또 다른 연구가 Micheal Nystul(1980)에 의해 이루어졌다. 이 연구는 언어적 · 비언어적 방법으로 상담사가 격려하는 사람의 역할을 해낼 것을 강조하고 있다. 어린이집, 유치원, 그리고 초등학교 교사들은 교실에서의 집단토론이 성공적이었다고 보고한다. 아이들은 학급의 일뿐만 아니라 개인적 감정과 고민에 대해 서로 이야기하도록 격려받았다. 이러한 토의는 아이들의 인지적이고 감정적인 관심거리 모두에 중점을 둔다. 성인 중에는 어린 아동의 능력에 대해 편견을 가지고 있어서 상담과정에 아동들이 참여할 수 있는 능력을 간과하는 경우가 있다.

어린 아동과 작업하는 상담사는 아동의 정상적인 발달단계와 그것의 다양한 변화에 익숙해질 필요가 있다. 동시에 상담사는 이것을 아이들에게 병명을 붙이는 수단으로 사용하여 그들을 독특한 개인으로 보지 못해서는 안 된다.

가족과 함께 하는 상담의 주요 목표는 아이들과 잘 지내도록 부모들을 돕는 것이다. 아동과 함께 하는 상담의 주요 목표는 그들이 부모에게 대항하는 것보다 협력하는 것이 그들에게 이익이 됨을 알 수 있게 돕고 그들의 협력을 얻는 것이다. 아이가 부모, 보호자, 의붓 부모와 분리되어 있는 경우 상담사는 아이들에게 부모와 함께 토론한 것을 가능한 한 모두 알려주는 것이 매우 중요하다.

2. 아동상담

6~7세(이상)의 아동들은 개인상담, 또래집단상담, 가족상담을 할 수 있다. 상담사는 모든 연령의 아이들을 성인 내담자를 대할 때처럼 최대한의 존경과 예의를 갖추어 대해야 한다. 어휘나 목소리 톤을 바꿀 필요도 없고, "아이의 수준으로 낮출" 필요도 없다. 유년기의 아동들은 그들의 창의성, 상상, 지성과 자발성으로 희망적이다. 춤, 음악, 심리극, 동작과 모든 예술은 많은 아동들이 매우 편안하게 느끼는 비언어적 방식이다.

DUSO(The Developing Understanding of Self and Others) 프로그램 (Dinkmeyer & Dinkmeyer, 1982)은 아동과 상담하기 위한 훌륭한 자원이다. 83개의 이야기는 특정한 행동 목표에 맞추어져 있다. 각 이야기와 함께 동반되는 활동은 일관된 목표를 가지고 있다.. 그것은 아이들이 자신과 다른 사람들의 선택에 대한 이해를 발달시키도록 돕는다. 이는 아동들의 목표 행동에 대한 토론을 자극한다. 각 이야기의 토론형식은 다음과 같다.

1. 이야기의 개괄
2. 이야기에 나오는 사람과 동물의 행동에 대한 자신의 느낌을 토론하기
3. 아이가 유사한 상황에서 어떻게 느끼고 행동할 것인지에 대해 토론하기

DUSO에 포함되어 있는 의사소통 활동은 아동치료사들이 고려해볼 만한 잠재적 가능성을 제공한다(Dinkmeyer & Dinkmeyer, 1982). 커뮤니케이션 활동을 통해 이루어지는 기술 개발은 세 가지 분야에 초점을 맞추고 있다. (1) 의사소통, (2) 격려, 그리고 (3) 갈등 중재. 이러한 기술들이 선택된 이유는 그것들이 사회적 상호작용의 기본이자 사람들이 어려움을 경험하기 쉬운 분야이기 때문이다. 이 활동들은 상호의존적이며 신중하게 배열되어 있다. 초기 단계에서는 더 복잡한 갈등 중재 활동에 필요한 의사소통 기술을 훈련시킨다. 아동들이 각 단계를 성공적으로 거쳐감에 따라, 그들은 자신의 감정을 명료화하고 다른 사람에게 감정을 표현하는 것을 배우게 된다.

아이들은 참여, 감정에 귀기울이기, 감정의 표현, 공감, 반영적인 경청, 그리고 메시지 보내기에 대한 기술을 개발시킬 기회를 가지게 되는 동시에 격려와 갈등해결에 대한 기술도 습득하게 된다. 이런 기술들은 우연히 얻어지게 되는 것이 아니라, 체계적인 단계를 아이들에게 제공하여 얻어지는 것이다. 이 접근은 아동과의 상담을 더 조직적이고 효과적으로 할 수 있게 하는 매우 유용한 치료도구로 사용할 수 있다.

1) 아동과 관계 형성하기

아동은 결코 좋은 해석자는 아니다. 그러나 그들은 훌륭한 관찰자이다. 그들은 자주 잘못된 해석을 하지만 대부분의·아이들은 그들의 이러한 견해를 쉽고 빠르게 바꿀 수 있는 것 같다. 다음의 예가 보여주는 것처럼 아이들과의 신뢰감을 형성하는 것은 즉각적으로 쉬운 일이다. 아동들과의 관계를 형성하는 데 필요한 많은 요소들을 제시하는 Pew(1969)의 사례를 살펴보자.

> 나는 6세 아이를 봐 달라는 부탁을 받았다. 나는 대기실에 가서 아이를 사무실로 데려온다. 나는 문을 닫고 앉아서 계속 서있는 아이에게 "너는 네가 무엇을 해야 하는지를 사람들에게 말해달라고 하니?"라고 묻는다. 그는 언어적으로 또는 비언어적으로 긍정의 답을 할 것이다. "목표-노출"의 방법을 사용하여 "사람들이 너에게 요구한 것을 네가 하지 않은 이유를 내가 추측해 볼까?"라고 묻는다. 아이들은 보통 나에게 계속 말하라는 신호를 보낸다. "네가 해야 할 일을 하지 않는 것은 너 대신 다른 사람들을 바쁘게 만들어서 네가 있다는 것을 그들이 깨닫도록 하기 위한 것이라고 봐도 되겠니?"라고 질문한다(이 질문은 관심의 목표를 파악하기 위한 질문이다). 나는 거의 반응을 얻지 못한다.
>
> 그러나 두 번째 목표에 대해서는 종종 반응을 한다. 즉, "너는 너 자신이 크고 강하다는 것과 여기에 대해서 그들이 네게 무언가를 시킬 수 없다는 것을 사람들에게 보여주길 원하니?" 아이는 Dreikurs가 "인지반사(recognition reflex)"이라고 표현한 것과 같은 반응을 보일지도 모른다. 심지어 그의 머리를 부정적으로 흔든다 해도 그의 눈은 반짝이며 얼굴에는 익살스런 웃음을 띨 수 있다. 그는 얼굴을 붉힐지도 모르고 심지어 그의 얼굴을 가리려 할지도 모른다. 이런 반응을 보면 나는 내가 옳은 판단을 내렸다고 생각한다. 그리고 나서 나는 그가 나보다 더 힘이 세다는 사실과 나는 그가 원하지 않는 것을 그에게 강요하거나 그를 압도하려는 어떠한 시도도 할 의도가 없다는 것을 여러 가지 방법으로 확인시킨다. 이때 거의 모든 아이들은 매우 얌전하게 다소곳이 앉아 있다. 이때부터 우리는 친구가 된다.

어린 아동과의 신뢰감 형성이 더 쉽다는 것은 당연한 일이다. 가족교육센터에서 공개적으로 면접기술을 보여주게 될 때, 관찰자들은 종종 상담사가 아이들과 이야기할 때의 태도가 성인들과 얘기하는 것과 조금도 다르지 않다는 것을 알게 된다. 아이들은 자신을 존중하고 얕보지 않는 성인에게는 빨리 반응한다. 또한 어린 아이들은 어른이 공정하고 단호하며 친근한 태도를 보일 때, 또는 그들의 행동이 이치에 맞다는 것이 분명해지면 반응을 보이는 경우가 많다. 때때로 어른이 그들을 이해한다는 것을 발견하고 나면 아이들은 안심하게 되는데, 그들이 느끼는 안도감은 짧은 인터뷰 후에도 확연히 느낄 수 있을 만큼 대단히 크다. 아이는 치료사에게 수줍어하면서 사탕을 건네주기도 하고 손을 흔들거나 포옹까지도 한다.

아이들을 어떻게 다룰지 모를 때마다 어른들은 아이들을 게으르거나 걱정스러운 혹은 공격적인 아이라고 부르거나 "ADHD" 또는 "발달지체"와 같은 왜곡된 용어를 사용하는 경우가 많다. Adler학파 상담사는 겉으로 보이는 행동만을 다루지 않는다. 그들은 아이들의 두려움 또는 공격성, 난독증의 목적을 이해하려고 노력한다. 만일 아이의 잘못된 행동의 목표를 이해할 수 있다면, 어떤 접근이 그를 도와줄 수 있을 것인지를 계획할 수 있게 될 것이다.

학령기 아동과 작업하는 상담사는 최고의 행동방식에 관해서 부모, 학교, 그리고 아동들 간의 일반적인 동의를 얻어내려는 노력을 하게 된다. 종종 부모들은 학교를 비난하고 학교는 부모님을 비난하지만 아이들은 전혀 변하지 않는다. 상담사는 이런 상황을 피해야만 한다. 상담사가 오해를 살 수도 있기 때문에 아이를 포함한 다른 모든 집단과의 회의는 공통의 목적과 목표를 달성하는 데 도움이 된다.

상담사는 대부분의 선생님이 배우길 원하는 아동이나 바른 행동을 하기를 원하는 아동을 가르치는 데는 충분한 자질을 갖추었다는 것을 알아야 한다. 그러나 그들이 종종 배우길 원하지 않거나 바르게 행동하길 원하지 않는 아이들과는 무엇을 할지 알지 못한다는 것을 이해해야 한다. 그러므로 상담사는 아이들과 작업하고 이야기하는 기본 원리를 부모뿐만 아니라 선생님에게도 기꺼이 가르쳐야 하며 가르칠 수 있어야 한다. 이 장의 마지막에서는 교사와의 작업을 다룰 것이며 부모와의 면접에 대해서는 제7장에서 논의되었다.

3. 아동과 직면하기

Adler학파의 직면은 아동에게 직접적으로 도전이나 문제를 제시함으로써 왜 그가 그런 행동을 했는지 스스로 이해하도록 돕는다.

일부 상담사들은 직면을 사용하면 필연적으로 아동과의 공감이나 돌봄이 결여된다고 믿기에 직면 사용에 대해 신중하다. 진정으로 변화시키기를 원하는 상담사는 때때로 내담자가 스스로 동기화 되도록 도전감을 주어야 한다. 도전 기법의 기피는 상담사의 치료적 개입 부족을 의미할 수도 있다.

직면은 내담자와의 관계를 형성해야 하는 초기 단계에 필요한 기법은 분명히 아니다. 직면은 신뢰감 형성과 돌봄의 단계가 형성된 기초 위에서 이루어져야 한다. 직면의 목적은 통찰과 변화를 창조하는 것이다. 그것은 다른 상황에서는 좀처럼 표면에 드러나지 않는 감정과 사고를 자극한다. 직면 후에 상담사는 다른 기법들을 사용하여 아동이 자신의 감정을 이해할 수 있도록 도와준다. "내가 너에게 직면하도록 했을 때 너는 매우 상처를 받은 것처럼 보였어. 그것에 대해 좀더 말해주겠니"가 그 좋은 예이다.

직면에는 다음과 같은 것이 있다.

1. 주관적 견해에 직면하기   아이들은 그들의 행동을 용납할 수 있게 하는 사적 논리(private logic) 또는 숨겨진 이유(hidden reason)와 직면하게 된다. 이러한 유형의 직면은 아이들이 자신들의 행동에 숨겨진 목적을 알도록 한다.

2. 잘못된 신념과 태도에 직면하기   아이들은 긍정적인 사회적 발달을 방해하는 잘못된 신념과 태도에 직면하게 된다. 이 직면은 사람의 본성, 사람이 살고 있는 세계, 그리고 삶의 본질과 그것의 의미에 대한 기본적인 신념에 초점을 둔다. 이러한 기본적 신념은 Shulman에 의해 개발된 밑줄 친 공란을 채우게 된다.

   나는 _____이다. 삶은_____이다. 그러므로_____(Shulman, 1973).

3. 사적 목표에 직면하기   이 직면은 상담사가 숨겨졌다고 믿는 감정들을 아동이 부인하려고 할 때 사용된다. 직면 진술은 실제로 몸의 자세나 눈과 얼굴 근육의 갑작스런 변화와 같은 비언어적인 표시, "인지반사"를 초래한다.

4. 파괴적 행동에 직면하기   내담자는 수동적 또는 공격적으로 문제를 피하거나 상담사에게 공격적인 반응을 보임으로써 자기 파괴적인 반응을 보일 수도 있다. 이런 상황에서 상담사는 치료적 관계를 맺는 그 순간의 아동 행동에 아동을 직면시킨다. 상담사는 상담에 직면한 내담자가 현재 그리고 여기를 자각하게 하고, 자신의 행동이 다른 사람에게 어떤 영향을 주는지를 인식하게 한다.

직면은 상담사에게 강력한 수단이지만 상담관계의 신뢰가 형성되지 않는 한 효과적으로 사용할 수 없다. 아동은 신뢰가 형성된 이후에야 수동적 또는 파괴적인 행동에 효과적으로 직면할 수 있게 된다.

4. 아동에게 적합한 Adler 상담기법

1) 역설적 의도

역설적 의도(paradoxical intention)는 아동이 자신의 파괴적인 행동을 깨닫고 심지어 자신이 더욱 더 그런 행동을 하려고 시도한다는 것을 알도록 하는 것이다. 상담사는 아동으로 하여금 극단적으로 혹은 불합리한 정도까지 자신의 행동을 실행하며, 강조하고, 확장하도록 요구한다. 그러면 아동은 그런 증상이 비생산적이라는 것을 알게 되고, 이후에는 그런 문제 행동(증상)을 포기하거나 바꾸게 된다.

아동에게 역설적 의도를 사용할 때, 상담사는 자신이 그들과 힘 겨루기를 하거나 보복의 의도를 가지고 있지 않다는 사실을 아동에게 분명히 보여주어야 한다. 대신에 역설적 의도는 실험적으로 다루어 질 수 있다. 아이가 하고 있는 문제 행동은 그것이 무엇이건 마음껏 하도록 한다. 예를 들어 아이가 손톱을 물어뜯는다면, 그의 모든 손톱을 훨씬 더 철저히 물어뜯도록 한다. 만약 아이가 독립적이라는 것을 증명하려고 한다면, 어느 누구와도 협력하지 말도록 요구해라.

2) 마치 ~인 것처럼 행동하기

이 기법은 아동이 어떤 상황에 의해 그의 행동이 통제되고 있다고 믿는 경우 사용된다. 일반적으로 아동은 "만약에 내가 ~을(를) 할 수 있다면"이라는 가정을 통해, 상황에 대해 자신이 져야 할 책임감을 덜려고 한다. 다른 역할을 수행해 봄으로써 아동은 자신이 단지 상담과정의 한 부분에서 연기를 한 것만이 아니라 다른 사람이 될 수가 있다는 것을 깨닫게 된다.

5. 청소년상담

청소년기는 최근의 개인주의적이며 소비지향적인 서구 사회의 산물이다. 많은 문화권에서 청소년기가 인식되지 않는다고 이야기한다. 일부의 가족과 일부의 공동체에서 청소년기는 20대까지의 사람들을 포함할 수 있을 만큼 현재 너무나 확장되어 있다.

청소년상담을 어렵게 하는 또 다른 요소는 부모, 교사, 동료, 그리고 크게는 공동체를 포함한 모든 사람들이 젊은 사람들에 대해서 다양한 견해를 가진다는 것이다. 청소년이 공동체에 기여할 유용한 방법을 찾는 것은 보통 어렵다. 대부분의 청소년들의 주된 관심사는 외로움을 극복하고 친밀함을 얻는 것이다. 많은 청소년들은 특히 또래들과의 관계를 강조하는 행동을 보인다. 이러한 행동은 많은 부모와 교사로 하여금 청소년들을 다른 문화권의 구성원으로 인식하게 한다. 옷, 언어, 음악, 춤, 그리고 다른 다양한 문화에서 일시적인 유행을 선택하는 젊은이들의 성향은 성인 공동체로부터 청소년들을 고립시킨다.

유용한 수단이 자주 차단되기 때문에 청소년들은 많은 어른들이 못마땅해하는 방법을 선택하려는 경향이 있다. 오늘날 청소년들은 어른들의 견해를 계속해서 무시하고 또래의 인식과 수용에 점점 더 많은 관심을 가지는 특징을 가지고 있다. 많은 청소년들은 자신들이 사회와 문화적 주류에서 벗어나 있다고 보고, 자신들과 유사한 방식으로 사회와 고립되어 있는 다른 젊은이들과 결속하면서 부모와 학교로 상징되는 권위와의 전쟁을 벌인다.

그러나 우리가 이러한 쟁점의 초점을 가치명료화에 둔다면 청소년들을 이해하는 것이 어렵지 않다. 예를 들어 16세의 일부 청소년들은 성인 사회의 가치에 동참하며 어른들의 행동을 흉내내려고 한다. 다른 아이들은 어른의 가치에 그들 자신의 청소년 식으로 저항하려고 한다. 청소년기는 '가치의 고찰기'라고 할 수 있다. 성인 공동체로부터의 명백한 고립에도 불구하고 청소년기의 중요성은 그들이 그들과 가까운 성인들, 특히 부모들이 생각하는 것이 무엇인지를 알고 싶어한다는 것이다. 부모와 상담사는 종종 이렇게 중요한 사실을 간과한다.

상담사는 항상 어려운 딜레마에 직면하게 된다. 잘못된 가족체계를 청소년들이 받아들이도록 노력해야 하는가? 또는 그대신 청소년들에게 그 체계에서 요구하는 변화를 가져올 수 있게 하는 책임감과 리더십을 강조한 건설적인 비판 태도를 발전시키도록 도와야 하는가?

성인의 정신병리학적인 상태는 청소년에게서도 발견된다. 그러나 청소년들은 자신을 빠르게 변화시킬 수 있는 힘을 가지고 있다. 성인의 경우 정신장애 치료에 오랜 기간이 필요하지만, 청소년의 경우 서너 번의 상담회기만으로 충분한 효과를 볼 수도 있다. 다른 한편으로 상담사는 많은 청소년에게서 나타나는 우울증의 빈도와 정도, 그리고 자살에 대한 심각한 잠재 가능성을 깨달아야 한다. 심각하게 고통받고 있는 청소년에게 있어서 상담관계는 말 그대로 죽느냐 사느냐의 문제이다.

1) 삶의 과제

개인이나 집단으로 청소년들과 작업을 하는 것은 직업, 우정, 사랑, 홀로 살아가기, 의미찾기, 그리고 여가와 레크리에이션과 같은 삶의 과제를 명심하게 하는 데에 도움이 된다. 이러한 각 영역은 상담사에게 중요한 정보의 원천이 될 것이다. 간단한 자기 평가 과정은 청소년들이 자기 자신을 어떻게 바라보는지를 이해하는 데에 유용하다. 평가는 1점에서 5점, 1점에서 10점 또는 간단히 "그렇다" 또는 "그렇지 않다"로 할 수 있다.

자기 평가는 청소년들이 자신의 부모들이 그들을 어떻게 평가할 것인가를 예견할 수 있게 하고, 만약 부모가 상담과정에 참여한다면 부모가 실제로 자신의 아들이나 딸을 어떻게 평가할 것인가를 알 수 있도록 확장될 수 있다. 만약 광범위한 상담이 예상된다면 생활양식 평가가 청소년들에게 적절하다.

상담사와 신뢰와 상호존중관계를 형성한 후에는 많은 청소년들이 체계적인 면담에 의해 도움을 받을 수 있다. 면담은 청소년이 자신의 목표와 힘을 확인할 수 있도록 돕는다. 이 면담의 주제는 "당신의 삶은 어느 정도로 목적 지향적인가"이다. 특정한 질문과 평가척도를 통하여 청소년들은 놀라운 주제들을 탐구하게 된다. 문장완성하기 또한 청소년들의 삶에 동기를 부여하는 요소들을 확인할 수 있게 한다. 문장은 "나는 _____할 때 가장 행복하다. 나의 가장 큰 근심은_____이다. 나의 부모님은 _____하다"와 같은 형식을 띨 수 있다. 문장 완성하기의 목적은 청소년의 주관적인 세계를 탐색하는 것이다. 이 활동은 행동을 지배하는 우선순위를 확인하는 기회가 될 것이다.

2) 증상보유자와 환자로 간주된 사람(IP)

상담에서 많은 청소년들은 가족이 자신을 "증상보유자"로 지목했다고 언급했다. 환자로 간주된 사람(IP : Identified Patients)이라는 용어는 가족체계의 문제가 오직 한 사람에게 규정되어진다는 것을 암시하면서 사용되어져 왔다. 이것은 다음 예에 잘 나타나 있다.

> 15세의 재능있는 음악가이며, 우수한 운동 선수, 그리고 우수한 학생인 Jessica는 계속해서 집에서 벗어나려고 했다. 그녀는 집을 떠나기 위해 일부러 마약을 먹어 마약치료센터에 입소하려고까지 했었다. 그녀의 부모는 표면적으로는 좋은 관계를 유지하고 있는 듯 했으나 실상은 그렇지 않았다. 아버지는 결혼의 갈등을 술을 마심으로써 해결하려 했다. 그러나 아버지가 알코올 중독임을 Jessica가 알았을 때, 그녀의 어머니는 "아버지는 술을 마시지 않아"라고 간단하게 말함으로써 분명한 사실을 부인하였다. 비록 그가 결코 성적인 행위를 하지는 않았지만, 그녀의 아버지는 딸의 나체 또는 부분적으로 옷을 걸친 것을 보는 데 비정상적으로 관심을 가지는 것 같았다. Jessica가 도망가려 할수록 그녀의 아버지는 가족이 화목하게 지내기 위하여 그녀가 가족과 함께 머물러야 한다고 주장하면서 점점 더 그녀를 통제하려고 했다.

가족역동이 분명해졌을 때 상담사는 가족구성원들 중 Jessica만이 가족 내에서 벌어지는 상황을 분명히 볼 수 있었던 유일한 한 사람이자 가장 적응적인 구성원이라는 것을 깨달았다. 그러나 그녀는 가족이 그러한 문제에 대해 무엇을 해야 할지는 몰랐다. 가정문제가 정리되자 Jessica는 상당한 개인적인 진보를 이루었다.

많은 젊은이들은 그러한 상황을 마약 남용, 청소년 범죄, 성적인 방종, 학업 실패, 심지어 자살 시도 등으로 해결하려 한다. 증상보유자의 이야기가 가진 주제는 한 가지이다. "문제는 사람과 사람 사이에 있다."

3) 약물 사용

사람들은 청소년기에 인생의 다양한 경험을 시도하려 한다. 많은 청소년들이 많건 적건 향정신성 약물에 손을 댄다. 상담을 하다 보면 마약에 손을 대는 세 가지 유형의 사람들을 볼 수 있다. (1) 단순히 호기심으로 흥분과 또래의 인정을 얻으려는 사람들, (2) 자신 안의 또 다른 인격을 찾으려는 사람들, (3) 심한 좌절과 절망으로 인해 망각상태를 찾고 있는 사람들. 마약 시장은 끊임없이 바뀌고 있으며 각 부류에 따라 현격한 차이를 보인다. 어느 고등학생이 대마초, 알코올, 담배를 일반적으로 사용하고 있을 때, 몇 마일 떨어진 곳의 고등학생은 더 강한 마약에 손을 댈지도 모른다.

한 가지 예가 우리 사회에서 불법인 대마초이다. 우리는 사람들이 왜 일주일에 몇 번씩 취하도록 술을 마시는가에 의문을 품는 것처럼 왜 일주일에 몇 번씩 마약을 하는가에 의문을 제기해야 한다. 그 사람의 삶에 결여되어 있는 것은 무엇인가? 무엇을 회피하고 있는가?

행동이 마약 복용으로 인해 충분히 변할 수 있는 것처럼 마약 복용을 멈추면 행동이 확실히 변한다. 대마초를 사용하는 동안 많은 젊은이들은 몇 가지 생활 과제 영역을 효과적으로 수행하는 데 실패하게 된다. 그들이 마약 복용을 중단할 때 그들은 종종 학문적 진보와 직업을 구할 수 있게 되며, 그들의 가족, 친구, 그리고 그들의 공동체 안에서 자신의 위치를 발견하게 된다.

마약 사용은 청소년들 사이에 크게 확산되어 있어서 이 영역의 연구와 함께 상담이 필요하다. 어떤 물질의 영향 하에 있는 사람과 상담하는 것은 나이에 상관없이 비효율적이다. 심한 마약 사용은 입원-치료 연구에 대한 징후가 될 것이다. 초등학생에게서도 알코올과 마약 사용이 나타나고 있으며 청소년의 알코올 중독은 이미 중요한 문제가 되었다. 연기를 마시거나 씹거나 장난 삼아 한 번 해보거나 하는 식으로 행해지는 모든 흡연은 건강에 치명적이다.

마약에 깊이 빠진 청소년들의 예후는 어떨까? 우리는 많은 젊은이들이 다소 극단적이며 기괴한 약물 사용에서 벗어나 마침내 건설적이고 꾸밈없는 청소년이 되는 것을 보아왔다. 그러나 우리는 또한 이와는 다른 사람들—예를 들어 정맥에 암페타민을 주입시켜 온 사람들—을 보아왔다. 그 사람들은 결코 화학물질 사용 이전의 상태로 되돌아오지 못하며 회복되지도 못한다. 마약 사용의 세 가지 형태는 청소년들의 마약 사용의 목적과 예후에 대한 초기 진단에 도움이 될 것이다.

4) 성적인 일탈행동

성적인 방종은 많은 사회문제에 기인한다. 청소년들의 가치관과 성인 사회의 가치관에는 종종 현격한 차이가 있다. 우리의 교육체계는 거의 예외 없이 인간의 성 영역을 다루는 데에는 형편없다. 특히 그것이 상호 개인적인 관계와 관련될 때 더욱 그러하다. 청소년 상담사는 대부분의 내담자가 성에 대한 질문을 하거나 그것에 대한 관심을 표현할 것이 확실하므로 이 영역에서 청소년들의 가치기준으로 생각하는 것이 특히 중요하다. 상담과정에서 청소년들에게 성에 대해 개방적으로 이야기하고자 하는 의지는 건설적인 요소임에도 불구하고, 그러한 솔직함이 성에 대한 문제들을 다룰 준비가 되어 있지 않은 상담사에게는 문제가 될 수도 있다.

5) 학교관련 문제

많은 청소년들은 어른에게 반항하고 그들에 대한 학업기대를 저버리는 것에 가치를 둔다. 이것은 복잡한 영역이기에 우리는 여기에 대해 광범위한 진술을 할 수 없다. 그러나 확신을 가지고 말할 수 있는 한 가지는 청소년들은 어린이와 같이 – 대부분이 – 교육체계에서 완전히 성장한 동반자로 대우받지 못한다. 그렇기 때문에 많은 청소년들이 그 과정에서 자신을 제외시키는 것을 정당화한다. 그들은 학교에서 그리고 크게는 기존 사회에서 찾을 수 있는 의미있는 관계를 찾는 일에 실패하게 된다.

학교체제의 요구와 건강한 성장과 발전을 위한 청소년의 요구에서 발생하는 빈번한 갈등은 상담사에게 심각한 문제이다. 불행하게도 많은 학교 교직원들은 고통스럽고 심각한 문제 혹은 그보다는 덜 심각한 문제를 가진 청소년들을 어떻게 다뤄야 하는지를 모르고 있다. 고등학교 교사를 포함한 교사와의 활동에 대한 접근은 이 장의 후반부에 논의된다.

6) 청소년의 부모

청소년의 부모는 종종 상담사에게 대단히 힘든 존재가 되기도 한다. 어떤 부모는 청소년이 독립을 표명하면 할수록 상담사에게 더욱 분노를 나타낸다. 상담사는 청소년의 부모와 팽팽한 줄다리기를 하면서 자신과 내담자의 신뢰감을 유지시켜야 한다. 부모는 종종 그들의 아이가 무엇을 생각하고 행동하고 느끼는지 알기를 원한다. 그들은 자주 "상담료를 지불하는 것은 나다"라는 것을 강조한다. 이러한 상황에서는 가족치료사가 필요하다. 상담사는 10대들이 가족체계로 돌아갈 수 있을지 아니면 가족체계에서 해방되길 원하는지에 초점을 맞출 수 있다. 어떤 청소년은 그들 가족과 너무 친밀해서 가족으로부터 성공적인 분리 없이 성인기에 도달하기도 한다. 이러한 경우도 가장 바람직한 접근은 가족치료이다. 여기에 이와 관련된 한 가지 사례가 있다.

> 고등학교 3학년인 17세의 Trahn은 한 번도 데이트를 해 본 적이 없었고, 그보다는 기계 장치를 수리하면서 집에서 여가 시간을 보내는 것을 더 좋아했다. 그의 어머니는 미망인이었고 Trahn과 어울려 지내는 것을 좋아했다. 그들은 좋은 친구였고 많은 일상의 관심거리를 공유했다. 그의 어머니도 데이트를 하지 않았으며 집 밖에서의 어떤 활동에도 참여하지 않았다. 3학년 말에 Trahn의 가슴에 심한 통증과 불안이 수반된 증상이 진행되기 시작했다. 그는 처음에는 개인치료를 받다가 그 후에 집단치료를 소개받았다. 개인과 집단치료 모두에서

그는 많은 통찰을 얻었지만 행동의 변화나 증상의 감소는 없었다. 몇 번의 상담과정 이후 Trahn과 그의 어머니는 서로에게 의존하기보다 자신의 삶을 발전시키는 것이 훨씬 더 중요한 일이라는 것을 알기 시작했다. 이후 Trahn은 집에 계속 살았지만 학교를 졸업한 후 비행기 조종사가 되었다. 학교 교사인 그의 어머니는 지방 기관이나 교회 모임에서 활동하게 되었다. 어머니와 아들의 병리적인 공생관계는 협조적인 관계로 발전하였고 상호의존적인 관계는 서로 분리되었으며 아들과 어머니는 권리를 가진 한 인간이 되었다.

우리는 Adler학파의 사상에 기초한 서적으로 부모상담을 보충하는 것이 매우 유용하다는 것을 발견해 왔다. (이 책들은 제7장에 자세히 소개되었다.) 부모들은 첫 회기에 책을 소개받고, 특정한 장을 읽으라는 지시를 받는다. 회기가 진행되는 동안 부모들은 문제를 제기하고 그들의 청소년 자녀에게 그것을 적용할 기회를 가진다.

6. 대학생 상담

대부분의 경우 대학생들은 청소년으로 정의된다. 5명의 대학생 중 2명이 대학생활 동안 어떤 종류든 상담 서비스를 찾을 것이라는 연구가 있다. 많은 대학의 정신건강 서비스는 본질적으로 청소년상담이다. 고등학교로부터 대학으로의 변화는 예견 가능한 발달단계이다.

그러나 효과적인 상담을 위해서 상담사는 대학생이 속해 있는 체계에 대해서 알아야 한다. 결정은 어떤 식으로 내려지며, 캠퍼스에서의 힘을 가진 자는 누구인가? 만일 그들의 고등학교 생활이 잘못된 동기에 의해ー남을 이기기 위해서나 부모의 인정을 받기 위해ー성공적이었다면, 그들은 대학 생활에서 종종 극적인 반전을 보여준다. 최고의 "훌륭한" 학생은 "최악"에서도 최고가 될 수 있고, 반전은 학업 실패, 성적인 일탈, 범죄와 게으름, 약물 사용, 정신이상 또는 신경증으로 나타날 수도 있다.

대부분의 대학생에게는 집단치료가 효과적이다. 그러나 신뢰 확립과 두려움을 완화하기 위해서 치료 집단에 참여하기 이전에 개인치료가 필요할 수도 있다.

Renata는 지방 대학에 다니는 학생이었는데 그녀는 아직까지 정확하게 읽는 것을 배우지 못했다. 그녀는 광범위한 강의 노트와 스터디 그룹에의 참여로 단편적인 정보를 기술적으로 얻게 되었다. 그녀는 연구과제를 끝까지 읽지 못했음에도 불구하고 좋은 등급을 받았다. 그녀는 나이가 많으신 부모뿐만 아니라 남학생들과의 관계에서도 어려움이 있었다(그녀는 무남 독녀이다). Renata는 그러한 부분에 대해 도움을 받기 위해 치료를 받으러 왔다. 그러나 그녀는 자신의 읽기 장애에 대해서 당혹스러워했고 처음에는 이것에 대한 교정을 고려하기를 거절하였다. 간편 생활양식을 평가한 후, 이 회기 동안 Renata는 상담사와의 신뢰관계를 발전시켰다. 상담사는 또한 진행 중인 개방집단의 협동 상담사였다. 그녀는 다음 1/4은 집단에 참여하여 긍정적인 경험을 하였고 그녀의 읽기 도전에 도움을 받도록 격려를 받았다.

청소년기에는 어려움이 많다. 성공적인 상담사는 판단 유보적이고, 융통성이 있으며, 그리고 학습 경험으로서 상담에 접근하고 참여하여 모든 청소년들의 현재 상태를 수용한다. 청소년들의 어려움은 종종 집단 상호작용에 있는 경우가 많기 때문에 일반적으로 효과적인 치료의 형태는 집단 내에서 그들의 문제를 해결하는 것이다. 청소년들이 직면한 많은 문제들은 사회와 가정에서 그들이 어떤 대우를 받는가와 관련이 있다. 따라서 상담의 효율을 위해 내담자와 다소 거리를 두어야 한다. 만약에 상담사들이 가족, 학교, 공동체에 반대하는 청소년들의 대변자로 너무 깊게 개입하게 되면, 상담의 효과는 현저히 감소할 것이다.

7. 교사를 통한 아동 청소년 지도

Adler학파 심리학은 교사에 대한 분명한 이념을 가지고 있다. 교육과정의 모든 면을 가지고 활동하는 학교 상담사들은 교사들에게 영향을 미치기 위한 가장 효과적인 방법이다. 그들은 교사의 요청에 응해 교사의 활동을 돕는 기술들을 사용할 수 있을 뿐만 아니라, 교사들을 위한 집단교육과 문제해결 경험들을 지도할 수 있다. 이 중 후자가 더 선호되는데 그 이유는 집단이 개인 자문(상담)보다 더 생산적이고 성공적이기 때문이다. 이 방법은 또한 충분한 시간을 제공할 수 있으며 학교 내에서 상담사의 영향력을 더욱 확장시킨다.

집단이건 개인이건 교사와의 자문(상담)은 인간행동 이해를 위한 이론적인 틀을 가지고 있다. 교사들은 행동을 이해하기 위한 교육을 받지 못한 경우가 있다. 다음은 인간행동에 대하여 일반적으로 잘못된 가정들을 설명한다.

1) 인간행동에 관한 잘못된 가정

행동은 환경적 요인의 영향을 받는다　"Anya는 어려운 가정에서 태어났기 때문에 문제아이다." 이 예는 출생환경이 행동을 결정할 수 있음을 시사하고 있다. 환경이 행동에 영향을 미치는 것은 사실이지만 그것이 학생 행동의 결정적인 요인은 아니다.

행동은 유전의 산물이다　이 견해는 보통 포괄적으로 "천성이 그렇다"로 표현되는데 교사보다는 부모들이 일반적으로 더 많이 사용한다. 최근 연구가 기질과 다른 개인적인 특성에는 유전적인 영향이 더 강하다는 증거를 제시하였으나, 이것만이 학생 행동의 변수는 아니다.

행동은 나이와 발달단계의 산물이다　이러한 견해를 지지하는 사람들은 행동을 연대기적인 작용—미운 다섯 살, 10대의 반항—첫 번째에 언급한 환경의존적 견해와 마찬가지로, 이러한 시각은 개인들 간의—이 경우에는 같은 나이 혹은 같은 단계의—다양성을 무시한다. 이런 개념으로는 성숙한 12세 아동과 미성숙한 성인을 설명할 수 없다.

행동은 성의 산물이다　성 역할을 정형화하는 것은 근래에 와서 감소되고 있지만, 아직도 아이의 행동에 있어서의 차이점을 성(gender) 탓으로 돌린다. 비록 요즘에는 여자 아이는 "설탕과 향신료"로 만들어지고, "사내아이들 장난은 어쩔 수 없어"라고 말하는 사람이 많지 않더라도 이러한 정형화는 여전히 학생 행동의 개념에 미묘하게 영향을 미친다.

이러한 네 가지 인간행동의 이론들은 행동을 이해하기 보다 행동을 해명해주고 있다. 교사가 이러한 "이론" 중 하나 혹은 여러 가지에 동의할 때 상담사는 무엇을 할 수 있는가? 가정, 유전자, 연령, 또는 성 등이 아이의 행동을 결정한다는 신념은 교사의 효과적인 개입을 무기력하게 만든다.

2) 적용 가능한 Adler 원칙

Adler학파의 몇 가지 간단한 개념은 교사가 학생의 행동을 이해하는 데 도움을 준다.

행동은 전체적인 시각에서 보아야만 한다   학생은 총체적인 인간이지 작은 단편이 아니다. 전체적인 패턴을 보라. 예를 들어 우리가 제한적으로 학생의 높은 성취 시험 점수에만 초점을 맞춘다면, 분명히 학생의 낮은 성적을 부정하게 된다. 우리가 또 다른 요소인 동기(motivation)를 인정할 때까지 두 가지 요소는 모순되는 것처럼 보인다. 전체적인 심리적 움직임의 폭넓은 그림을 통해 우리는 학생의 행동을 이해할 수 있게 된다.

모든 행동은 목적을 가지고 있다   학생이 실수를 했을 때, "왜 그런 행동을 했니?"라고 질문하는 대신에, "그 행동의 목적은 무엇이니?"라고 물어봐야 한다. 우리가 목적을 좋아하든 그렇지 않든 간에 모든 행동은 목적을 가진다는 전제에서 출발할 때 우리는 학생의 행동을 이해하게 된다.

모든 행동은 사회적 의미를 지니고 있다   모든 사람들은 집단에 소속하려 한다. 학생들이 이러한 요구를 충족하는 데 실패하면 그들은 교실에서 가능한 다른 방법을 시험해 본다. 예를 들어 학급의 익살꾼은 자신이 선생님에게 야단맞을 때 다른 사람들이 주목한다는 것을 느끼고 있다는 것이다. 그들이 학급에서 독특한 지위를 성취하기 위하여 지불한 대가는 그들에게 이해할 수 있는 논리인 것이다.

모든 학생은 사적 논리에 의해 행동한다   사적 논리는 학급 행동에서 중요한 역할을 한다. 각각의 어린이가 어떤 식으로 남들에게 자신을 알리려 하는가? 그들의 결정은 개인의 주관적인 논리를 반영한다. 어린이의 사적 논리를 이해하기 전까지 우리는 어린이의 이해할 수 없는 행동을 효과적으로 변화시킬 수 없다. 도대체 왜 학생 스스로가 곤경에 빠지기를 원하는가? 그것은 그 개인에게는 빈틈없는 논리를 가진다. "누구도 효과 있는 행동을 그만두려 하지 않는다"는 말은 이러한 사적 논리의 개념을 예증한다.

행동은 언제나 학생의 자아개념 또는 생활양식과 일치한다　이 원리는 우리가 사람의 행동양식과 행동의 근거를 구별할 수 있게 해 준다. 예를 들어 "나는 주목받을 때에만 중요하다. 그래서 어떤 대가를 치르더라도 주의를 끌어야 한다." "나는 통제력을 가져야 한다. 따라서 나는 다른 사람들을 상처 입히거나 당황하게 하는 것을 주저하지 않는다", "나는 할 수 없다. 따라서 나는 노력하지 않을 것이다." 우리가 학생의 행동을 이해하지 못할 때 우리는 그의 사적 논리와 자기 개념을 이해하려고 노력해야 한다. 그의 관점에서 보면 그 행동은 의미있고 합리적이다.

모든 행동은 그 사람의 격려나 또는 낙담의 정도를 반영한다　학생이 새로운 과제를 시작할 때 그들은 성공에 대한 어떤 기대를 가지고 있다. 다독임을 받거나 또는 격려를 받은 학생은 그 과제에 대처하는 데에 적합하고 그 과제를 다룰 수 있는 능력을 가질 수 있다. 낙담한 학생은 그들이 성공할 수 없다고 믿는다. 따라서 그들은 노력하지 않을 것이다. 과도한 야심, 부적합성, 그리고 높은 기준은 모두 어린이의 경험을 격려하거나 저하시키는 정도에 의해 영향을 받는다.

3) 성공적인 교사 – 학생관계를 위한 규칙

교사의 역할을 고려할 때 네 가지 점이 특히 관계있다.

1. 교사들은 학생의 행동이 아니라 그들 자신의 행동을 변화시킬 때 진정한 변화를 가져올 수 있다. 보통은 교사가 학생을 변화시켜야 한다고 생각하기 쉽다. 사실 교사는 그들 자신을 제일 먼저 변화시켜야 한다.
2. 교사들은 뛰어나고 학교에서 성취를 이룬 학생보다 낙담한 어린이를 격려해야 한다. 상담사는 칭찬과 격려 사이의 차이점을 설명함으로써 이러한 영역에서 교사의 성장을 촉진할 수 있다.
3. 교사들은 학급에서 혹은 학생 세계의 다른 분야에서 하는 실패의 경험으

로부터 그들의 학생을 항상 보호할 수는 없다. 학생의 행동을 교사가 책임져야 하는 것은 아니다. 그러므로 그들은 자신의 학생들이 불쾌한 경험을 하지 않도록 보호해야 한다는 강박에서 벗어나야 한다.

4. 교사는 학생들의 인지적 욕구와 감정적인 욕구 사이의 균형을 잡아주어야 한다. 우리 교육체계는 인지적인 "3R"에 더 중점을 두고, 또 다른 R −책임감(responsibility), 풍부한 자원(resourcefulness) 그리고 존중(respect) −은 무시한다. 상담사는 이런 부분에 있어 교사들이 학급에서 쓸 수 있을 만한 자료들을 공유함으로써 교사를 보조할 수 있다.

성공적인 교사/상담사 관계를 수행하기 위한 두 가지 기본적인 체제가 있다. 일대일 상담과 소집단이 그것이다. 두 가지 체제는 학급에서의 성공적인 역할 수행에 있어서 새로운 시각을 제공한다.

8. 개인 교사와의 자문

교사와의 자문관계는 교사의 기대에 따라 다양한 형태를 취할 수 있다. 일부 교사들은 상담사에게 전문적인 조언을 기대한다. 이는 상담사에게 건강하지 못한 의존을 초래할 수 있는 태도이다.

> Mrs. Hartz는 3학년 학급을 가르친다. 학생 중 한 명인 Keela는 수학을 좋아하지 않는다. Keela는 대부분의 수학시간을 엎드려 낮잠을 자고, 낙서를 하거나, 다른 아이들과 잡담을 하면서 보낸다. Mrs. Hartz를 정말로 당혹스럽게 하는 것은 다른 아이들과 이야기를 하는 것이다. 특히 이야기를 많이 하는 날에는 선생님의 부탁, 위협, 처벌을 그냥 무시한다. Mrs. Hartz는 낙담해서 상담사를 만나기로 결심했다.
>
> 상담사의 사무실에 다가갈 때에 Mrs. Hartz는 문제에 관한 그리고 가능한 해결책에 관한 몇 가지 생각이 있었다. 그러한 생각들은 그 상황에 대한 성공적인 해결의 방법을 얻게 할 것이다. "나는 이 아이에 대해서 더 이상 어떤 것도 할 수가 없어요." "문제는 Keela에게 있어요." 또는 "상담사는 나에게 Keela가 조용해질 수 있는 좋은 방법을 줄 것이다." 그러한 신념들은 모두 그럴 듯하지만 학생-교사관계에 대한 비효과적인 전제다.

상담사와 교사의 관계는 협력적이다. 만일 상담사가 단지 Keela와 Hartz 사이의 위기만을 다룬다면, 이것은 이런 특수한 상황을 어떻게 향상시킬 것인가에 대한 충고일 것이다. 충고는 두 가지 중 하나를 확실히 한다. 만일 위기가 해결된다면 상담사는 "위기 조정자"가 될 것이며 앞으로 일어날 많은 위기를 모두 상담자가 조정하게 될 것이다. 만일 상담사의 충고가 실패하게 되면 Mrs. Hartz는 상담사가 전혀 도움이 되지 않는 존재라고 생각하게 될 것이다.

상담사/교사관계의 협력적인 특성은 "당신(상담사)의 기술을 전달해 줄"것을 상담사에게 요구하는 것으로, 이를 통해 교사는 아동의 잘못된 행동을 이해할 수 있을 것이고 대안을 마련하여 양자택일을 할 수 있을 것이다. 상담사는 "마치" 교사가 새로운 아이디어를 배울 수 있는 것처럼 행동한다. 교사는 자문과정에서 중요한 자원이다. 교사는 자신을 학생의 문제 행동의 한 부분으로 여기지는 않지만 그 역시 상담사와 함께 작업을 해야 하는 내담자이다. 그렇기 때문에 상담사와 교사의 관계는 상담관계와 비슷하다.

상담사들은 위기에 개입하는 것을 피하고 언제 위기가 그들의 관계를 조작하는지를 이해해야 한다. 상담사가 우호적이고 위협적이지 않은 것을 전제로 하여 교사들을 아는 데 학교 생활을 시작하여 처음 몇 주를 보내는 것은 필수적이다. 상담사는 교사 휴게실이나 방과후의 교실과 같은 교사의 환경에서 시간을 보내면서 교사와 편하고 쉽고 대등하게 대화한다.

교사의 자기 면접 기회를 증가시키기 위하여 상담사는 세 가지 조건을 만든다.

1. 자문기회 인식하기 직원회, 간행된 자료, 그리고 개인적인 접촉에서의 표현을 통해 교사는 상담사가 제공할 수 있는 서비스를 인지하게 된다.
2. 융통성과 접근용이성 학교 상담사는 교사를 위한 시간을 마련하고 교사들은 상담사를 만날 수 있는 시간을 마련한다.
3. 행정적 지원 학교 경영은 타당한 상담사 활동으로서 교사와의 자문을 지지한다. 만약 교장이 이 역할을 지지하지 않는다면 학교 상담사가 이 장벽을 넘기는 어려울 것이다.

이러한 동맹의 중요성은 경영면에서 비판을 받는다. 교장은 상담사를 엄격한 교사나 경영 상의 직원으로 볼 수도 있다. 상담사와 교장 간의 합의는 상호적인 목표와 성공적인 교사 자문을 위한 분위기를 만든다.

학교 환경, 그들이 계획하는 이미지, 그리고 그들이 공급하는 서비스와 관련된 상담사들의 관심은 단 하나의 질문으로 가장 잘 요약된다. "만약 상담사가 어느 날 학교에서 사라진다면, 누가, 어떤 이유로 그것을 알아차릴 것인가?"

1) 자료수집을 위한 체계적 과정

교사로부터 정보를 수집하기 위한 체계적 절차는 초기 만남을 구조화하는 데에 도움이 되며, 상담사에게 교사의 문제를 들을 수 있는 기회를 제공한다(Dinkmeyer & Carlson, 1973). 그림 8-1은 필수 정보를 수집하는 데 사용되는 자문 면접 양식을 보여준다.

2) 일화

정보수집에 있어서 중요한 기법은 일화이다. 일화(anecdotes)는 아동과 교사 사이의 특수한 역동적 관계를 증명하는 상호작용을 재수집하는 것이다. Hartz와 Keela의 입장을 바꿔, 만일 Hartz가 상담사의 일화에 대한 요구에 "오늘 Keela는 나의 이야기를 경청하지 않았다. 그녀는 너무 고집스러웠다"로 반응했다면 그녀의 대답은 불충분할 것이다. 상담사는 분명한 행동의 증명을 유용하게 하는 상황을 재구조화 하도록 교사를 돕는다. 상담사는 "당신은 이러한 일이 일어난 마지막 때를 기억할 수 있겠습니까?"라는 질문으로 예화를 자극할 것이다. 만일 누군가가 몰래 카메라로 그 장면을 찍었다면, 그 카메라에는 어떤 장면과 소리가 들어 있을까요?

> 지난 2주 동안 나는 수학 시간에 Keela로부터 어떤 협조도 얻지 못했다. 오늘 Keela가 낙서하고 낮잠을 잤을 때 나는 화가 났다. 나는 그 아이에게 공부를 하라고 말했지만 Keela는 "저는 Jessica의 도움이 필요하기 때문에 이야기하는 거라구요"라고 말 대답했다. 나는 그 아이를 조용히 시켰지만 그 애는 잠시 동안만 조용했다. 그러나 그리고 나서 Keela는 또다시 이야기를 시작했다. 나는 수업을 하기 위해서 Keela를 조용하도록 해야만 했다.

아동 이름 _____ 학년 _____ 나이 _____

교사 _____ 자문가능한 시간 _____

가족구도(나이순)_____

가족분위기 _____

학습 상의 어려움 또는 행동상 어려움에 대한 분명한 서술

　문제는 기본적으로 다음 다섯 가지 영역 중 한 가지에 중점적으로 연관되어 있는가? 동그라미 치세요. 그러한 영역은 단지 분류를 제안하기 위해 기술된다. 분명히 많은 문제가 겹친다.

　1. 지능 결함
　2. 학습문제, 교육적 적응, 상황에 따른 질문
　3. 정서적인 문제, 성격상의 부적응, 사회적 부적응
　4. 체벌
　5. 비행의 경향성

문제를 간단히 서술하시오. 일화의 관찰이 특히 적합할 것이다. 일화는 아동의 행동과 그 행동에 대한 당신의 반응이나 행동, 그리고 특정한 노력들(선행 사건, 행동, 결과)을 포함해야 한다.

행동에 대한 원인을 고려한 임의적인 생각들 : _____

아동의 강점과 장점 : _____

이러한 점에 이용되는 교정 행동들 : _____

이 아동과의 작업 절차 : _____

상호 수용 가능한 권고 : _____

그림 8-1 자문 면접 양식

출처 : Form *Counseling Facilitating Human Potential and Change Processes*, (p.179), by D. Dinkmeyer and J. Carlson, 1973, Columbus, OH: Merrill.

3) 신념 탐색하기

　여기서 상담사는 Keela의 행동목적에 대한 Mrs. Hartz의 임시 가설이나 추측을 요구해야 한다. 이것은 교사에게 아동의 행동에 대한 교사의 신념을 말하도록 앞의 예로부터 우리는 이미 Mrs. Hartz가 "학급의 최대 이익을 위해" 행동해야 한다고 믿고있다는 단서를 보았다. 교사의 생각에 동의를 하건 동의하지 않건 상담사는 교사의 견해를 받아들여야 한다. 이제 상담사와 교사는 아동의 강점과 능력의 목록을 작성할 수 있다.

　문제가 있는데도 강점을 강조하는 것은 부적절하고 불필요하다고 믿는 교사

들에게는 이러한 전략이 이상하게 보일지도 모른다. 그러나 Kleea의 장점에 초점을 맞춤으로써 상담사는 교사가 Kleea와의 성공적인 상호작용관계를 세울 수 있도록 도울 수 있다. 과거에 무엇이 효과적이었나? 효과적이지 않은 것은 무엇이었나? 이 절차는 Mrs. Hartz가 자신이 쓴 방법의 효능성을 깨닫도록 그림 8-1의 면접 양식에 제시되었다. 이것은 교사와 상담사가 특수한 문제에 대해 즉각적으로 움직이도록 하는 수단인 것이다.

4) 감정 조율하기

상담사가 분명한 행동 상의 사건을 획득한 다음 단계는 교사가 문제 상황에 관한 자신의 감정을 확인하도록 돕는 것이다. 과정은 교사의 영향력 있는 지배로 움직인다. 아동의 잘못된 행동은 교사의 감정을 자극한다. 유쾌하지 않은 감정을 인식하고 확인하는 것은 도전이 될 것이다. 일부 교사들은 학생이 "나에게 가까이 올 수 있다"는 것을 인정하지 않는 것이 중요하다고 믿는다. 교사에게 감정을 공유하도록 허용하는 것은 자문과정에서 도움이 되는 중요한 부분이다.

5) 대안 찾기

상담사와 교사는 지금 Keela의 잘못된 행동에 대한 임시 가설을 세울 것이다. 교사가 그녀에게 특정한 주의를 주는 즉시 잘못된 행동을 멈추는 걸로 보아 Keela는 관심을 끌려는 것 같았다. 또는 Mrs. Hartz가 Keela에 대한 분노를 표현하기 때문에 그 학생이 여기에 대항할 힘을 찾으려는 것일 수도 있다.

그리고 나서 그 교사는 자신의 행동에 대한 대안을 탐색한다. 예를 들어 교사가 Kleea를 무시할 결정을 했다면, 그 학생은 교실에서가 아닌 집에서 학습을 하도록 해야 한다. 대안을 찾고 결과를 만드는 것으로써 그 교사는 자신의 행동이 더 효과적임을 알게 될 것이다.

9. 학급변화를 위한 건의사항

상담사는 특수한 예화에 대해 특수한 변화를 제안하지 않는다. Adler학파의 견해는 특수한 해결책은 원리를 적용하는 데에서 온다는 것이다. 특정한 해답은 광범위한 개념에서 나온다.

격려(encouragement)는 그러한 학급 도전에서 중요한 개념이다. 학생의 어떤 행위를 제거하길 원할 때 그 교사는 그러한 행동을 무시해야 한다. 그리고 더 수용할 수 있을 만한 행동을 강화하고 격려함으로써 공백을 채워야 한다. 학생과 교사의 관계는 어떻게 교사가 학생에게 영향을 미치려고 하는가에 대한 결과이다.

논리적인 결과(logical consequence)는 또 다른 유용한 개념이다. 이 결과는 행동과 관련되어 있으며, 잘못된 행위에 대한 이성적이고 자연스러운 결과이다. 처벌이 종종 행동에 대해 독단적이고 행동과 관련이 없는 것일 경우 이는 의도하는 메시지를 모호하게 하는 경향이 있는 반면, 결과는 학생이 자신의 행동에 대한 선택의 결과를 경험하게 한다. 이것은 교사에게 짜증이나 분노에 초점 맞추는 것을 막고 학생들이 선택한 결과를 학습할 수 있게 한다.

교사는 잘못된 행동을 감소시키는 것보다 무엇이 행동을 비의도적으로 강화하는가를 학습한다. 관심을 끌려는 행동을 하던 학생은 이전에 받았던 부정적인 반응을 상기하여 잘못된 행동을 멈추게 된다. 교사가 학생이 통제 안에 있다는 것을 증명하겠다고 결정하면 아마도 강력한 투쟁이 일어날 것이다. 자신이 어떤 것도 해낼 수 없다고 믿는 학생은 만일 교사가 이에 동의한다면, 실제로 어떤 식의 합리적인 행동도 하지 않게 될 것이다.

10. 집단에서 교사와 작업하기

1) 합리적인 것

Adler학파의 연구는 사회적인 중요성과 행위의 결과를 강조한다. 상담사는 교사가 치료적인 조건 – 일 대 일 자문보다는 집단 – 에서 상호작용할 수 있는 기회를 제공할 수 있다. 일 대 일 자문에서는 종종 이런 기회를 간과하기 쉽다.

집단 내에서 교사와 활동하는 것은 학교 직무에 있어서 상담사의 가장 중요한 기여일 수 있다. 집단활동은 시간을 효율적으로 사용하게 하고, 발생한 문제에 대한 해결뿐만 아니라 교육을 가능하게 하고, 효과적인 교사/상담사에 대한 가장 큰 장벽 중 하나를 제거하게 한다. 상담사는 더 이상 "학급의 실제를 알지 못하는" 전문가가 아니다. 그들의 기술뿐만 아니라 그들의 감정을 공유할 수 있도록 돕는 동료 집단의 구성원이다. 집단설정을 위한 정당성은 교사들 대부분의 문제가 학급의 집단에서 시작한다는 것이다. 집단 내에서 교사와 활동함으로써 상담사는 집단상황에서 교사의 생활양식 기능을 정확히 볼 수 있다. 지배적인지, 허용적인지, 수동적인지, 요구적인지 말이다. 집단은 각 교사에게 집단에 없어서는 안 될 부분으로 기능하도록 허용한다. 이 과정은 참가자에게 매일매일 그들 학급에서 일어나는 집단역동성에 대한 통찰력을 준다. 상담사의 리더십 기술은 각 집단원이 유리하도록 집단경험을 형성한다.

독특한 치료적 힘은 오로지 집단상황에서 발생한다. 집단은 수용적인 분위기를 제공할 수 있다. 그래서 교사는 그들 동료로부터 공감을 얻는다. 상담사는 교사들이 서로의 경험을 공유함으로써 그들의 문제가 특별한 것이 아니며, 학급에서 일어나는 문제에는 보편적인 특성이 있다는 것을 배울 수 있도록 해준다. 집단은 교사가 좌절에 대한 감정을 발산시킬 수 있고 관심과 생각을 표현할 수 있는 장소이다. 집단은 또한 상담사와 교사에게 풍부한 자원을 공급한다. 집단 내에서의 다른 교사들과 각 집단의 집단원은 집단의 다른 구성원의 지지자가 될 수 있고 치료의 대리자가 될 수 있다.

2) 집단조직

상담사는 교사들에게 집단모임의 개념을 소개하기 위한 과정과 절차를 만들 수 있다. 이것의 목표는 교사들이 집단의 목적과 기능을 인식하도록 하는 것이다. 여기에는 보통 집단에 대한 부정확한 신념이 포함된다. 이것은 부적응적인 교사를 위한 치료집단이다. 이것은 유용한 계획 시간을 빼앗을 것이다. 경영은 집단을 지지하지 않는다.

상담사는 교사집단이 좋아지게 될 것이라는 것을 직원회에서 증명할 수 있다. 이것은 일반적인 학급 행위에서의 문제점과 그들의 목적을 예증함으로써 행해질 수 있다. 이것은 집단원들에게 집단의 가치를 인식하도록 하는 기회를 준다.

교사 집단은 매주 30분 동안 만날 것이다. 교사는 적어도 5, 6회기 동안 그 집단에 참석할 것을 약속해야 한다. 만일 교장이 훈련에 참석할 것에 동의한다면 집단은 교사회의의 부분이 될 수 있다. 상담사는 교사집단을 시작하기 위해서 그들의 노력을 저하시킬 수 있는 공간적이고 시간적인 장벽을 제거해야 한다.

집단은 규칙을 세움으로써 시작한다. 집단상담이 시작된 후에는 누군가가 집단에 합류하도록 허용하지 않아야 한다. 새 집단은 새로운 문제가 제기될 때 형성될 수 있다. 이것은 폐쇄집단으로 운영된다. 이로써 기본적인 이론의 반복을 피할 수 있다. 심리적으로 편안하고 개인적인 영역이 집단에게 제공되어야 한다. 집단은 둥글게 앉을 수도 있다. 그래서 각 집단원들은 다른 사람 모두를 볼 수 있어야 하고 어느 집단원이라도 특히 상담사라 할지라도 "높은 자리"에 앉아서는 안 된다.

집단이 이질적일 수 있다는 것이 중요하다. 집단은 경험이 많은 교사뿐만 아니라 경험이 적은 교사로도 구성되어야 한다. 집단은 학급 경험과 훈련의 다양성을 공유할 수 있다. 또한 집단은 같은 학년의 교사로 구성되어야 한다. 집단 토의할 때 학생수준의 차이는 중요한 장애물이 될 수 있다. 집단의 크기는 제한되는데, 이는 각 집단원이 각 과정에서 서로 이야기할 수 있는 기회를 가질 수 있게 하기 위해서이다. 상담사를 포함하여 약 5명의 교사가 추천된다. 집단 내에서의 단합은 항상 자발적이다. 상담사는 첫 모임 전에 간단한 면접을 해야 할 것이다. 교사는 두 가지 기준에 의해 참가 자격을 제한한다. (1) 그들의 관심을 집단과 공유하기를 원할 것, 그리고 (2) 그들의 문제에 대해 다른 사람을 돕기를 원할 것.

3) 내용

집단의 첫 모임은 모든 구성원들이 자신에 관한 어떤 것을 나누고 다른 사람들의 이야기를 경청하도록 구조화될 수 있다. 지도자는 집단원들 사이의 관심사나 아이디어에서 유사성을 지적할 기회를 가질 것이다. 치료의 힘은 즉각적으로 결속과 서약을 유도하기 위해 활용될 수 있다. 지도자는 집단의 통제를 연습시켜야 하며 치료적인 힘뿐만 아니라 필수적인 심리적 기초를 제공함으로써 방향을 제시해야 한다. Adler학파의 행동 개념을 소개하는 것은 문제접근에 대한 일반적인 성향을 제공함으로써 집단의 문제해결 기술을 증진시킨다.

예화의 공유는 집단에게 상황을 제시하기 위한 초석이 되는 기술이다. 예화의 형식은 개인적인 자문에서의 체제와 같다. 일반적인 관심이 아닌 특정 사건이 공유된다. 교사가 사건이 이루어지는 동안 감정을 확인한 이후에 학생의 목표에 대한 임시 가설이 공식화될 수 있다. 각 집단원은 그들의 학급에서 일반적인 -의도적인 잘못된 행동, 낙담, 그리고 비효과적인 방법에 대한 실제적인 선택-요소를 인식한다.

몇몇 전략들은 집단을 더 효과적으로 만들 수 있다. 지도자가 할 일은 집단의 모든 구성원들이 중심이 되는 기회를 가지도록 하는 것이다. 이는 일반적인 집단에 있어서 한 교사가 각 회기에 10분에서 15분 정도로 무대의 중심을 차지할 수 있다는 것과 2, 3명 이상의 교사들이 각 모임에서 그들의 도전이나 문제를 적극적으로 표현해야 한다는 것을 말한다. 지도자는 집단이 사건을 공유하고 진단하며 설명하는 방법을 배움에 따라 그 과정의 촉진자가 된다.

4) 활동 중인 교사집단

2, 3학년 교사로 구성된 전형적인 교사집단의 세 번째 회기에서 인용된 다음의 대화는 집단의 구조와 변화를 보여준다.

상담사 :   좋아요. 이번 주에는 누가 시작할까요? 지난 주에 어떤 일이 있었는지 대해서 이야기해 주시겠어요?

Carla :   Lisa가 주의를 끌려는 행동을 하는 것을 무시하라는 아이디어는 효과가 있는 것 같아요. 그 학생은 더 이상 연필을 깎으러 가지 않았어요. 하지만 책상에 앉아서 공부하는 데에는 여전히 관심이 없었어요.

Craig : 그 학생이 관심을 받지 않으면 어떤 것도 하지 않았던 학생이었습니까?

Carla : 예. 우리는 그것이 주의를 끄는 잘못된 행동이라고 이야기했고, 나는 그 문제를 무시해야 하고, 그녀가 하는 좋은 행동에만 집중해야 한다고 얘기했었죠. 하지만 좋은 행동을 발견하는 것이 쉽지 않았어요.

Betty : 아마도 당신은 Lisa가 하고 있는 긍정적인 어떤 것을 격려하기 위해 깊이 탐색해야 할 거예요. 나도 그런 학생을 담당하고 있고, 그 학생이 긍정적인 방법으로 주의를 기울일 수 있는 방법에 대해 함께 이야기하기 전까지 그 학생은 협조하는 데 전혀 관심을 갖지 않았어요.

상담사 : 당신이 통제할 수 없었던 것이 있었는데, 거기서 그는 힘을 추구했요? 무엇이었나요?

Betty : 예, 나는 이것에 대해 정말로 화가 났어요.

Michael : 그리고 보니 단지 주의를 얻으려는 행위라기보다는 힘을 얻기 위한 투쟁같아요.

Betty : Ricky는 여전히 뭔가 하는 것을 좋아합니다. 사실 오늘 우리는 그의 숙제가 어디 있는지를 찾는 데에 힘들게 시간을 보냈습니다.

상담사 : Carla 당신의 상황이 향상된 것 같네요. 우리가 잠시 Betty쪽으로 옮겨갈까요?

Betty : 나는 Ricky의 목표가 힘인지, 아니면 주의를 끄는 것인지에 관심이 있어요. 나는 둘 사이의 차이점을 확실하게 알지 못하겠어요.

상담사 : 음, 숙제 사건에 대해서 이야기해 주시겠어요?

Betty : 우리가 오늘날의 사회 연구를 시작하였을 때, Ricky는 자신의 숙제를 찾을 수 없다고 큰 소리로 불평했어요. 나는 온 교실을 뒤져서 Ricky의 숙제를 찾아야 했어요.

Michael : 당신은 이것 때문에 굉장히 짜증났던 것 같네요.

Betty : 예. 반 전체가 그 아이 때문에 기다려야 했거든요.

Creig : 그 아이는 확실히 당신의 관심을 끌었군요.

Betty : 예, 저는 정말 화가 났어요. 왜냐하면 그건 마치 게임을 하는 것 같았거든요. 그리고 나는 통제력을 잃었어요. 그건 (교실에서의 통제력에 대한) 권력 투쟁이었어요.

상담사 : Berry가 Ricky를 다룰 수 있는 어떤 대안이 있을까요?

Carla : 그것은 지배력을 얻기 위해 싸우는 걸 그만두는 것일 겁니다. 그런데 그 학생이 책상에서 숙제할 필요가 있을 때, 당신은 어떻게 그를 다루는 것을 피하나요?

Betty : Ricky와 통제력을 두고 싸운 건 이게 처음이 아니라고요.

상담사 : 좋아요. 그러면 그 사건으로 돌아가 봅시다. 당신은 그 상황을 어떻게 마무리지었나요?

Betty : 그 아이 스스로 자기 문제를 해결하게 할까요?

Craig : 당신은 학생이 그의 문제를 혼자 해결하게 내버려 둘 수 있나요? 아무 것도 하지 않는 것이 도움이 될까요?

Michael : 그건 그의 문제이고, 저는 그 아이가 교실 전체의 이목을 끌거나 교실을 좌지우지하지 못하게 되면 과제를 계속하지 못할 거라고 생각해요.

Betty : 나는 물러서야 할 필요가 있다는 것을 알아요. 그러나 그것이 그 아이에게 도움이 될 거라고 생각해요.

Craig : 저는 뭔가를 찾기 위한 노력 그 자체가 가치있다고 생각해요.

Betty : 만일 이 숙제 다툼이 또 다시 시작되면, 나는 그걸 확실하게 할 거예요. 그런 일이 다시 일어날꺼예요.

상담사 : 그는 정말 당신의 주의를 받았습니까?

Betty : 예. 때때로 나는 그 아이와 힘의 투쟁을 해요. 그러나 저는 학급 분위기에 대한 책임을 느껴요. 그리고 이 혼란이 내 책임이라고 느껴요.

Craig : 그 아이는 이것을 압니다. 그런 아이들은 우리를 미치게 하는 것이 무엇인지를 알아요. 그리고 어떤 아이는 정말 거의 "가장 나쁜 데에서 최고가 되기" 위해 애쓴다구요.

이 교사집단은 문제 행동의 의도적인 특성을 이해한다. 이것은 감정을 확인하고 그들을 잘못된 행동의 목표와 관련시킨다. Betty는 Ricky의 숙제로 불쾌감을 느꼈고 심지어 화까지 났다. 집단과 함께 그 일화를 나눔으로써 Betty는 다른 사람들이 Ricky의 힘에 대한 목표를 확인시켜 주었다. 이에 대한 대안은 "힘 대결"로부터 물러나라는 것이다. Betty는 대안 반응—Ricky가 자신의 숙제에 책임을 지는 주인이 되도록 하는 것—을 할 것을 약속했다. Craig와 Betty 사이의 최후의 변화는 특정한 행동을 증진시키는 행동과 생활양식의 의도성을 증명하고 인정하는 것이다.

상담사는 각 회기 동안이나 회기 후 집단과정을 체크한다. 과정이 진행됨에 따라 지도자는 각 집단원들이 관찰자뿐만 아니라 "공유자"가 되도록 해야 한다. 지도자는 위축되거나 부끄러워하는 또는 언어적이거나 지배하려는 본래의 경향을 인식하고 이를 감소시켜야 한다. 집단원들은 자신의 가치에 대해 인정받고 기여하도록 격려된다. 문제가 드러날 때 또는 의견이나 생각이 필요할 때 상담사는 자신이 직접 응답하는 대신에 집단원들에게 초점을 맞춘다.

지도자는 또한 집단의 목적으로부터 벗어나 주변을 맴도는 의견에 다시 초점을 맞춘다. 집단은 매우 명백해지며 주제를 명확히 하게 된다. 집단의 논점을 바꾸기 위하여 상담사는 주제를 새로운 방향으로 돌리고 집단원들이 여기에 직면할 수 있게 해야 한다. 효과적인 교사집단은 그들의 생각과 감정을 구성하고, 그들의 관심사를 표현하도록 비언어적으로 또는 언어적으로 집단원들을 격려한다. 지도자는 집단의 중심에 서지 않으면서 집단을 이끌어야 한다.

교사집단은 각 학교에서 변화를 위한 긍정적인 촉매제가 될 수 있다. 학습과 변화를 촉진하기 위하여 교사집단은 학생 행동을 다루기 위한 능숙하고 효과적인 과정이다.

11. 요약

이 장에서는 아동에서 청소년에 이르는 폭넓은 범위를 망라하였다. 우리의 접근을 통합하는 것은 체계적 훈련의 원칙이자 아동과 청소년 그리고 학생이 자라는 가정과 학교와 같은 체계를 이해하고 그 체계에 영향을 미치는 길이 될 것이다.

참고문헌

Dinkmeyer, D., & Carlson, J. (1973). *Counseling: Facilitating human potential and change processes.* Columbus, OH: Merrill.

Dinkmeyer, D.C., & Dinkmeyer, D.C. Jr. (1980). *Developing understanding of self and others (DUSO).* Circle Pines, MN: American Guidance Service.

제 9 장
노인상담과 심리치료

"우리의 문화에는 나이든 노인들을 위한 것이 많지 않다. … 많은 사람들이 나이가 들어가면서 변하는 것처럼 보이는데, 이는 주로 그들이 자신을 하찮고 쓸모 없다고 느끼기 때문이다. 노인은 청소년들이 그러하듯 자신의 가치와 중요성을 증명하려고 노력한다. 그들은 자신이 늙지 않았고 자신을 관대히 봐주지 않아도 된다는 것을 다양한 방법으로 보여주려고 한다. 만약 그렇게 하지 못하면 실망하고 의기소침해진다"(Adler, 1956, p. 443).

이 진술 외에 Adler는 노인에 대한 언급을 거의 하지 않았다. 그 시대의 Adler 학파 학자들도 그들이 아동기, 청년기, 성인기에 관련된 주제에 관해 저술했던 것과 비교하면 노인기에 대해서는 쓴 것이 거의 없다. 그러나 개인심리학이 노인문제와 관련이 없다고 결론내려서는 안 된다. 오히려 Brinks(1979)는 성격과 심리치료의 대표적인 아홉 가지 이론을 논평하면서, Adler의 접근법이 노인의 생물심리사회적(biopsychosocial)인 주제를 가장 포괄적으로 잘 다룬 이론이라는 결론을 내렸다. 이 장의 목적은 노인치료에서 고려해야 할 몇 가지 도전을 확인하고 개인심리학 이론을 노인치료에 적용한 몇몇 사례를 제공하는 것이다. 먼저 노인치료에 관한 몇 가지 문제에 대해 살펴보도록 하자.

1. 노인상담에의 도전

오늘날 미국 전체 인구의 11%인 2,000만 명 이상이 65세 이상의 사람들이다. 이 수치는 2030년에는 17~20%로 증가할 것으로 예상된다. 이 중 85%가 만성적 질병을 가지고 있고 20~30%는 정신의학적 장애를 경험하고 있는 것으로 추정됨에도 불구하고, 이에 따른 노인 의료시설, 특히 정신과 이용률은 낮은 편이다. 이들 중 단 1%만이 사립 또는 공립 정신치료 병원을 이용하며, 2%는 장기치료 시설, 2~4%는 통원치료를 받는다. 이러한 치료의 대부분은 알츠하이머병과 같은 뇌조직 장애를 위한 것이다. 노인들의 서비스 이용률이 낮은 이유는 서비스 부족과 정신건강관련 직업 종사자들이 지니고 있는 "노령공포증(gerontophobia)"과 관련이 있다. 이것은 단순히 재정 상의 문제가 아니다(Larsen, Whanger, & Busse, 1983).

노인을 위해 일하는 전문가의 중요한 과제는 노인에 대한 태도이다. 노령공포란 65세 이상의 내담자와 치료적인 성공에 도달하는 것에 관한 전문가의 비관적인 견해를 의미한다. YAVIS[젊고(young), 매력적이고(attractive), 언어적 표현이 가능하고(verbal), 지적이고(intelligent), 성공적인(successful)] 환자만이 치료가능하다고 믿는 전문가들은 노인 환자에게 실망하게 될 것이다. 게다가 전문가는 호전에 대한 기대가 낮고, 노인이 실제로는 할 수 있는 것에 대해 자신이 책임지려 하며, 공감보다는 동정의 태도로 노인과의 관계에 접근하려고 한다. 노인에 대해 보다 현실적인 태도를 갖는 것이외에도, 다소 특별한 기술들을 설정하는 것이 노인상담사 혹은 심리치료사에게 요구된다.

2. 노인 특유의 치료적 주제 : 삶의 과제

Adler는 일, 사랑, 그리고 우정에 대한 삶의 과제가 인간의 모든 욕망과 활동을 포함한다고 보았다. 그는 행복과 조화로운 성격은 사회적 흥미를 갖고 삶의 과제를 성공적으로 충족시킨 결과인데 반해, 모든 인간의 고통은 삶의 과제를 복잡하게 만드는 어려움에서 비롯된다고 믿었다. 노인이 삶의 과제를 수행하는 것은 아이나 10대 후반의 청소년과는 다르다. 학교에 다니거나 직장 혹은 가정에서 일하는 것이 삶의 과제를 수행하는 일반적인 방법이라면, 노인은 어떻게 타인의 행복에 기여할 것인가? 배우자가 사망한 사람은 사랑의 과업을 어떻게 수행할 수 있는가? 누워만 있거나 휠체어에 의존하는 사람에게 우정의 과제란 어떤 것인가? 육체의 쇠약, 사회적 고립으로 인한 감각기능의 상실, 만성적인 퇴행성 질환, 경제적 궁핍, 친구와 배우자의 상실과 퇴직 등의 요소로 인해 노인의 열등감은 점점 깊어져 간다. 그들이 삶의 과제를 수행하기 위해 사용했던 예전의 보상 수단으로는 더 이상 노년기에 갖게 되는 열등감과 무력감을 보상할 능력을 획득하기 어려운 반면, 이를 초래하는 요인들은 점차 증가하기 때문에, 노년은 인생에 있어서 특히 어려운 시기이다(Shulman & Sperry, 1992). 상담자의 근본적인 과제는 노인이 삶의 과제를 수행할 수 있는 다른 방법을 발견하도록 도와줌으로써 열등감을 줄이는 데 있다. 이것은 독립적인 행동을 발달시키고 정신, 감정, 신체의 발달을 용이하게 하며 그 밖의 사회적 관심을 발달시키는 것은 무엇이든지 격려한다는 것을 의미한다. Keller와 Hughston (1981)에 따르면 노인의 신체적 쇠약과 능력의 감소에 대한 초기보고서는 과장되어 있으며, 최근의 많은 사료들은 노인들이 점점 신체적, 정신적, 감정적 영역에서 그들의 잠재력을 개발할 수 있는 능력을 가지고 있다는 증거를 보여준다고 한다. 이 연구자료는 어떤 신체기관이 쇠약해진다 해도 적응정도의 변화를 받아들이기 적합한 심적 기제가 통상적으로 존재한다는 사실을 보여준다.

나이가 들어감에 따라 심장혈관과 호흡체계의 능률이 점차 낮아지지만 이것은 지속적으로 발달시킬 수 있는 것이며 지구력도 훈련시킬 수 있다. 시청각, 내분비체계의 쇠퇴도 조절 가능하다. 생리적인 변화는 성적(sexual) 체계에서도 일어나지만 성 기능을 방해하지는 않는다. 결국 인지기능의 속도가 느려지고 추상적인 추리력이 감소하는 것이 유일하고 정상적인 변화이며 기억 손실과 집중력 감퇴는 비정상적이다. 심지어 신체적 쇠퇴가 한창일 때조차 감정뿐만 아니라 신체 영역에서도 발달의 가능성이 잠재해 있다. 지속적인 발달은 소속감과 자아존중감의 발달과 가능한 한 오랫동안 독립심을 유지하기 위한 노인 개인의 욕망과 기회에 달려 있다. 결과적으로 이는 죽음의 필연성을 기꺼이 침착하게 받아들이는 것을 의미한다(Ansbacher, 1992).

1) 노인상담과 자문

노인의 가장 일반적인 정신건강 상의 문제에는 다른 삶의 과제에 일반화되지 않고 오직 한 가지 삶의 과제만을 포함하는 일상 생활문제와 관련이 있다. 어떤 자격으로 노인과 만나든지 간에 사회복지사, 심리학자, 간호사, 내과의사, 전문 보조원 혹은 행정가들은 일 대 일 또는 집단의 형태로 효과적인 상담 또는 자문을 해 줄 수 있다. 대부분은 상담과 관련된 정규적인 것이 아니고 일상 환경에서 비공식적으로 이루어진다. 이런 상담의 개입에는 보통 격려하기, 정보주기, 목표 발견하기 등이 포함될 수 있다. 혹은 좀더 전문적인 기술들이 필요하거나 특정한 자문을 찾아야만 하는 경우도 있다.

이 책에서는 상담과 자문과정을 (1) 관계, (2) 평가, (3) 재정향 설정의 세 가지 단계로 설명하고자 한다. 각 단계의 지침과 제안은 노인상담과 자문에 도움이 될 것이다.

2) 관계

1. 태도(attitude) 전문가는 항상 사람을 존중해야 한다. 내담자가 다른 방식을 요구하지 않는 한, 당신은 내담자의 성을 불러서 언어적으로 존중을 표현하고 비언어적으로는 서두르지 않으며 관심을 기울이는 태도, 감정, 신념으로 그에게 공감한다는 것을 보여주어라.

2. 음성(voice) 만약 잘 들리지 않는다는 눈치를 보일 때는 천천히, 또박또박 더 큰 소리로 말해야 한다.

3. 접촉(touch) 악수, 가벼운 포옹, 또는 어깨를 토닥거리는 것 등 접촉은 어느 것이건 간에 관심과 배려를 전한다. 우리 문화에서 통상 사회적 거리 또는 "사적 공간"은 사람들 간의 거리가 3피트(약 90cm) 정도이다. 그러나 대부분의 노인은 좀더 작은 공간에서 편안해하고, 좀더 가까이 앉거나 서 있는 것을 선호한다.

4. 시간(time) 특히 내담자가 쉽게 지친다면 면담은 짧게 하라. 여러 번의 짧은 회기가 한 번의 긴 회기보다 낫다.

5. 초점(focus) 특히 처음 만났을 때 지지적이고 문제지향적이 되라. 내담자가 고뇌, 외로움, 무력감, 자책감과 같은 일반적인 주제들에 관해 그들 스스로 표현할 수 있도록 격려하라.

3) 평가

1. 항상 비생산적인 행동과 그 대처방식의 네 가지 목표나 수준의 관점에서 개인의 행동을 평가하라. 가능하다면 시간이 허락하는 한 간단한 생활양식 평가를 실행한다. 가족구도 자료는 집단내담자의 기능을 이해하는 데 있어 특히 유용하다.

네 가지 그릇된 행동목표(Dreikurs, 1953)는 아동과 성인관계의 문제를 평가하고 중재하는 데 매우 유용하다. Dreikurs는 아동들의 그릇된 행동을 이해하기 위한 방법으로 관심 끌기, 힘, 복수, 무능함 또는 정신장애 등의 목표를 제시하였다. Shulman과 Berman(1988)은 노인 부모와 성인 자녀관계 유형에 초점을 둔 도식을 개발하였는데 이 도식은 네 가지 목표에 기초하고 있다. 네 가지 유형은 다음과 같다. (1) 평등상태, (2) 현상유지상태, (3) 갈등상태, 그리고 (4) 반전상태. Keller와 Hughston(1981)은 "비생산적인 행동의 4단계(four levels of unproductive behavior)"라는 용어로 네 가지 목표를 좀더 자세히 기술하고, 노인에게 적용할 수 있는 명확한 개입 방법을 제시하였다. 노인에게 이러한 목표를 적용한 두 가지 사례를 살펴보고자 한다.

Florence J.는 노인보호센터의 안내창구 근처에 항상 자리잡고 있는 78세의 미망인이다. 그녀는 노인들, 방문객, 직원들의 대화에 끼어들기를 좋아한다. 사무원은 점점 더 성가시다고 느꼈지만 그녀의 감정을 상하게 할 것이 두려워, 그녀가 끼어드는 것이 일에 방해된다고 말하지 못하고 있었다. 고심 끝에 그들은 도움을 얻고자 센터의 심리자문가에게 도움을 요청했다. J씨의 그릇된 행동 목표는 관심 끌기(attention-getting)라는 결론을 내리고 자문가는 네 가지를 제안했다. 첫째, 모든 사람이 J씨의 말을 일관되게 무시한다. 둘째, 모든 사람이 그녀의 긍정적이고 사회적으로 유용한 행동을 적극적으로 강화시킨다. 셋째, 그녀를 소속감과 참여의 욕구를 충족시켜 줄 수 있는 집단 활동에 참여시킨다. 마지막으로, 그 직원은 다른 직원에게 그 계획과 (특히 첫 번째와 두 번째의 요점에 대해) 그것을 충족시키기위해서는 일관성이 필요하다는 것을 알린다. 그 계획이 실시된 지 한 주가 지난 후, 직원들은 J씨가 안내창구에서 보내는 시간이 줄어들고 활동적인 집단에 더 많이 참가한다는 것을확실히 알 수 있었다. 동시에 사무 직원들도 훨씬 더 생산적으로 일할 수 있었고 스트레스가줄어들었으며 J씨와 같은 연장자를 좀더 효과적으로 대하게 되었다고 느꼈다.

Arthur S.는 지난 12개월 동안 개인병원에 거주했던 69세의 독신 남성이다. 이 기간 동안그는 거의 모든 활동을 그만 두었다. 지난 3주 동안 그는 방으로 음식을 날라다 줄 때에만식사를 했다. 지난 10일 동안 담화실(dayroom)이나 회관(hall)에 나가지 않았다. 여성 간호보조사가 그에게 할로윈 사탕을 권했을 때가 그가 환자나 직원에게 긍정적인 반응을 보였던유일한 순간이었다. 직원들은 대화나 활동에 그를 참가시키기 위해 여러 차례 시도했지만성공하지 못했다. 강압이나 위협도 그를 변화시키지 못했다. 결국 누구도 어떤 것도 기대하거나 요구하지 않게 되었고 노력해봤자 소용없다고 생각했다. 어떤 의료적인 조치도 그의행동을 설명할 수 없었다. 직원들은 상황을 평가하고 치료 계획을 세우기 위해 프로그램자문가에게 도움을 청했다. 그의 그릇된 행동의 목표는 무능력(disability)이라고 판단한 자문가는 S씨가 보통 다른 경우에 효과적일 수 있는 격려와 민주적인 제안에 선뜻 반응할 것이라고 기대하지 않았다. S씨가 가장 많은 반응을 보였던 간호보조사가 S씨와 자발적이고 집중적으로 일했다. 그녀는 행동수정 방법을 훈련받았다. 프로그램은 S씨의 활동적이고 사회적으로 유용한 행동들을 점차 강화하고, 최소한 비언어적으로라도 사람들에게 반응하기 시작하여 언어적으로 반응하도록 하며, 짧은 대화를 하게 하고, 식당에서 하루에 한 끼를 먹도록 하고, 세 끼를 모두 먹고, 그리고 나서 다른 활동 프로그램에도 참여하는 것을 목표로잡았다. 그가 강화 프로그램에 반응하기 시작한 후 민주적인 전략이 시작되었다. 동시에다른 직원과 거주자로부터의 격려와 지지는 그의 개인적 기술과 사회적 기술을 한층 더 발달시키는 데 사용되었다.

2. 삶의 과제의 관점에서 배우자, 친구들, 직업, 지위, 신체적 건강 그리고 독립심의 상실 등과 같은 개인의 주요한 위험요인을 평가한다. 다른 위험요인으로는 친구, 친척, 교회나 사교와 같은 사회적 지지 체계의 범위와 유용성으로부터의 사회적 고립, 빈곤, 다른 사람들의 의도나 상황을 제대로 지각하지못하게 하는 청각과 시각 쇠약과 같은 감각 상실, 그리고 특히 죽음, 의료보호, 경제적 어려움과 같은 문제에 대한 두려움 등이 있다.

3. 개인의 신체상태와 일상생활에서 정상적인 활동이 가능한지를 알아야 한다.

그 사람이 복용하는 약물치료의 효과와 부작용에 능통해야 한다. 노인이 처
방받은 많은 약의 부작용은 그의 기분과 인지기능에 눈에 띄는 영향을 미친
다. 노인은 대부분 약물에 대해서 보통 우울증, 순간 또는 단기간 기억 감소,
불면증 등의 반응을 보인다. 간호사들이 의료문제에 대해서 근본적인 책임
을 지고 있음에도 불구하고, 모든 직원들이 행동과 감정에 영향을 미치는
약물의 효과를 고려할 필요가 있다.

4) 재정향 설정

1. 상담사는 상담을 할 때는 내담자와 그 가족에게, 자문을 할 때는 직원에게
   유용한 사람이 되어야 하며 전화로 연락할 수도 있어야 한다. 만약 상담 또
   는 자문이 일회적이거나 비공식적인 것일 때, 원한다면 공식적으로 계속 도
   움을 줄 수 있다는 사실을 알려주어라.
2. 항상 사회적 흥미를 격려하라. 언제 맞닥뜨릴지 모를 삶의 과제를 해결할
   수 있는 방법을 확인하도록 도와라. 인생 단계에서 가지고 있는 발달 잠재력
   과 그 사람의 강점을 강조하라. 그들이 타인과 그들 스스로를 위해 여전히
   할 수 있는 것들을 확인하도록 돕고 계속 행하도록 격려하라. 그들이 가능하
   다고 믿지 않거나 하고자 하지 않았던 것을 하도록 도전시켜라.
3. 자기를 존중하도록 격려하라. 많은 방법으로 장려할 수 있지만 회상 기법과
   삶을 회고하는 것은 특히 노인들에게 매우 유효하다. 내담자가 그들의 삶의
   사건을 정리하여 그것을 완성된 것으로 볼 수 있도록 도움을 준다. 이같은
   정리는 내담자에게 삶이 성취일 뿐 아니라 위기와 투쟁의 연속이라는 사실
   과 그들이 잘 참고 견뎌서 승리했다는 사실을 상기시킨다. 상담사가 이런
   방법으로 노인의 과거를 체계화시키도록 돕는 것은 노인들이 현재의 요구들
   에 대처하는 데 있어서도 계속 노력하거나 그런 대처방법을 사용하도록 동
   기화 시키는 데 강력한 도구가 될 수 있다.
4. 격려는 분명히 노인에게 가장 중요한 기술이다. 격려는 열등감의 근본적인
   해독제이다. 사회적 관심과 양립하는 감정과 행동을 좀더 가지기 위해서 열

등감을 재고하고 버리도록 요청받는 과정에서 노인은 자신이 중요하고 가치 있는 사람이라는 믿음과 힘을 얻게 된다.

5. 가능한 한 충분히 가족을 참여시켜라. 일반적으로 가족구성원의 개인적 대처를 위해서 뿐만 아니라 나이 많은 친인척 관계를 다루기 위해서 그에 적합한 기술을 가르치는 것이 필요하다. 일부의 예외를 제외하고 가족은 노인의 기능을 위해서 자신들의 기대를 조절하는 것을 배울 필요가 있다. 가족의 기대는 종종 비현실적으로 낮아서 노인을 돕는 가족들의 노력은 실제로 노인의 적응, 책임, 독립심을 감소시키는 결과를 가져온다. 기본적인 상담 기술은 노인을 모시는 것과 관련된 가족의 노여움, 좌절, 분노를 다루는 데 도움을 준다.

6. 이용 가능한 사회 자원과 특히 노인과 관련된 법적, 재정 상의 정책들에 관한 유용한 산지식을 발달시켜라.

5) 특수기법

1. 회상 훈련(reminiscence exercises) 회상 훈련은 과거의 경험과 사건들을 마음에 불러들여 그것이 과거와 현재에 부가하는 의미를 발견하고 재구조화하도록 하는 것이다. 이 훈련은 개인적으로 할 수 있지만 구조화된 집단활동에서 활용할 때 특히 가치가 있다. 이 기법에는 "TV를 처음으로 보았을 때가 몇 살이었습니까? 처음 라디오를 가졌던 것이 언제입니까? 처음으로 데이트를 했던 사람의 이름은 무엇입니까?"와 같은 자극 질문에 최소한으로 답을 쓰는 활동도 있다. 이런 훈련들은 인지과정을 자극하고, 우울한 기분을 감소시키고, 집단 구성원 사이의 일반적인 유대, 경험, 그리고 신념을 자극하며, 사람들의 흥미를 자극하고, 전에는 참여하지 않았던 활동에 참가시키기 위한 동기를 부여한다. Keller와 Hughston(1981)은 회상 훈련을 위한 좋은 소재를 제공했다.

2. 계약하기(contracting) 행동 계약은 특히 노인에게 있어서 힘과 복수의 잘못된 목표를 다루는 데 적절하다. 계약은 바람직하지 않은 행동양식은 없애고 바람직한 행동을 촉진할 수 있다. 바람직한 행동의 결과를 정의하고 분명히

지적하며 상담사와 노인이 여기에 합의해야 한다. 기대되는 바람직한 행동
뿐 아니라 특히 바람직하지 않은 행동을 구체적으로 지적하는 것이 매우 중
요하다. 예를 들어 "그녀는 비협동적이다. … 다른 사람들과 함께 협동적으
로 작업해야만 한다"라는 말은 너무 막연하다. "그는 아침에 집단 일을 수행
하지 않는다", "양로원 거주자들에게 무례하다", "그는 집단구성원들에게 비
판적인 말을 한다"와 같은 구체적인 표현이 필요하다. 이에 대한 바람직한
행동의 예로는 "매일 아침 테이블에 있는 모든 더러운 접시를 치울 것이다"
또는 "그는 이후 5일 동안 다른 거주자들에게 적어도 하루에 세 번 격려의
말을 할 것이다" 등이 있다.

3. 집단회의(group assembly) 이 집단방법은 Dreikurs의 가족회의 개념을 시설
요양원과 장기 보호 시설에서 사용할 수 있도록 변형한 것이다. 회의는 민주
적인 환경에서 개인의 독립심과 사회적 관심을 촉진하기 위해 거주자들이
규칙적으로 만나는 모임을 말한다. 회의는 몇 가지를 가정한다. 모든 거주자
는 평등하게 대우받아야 하고 상호간에 존중해야 한다. 환자 보호와 직접적
으로 관련된 시설 요양원의 정책은 모든 거주자와 관계된 일이다. 집단
(unit)에서의 문제는 모든 거주자들이 그 문제에 관여할 때 가장 잘 해결될
수 있다. 가능하다면 회의는 순서를 정하고 발언 기회를 모든 사람에게 허락
하는 한 명의 거주자를 의장으로 뽑아야 한다. 직원이 첫 모임을 조직해 줄
필요가 있을 수도 있으나, 경험상 거주자는 직원이 활동에 관여할 필요가 없
을 정도로 회의를 책임질 수 있는 능력이 있다. 집단회의는 가장 의존적인
시설 요양원의 우울한 분위기에 새로운 활력을 줄 수 있다(Keller &
Hughston, 1981).

4. 부부회의(couples conference) 집단회의와 같이 부부회의는 함께 살고 있는
배우자를 위해서 존중과 귀중함의 조직적 뼈대를 갖춰 줄 수 있다. Keller와
Hughston(1981)은 회의가 각 노인 배우자가 결혼 규칙을 만들고 목표를 배
치하는 과정에 동등하게 참여하는 것을 보장하는 지지 구조라는 것을 발견
했다. 상담사는 양쪽의 배우자들에게 적극적인 경청, "나" 전달법, 기본적
갈등해결 기술과 같은 기술들을 개발시키는 것을 도와 부부가 매주 스스로

만나서 상호관심사를 토론할 수 있게 한다. Dinkmeyer와 Carlson(1984)은 부부회의에 관해 좀더 많은 설명을 하고 있다.

6) 노인 심리치료

상담이 주로 오직 한 개의 삶의 과제를 포함한 일상생활의 문제를 중점적으로 다룬다면, 노인을 다루는 심리치료는 훨씬 광범위한 기능장애를 중점적으로 다룬다고 할 수 있다. 연구결과에 의하면 가장 널리 퍼진 노인의 정신건강 문제는 기질적 두뇌증후군(OBS) 특히 알츠하이머병, 알코올 중독, 주요 우울증, 불안상태, 심기증, 그리고 편집증적 장애와 같은 노인성 치매와 관련되어 있다 (Larsen, Whanger, & Busse, 1983). 이러한 많은 기능장애는 유기체의 요인과 관계가 있다. 최근까지 노인이 이용할 수 있었던 심리치료는 주로 개인치료였고, 개인의 만성적이고 진행 중인 기질적 두뇌증후군에는 거의 이용되지 않았다. 전통적으로 훈련받은 많은 심리치료사는 아직도 만성적인 OBS를 심리치료에서 다룰 수 없다고 믿고 있다. 그러나 Brinks (1979)와 같은 Adler학파의 치료사는 개인과 집단 심리치료를 함께 실시하면 실제로 만성적 OBS의 진행을 느리게 할 수 있다는 것을 발견했다.

노인 심리치료의 선구자인 Lillian J. Martin 박사는 1930년대에 "Martin 방법"을 개발했다. 그녀의 접근은 단기 5회기로 간단했으며, 문제에 초점을 두고 개인의 감정에 대한 광범위한 평가에 집중하였다. 치료사의 역할은 개인의 능력과 용기를 강조하고 고무시키는 것이었다. 사고 중지와 자기 통제 같은 형태로 긍정적인 확인이 사용되었고 일상 활동과 미래의 목표를 포함한 과제가 주어졌다(Karpf, 1982). 말할 필요도 없이 그녀의 접근은 정신분석학적 접근을 선호하던 의사와 심리전문가들에게 무시당했다.

지난 10년 동안 집단·가족행동적 심리치료 접근법들은 개인 심리치료 접근법의 의붓자식(stepchildren) 취급을 받으며 발달하였다. 통찰 또는 감정 중심적인 치료적 접근보다 주로 문제중심적 치료 접근법이 강력한 사례를 만들 수 있다. Brinks(1979)는 치료에 효능이 있는 기제는 환자를 병리적이지 않은 방식으로 행동하고 생각하도록 훈련시키는 데 있다고 믿었다. 노인 심리치료 성공의 주된 요인은 노인에게는 효과적으로 대처해 온 가치있는 경험이 많이 있다는 것이며, 간단한 문제중심 치료는 나이를 먹어간다는 문제에 대처할 수 있는 추가적인 훈련을 제공하는 것이다.

간단한 문제중심 심리치료는 개인, 집단, 가족, 환경 상황 치료에도 적용될 수 있다.

개인치료와 집단치료   개인상담을 위한 지침은 심리치료에도 적용되고, 그 이외에도 형식적이지만 간단한 생활양식의 평가와 삶의 회고가 일반적으로 행해진다. 대부분 노인 심리치료는 장기 보호나 입원환자들보다는 외래환자들에게 더 많이 실시된다. 재정향 단계는 5회 또는 그 이상으로 회기가 늘어날 수 있고 종종 가족 또는 집단상담에 동시에 참여할 수도 있다. 그 초점은 두 번째 목표인 통찰력과 같이 보통 문제지향적이다. 다음 사례는 개인과 집단치료 양쪽의 특징을 설명해 주고 있다.

> Jeanine G는 48년 동안의 결혼생활 이후 최근에 미망인이 된 69세의 노인이다. 그녀는 지난 4개월 동안 혼자 살았고 점차 우울해지고 있다. 그녀는 우울증, 거부감, 친구들을 회피하는 증상을 보였다. 저절로 나오는 울음, 몸무게와 식욕의 감소 그리고 아침 일찍 눈이 떠지는 현상이 남편의 사망 첫 주기부터 시작되었다. 주치의는 그녀가 여전히 슬픔에 대한 반작용을 겪고 있다고 믿고 소량의 항우울제를 처방했으며 곧 거부감과 고립감을 제외한 모든 증상이 해결되었다.
>
> Jeanine는 단기 Adler식 심리치료를 시작한 노인심리학자에게 위임되었다. 치료사는 G씨가 세 가지 삶의 과제에 비효과적으로 대처하고 있으며, 그녀의 생활양식과 전략은 언제나 다른 사람을 기쁘게 해주고 있다고 느끼는 것이며, 좋아해 줄 누군가를 필요로 하는 사람이라고 평가했다. 개인상담을 통해 G씨는 남편이 죽고 홀로 남음으로써 얻은 분노와 상처 같은 거부감이 그녀가 인생의 다른 때에 경험했던 정서와 유사하다는 것을 깨달았다. 그녀는 자신이 아이였을 때 아버지와 할아버지가 교통사고로 동시에 죽게 된 사건을 떠올렸고 거기서 다른 사람의 견해에 지나치게 관여하려는 욕구와 그들을 기쁘게 하려는 자신의 욕구를 자각하게 되었다. 그녀는 집밖에서 매일 친구들과 함께 만나고 친구들의 계획에 단순히 동의하는 것보다 정말 원하는 활동을 계획하도록 격려받았다. 처음에 그녀는 그것이 어렵다고 생각했지만 곧 이에 동의했다.
>
> 그녀는 매주 개인상담 회기와 동시에 다른 7명의 노인 미망인들과 진행 중인 치료집단에

참여하였다. 그녀는 다른 사람들도 배우자가 사망했을 때 그녀와 유사한 거부감과 우울감을 경험했다는 것을 알았고, 그들과 함께하면서 자신을 주장하고 사교적이 되도록 격려받았다. 심리치료를 시작한 3개월 후 G씨는 그녀의 인생에서 몇 가지 긍정적인 변화를 경험하였다.

환경과 가족치료　　노인을 위한 환경 접근법은 최근에 장기 보호, 주간 보호, 전문 간호 시설인 장기 보호(LTC: long-term care) 시설에서 실행되었다. 시설 거주자의 상당수가 대개 알츠하이머병 또는 다른 OBS 증상을 가지고 있다. 과거에 이런 거주자들은 오직 보호관리 시설에서만 받아들여졌다. Brinks (1979)는 Adler학파 지향적인 환경 접근법이 몇몇 시설에서 성공적으로 실행되어온 방식에 대해 세부적인 서술을 했다. 보호시설은 환자에게 응석받이의 역할을 강화하는 경향이 있어서 무능력을 악화시키는 결과를 가져오고, 순수하게 신체적인 이유 때문에 LTCs에 들어간 환자들에게는 정신적인 문제를 일으키게 된다(Brinks, 1979). 한편 효과적인 환경 프로그램에서는 다른 사람에 의해 보호받는 방법 대신에 그들 자신과 다른 사람들을 보호할 수 있도록 환자를 훈련시킨다. 이런 종류의 Adler식 환경 프로그램들―운동 프로그램, 작업치료 프로젝트, 미술과 공예, 회상 집단―LTC에 있는 환자의 1/3이 가지고 있는 요실금을 포함한 많은 영역에서 하는 행동수정과 민주적인 회의 또는 집회에 기반을 둔 환자 관리―은 환자의 활동을 강조한다. 노인을 포함한 가족치료는 대부분의 노인을 위한 주간 보호 프로그램이라는 특징이 있다. 이는 환경 프로그램과 관련하여 가족구성원이 노인과의 관계에서 가지게 되는 죄책감, 분노, 좌절을 다루는 데 있어서 특히 유용하다.

다음 사례는 환경과 가족치료의 특징의 일부를 설명해준다.

Joseph Z.는 70세의 기혼자이며 최근에 환경 프로그램으로 잘 알려진 시설 요양원에 들어갔다. 지방 자동차 판매대리점의 서비스 매니저였던 그는 3년 전 은퇴한 이후에 기억력 상실이 악화되어 가다가 결국 알츠하이머병을 앓게 되었다. 그는 친구들과 협력자들로부터 존경을 받을 만큼 고집스러울 정도로 가정을 중히 여겼던 사람으로 잘 알려져 있었다. 최근에 그는 지난 35년 동안 살았던 집 근처를 산책하는 중 길을 잃어버렸다. 이 사건 이후 그는 완고함, 무절제, 잦은 싸움 등으로 인해 보호시설에 들어가게 되었다.

　몇 주 지나서 Z씨는 환경 프로그램의 일환인 많은 사회적 활동과 운동 그리고 작업 집단활동에 참가해서 통합될 수 있었다. 격려, 계약 맺기, 행동 조절 기법들은 그의 무절제, 완고함, 호전적인 자세를 사회적으로 유용하고 독립적인 행동으로 변화시켰다.

　Z씨는 그의 기억력이 계속 감소되고 있는 데도 불구하고, 회상(reminiscence)과 집단회의 회기에 참가할 수 있었다. 집에서 Z씨를 돌보는 것에 무력감을 느껴 보호시설로 Z씨를 "보내 버린" 아들의 죄책감과 Z씨를 다루기 위해 상담사는 5회기의 가족회의를 소집하였다. 수년 동안 그의 독재적인 태도에 관한 가족의 잠재적인 노여움과 분노, 최근에 더욱 호전적이 되어 가는 것, 그의 무절제와 같은 다른 통제의 상실 등을 치료적으로 심도있게 다루었다.

7) 결론적 논평

이 장에서 언급된 Adler의 용어들은 50년 전에 쓰여졌지만 오늘날까지 주목받을 만큼 설득력이 있다. 과거에 비해 오늘날 노인을 위해 많은 것이 이루어지고 있음에도 불구하고 아직 더 많은 것이 필요하다. 무엇보다도 노인들이 이전에 수행할 수 있었던 삶의 과제들을 더 이상 해낼 수 없기 때문에 그들 사이에 널리 퍼져있는 열등감에 관한 Adler의 견해를 연구들이 확증해주고 있다. 노인에 관심있는 사람들이 노인들이 삶의 과제들을 해낼 수 있는 다른 방법들을 발견하도록 힘을 북돋워주고 격려해 주면 노인들은 관심 끌기, 힘, 복수 또는 무력함과 같은 다양한 비생산적인 행동들에 의지하기보다 생산적인 방법으로 살아갈 수 있게 된다.

참고문헌

Adler, A. (1956). The Individual Psychology of Alfred Adler. In H. Ansbacher & R. Ansbacher (Eds.), New Yorlc: Harper and Row.

Ansbacher, H (1992). Alfred Adler's concept of community feeling and of social interest and the relevance of community feeling for old age. *Individual Psychology, 48*(4), 402-412.

Brinks, T. (1979). *Geriatric psychotherapy.* New York: Human Sciences Press.

Dinkmeyer, D., & Carlson, J. (1984). *Time for a better marriage.* Circle Pines, MN: American Guidance Service.

Dreikurs, R. (1953). *Fundamentals of Adlerian psychology.* Chicago: Alfred

Adler Institute.

Ionedes, N. (1992). A therapy program for Alzheimer's disease: An Adlerian orientation. *Individual Psychology, 48*(4), 413-418.

Karpf, R. (1982). Individual psychotherapy with the elderly. In A. Horton (Ed.), *Mental health interventions for the aging.* New York: Prager Publisher.

Keller, J., & Hughston, G. (1981). *Counseling the elderly: A systems approach.* New York: Harper and Row.

Larsen, D., Whanger, A., & Busse, E. (1983). Geriatrics. In B. Wolman (Ed.), *The therapist's handbook,* 2nd ed. New York: Van Nostrand. Reinhold.

Shulman, B., & Berman, R. (1988). *How to survive your aging parents.* New York: Hawthorne.

Shulman, B., & Sperry, L. (1992). Consultation with adult children of aging parents. *Individual Psychology, 48*(4), 427-431.

제 10 장
건강상담

지 난 몇 년간 건강관리 서비스 분야에는 많은 변화가 있었고 이같은 변화는 앞으로도 계속될 것이다. 변화는 서비스의 수용자와 공급자 모두에게 있었다. 건강상담이 서비스와 서비스 제공자에 대한 환자의 만족감을 가져다줄 뿐 아니라 치료계획의 이해와 순응(compliance)을 높일 수 있다는 결과를 보고하는 연구들은 상담이 오늘날의 건강관리 위기를 해결할 수 있는 영역이 될 것임을 보여준다(Strecher, 1982: Sperry, 1986: Sperry, Carlson, & Lewis, 1993).

최근까지 건강관리협회 회원은 상담분야에 거의 관심이 없었고 훈련도 받지 않았다. 상담과 행동 변화 기술을 훈련받은 심리학자나 다른 정신건강 전문가들이 적극적으로 건강관리협회에 신입회원으로 가입하고 있다. 1979년에는 심리학 박사학위가 있는 지원자 중의 약 39%가 건강관리기관에 고용되었고, 1990년에는 60%에 도달하였다. 놀라운 일은 아니지만 미국심리학회에서 가장 빨리 성장하고 있는 분야 중 하나가 건강심리학(Health Psychology)이다. 이는 상환양식(reimbursement)의 변화가 심리치료사인 정신건강 전문가의 전통적인 이미지를 바꿀 것을 시사하고 있다. DeLeon(1985)은 국가의 가장 큰 건강유지기관(HMO)에 종사하고 있는 심리학자들이 첫 번째는 행동 의학 전문가로, 두 번째는 심리치료사로 자신을 소개한다고 했다. 그리고 최근 미국심리학회에서는 이러한 DeLeon의 주장을 인정하고 있다.

건강상담 기술을 훈련받은 전문가에 대한 수요는 계속해서 늘어날 것이다. 개인상담과 심리치료를 배운 전문가는 몇 가지 부가훈련을 통해 건강관리 상담을 실행할 준비를 갖추게 된다. 이 장에서는 Adler학파의 관점에서 건강관리 상담에 기초가 되는 지식과 기술들을 살펴보고, 이 분야에서 특히 중요한 이론적·전문적 주제 몇 가지를 언급할 것이다.

1. 건강상담의 주제

건강상담에는 (1) 건강회복과 (2) 건강유지/건강촉진 상담의 두 가지 범주가 있다. 건강회복 상담을 통해 상담사는 급성이나 만성적 상태의 기능성 수준을 회복시키고자 한다. 응급관리 개입의 예를 살펴보자.

> 한 노년의 여성이 어깨가 빠져 응급실로 실려왔다. 정교한 접합법으로 여러 차례 탈구를 되돌리고자 했으나 성공하지 못했고 결국 어깨를 다시 교정하기 위한 수술이 필요하게 되었다. 심리학자를 호출하여 진단한 결과 그 여성이 진통제와 근육 이완제를 투여받았음에도 불구하고 심하게 걱정하고 긴장한다는 사실을 알게 되었다. 그는 몇 가지 상상을 유도하고 의식적인 제안을 하여 그녀가 침착하고 편안해질 수 있게 하였고 그 결과 긴장이 완전히 풀려 어깨가 제자리로 부드럽게 돌아가게 되었다. 그 후에 외과의사가 쉽게 탈구를 되돌릴 수 있었다.

만성적인 질병을 다루는 건강회복 상담은 회복상담사가 오토바이 사고로 두뇌 손상을 입은 청년을 회복시키는 데 사용할 수 있는 중재(intervention)와 유사하다.

반면 건강유지와 건강촉진 상담은 현상유지나 현재수준의 기능을 향상시키는 데 초점을 둔다. 이는 보통 심장병, 뇌졸중, 암에 대한 위험을 감소시키는 형태로 이루어진다. 예를 들어 비만 때문에 승진하지 못하고 체중 감량과 관리에도 몇 차례 실패한 중산층의 여성 매니저에게는 건강관리 상담이 필요할 것이다. 스트레스를 관리하고, 담배를 끊고, 운동 프로그램에 참가하는 것 등의 시도 자체가 실패를 암시하는 것이 될 수 있다. 또한 고혈압 환자가 필요한 혈압 약물치료를 받지 않아 뇌졸중 등과 같은 다른 위험이 합병증으로 일어나는 경우에도 건강관리 상담이 필요하다.

여기서는 건강증진 상담(health promotion counseling), 생활양식 변화 상담(lifestyle change counseling), 또는 행동의학 상담(behavioral medicine counseling) 등으로 다양하게 불리는 건강상담의 두 번째 유형(건강유지/촉진)을 논의하고자 한다(Sperry, 1984). 혼란을 피하기 위해 "생활양식"이란 용어는 전통적인 Adler식 이론의 원뜻을 그대로 지닌 것으로 개인의 독특한 삶의 계획이나 성격 구조의 뜻을 그대로 유지하는 한편, 다이어트, 운동, 약물이나 다른 물질의 사용, 스트레스를 다루는 방법 등과 같은 건강습관을 의미할 수도 있다. 건강상담 문헌에서는 "내담자"보다는 "환자"라는 용어 사용을 선호하며 이 장에서도 그 관례를 따를 것이다.

건강상담과 개인상담 또는 심리치료는 환자나 내담자들과 작업할 때 사용하는 방법과는 다르다(Sperry, 1989). 심리치료에 비해 건강상담은 건강위험을 줄이거나 생활양식의 변화를 원하는 환자와 이러한 변화의 습득과 유지를 용이하게 할 수 있는 숙련된 임상가 사이에 더 행동지향적이고 참여적인 관계를 형성한다. 치료기간은 보통 짧고 처음 60~90분의 평가회기 후에 30분 회기를 6회에서 10회 사이로 하고 10회 이상은 하지 않는다. 치료는 예방에 좀더 신경을 쓰고 정보와 교육을 통해 행동 수정과 기술 훈련, 인지적 재구조화뿐만 아니라 기본적으로 건강신념과 행동을 변화시키는 데 바탕을 둔다(Sperry, Carlson, & Lewis, 1993).

건강상담에는 다섯 가지 중요한 요소가 있다. (1) 협상(negotiation), (2) 개조(tailoring), (3) 순응(compliance), (4) 재발 예방(relapse prevention), (5) 중재 전략들(intervention strategies, Sperry, 1986). 건강유지/촉진을 위한 대부분의 노력이 실패하는 이유는 환자들이 이러한 기본 요소들을 인식하지 못하기 때문이다. 생활양식 변화 프로그램이 아무리 훌륭하다고 해도 환자가 그 프로그램을 근본적으로 상담사의 프로그램이라고 인식한다면 상담은 실패하기 쉽다. 보통 변화 프로그램에서는 환자와 상담사의 기대와 개입 간의 의견일치와 개인의 욕구와 환경의 요구에 맞는 특별한 프로그램 방법을 협상하기 위해서 상당한 논의가 필요하다. 프로그램이 일단 계획되고 실행되면 환자는 프로그램에 순응하고 이를 충실히 수행하기 위해 상당한 노력을 기울여야 한다. 환자가 새로운 행동양식을 지속하는 데는 밀접한 감독, 자기-관리 기술들의 훈련, 적절한 피드백이 필요하다. 재발 방지 또한 변화 프로그램에 있어서 사전에 준비되어야 할 부분이다(Sperry, 1985). 상담사는 금연 프로그램에서 처음으로 담배를 피운 것처럼 환자가 가끔 할 수 있는 실수에 대해서 준비해야만 한다. 환자는 "제동"거는 것을 배워서 그 실수가 다시 원상태로 돌리는 일이 없도록 해야 한다.

마지막으로, 다른 종류의 상담과는 다르게 건강상담의 중요한 가설은 뿌리 깊이 박힌 인지행동양식들을 바꾸기 위해서 다중모델적 중재 전략이 필수적이라는 것이다. 따라서 인지, 행동, 환경 변화의 노력에는 육체적, 생화학적인 변화뿐만 아니라 습관을 없애는 작업도 동반되어야 한다. 이러한 다중 모델 접근들은 건강관리 팀의 다른 구성원들과 협조할 필요성이 있다는 것을 암시한다(Lewis, Sperry & Carlson, 1993)

2. 개인심리학적 건강상담

건강유지/촉진분야의 상담사는 Adler학파의 심리치료 접근법의 많은 부분에서 이론적 혹은 실질적인 지혜를 발견할 것이다. 개념상으로 Adler학파는 전체론적(holistic) 개념이 널리 알려지기 전에 이미 50년 간 전체론적인 의학에 대해 연구해왔다. 현대 의학과 건강관리의 귀납주의와는 달리, Adler는 개인의 불가분성과 총체성을 다룰 필요가 있다고 말했다. 그는 신체적인 기능에 대해 다음과 같이 기술했다. "신체적 기능은 말이 할 수 있는 것보다 개인의 의견을 더 분명하게 드러내는 언어이다. … 감정과 신체적인 표현은 좋거나 나쁜 상황에 따라 마음이 어떻게 움직이고 반응하는지를 말해준다"(Adler, 1956).

Rudolf Dreikurs(1977)는 전체론적인 의학과 심리치료에 대한 Adler의 사상을 좀더 발전시켰다.

Adler학파의 학자들은 신체증후를 전체적으로 내적인 체험인 동시에 외부로 드러나는 생활양식 신념의 표현으로 본다. 흡연, 비만, 고혈압, 만성 스트레스와 같은 증후나 상태들은 선천적 질병(기관 열등, organ inferiority), 가족 모두가 담배를 피우는 것과 같이 가족구성원에 의한 "사회적 모델링", 애정 결핍에 대한 보상심리로 나타나는 비만들 중에서 한 가지 또는 그 이상을 통해 외부 또는 신체기관에 나타난다. 신체증후는 유행을 타기도 한다. 예를 들어 히스테리성 마비(hysterical paralysis)가 이미 시대에 뒤쳐진 것에 반해, 폭식증(Bulimia)은 오늘날 보다 일반적인 증상이다(Griffith, 1984).

실제 협동, 생활양식 평가, 총체적 인간을 다루는 Adler학파의 개념들은 협상, 개조, 협력, 재발 방지, 그리고 다중모델적 중재들과 같은 건강상담의 요소들을 보충한다. Adler학파는 끊임없이 협력과 사회적 평등에 기초한 참여적 치료관계를 발달시킬 것을 강조했다. 참여적 치료관계에는 치료계획에 항상 순응이나 충실한 지지를 불러일으키는 협상의 개념을 함께 내포하고 있다. 개인의 생활양식에는 자기 관점(self-view)이나 이미지 구성요소가 있는 것과 마찬가지로 신체 이미지 구성요소도 있다. 개인의 신체 이미지를 알면 스트레스 요소들을 최소화하거나 지나치게 민감하게 반응할 가능성뿐만 아니라 스트레스와 병에 대한 민감함이나 면역성에 관해서 많은 것들을 알게 된다.

Adler식 건강상담 접근에서는 건강신념이 중심되는 특징이다. 건강신념은 개인의 건강과 병리적 행동에 영향을 미치는 신념이다. 건강신념은 개인의 생활양식 신념과 밀접하게 관련되어 있다. 생활양식에 자기상 또는 자기 관점 요인이 있는 것과 마찬가지로 건강신념에는 신체상 요인이 있다. 개인의 신체상을 알면 개인의 스트레스와 질병에 관한 개인의 감염민감성 또는 면역성에 관해 많은 것을 알 수 있다.

건강신념은 또한 개인의 세계관을 반영한다. 건강신념은 병이나 건강상태가 가지고 있는 가치를 제시한다. 삶의 목표와 전략 역시 이러한 건강신념들을 반영한다. 이런 신념은 몇 가지 방법으로 측정할 수 있다. 초기 회상을 통한 측정법은 앞으로 다루게 될 것이다.

앞서 언급한 상담과 심리치료과정의 3단계가 건강관리 상담에도 적용될 것이다(관계발달과 환자 관여시키기, 평가하기, 재정향과 생활양식 변화 과정 확고화하기).

1) 관계

상담사와 환자의 관계는 개인(personal)상담과 심리치료에서의 관계처럼 발달하지만 시간 조절과 의도에 중요한 차이를 보인다. 심리치료의 경우 관계 발달이 처음의 3, 4회기에 걸쳐 여유롭게 이루어질 수 있는 반면에, 건강상담은 단기간에 이루어져야 하고 초점이 건강상담에 있기 때문에 환자의 협력과 치료동의를 이끌어내는 것이 첫 회기의 주요과제이다. 첫 회기는 60~90분으로 계획한다. 이 시간 동안 상담사는 환자가 생활양식의 변화를 원하는 이유와 변하고자 하는 동기의 정도를 이해해야 한다. 만약 변화가 근본적으로 배우자 또는 가족 주치의를 진정시키기 위해서라면 이것을 제일 먼저 다루어야 한다. 만약 본질적인 동기가 전혀 혹은 거의 없는 경우에는 성공확률이 낮을 것이라는 사실에 직면하고 개방적으로 토의할 필요가 있다(Sperry, 1984). 치료를 계속하느냐 또는 중단하느냐에 대해서 반드시 고려해야 한다.

다음으로 상담사는 환자에게 "세 가지 질문"을 한다. 첫 번째는 기능적인 평가에 관련된 것이다. "당신의 (비만/스트레스/고혈압)은 당신의 삶을 어떻게 방해합니까?" 또는 "만약 당신이 _____을 가지지 않았다면, 당신의 삶은 달라졌을까요?" 이런 일반적인 질문은 일, 사랑, 우정 등 삶의 과제에 관한 특정한 질문을 한 다음 뒤따라 나온다. 손상된 기능에 수반되는 고통의 정도는 종종 환자의 변화에 대한 수용성과 관련이 있다. 상담사는 역기능이 환자에게 미칠지도 모르는 보상(payoff)이나 이득(gain) 그리고 환자의 변화를 향한 노력을 방해할 수 있다는 사실에 민감해야 한다.

두 번째 질문은 증후나 상태에 대한 환자의 설명과 관련된다. "당신의 (비만/스트레스/고혈압)에 대한 원인은 무엇이라고 생각합니까?" 이 질문과 이에 뒤따르는 질문에 대한 대답은 생활양식과 건강신념을 암시하기 시작한다. 이것은 상담사가 나중에 제공할 필요성이 있을 정보와 교육의 양을 결정하는 요소가 될 것이다.

세 번째 질문은 기대되는 효과(outcome)와 만족에 비해 환자와 상담사가 들이는 시간과 노력의 측면에서 치료에 대해 환자가 어떤 기대를 하고 있는지를 파악하는 데 도움이 된다. "당신은 특별히 무엇을 성취하기를 원하십니까?" "얼마동안에 성취하기를 원하십니까?" "당신 자신에게는 어떤 어려움이 있을 거라고 생각하십니까?" "저에게 무엇을 원하십니까?" 그 다음에 상담사는 생활양식을 변화시키기 위해서 환자가 이전에 한 노력을 평가한다. 그리고 시도 횟수, 시간의 정도, 성공의 범위, 외부 협력, 그만두거나 실패하게 된 이유 등에 관한 특별한 정보를 유도하는 질문을 계속해야 하는데, 이런 질문들은 환자가 성공 또는 실패 중 어떤 기대를 하는가를 파악하게 해주는 중요한 요소가 된다.

이러한 배경정보 및 부분적인 치료와 효과(outcome)에 대한 환자의 기대를 바탕으로 해서 상담사는 환자의 광범위한 시간 배열, 관여(involvement)의 수준, 기대하는 효과와 함께 변화 프로그램에 대한 현실적 기대를 제안하고, 환자의 기대와 관련하여 이를 논의한다. 그러한 논의는 변화에 대해 협약 가능한 협상과정을 만들어낸다. 종종 이러한 동의는 서면 형식으로 이루어진다. 첫 번째 단계의 예를 살펴보자.

> Jean S.는 큰 보험회사의 중앙 본사에서 중간 관리자로 일하는 28세의 미혼자이다. 그녀는 체중 감량 프로그램의 도움을 받기 위해 담당 의사의 소개로 심리학자를 방문했다. 의사는 그녀의 비만뿐 아니라 심장병으로 일찍 사망한 가족병력에 대해서도 관심을 가졌다. 첫 회기에서 심리치료사는 다음과 같은 정보를 끌어냈다. S씨는 주치의 소개나 비만 때문만이 아니라 지난 9개월 동안 승진에서 두 번 탈락한 것과 최근 그녀 스스로 식욕을 조절하는 능력을 거의 상실했다고 느꼈기 때문에 오게 된 것이다. 그녀는 심각한 가정불화 속에서 어머니와 의부와 함께 살고 있다. 병적으로 뚱뚱했던 그녀의 아버지는 심장발작으로 40세에 죽었고, 아버지의 죽음 이후 그녀의 삶은 이전과는 달라지게 되었다.
>
> 세 가지 질문에 대한 S씨의 반응은 주목할만하다. 첫 번째, 그녀는 집과 직장에서 적절하게 행동할 수 있었지만 지난 두 달 동안 취미와 사회적 활동에 대한 열의가 줄었다고 했다. 그녀는 이것을 "스트레스" 탓으로 돌렸다. 그러나 승진탈락에 대한 우선적 원인이 외모가 아닌 스트레스라고 믿는 것에 대해 자신이 약간의 위축감을 느끼는 것을 인정했다. 그녀는 지금 그녀의 정상체중보다 75파운드(34kg) 이상 나간다고 했다. 따라서 그녀의 삶의 과제 기능은 전부는 아니더라도 어느 정도 손상되었다. 두 번째, 그녀는 자신의 과체중이 "가족 상의 문제" 때문이라고 믿었다. 그녀의 형제자매들과 부모 모두가 과체중이었다. 그녀는 "시간문제일 뿐이에요"라고 말하면서 이른 나이에 심장발작이나 뇌졸중으로 죽을 것을 두려워했다. 세 번째, 그녀는 자신을 위한 최고의 치료는 급격하게 체중을 감량시킬 수 있는 액상 단백질 다이어트라고 믿었다. 그러나 그녀의 의사는 심부전증의 위험 때문에 처방을 거절했다. 대

신에 그는 그녀에게 1200칼로리 단백질-감량 다이어트와 에어로빅 운동 프로그램을 처방했다. 그녀는 최면술이 효과가 있다는 이야기를 친구들에게서 들었고, 심리치료사가 최면을 시도해주기를 바랬다. Jean은 몇 번의 "기적의" 체중 감량 다이어트를 해 본적이 있었다. 그녀는 2주만에 20파운드(약 9kg)를 감량했었지만 며칠만에 다시 원상태로 돌아왔다. 그녀는 자신이 초콜릿에 중독되었고, 특별히 가족문제로 심한 스트레스를 받을 때마다 방에 가서 초콜릿을 먹었다는 것을 인정했다.

심리치료사는 통제력 상실과 죽음에 대한 두려움에 대한 Jean의 걱정에 공감하는 반응을 보이고, 그가 생각한 적절한 치료계획을 제안했다. 40파운드(약 18kg)의 급격한 체중 감량은 통제력과 신체이미지 상실과 연결된 생활양식-건강신념을 수정하기 위한 몇 가지 인지 재구조화와 식습관을 수정하기 위한 행동적 접근에 따라 의사의 다이어트 계획, 에어로빅 프로그램, 그리고 단거리 걷기처럼 낮은 단계에서 매주 점차 강도를 높여 가는 15주 이상의 프로그램이었다. 더 나아가 그는 가족문제를 명료화 하고 그녀의 체중 감량 프로그램에 지지적 체계를 확립하는 것을 돕기 위해 가족회기를 제안했다. 토론 후에 Jean은 운동이 필요하다는 것에는 동의했지만 걷거나 뛰려고는 하지 않았다. 두 사람은 집단운동 프로그램이 적당하다는 것에 동의했다. 그녀는 최면술을 원하는 이유가 "즉효약 같아 보이기 때문"이라고 하였으나 바로 그 이유 때문에 전혀 희망적이지 않을 것이라는 것을 인정했다. 그녀는 자신의 가족들이 아무런 도움이 되지 않을 것이라고 생각하면서 치료에 가족을 연관시키는 것을 다소 내켜하지 않았다. 그러나 그녀는 다음 격주 회기 중에 한 번과 매달하는 네 번의 추후 회기 중 한 번 정도 가족을 초대하기로 했다. 그녀는 행동인지 재구조적 접근에 대해서 어떤 불만도 없었다. 첫 회기 마지막에 Jean과 심리치료사 모두가 합의한 치료계획이 마련되었고 두 사람 모두 여기에 서명을 하였다.

2) 평가

Adler학파의 건강상담의 평가 단계는 개인 심리치료보다 더 집중적이고 짧은 경향이 있다. 이는 개인적이고 상황적 요소와 관련된 환자의 현재의 건강신념과 행동을 이해하려고 하기 때문이다. 개인적인 평가는 일반형 생활양식 검사를 할 시간이 없을 때 간략형 생활양식 검사로서 이루어진다. 간략형 생활양식 평가는 건강과 병의 문제들과 직접적으로 관련된 초기 회상만으로 구성되어 있다. 여기서 평가되는 개인적인 요소는 건강신념과 행동, 현재의 건강상태나 징후에 대한 과거와 현재의 이득이나 보상, 상태에 대한 지식 정도나 정확성이다. 여기서도 초기 회상이 반드시 필요하다. 특정한 회상을 통해서 건강신념을 명료화하는 것이 큰 도움이 된다. 이것은 환자나 다른 가족구성원이나 친척이 아팠을 때의 독특한 경험을 회상하도록 요구하는 것이다. 이에 대한 반응을 통해 상담사는 종종 개인의 신체 이미지나 생활양식 신념, 특별한 권리, 우월성/고통과 통제에 대한 유용한 통찰을 얻게 된다.

건강과 병적 행동과 관련된 가족가치에 초점을 둔 간단한 가족구도(family constellation)를 그려보는 것이나 환자에게 사회적 모델이 되었을지도 모르는 다른 가족구성원이나 친척의 건강과 병적 행동을 파악하는 것은 내담자의 상황을 파악하는 데 도움이 된다. 상담사가 환자의 문화적 건강상태를 평가하는 것은 매우 중요한 일이다. Allen(1981)에 따르면 문화적 건강상태는 가족의 "조용한" 태도와 규범, 사회적·윤리적 집단, 건강행동들에 영향을 주고 강화시키는 지역사회로 구성되어 있다. Allen은 사람들이 운동, 흡연, 스트레스, 체중 조절, 영양, 알코올과 알코올 중독, 안전과 정신건강과 같은 문화적 규준 표시에 의해 영향을 받고, 이러한 문화적 규준을 명료화하기 위해서 몇 가지 지필용 검사를 발달시켰다고 했다. 다시 사례로 돌아가자.

건강과 관련된 S 씨의 첫 번째 초기 회상은 6세 때의 생일파티에서 엄청나게 먹었던 케이크와 스낵에 대해 그녀의 부모가 벌였던 큰 논쟁과 관련되어 있었다. 그녀의 아버지가 매우 난처해하며 당황한 반면, 어머니는 그녀의 과체중을 "그 또래의 소녀들에게는 정상인 것"이라며 옹호했다. Jean이 위통을 호소하면서 울기 시작하자 어머니는 응급실로 데리고 가도록 가정의에게 연락을 했다. 의사가 괜찮아졌다고 가족들을 안심시킨 후에, 어머니는 Jean에게 키스하고 원할 때는 언제든지 나머지 생일케이크와 스낵들을 먹을 수 있다고 속삭였다. Jean은 부모님들이 싸우는 동안 두렵고 무력한 느낌이 들었다고 기억했다. 두 번째 회상은 9세 때 그녀의 어머니와 쇼핑을 할 때의 기억이다. Jean은 두 벌의 드레스를 골랐으나 그것들은 사이즈 3이어서 그녀에겐 들어가지도 않을 정도로 작았다. 그녀의 어머니는 웃으면서 말했다. "기분 나빠하지마. 점심 먹으러 가자." 그녀의 어머니가 웃고 있는 동안, Jean은 "맞을 줄 알았는데"라고 슬프게 말하면서 작은 드레스를 입고 있는 자신의 모습을 탈의실 거울을 통해서 보고 있었던 것을 기억했다.

그녀의 초기 회상과 다른 건강신념, 건강과 병에 대한 가족가치와 신념, 병의 모델, 그리고 문화적 규준의 요소를 기초로 해서 심리학자는 다음과 같이 정리했다. Jean은 다른 사람의 관심을 끄는 크고 힘센 신체 안의 작고 부적당한 내부의 자아(inner self)를 보고 있다. 그녀는 세상을 그녀에게 많은 것을 요구하는 위험한 것으로 보는데 독단적인 사람에게는 그렇지만 아프거나 뚱뚱한 사람에게는 그렇게까지 심하지 않다고 생각한다. 따라서 그녀의 목표는 무슨 수를 써서라도 갈등을 피하는 것이다. 과식은 그녀에게 안전하다는 착각을 제공했고, 특히 부모님의 논쟁과 같은 가족문제들로부터 그녀를 벗어나게 해주면서 동시에 부모님의 관심을 끌도록 해주는 역할을 했다. 그녀는 삶의 기술을 발달시키는 데 실패했기 때문에 직장과 가족의 요구를 통제할 수 없다고 느꼈다. 과식은 통제의 문제를 상징하고 있다. 어렸을 때 아프거나 뚱뚱해지는 것에 대해서 받은 보상(payoff)은 시험을 치게 되거나 종종 체육수업이 있는 날에 "병" 때문에 학교를 가지 않아도 된다는 거였고, 부모들 사이의 심각한 싸움으로부터 관심을 돌려 부모님의 특별한 관심을 받은 것이었다.

인생 초기의 건강행동 역사는 그녀가 친아버지의 병-비만적 행동-을 모방했다는 것을 보여주었다. 과거에 체중 감량을 위해 그녀가 노력할 때 그녀의 어머니가 기꺼이 다이어트 식품을 준비해 준 것으로 보아 그녀의 어머니가 체중 조절 프로그램에 지지자가 될 것으로 보인다. Jean에게는 점심과 휴식시간에 지지기능을 해 줄 수 있는 사무실 친구가 있었다. 마지막으로, 지필 검사에 답한 Jean의 반응은 그녀가 자신의 생활양식 신념을 강화한 것으로 보이는 많은 문화적 규준들을 인정했다는 것을 보여주었다. "약간의 과체중은 전적으로 자연스러운 것이다", "만약 다이어트를 통해서 감량을 한다면, 즉시 다시 원상태가 될 것이라고 예상한다", "모든 사람은 뚱뚱한 사람을 사랑한다", "사람이 외롭거나 기분 나쁠 때 무언가를 먹는 것은 자연스러운 일이다", "달콤한 것은 좋은 행동에 대한 특별한 보상이므로 좀더 영양가 있는 음식보다 더 큰 보상이 된다", "만약 당신이 윤리적인 집단에 소속되어 있다면 과체중인 것은 자연스러운 일이다"(Allen, 1981, p. 113).

3) 재정향

중재(intervention)에는 개인적 수준과 가족적 수준이라는 두 가지 주요 수준이 있다. 개인적 수준에서 격려는 기본적인 중재이다. 특별한 중재 또는 정보와 교육, 인지 재구조화, 행동목표 정하기, 감시와 양식확인(patteren identification), 자극 통제, 강화, 재발 예방 훈련을 포함하는 행동수정 등이 있다. 이러한 기술은 제6장에서 자세하게 설명하였다. 재발 예방은 비교적 새로운 접근이기 때문에 여기서는 간략하게 소개하고자 한다. 좀더 세부적인 논의를 위해서는 Marlatt와 Gordon(1984)의 저서를 참고하라. 재발 예방은 행동기술과 인지적 전략 두 가지 모두를 환자에게 가르쳐서 환자가 높은 위험 상태와 재발로 이끄는 과도한 경험을 피할 수 있게 하거나, 한 번 실패하더라도 그 실패가 다시 예전상태 그대로 재발하지 않도록 하기 위해서 "정지(breaks)"를 적용하는 것으로 구성되어 있다. 상담사는 개인이 분노나 다른 재발의 결정요소뿐만 아니라 열망을 대처할 수 있는 능력을 증진시키도록 돕는다. 환자가 이러한 학습

기술을 연습할 수 있는 "재발 반복연습(realpse drills)"이 재발 예방 측면에서 중요하다.

가족적 수준에서의 중재는 순응(compliance)을 증가시키고 재발을 최소화하는 데 목적을 둔다. 생활양식 변화 프로그램에서 탈락한 비율은 건강상담이 제공되지 않았을 때 80%나 높다(Lewis, Sperry & Carlson, 1993). 가족, 직장, 동료, 또는 친구들과 같은 사회의 지지적 체계의 도움을 얻는 것은 환자와 상담사 모두에게 중요한 일이다.

가족이나 부부의 중재를 꺼릴수록 치료가 역기능적이 되고 건강상담사가 변화 프로그램을 실행하는 데 있어서 더 많은 문제를 겪게 된다는 것은 놀라운 일이 아니다. 가족성원이 변화 프로그램에 참여할 수 있게 되는 만큼 프로그램은 성공할 수 있게 될 것이다. 예를 들어 Brownell(1984)은 비만 환자의 배우자가 배우자의 식습관을 수정하도록 격려하는 체중감량 회기에 환자와 함께 참여했을 때, 그렇지 않았던 환자의 체중감소 유지의 결과보다 훨씬 더 효과가 좋았다고 발표했다. Brownell은 억지로 참여한 배우자는 환자의 치료 프로그램을 방해할 수도 있다는 사실과 실제로도 방해한다는 것을 발견했다. Dishman, Sallis, 그리고 Orenstein(1985)은 운동 프로그램의 순응(compliance)에 대한 연구를 재조사하여, 변화 프로그램에 대한 배우자의 태도가 환자의 태도보다 더 중요하다는 결론을 내렸다. 만약 가족구성원들이 직접적으로 개인 또는 집단회기에 관여할 수 있다면 그렇게 하도록 격려받아야 하고, 심지어 그들 스스로 참여하겠다고 요구할 수도 있다. 이것이 불가능하다면 가족의 간접적인 지지를 얻어내야 한다. Doherty와 Baird(1983)는 이러한 지지를 얻어내는 방법으로 가족순응상담(family compliance counseling)을 제시하였다.

가족순응상담은 다음과 같이 진행된다. 변화 프로그램을 협상한 후에 환자에게 다음 회기에는 가족과 함께 오도록 요구한다. 상담사는 모든 가족구성원들에게 건강상태에 대한 정보를 제공함으로써 회기를 시작하고 그들이 하는 질문이 무엇이든지 거기에 답해준다. 이것은 변화 프로그램에 대한 일반적 개념을 형성하고 변화 프로그램에 대한 가족의 책임을 알려주기 위한 것이다. 상담사는 환자의 건강문제와 제시된 변화 프로그램에 대해 가족이 어떤 반응을 보이는지 질문한다. 그 다음으로 가족이 변화 프로그램에 순응하는 것을 돕기 위해 협정하도록 한다. 이 과정은 가족이 도움을 얻어도 되는지 환자에게 질문함으로써 시작한다. 반응이 긍정적이라면 상담사는 환자에게 어떤 도움을 얻기를 원하는지를 물어본다. 이 시점에서 상담사는 프로그램에 가족의 관여를 분명히 하고 증가시키는 데 도움을 주기 위해서 건강촉진 자료들을 가족구성원에게 제공할 수 있다. 마지막으로 추후 회기에서는 가족의 지지협정과 환자의 진보를 평가한다. 사례를 살펴보자.

이미 변화에 대해 협정을 했고 특별한 평가를 받고 있는 변화 전략을 제시했지만, 다중모델적이고 협력적인 중재 계획이 전개되었다. S 씨에게 행동수준에서 먹는 행동을 변화시키기 위해 행동 수정 방법을 가르쳤다. 자기 주장 훈련이 시작되었다. 인지적 수준에서 심리학자는 좀더 사회적으로 유용한 범위 내에서 그녀의 생활양식 신념-건강신념에 도전하고 그것을 재구조화하도록 S와 함께 노력했다. 그는 S 씨가 가끔씩 하는 재발을 실패라기보다는 실수로 재해석했다. 사회적 지지 수준에서 가족회기 결과 S 씨의 어머니는 1200 칼로리 다이어트를 구성하는 식사를 준비하는 것과 최소한 처음 15주 동안은 그녀 자신도 다이어트를 하는 것에 동의하였다. Jean은 직장 친구들의 지지를 얻었고 심리학자에 의해 진행되는 비슷한 변화 프로그램에 참여하는 다른 직장 사람들이 참여한 지지 그룹에도 참가했다. 혼자서 운동할 자신이 없다고 느끼자 그녀는 지역 YMCA의 초보자 에어로빅 강의에 참가했다. 신체적 수준에서 Jean의 담당의는 의학적 검사를 계속하였고, 심리학자와 담당의사는 Jean이 공식적으로 참여한 8개월 과정의 건강상담에 대해 서로 의논했다. 일곱 번의 격주간의 회기가 끝난 후에, 1년 후 추후 만남과 네 번의 월별 추후 회기가 계획되어졌다. 8개월 후 Jean은 그녀가 생각하는 이상적인 체중의 5파운드(약 2kg) 내로 체중을 줄였으며 그 체중을 유지하는 데도 성공했다.

Jean의 사례는 개인 임상기관에서 이루어진 건강상담이다. 공공 임상기관에서 이루어진 건강상담의 사례로서 Jim의 사례를 살펴보자.

Jim N.은 병원의 심장 회복 프로그램 상담사에게 보내지기 전에 9주에 걸쳐 세 번의 심장 인공대체관 수술을 받은 42세의 기혼 세일즈맨이었다. Jim은 병원에서 수술 후 기본 운동 프로그램에 참여했고, 3주 후에 외래환자 프로그램에 보내질 만큼 프로그램에 충실했다. 그러나 한 주간 외래환자 프로그램에 잘 참석한 후에 Jim은 점차 결석하기 시작했고 다시 직장으로 돌아갈 수 있을지 의심하기 시작했다. 수술 전에 Jim은 자신이 열심히 일하고 술을 잘 마시는 사람으로 구성된 백만 달러 클럽의 설립 멤버였다고 표현했다. 그가 응급실에 실려올 만큼 심한 가슴 통증을 겪었을 때 그는 회사의 큰 신용거래를 성사시키기 위해 상당한 압력을 받고 있었다. 지금 그는 최고 세일즈맨이 되는 것은 고사하고 지역 판매소까지 운전해서 갈 수 있을지조차 불확실해 했다.

세 가지 질문에 대한 대답에서 Jim은 조깅하거나 운동 자전거를 타고 있는 동안에 심장발작을 일으키거나 죽을지도 모른다는 두려움을 언급했다. 그와 같은 이유로 그는 아내와 성관계를 다시 할 수 없을 것 같다고 했고 어떤 운동도 계속하고 싶지 않다고 했다.

그의 가족력을 보면, Jim은 맏아들로서 가족을 부양하는 큰 책임을 맡았다. 그의 아버지는 제1차 세계대전에서 부상을 입었던 알코올 중독자였으며 매달 작은 상여금만을 받을 뿐이었다. Jim은 7명의 가족을 부양하기 위해 학교에 다닐 때에도 계속 아르바이트를 했다. 그는 좀처럼 아프지 않았으나 아플 때에는 그의 어머니가 그를 맹목적으로 사랑해 주었다. 그는 아마 완전하게 회복할 수 없을 거라는 생각으로 인해 조기 퇴직의 가능성도 고려하고 있었다. 그러나 그는 자신이 그 지경까지 되리라고는 생각하지 않았다. Jim의 건강과 관련된 초기 회상은 그가 가벼운 폐렴을 앓았던 9세 때였다. 폐렴을 앓기 전에 3주 동안 주말마다 약 12시간, 주 중에는 방과 후에 6~7시간을 비오는 봄날에 구두닦이로 일했다. 그의 어머니는 그가 얼마나 용감했고 열심히 일했는지 말하면서, 술취한 아버지가 다른 방에서 Jim이 게으름뱅이이며 절대로 아무것도 되지 못할 거라고 소리치고 있는 동안, 그는 매우 허약해진 상태로 침대에 누워서 숨쉴 때마다 고통을 느꼈다고 회상했다. 이때 Jim은 자신이 실패했다고 믿었고 다시는 실패하거나 아프지 않으리라 맹세했다. 이와 다른 두 가지 초기 회상에서 Jim이 자신을 매우 가치 없는 사람으로 인식하고 있으며 그에게 굉장한 성취를 기대하는 거대한 시험장소로써 세계를 바라본다는 것을 알아냈다. 그의 목표는 그의 직업과 심지어 성관계를 통해서 자신을 증명하는 것이었다. 그의 신체 이미지는 장기적인 일은 잘하지 못하고 단기적인 일은 성공적으로 완수할 수 있는 단거리 선수의 이미지와 같았다.

그의 아내와 상사는 그가 치료 프로그램에 순응하는 데 필요한 모든 사회적인 지지를 기꺼이 제공해 줄 수 있었다. Jim과 상담사는 그가 자신의 일로 돌아가는 것과 적어도 이전의 육체적 수준을 회복하는 것을 목표로 하는 협정에 합의할 수 있었다. 그의 담당의와 프로그램의 운동생리학자의 협력으로 상담사는 Jim과 함께 몇 가지 행동적·환경적 재구조화와 그의 건강신념들을 도전하고 재구조화하는 데 노력했다. 상담사는 건강과 직업을 되찾고 그가 성관계를 갖는 것과 관련된 위험에 대해 걱정하는 것을 논의하기 위해서 Jim과 그의 아내를 만났다. Jim은 두 번째 심장 발작으로부터 생길지도 모르는 병이나 죽음에 대한 두려움의 근원에 대해서 이해하게 되었고, 그에 따라 기꺼이 그의 담당의와 운동생리학자와 함께 처방된 운동과 영양 처방을 따르게 되었다. 6주만에 Jim은 그의 욕구와 능력에 대한 더 많은 현실적 이해를 가지고 직장으로 돌아갈 수 있었다. 12개월 후에 Jim은 전화를 통해 지역 판매 매니저로 승진했고 보다 만족스러운 결혼생활을 하고 있다고 말했다.

이 두 사례에서 우리는 건강상담사들의 역할과 기능을 볼 수 있었다. 첫 번째 사례에서 심리학자는 몇 개월에 걸쳐 개인 임상 기관에서 광범위한 서비스를 제공했다. 두 번째 사례에서 회복상담사는 좀더 단기간에 제한되고 집중적인 역할을 수행하였다.

3. 건강상담의 실제

효과적인 건강상담을 실시하기 위해서 상담사 또는 심리치료사는 건강과 질병의 생물사회학적 관점뿐 아니라 의학적이고 건강관리 전문 용어에 정통해야 한다. "행동의학"과 "건강심리"라는 용어들은 행동과학적 관점에서 건강과 병리적 행동에 관한 연구를 제시한다. Stone, Cohen, 그리고 Adler(1980), Davidson과 Davidson(1980), Millon, Green, 그리고 Meagher(1982)의 저서들이 최근에 촉망받는 이 분야를 잘 설명해 주고 있다. 건강심리와 행동의학에 박사 전과 박사 후 연구과정이 있는 것처럼 대학원 과정과 대학원 이후의 과정 프로그램이 많이 있다.

Lewis, Sperry, 그리고 Carlson(1993)은 건강관련 문제에 자신의 지식과 기술을 활용하기 원하는 기존에 훈련받은 상담사와 심리치료사를 지도하기 위해서 건강상담 전략과 전술에 초점을 두고 책을 집필했다. 이 책에서는 체중조절, 금연, 약물과 알코올 남용, 운동, 수면장애, 성 문제, 만성질병과 만성고통 등을 보다 효과적이고 실제적으로 평가하고 처치하는 (개인, 집단, 부부, 가족) 방법들을 제시하고 있다.

진찰 후 환자를 전문의에게 보내는 과정과 다른 건강관리 직원, 특별히 담당의사들과 작업관계를 유지하는 것이 익숙하지 않은 상담사와 심리치료사는 조금 놀랄 수도 있다. 좋든 나쁘든 건강관리 팀에는 조서(protocol)와 서열(pecking order)이 있다. 유연하게 자기 주장적인 상담사와 심리치료사는 간단한 "검증" 기간을 마친 후에 다른 건강관리팀 구성원들에게 받아들여지고 존중받을 것이다. 건강상담을 적용하는 방법에는 여러 가지가 있다. 이 장에서 설명한 건강상담의 종류는 병원이나 클리닉 또는 HMO에서 행동의학이나 복지 프로그램을 실시하는 상담사나 심리학자에 의해 이루어지고 있다. Jim의 경우가 이러한 적용의 전형적인 유형이다. Jean의 상담에서처럼 개인 기관에서 건강상담을 하고 있는 심리학자들은 적은 수지만 계속해서 늘어나고 있다.

　상담사가 건강상담을 실제로 실시하면 법의학적인 문제가 생긴다. 이것은 이장의 범위를 넘어서는 얘기이지만, 진단과 치료에 관련되는 가장 중요한 문제 중의 하나이다. 많은 주(states)에서는 의학(medicine), 치과학(dentistry), 족병학(podiatry) 전문가에게만 건강상태의 "진단(diagnosis)"과 "치료(treatment)" 용어를 사용할 수 있도록 제한하는 반면에, 다른 주에서는 전문심리학자들에게도 이러한 용어 사용을 확장해 허락한다. 전반적으로 건강관리 팀의 다른 구성원들은 진단과 치료의 과정에 밀접하게 관여하지만 그들은 환자의 의학적 기록, 그들과 의사소통 등에서 이러한 용어 사용에 주의를 기울여야만 한다. 여기에 대한 신중한 판단이 증가하는 의료과실 소송과 허가 없이 의술을 행한다는 주장으로부터 상담사를 보호할 것이다.

참고문헌

Adler A. (1956). The Individual Psychology of Alfred Adler. In H. Ansbacher & R. Ansbacher (Eds.), New York: Harper and Row.

Allen, R. (1981) *Lifeagain*. New York: Appleton-Century-Crofts.

Brownell, K. (1984) The psychology and physiology of obesity: Implications for screening and treatment. *Journal of American Dietetics Association*, *84*(4), 406-414.

Davidson, P., & Davidson, S. (1980). *Behavioral medicine:* Changing health lifestyle. New York: Brunner/Mazel Publishers.

DeLeon, P., Uyeda, M., & Welch, B. (1985). Psychology and HMOs: New partnership or new adversary? *American Psychologist, 40*(10), 1122-1124.

Dishman, J., Sallis, J., & Orenstein, D. (1985). Relationship between exercise and other health behaviors. *Public Health Reports, 100*(2), 158-171.

Doherty, W., & Baird, M. (1983). *Family therapy and family medicine*. New

York: Guilford Press.

Dreikurs, R. (1977). Holistic medicine and the function of neurosis. *Journal of Individual Psychology, 13*(2), 171-192.

Griffith, J. (1984). Adler's organ jargon. *Individual Psychology, 40*(4), 437-444.

Lewis, J., Sperry, L., & Carlson, J. (1993). *Health counseling*. Pacific Grove: Brooks/Cole.

Marlatt, G., & Gordon, J. (Eds.). (1984). *Relapse prevention*. New York: Guilford Press.

Millon, T., Green, C., & Meagher, R. (Eds.). (1982). *Handbook of clinical health psychology*. New York: Plenum Press.

Sperry, L. (1984). Health promotion and wellness medicine in the workplace: Programs, promises, and problems. *Individual Psychology, 40*(4), 384-400.

Sperry, L. (1985). Treatment noncompliance and cooperation: Implication for psychotherapeutic, medical and lifestyle change approaches. *Individual Psychology, 41*(2), 228-236.

Sperry, L. (1986). The ingredients of effective health counseling: Health beliefs, compliance and relapse prevention. *Individual Psychology, 42*(2), 279-287.

Sperry, L. (1987). ERIC: A cognitive map for guiding brief therapy and health care counseling. *Individual Psychology, 43*(2), 237-241.

Sperry, L. (1994). Helping people control their weight: Research and practice. In J. Lewis (Ed.), *Addictions: Concepts and Strategies for Treatment* (pp. 83-98). Gaithersburg, MD: Aspen.

Sperry, L. (1995). *Psychopharmacology and psychotherapy*. New York: Brunner/Mazel.

Sperry, L., Carlson, J., & Lewis, J. (1993). Health counseling strategies and interventions. *Journal of Mental Health Counseling, 15*(1), 15-25.

Stone, G., Cohen, F., & Adler, N. (Eds.). (1980). *Health psychology: A handbook*. San Francisco: Jossey-Bass Publishers.

Strecher, V. (1982). Improving physician-patient interactions: A review. *Patient Counseling and Health Education, 4*(3), 129-136.

제 11 장
집단상담과 집단치료

인 간 행동의 본능에는 전체적이고 사회적이며 목표지향적이고 의사결
정적인 특성이 있기 때문에 집단은 인간의 태도와 행동에 영향을 미치
는 효과적인 자원이 될 수 있다. 집단상담과 집단 심리치료는 훈련받은 전문가
가 지도하는 대인관계의 과정(interpersonal process)이다. 일반적으로 집단상
담의 초점은 전형적인 발달상의 문제를 탐구하는 것으로 예를 들면 동료와 사
이좋게 지낸다거나 삶의 과제에 도전하는 것을 말한다. 집단치료는 생활양식에
대한 잘못된 가정을 바로잡는 쪽에 좀더 관심을 둔다. 이 장에서는 집단(group)
과 치료집단(therapeutic group)이라는 용어를 집단상담 및 집단치료를 의미하
는 것으로 사용하고자 한다.

1. 역사

집단치료의 역사는 흥미롭다. Dreikurs(1952)에 의하면 형식적인 집단치료의
기원은 2세기 전 파리에서 행해진 Franz Anton Mesmer의 최면술 치료까지 거
슬러 올라갈 수 있으나, 기본적으로 우리가 알고 있는 심리치료는 20세기의 산
물이다. 보스턴의 내과전문의인 J. H. Pratt는 집단 심리치료를 적용한 최초의
사람으로 명성을 얻었다. 그는 1900년대 초에 결핵환자를 치료하기 위하여 교

육적인 집단 접근법을 사용했다.

집단 심리치료의 초기단계는 1900년에서 1930년까지이다. 이 기간 동안 집단방법을 체계적으로 사용하기 위한 주요 단계들이 유럽에서 만들어졌다(그 당시에는 공동상담(collective counseling)이라고 불렀다). Dreikurs(1952)는 Wetterstrand가 최면술과 함께 집단치료에 기울인 초기의 노력, Schubert가 말을 더듬는 사람과 가진 집단상담, Hirschfeld의 성 장애의 문제를 다룬 집단상담, Stransky가 신경증 환자와 가진 집단상담, Metzl(1937)이 알코올 환자와 가진 초기 집단상담의 노력들을 보고하였다. 러시아에서는 Rosenstein, Guilarowsky 그리고 Ozertovsky(Ozertovsky, 1927) 등이 집단방법을 사용했다. 덴마크에서는 Joergeson이 정신병환자에게 여러 가지 행동방법을 이용했다(Dreikurs & Corsini, 1960).

공동상담(collective counseling)과 집단치료(group therapy)의 형태 사이에는 몇 가지 의문의 여지가 있다. 초기의 연구는 우리가 현재 알고 있는 형태의 집단치료에 상응하는 구조를 갖춘 것은 아니었으며, 집단방법을 사용한 정신과 의사들은 서로 독자적으로 활동했다. 정신과 의사들은 독일과 러시아에서 나타난 전체주의(totalitarianism)의 물결을 타고 집단방법을 포함하여 그들의 기존 치료를 포기해야만 했다.

1928년에 Dreikurs는 「빈에서의 정신위생의 발달(The Development of Mental Hygiene in Vienna)」이라는 논문을 발간했다. 역사적으로 중요한 가치를 지니는 이 논문에서 그는 개인치료와 집단치료-그는 이것을 "공동치료(collective therapy)"라고 불렀다-간의 역동적인 차이에 대해서 전례 없이 상세하게 기술하였다.

Adler는 아동 지도 상담소에서 집단방법을 체계적으로 사용한 최초의 정신과 의사였을 것이며(Adler, 1931), 1910년 경에는 집단치료를 공식적으로 시작하였다(Moreno, 1953). Adler는 개인치료의 개념과 실제와는 전혀 관련이 없는 기법을 사용하였다. 이후 그는 집단 접근법을 위한 이론적인 구조, 즉 사회측정법(sociometry)을 개발하였다(Dreikurs & Corsini, 1960). 1931년에 Moreno는 집단 정신치료라는 용어를 만들어냈는데 이것이 새로운 방법의 공식적 명칭이 되었다.

집단 정신치료와 집단상담에 대한 연구는 서서히 발전되었다. 1900년에서 1929년 사이에 미국에서 발표된 집단 정신치료에 대한 논문은 31편이었다. 최근에 와서 연구가 활발하게 이루어지고 있다. "*Small Group Behavior*"(Beverly Hills, Calif.: Sage Publications), "*International Journal of Group Psychotherapy*"(New York : International Universities Press), "*Group Organization Studies*"(La Jolla, Calif. : University Associates), *Together*(Washington, DC : Association for Specialists in Group Work(ASGW), American Counseling Association)에서 관련 논문을 찾아 볼 수 있다. 미국에서는 집단작업에 관심이 많아 이에 전력을 기울이는 협의회가 구성되었다. ASGW의 후원으로 2년마다 한 번씩 열리는 이 협의회에는 수백 명의 교육자, 상담사 및 치료사가 참석하고 있다.

2. 집단과정의 성격

집단과정은 집단원의 신념, 감정, 행동에 초점을 두면서 태도, 가치, 목적도 고려한다. 집단 내에서 발전하는 대인관계를 통하여 집단원은 잘못되고 자신을 파괴시키는 신념과 행동에 대해 인식하고 이를 변화시킬 수 있도록 격려받고 있다는 사실을 느끼게 된다. 아울러 자신의 장점과 노력 역시 밝혀진다.

집단원이 되는 조건도 독특하다. 사람들은 자신들의 신분 때문에 집단에 속하는 것이 아니라 문제를 가지고 있고 이를 기꺼이 인정하며 해결하고자 하는 준비가 되었기 때문에 집단원이 되는 것이다. 집단의 초점은 집단원이 자신의 개인적 목표를 설정하고 자신의 지각에 도전함으로써 보다 효과적으로 삶의 과제에 대처할 수 있도록 도와주는 데 있다.

1) 집단 상호작용

인간은 지속적으로 사회적 상호작용을 한다. 개인의 욕구와 자신이 속한 집단의 욕구 간의 갈등을 다루는 가운데 어쩔 수 없이 곤경에 처하기도 한다. 한 개인이 어떤 방식으로 집단에 속하거나 떠나려고 하는지를 집단 상호작용 내에서 관찰할 수 있다. 간단하고도 정확하게 말하자면 어떤 사람은 "남을 기쁘게 해 줄 수 있을 때만 소속된다"고 믿고, 또 다른 사람은 "그들이 내 방식을 인정할 때에만 소속감을 느낄 수 있다"고 믿는다.

개인의 사회적 관심과 자기 관심이 궁극적으로 집단과의 협조적인 노력을 주고받는 과정을 통해 최고의 성과를 얻게 된다는 것이 Adler학파의 믿음이다. 이런 방식은 공동체감을 유발하고 소속감을 향상시킨다. 우리는 사회적 존재로서 사회체계 안에서 생활하며 사회체제의 영향을 받고 타인의 승인을 얻을 수 있는 방식으로 행동한다. 기본적으로 추구하는 것은 소속되고 수용되며 가치를 인정받는 것이다. 중요성과 인정을 추구하기 위해 사용하는 방법을 보면 우리가 얼마나 소속되고자 하는지 알 수 있다.

심리적인 문제는 혼란에 빠진 대인관계, 용기부족, 사회적 관심의 부족에서 비롯된다. Yalom(1970)은 20명의 성공적인 집단치료 환자에게 집단원에 있어서 가장 중요한 사건 또는 가장 도움을 준 한 가지 사건을 선택하라고 지시하였다. 그는 거의 대부분의 사건에 치료사가 아닌 집단원이 포함되어 있다는 사실을 발견하였다. Yalom은 집단치료에서 치료를 가능케 하는 정서적 경험의 구성요소들을 다음과 같이 목록화하였다.

1. 대인관계에서 일어나고 환자의 입장에서는 모험이 될 수도 있는 강한 정서표현
2. 이러한 모험을 충분히 감행할 수 있도록 충분히 허용해주는 지지집단
3. 현실검증, 이는 환자가 타인에게 타당한 도움을 받아서 사건을 관찰할 수 있도록 한다.
4. 특정 대인관계에서의 감정과 행동의 부적절성 혹은 회피적 대인관계에서 행동의 부적절성 인지하기
5. 보다 깊이 있고 정직하게 타인과 상호작용하는 능력을 궁극적으로 촉진시키기(Yalom, 1970, p. 23)

치료집단은 항상 집단원의 경험이 사회의 축소판이 되는 방향으로 움직인다. 모든 참가자들은 실제 대인관계에서 하는 것과 마찬가지로 집단에서도 상호작용하기 시작한다. 때때로 집단원은 집단 안에서 어린시절 가족 내에서 차지했던 위치를 추구하기도 하며, 자신의 잘못된 신념과 삶의 과제에 대한 비효과적인 접근방법을 나타내기도 한다. 집단원의 행동은 자신의 생활양식과 인간관계에 대한 가정을 나타낸다. 집단원 각각의 생활양식도 집단원 사이의 다양한 교류를 통해서 나타나기 때문에 치료사는 집단원의 말을 듣기보다는 참가자와 그들의 행동을 관찰하고 경험한다.

2) 대인관계 학습

대인관계 학습은 다음과 같은 과정을 통하여 변화를 촉진한다.

1. 집단은 사회의 소우주이며 각 집단원의 사회관을 나타낸다.
2. 집단원은 피드백과 자기 각성을 통하여 자신의 대인관계 행동의 목표와 결과를 알게 된다.

일치되고 관심어린 피드백을 통해서 집단원의 장점과 한계점에 대해서 토론한다. 사람들이 정직하게 대화할 수 없는 전형적인 사회 상황과는 달리, 집단은 개인이 느끼고 의미하는 것을 말하는 것, 즉 개방성과 일치를 가치있게 여긴다. 피드백은 집단원이 교류를 통해 무엇인가를 배우도록 하는데, 왜냐하면 메시지가 위협으로 여겨지지 않으므로 받아들여지고 내면화되기 때문이다. 이러한 현상은 피드백이 변화를 요구하는 것이 아니라 개인이 경험하고 지각하는 것을 함께 나눔으로써 일어날 수 있다. 피드백을 받는 사람은 자유롭게 자신의 행동방향을 결정할 수 있다.

3. 집단 내의 효율적인 의사소통을 위해서는 집단원 간의 교류가 성실하고 진실해야 한다. 참가자는 타인의 의사소통이 야기하는 감정뿐 아니라 자신이 집단에 참여하고 경험한 것에 대한 감정에 대해서도 의사소통해야 한다.
4. 집단원은 각성, 관여, 실행의 결과로서 여러 가지 특정한 변화를 경험하게

되며, 이러한 변화는 집단원이 느끼는 집단에 대한 소속감 정도와 다른 집단원에게 가치를 인정받은 결과로 나타나는 중요성, 집단원과 집단지도자의 격려를 통해서 일어난다.

5. 집단원은 새로운 행동과 신념을 시도하고 변화가 안전하다는 것을 알게 되는 과정을 통하여 긍정적인 행동을 계속할 용기를 얻게 된다.

6. 전체 과정은 다음과 같이 주기적으로 일어난다.

    a. 지각과 신념은 변한다.

    b. 집단원은 용기와 소속감을 통해서 새로운 행동을 시도할 수 있다.

    c. 참여와 모험감수는 수용과 소속감에 의해 보상받을 수 있다.

    d. 실수에 대한 공포심은 불안과 불안정한 감정을 감소시키는 불완전할 수 있는 용기로 대체된다.

    e. 자아존중감과 자기가치감이 발전하게 되면 또 다른 변화를 시도할 수 있게 된다.

3) 집단의 발전

집단의 발전(progress in the group)은 집단원이 삶의 과제를 수행하고 상호교환하며 협력하는 능력이 어느 정도 향상되었는가를 보면 알 수 있는데, Adler학파는 이를 사회적 관심이라고 불렀다. 다른 집단원과 효과적으로 상호작용하는 개인의 능력은 사회적 성장의 측정도구가 되며 이는 집단경험의 목표들 가운데 하나이다.

효과적인 집단은 다음과 같은 기회를 제공한다.

1. 소속되고 수용되는 기회

2. 사랑을 주고받으며 타인에게 치료효과가 나타나게 하는 기회

3. 개인의 문제가 한 사람에게만 국한되는 것이 아니라 보편적이라는 사실을 알게 하는 기회

4. 자신의 정체성을 발달시키고 여러 가지 사회적 삶의 과제에 새로운 접근 방법을 시도하는 기회

3. 치료집단의 사회적 환경

치료집단은 개인의 심리적인 변화를 관찰하고 수정할 수 있는 독특한 사회적 환경과 분위기를 제공한다. 집단장면은 집단원이 기본적인 삶의 과제에 접근하는 방법을 개발할 수 있는 기회를 준다.

치료집단은 가치를 촉진시키는 대리역할을 한다. 집단은 특정한 가치를 수용하며 이러한 가치에 비추어 집단원에게 영향을 준다. 집단치료 장면에는 다음의 조건들이 요구된다.

1. 집단원은 장단점에 관계 없이 자신의 위치를 갖게 된다. 집단 밖의 지위나 자격으로 판단하지 않는다. 그들은 집단 내에서 자신의 지위를 확립하고 그러한 방식으로 수용된다. 각 집단원의 가치는 확실하게 보장해 주어야 한다.

2. 자신을 정직하게 개방하는 능력은 가치있게 여겨진다. 자신의 감정을 나타내지 않거나, 허세를 부리거나, 비밀을 감추거나, 본래 의도를 숨기는 행동들은―특정한 사회적 상황에서는 수용되고 심지어는 가치있게 여겨지기도 하지만―집단 내에서는 거부된다. 개인이 현재 겪고 있는 것을 정직하게 나타내고 함께 나누는 능력과 일치성에 가치를 둔다.

3. 집단원은 언어만이 아니라 인지적인 이해를 통해서도 배운다. 그들은 집단 안팎에서 통찰력이 작용하기를 기대한다. 통찰력은 '외부관찰력'―즉 집단원의 현실세계에서 어떠한 행동이나 현실을 검증하는 것―이 동반되지 않으면 가치가 없다.

4. 집단지도자는 참가자들이 대인관계 기술을 획득할 수 있도록 주의 깊게 듣고, 관심을 기울이며, 일치성, 직면, 그리고 해석의 모범이 된다.

5. 집단원은 상호관계가 악화될 것을 두려워하지 않고 자신의 진심을 표현할 수 있다. 집단원 사이에서 일어나는 대인관계의 갈등은 논의되고 해결될 것이다. 그 결과 집단원들은 갈등을 정직하게 다루어야 관계를 향상시킬 수 있다는 것을 배운다. 치료집단의 규칙에 의하면 참가자는 서로에게 부정적인 감정이 일어나더라도 계속해서 의사소통을 해야 한다.

4. 치료집단의 기초 개념

치료집단에 대해서 Adler학파는 행동 특성에 대한 개념을 다음과 같이 정리하고 있다.

1. 모든 행동은 사회적 의미를 지니고 있다 집단원들 사이의 교류는 사회적 방향과 의도를 가진다. 그러한 목표와 의도에 비추어서 교류하는 의미를 이해하도록 집단원을 격려한다.

2. 행동은 총체적인 유형에 비추어 봤을 때 가장 잘 이해하기 쉽다 집단 초기 단계에 집단원은 자신의 유형을 지각할 수 있도록 격려된다. 이러한 과정을 통하여 생활양식이 드러나며 여기에는 반응하고 행동하는 특성 유형이 포함된다. Adler식 집단은 집단원 각각의 생활양식이 드러날 수 있도록 조직된다. 집단원은 각자의 독특한 생활양식에 비추어 상호 이해하는 법을 배우게 된다. 그들은 자신이 삶의 과제에 효과적으로 접근하는 것을 방해하는 잘못된 가정을 깨닫게 되고, 자신의 경험에 대한 피드백 과정을 통해서 상호 발전을 돕는다.

3. 집단에서의 **행동은 목표지향적이다** 집단원은 행동의 목표를 통해 자신의 목표와 의도를 인식하고 다른 집단원의 행동을 이해하고자 한다. 겉으로 드러난 신념, 태도, 가치뿐만 아니라 전반적인 심리적 움직임의 목적에 대해 상호 직면하는 것을 배운다. 심리적인 움직임은 항상 목표와 의도를 분명하게 드러낸다.

4. 집단원은 집단에서 자리를 찾는 그들 자신의 동기와 방법을 깨달을 수 있도록 격려된다 집단교류는 집단원이 자신의 자리를 어떻게 찾아가는 지를 밝히는 데 도움이 된다.

5. 집단은 집단원 각자가 긍정적인 심리적 발달을 이룰 것을 희망한다 집단에 속하고 열중하며 생활 속에서의 교류를 통해 사회적 관심을 넓혀 가는 개인의 능력은 이러한 발달을 가져오기 위한 준거가 된다.

6. 집단원은 자신과 자신이 처해있는 상황을 보는 시각에 비추어서, 즉 주관적인 지각에 비추어서 이해된다 그들은 자신들의 지각이 행동과 감정에 어떤 방

식으로 영향을 미치는지를 이해하기 위해 상호 협조하도록 적극적으로 격려된다.

인간행동에 대한 이러한 기본 개념은 집단의 사회적 풍토를 위한 지침과 구조를 제공한다. 집단원이 자신의 사회적 관심을 증가시키고, 소속감을 느끼며, 다른 사람에게 헌신함에 따라 나타나는 사회적 관심은 그들의 심리적 성장에 있어서 주요 요인이 된다.

5. 집단의 치료적 힘

집단장면에서 전개되는 치료의 힘은 집단원의 행동의 변화를 유도한다. 지도자는 집단 내에서 작용하는 잠재적인 심적 기제와 이것이 집단원에게 미치는 영향을 깨달아야 한다. 또한 그러한 심적 기제가 치료에 얼마나 강력한 영향을 미치는지도 알아야 한다. 지도자에게 성장, 자기 이해, 변화에 대한 책임감을 촉진하는 분위기를 조장할 책임이 있다. 집단 심적 기제들은 자동적으로 일어나는 것이 아니다. 지도자는 이러한 기제들이 작용할 수 있는 상황을 의도적으로 만든다. 이러한 과정들이 자발적으로 일어난다면 이를 눈치채고 장려해야 한다. 심적 기제는 집단뿐 아니라 개인의 발전을 위한 촉진제이다.

1) 수용

수용(acceptance)은 집단 내에서 각 집단원이 받아들이는 존중과 공감을 의미한다. 잘 수용될 때 집단원들은 서로 잘 알게 되고 강한 공동체의식을 느낀다. "이곳이 내가 속한 곳이고, 나는 내게 관심을 기울이며, 돌보아주며, 정직한 집단원들을 믿을 수 있다"는 신념이 수용의 표시이다. 수용과 소속감은 집단발전의 중요한 부분이다. 수용은 집단지도자가 공감에 대한 시범을 보일 뿐만 아니라 필요에 따라 집단원들이 서로 공감하도록 노력하는 방법을 알 수 있게 도와줌으로써 조성된다. 집단원 각자는 소속의 욕구를 가지며, 치료집단은 집단원들이 즉각적인 변화를 겪지 않아 자신의 위치를 찾고, 수용될 수 있는 독특한 기회를 제공한다.

2) 이타심

사람들은 타인에게 봉사하고 도움이 되기를 희망한다. 집단은 이러한 이타심(altruism)을 가치있게 여기는 상황을 제공한다. 집단 내에서 이타심을 활성화시키기 위해서 지도자가 모델이 되기도 하고 실제로 해보기도 하면서 집단원이 이타적인 감정을 표현하도록 격려한다. 집단은 이타심을 북돋울 수 있는 기회가 포함되도록 조직되어야 한다.

3) 전이

전이(transference)는 집단원이 상호간에 집중적인 경험을 하고 난 결과로 생기는 강한 정서적 애착을 의미한다. 전이는 원래 지도자를 향하는 것이지만 궁극적으로는 집단원, 심지어는 집단전체를 향해 표현되는 것이기도 하다. 전이에는 긍정적/부정적 감정이 모두 포함된다. 전이와 집단원 상호간의 동일시는 집단을 유지시키는 접착체 역할을 한다. 이러한 종류의 전이가 발전되지 않으면 집단은 치료적 경험을 하도록 하는 긍정적/부정적인 감정을 충분히 확보하지 못한다.

4) 관전치료

관전치료(spectator therapy)는 타인의 관심사를 들으면서 자신의 관심사를 이해하도록 한다. 문제를 가진 한 집단원이 있을 때 다른 집단원이 이와 비슷한 문제를 제기하면, 먼저 문제를 제시한 사람은 그것이 자신만의 상황이 아니라는 것을 알게 된다. 다른 집단원의 행동은 자기(self)에 대해 알고 있는 것을 비추어 보는 거울역할을 한다. 집단지도자는 집단원이 언어적으로 참가하지 않아도 진행중인 상호작용을 통해서 도움을 얻을 수 있으며 실제 도움을 얻는다는 것을 인정해야 한다. 관전치료를 통하여 집단원은 타인을 관찰하고 효과적인 대인관계 기술을 배우며 집단교류로부터 도움을 얻는다.

5) 일반화

일반화(universalization)는 개인의 문제가 혼자만의 것이 아니라는 것을 인정하는 것이다. 집단원은 일반화를 통해서 타인도 나와 같은 문제를 갖고 있다는 사실을 잘 알게 되어 외로움과 소외감도 그만큼 덜 느끼게 된다. 같은 문제를 가지고 있다는 사실을 알게 되면 자신의 문제를 더 쉽게 의사소통할 수 있게 된다. 지도자는 "여러분 중 그런 경험이나 느낌을 가져본 적이 있는 분이 있습니까?"라는 질문을 던지거나 그 외에 도움이 되는 분위기를 조성함으로써 의도적으로 일반화를 유도하는 것이 좋다. 일반화란 사고, 감정, 행동의 유사성을 밝히는 과정이다.

6) 피드백

피드백(feedback)은 집단원이 자신들의 반응을 공유함으로써 경험하는 학습과정을 의미한다. 피드백의 목적은 대인관계에 대한 집단원의 통찰력을 키워주는 것이다. 피드백은 자신의 감정, 가치, 태도를 찾도록 하며 잘못된 가정이나 지각을 재평가하게 한다. 진정한 피드백은 집단원이 진실한 관계를 맺고 관심을 기울이는 것을 의미한다. 또한 집단원으로 하여금 꼭 행동을 변화시키지 않더라도 느낌을 정직하게 공유하는 것이 피드백이라는 것을 알도록 하는 것이 중요하다. 피드백은 심리적인 움직임을 일으키는 강한 원천이다. 만약 집단원이 진실로 집단의 일부임을 느끼고 동료의 평가를 가치있게 여긴다면 피드백은 변화를 일으키는 강력한 동기가 될 수 있다.

7) 환기

집단장면은 집단원들이 금지되어 있거나 억제된 감정을 표현할 기회를 제공한다. 집단은 환기(ventilation)를 통하여 긍정적이든 부정적이든 내적인 감정을 내놓고 탐구하며 어떤 부분이 과장되었는지를 알게 한다. 집단원은 강함 감정을 언어적으로 표현함으로써 치료적 변화를 가져오는 새로운 통찰력을 발견하게 된다.

8) 현실검증

집단장면에서 집단원은 특정한 개념을 검증하고 관계를 통해서 작업할 수 있다. 이러한 기회에 집단원은 타인과의 경험을 통해서 자신의 행동을 보다 정확하게 알게 된다. 예를 들어 한 여성 집단원이 남성과 사귀는 데 있어서 문제를 가지고 있다면 그녀는 남성과 사귀는 새로운 방법을 집단에서 시험해 볼 수 있다. 그렇게 하면 새로 깨달은 방법을 집단 밖의 실제생활에서 경험할 때까지 기다리지 않아도 된다. 집단은 집단원에게 새로 지각한 것을 수용하고 위협적이지 않으며 개방적이고 정직한 피드백을 제공하는 장면에서 연습해 볼 기회를 제공한다.

9) 상호작용

집단 내에서 일어나는 상호작용(interaction)을 통하여 각 집단원의 목표와 목적을 분명히 볼 수 있게 된다. "분명히 볼 수 있게 된다"라는 표현을 쓴 이유는 지도자와 동료가 개개인의 말에 의존하기보다는 실제행동을 관찰할 수 있기 때문이다. 말은 속일 수 있지만 행동은 방향과 의도에 있어서 거짓말을 하지 않는다. 어떤 사람이 협조할 마음이 있다고 주장하면서 행동은 그렇게 하지 않는다면 그의 말은 틀린 것이 된다. 집단 상호작용은 집단원들로 하여금 말보다는 행동을 하게 한다.

6. 집단응집력

앞 장에서는 개인치료에 있어서 관계의 중요성을 강조했다. 집단치료에 있어서 응집력은 개인치료의 "관계"에 해당된다. 응집력은 집단원들이 상호간에 느끼는 긍정적인 끌어당김 또는 매력을 의미한다. 이는 집단원으로 하여금 소속감, 단결, 공동결속을 경험할 수 있게 한다. 이 응집력은 자신이 집단원으로부터 이해받고 있으며 수용되며 가치있다는 것을 느끼게 해 줄 뿐만 아니라 자기 자신을 자유롭게 드러내고 다른 집단원이 주는 피드백을 수용할 수 있게 한다.

응집력이 있는 집단의 집단원은 서로를 이해하고 수용하는 수준이 높다. 응집력은 다른 모든 치료적 힘에 반드시 필요한 소속감을 가질 수 있도록 한다.

도움을 받기 위해 집단에 온 많은 사람들이 개인적 가치감과 자아존중감을 확립하고 유지하는 데 문제가 있다는 사실과 평등한 집단에서 동등한 집단원이 되는 것이 어떤 것인지 경험하지 못하는 데에 문제가 있다는 사실을 인정할 때 응집력의 중요성을 가장 잘 이해할 수 있다. 집단은 그 자체의 독특한 사회적 분위기 때문에 응집력을 키울 수 있으며 이러한 구체적인 문제를 교정할 수 있는 탁월한 경험을 할 수 있게 한다.

7. 집단지도자의 역할

지도자는 집단을 형성하고 확립하며 유지할 책임이 있다. 초기 단계에서 지도자는 모든 집단원이 친숙하게 느끼는 유일한 사람이다. 집단원은 지도자가 집단의 발단에 책임지기를 기대한다.

집단지도자는 집단에서 치료적 경험을 하게 만드는 여러 원동력에 민감해야 한다. 그는 참가자들이 정서적 지지, 보편화, 피드백, 새로운 행동을 시도해 볼 기회를 가질 수 있도록 상황을 만들고 지지하는 촉진자이다. 이러한 과정은 학습, 개인적 성장, 응집력을 촉진시킨다.

지도자는 성장과 대인관계 학습을 촉진하는 규범을 형성하는 데 적극적으로 참가해야 한다. 그는 집단을 구조화하고, 성실성, 개방적 상호작용, 관여, 비판단적인 수용, 직면, 헌신과 같은 행동의 지침을 가르쳐준다. 많은 사회적 행동들이 표피적 상호작용, 억제된 감정표현, 그 밖에 생산적인 집단발전을 파괴하는 양식으로 특징지어질 수 있다. 집단을 운영하는 규범은 집단을 형성하면 저절로 생기는 것이 아니라 지도자가 의도적으로 신중히 생각해서 만드는 것이다.

치료사나 상담사는 집단지도자로서 기술적으로 전문가일 뿐 아니라 모델이 되어야 한다. 이것이 집단의 움직임을 촉진시킨다. 집단 형성단계에서 지도자는 생산적인 상호작용을 가능케 하는 활동을 할 필요도 있다. 지도자는 치료목표에 도움이 되지 않는 상호작용을 분명히 지적하고 집단원들이 집단의 치료적 힘을 효과적으로 활용하도록 강화하고 격려해야 한다. 어떤 지도자들은 생산적인 집단이 지도자의 지도없이도 나타난다고 믿고 싶어하며 심지어는 우리가 조종(manipulation)이라고 논의한 바 있는 개입(intervention)도 고려하기를 원한다.

자발성은 효과적인 집단활동에서 중요한 요인이다. 어떤 의미에서 그것은 "지금-여기"를 의미한다. 이는 지도자로 하여금 무슨 일이 일어나고 있는지 알아차리게 하고 그러한 상호작용이 성장을 촉진하는 경험이 되도록 한다. 지도자는 자신의 모든 창조성과 자발성을 활용해야 한다. 왜냐하면 이 두 가지는 집단의 진행을 가속화하며 참가자에게 가치로운 모델을 제공하기 때문이다.

1) 집단지도력

집단지도자는 자신과 신념, 감정, 의도가 다르더라도 진행과정에서 모든 집단원과 함께 작업할 수 있어야 한다. 그는 또한 집단원이 자신의 목표를 성취하고 서로의 성장에 도움을 줄 수 있는 분위기를 만들 수 있어야 한다.

지도자는 집단원의 메시지 내용뿐만 아니라 방법, 장면, 메시지의 타이밍에도 주의를 기울여야 한다. 감정을 어떻게 전달하는가? 적극적으로 아니면 냉담한 태도로 전하는가? 상호작용을 할 때 집단원의 메시지가 자신에게 초점을 두는가 아니면 지금-여기의 상호작용에 머무르고 싶어하는가? 지도자는 항상 집단원의 의사소통의 목표를 인식하고 적절한 경우에는 자신의 믿음, 감정, 의도를 가지고 참가자들을 직면하도록 한다.

지도자에게는 개방적이고 정직하며 수용적이고 자발적이며 이해력 있고 일치적인 능력이 요구되지만 이것으로 충분하다고 할 수는 없다. 이외에도 지도자는 다음의 기법과 전략을 잘 사용할 수 있도록 훈련되어 있어야 한다.

집단의 구조화 및 목표 전달하기

상호작용 활동

보편화

'여기-지금'의 상호작용 다루기

연결짓기

직면시키기

차단하기

격려하기 및 장점과 긍정적인 피드백에 초점두기

비언어적인 단서에 직면하여 집단참여를 촉진하기

나-메시지의 촉진

현실검증을 자극하는 바꿔 말하기와 명료화하기

피드백 제공

잠정적 가설의 형성

과제설정 및 실행하기

마무리하기 및 요약하기

이러한 능력과 기법의 의미를 보다 분명히 알기 위해 각각의 기법의 정의와 집단장면에서 활용할 수 있는 원리를 설명하고자 한다.

2) 집단의 구조화 및 목표 전달하기

정의　집단의 구조화 및 목표 전달하기 기법은 효과적인 치료집단을 위해 반드시 필요한 것이다. 목표를 정하고 한계를 설정하는 것은 집단에게 목적을 부여하고 활동방향을 제시한다. 예를 들면, 지도자는 집단원 각자가 특정한 관심에 대해 활동하기 위해 집단에 있다는 것과 그 관심을 함께 나누며 서로 도움을 제공할 수 있다는 것을 제시할 수 있다. 좀더 구체적으로 말하면 지도자는 집단원이 자신의 감정에 대해 다른 집단원에게 직접적으로 말하고 상대방에게 변화를 요구하는 것이 아니라 자신의 경험을 표현하는 나-메시지(I-message)를 사용하도록 구조화할 수 있다. 구조화는 집단원으로 하여금 집단 밖에서 일어난 사건을 토론하는 것이 아니라 '지금-여기', 즉 집단 내의 대화에 초점을 맞추도록 격려하는 것이다.

원리　지도자는 집단을 구조화함으로써 집단원들이 의미있고 목표지향적으로 문제를 토론하는 데 초점을 둘 수 있도록 돕는다. 구조화는 지도자와 집단으로 하여금 한계를 정하고 과제에 초점을 두도록 한다. 구조화는 많은 노력을 요구하는 작업이다. 왜냐하면 지도자는 일어나는 일에 대해서 지속적으로 지각하고 있어야만 하고 그것이 집단의 구조, 목적, 그리고 목표 내에 있는 것인지 어떤지를 결정해야 되기 때문이다. 일단 집단원이 집단구조에 정착이 되면 좀 더 생산적인 집단작업이 실행된다.

다음 대화는 구조화의 비효과적/효과적인 사용을 대조시켜 놓은 것이다.

비효과적인 사용

David : 나는 약속시간을 지킨 적이 없어요. 그래서 여자친구가 화를 많이 내요.

Joan : David, 여자친구에 대해서 이야기 좀 해줄래?

Frank : 너는 어떤 여자가 매력적이라고 생각하니, David?

지도자 : 우리는 네가 여자들과 어떻게 지내는지 궁금하단다.

내담자가 정보를 자발적으로 꺼내지 않을 경우, 집단이 개인적인 문제를 토론하지 않기로 합의하고 구조화되었다면 이 대화는 구조를 넘어선 것이다. 더욱이 David의 개인적 목표는 그가 시간을 잘 안 지키는 문제를 해결하는 것이다. 위의 내용은 집단의 구조를 침해하는 것이다. 지도자는 계약을 위반하는 상호작용을 저지했어야 했다.

효과적인 사용

Lynn : 그런데, 우리는 왜 여기에 있지?

Ramon : 맞아, 침묵은 정말 싫어(지도자를 쳐다본다).

지도자 : 여러분은 모두 나와 개인적으로 만나기는 했습니다만, 이제 우리의 목표를 점검해 봅시다. 우리의 목표는 관심사를 함께 나누고 서로를 돕기 위한 것입니다.

3) 상호작용 활동

정의 집단을 시작하기 위하여 지도자는 집단원들이 경험할 수 있는 구체적인 집단행동을 선택하게 된다. 프로그램을 짜는 것은 상호작용이 저절로 일어나는 것을 허용하는 것과 어떤 상호작용의 과정이 일어나더라도 그대로 두는 것과는 다르다. 프로그램이나 활동은 대개 특정 목표를 겨냥하고 있다. 그것은 사람들로 하여금 친숙한 감정이 들도록 하고, 응집력이 생기게 하며, 경험을 통해 현상을 이해하도록 돕고, 피드백을 증가시키고, 여러 가지 집단역동과 과정을 지각하게 하는 데 사용될 수 있는 구조화된 경험들이다.

일반적으로 생산적인 프로그램이나 활동에는 다음과 같은 것들이 포함된다.

- 친밀 활동(get-acquainted activity) : 집단원은 서로의 이름과 관심사에 관한 여러 가지 정보를 얻게 된다.
- 강점 인식(strength recognition) : 집단원은 자신의 강점을 인지하고 승인하며 말로 나타낼 수 있게 된다.
- 다양한 강점 지각(multiple-strength perception) : 집단원은 상호간의 강점을 지각하고 알려 준다.
- 바꿔 말하기(paraphrasing) : 집단원은 앞에서 말한 다른 집단원의 말을 바꿔 말한 다음에야 말할 수 있다.
- 연결짓기(learning to link) : 집단원은 사람들이 이전에 한 말이 비슷한지 혹은 다른지를 보여달라는 요구를 받는다.
- 집단원들이 가족구도 내에서 자신의 위치를 나타내고 그들이 형제와 어떤 점이 가장 유사하고 또는 어떤 점이 가장 차이가 나는지를 이야기해 보도록 한다.
- 집단원들이 그들의 우선순위를 나타내도록 하고 집단으로 하여금 그들이 관찰한 우선순위에 대해 피드백하게 한다.

원리 어떤 지도자들은 시작 활동(opening exercises)에 대해 철학적인 측면에서 반대할 수도 있지만 이러한 활동의 원리와 타이밍을 이해하는 것은 중요하다. 시작 활동이 집단생활 초기에 아주 효과적인 이유는 의사소통을 향상시키고, 응집력을 높이고, 새로 온 집단원과 경험이 적은 지도자가 기대한 바가 불확실한 경우에는 불안을 감소시키기 때문이다. 어떤 지도자들은 계획된 활동이 불안을 일으킬 수 있다는 말에 대해 반대하기도 한다. 개방적(open-ended) 집단에서 비구조화된 활동으로 시작하는 것은 그 자체만으로도 상당한 불안을 야기시킬 수 있다. 활동을 이해하는 지도자들은 구조화된 다양한 경험에 친숙하며 이를 적절하게 사용하는 방법을 알고 있어서 집단움직임을 촉진시킬 수 있다. 활동의 목적은 집단원의 성장과 집단 내에서의 의사소통을 촉진시키는 것이다. 다음의 대화는 상호작용 활동에 대한 비효과적인 사용을 나타낸다.

비효과적인 활용

Anne :   그런데, 우리는 무엇을 해야 되지?

Laura :   우리에게 기대하는 것이 무엇인지 모르겠어.

Anne :   주제가 없어서 무의미한 것 같아.

지도자 :   이제 여러분들이 상호간에 친밀한 관계가 되었는지를 보여드리고자 합니다. 여기 한 가지 경험을 보여드리자면……

지도자는 집단이 혼란상태에 있을 때까지 기다렸고 그 상태를 함께 해결하는 대신에 답을 제시한다. 지도자는 목표에 대한 이해와 기술이 부족한 때를 잘 감지하고 타이밍을 맞추어 필요한 것을 제공해야 한다.

4) 보편화

정의   보편화(universalizing)는 집단지도자가 집단원에게 타인이 자신의 관심을 공유하고 있다는 것을 알게 하는 과정이다. 지도자는 집단원의 생각, 감정 혹은 행동에 유사점이 있다는 것을 분명하게 하는 반응을 이끌어낸다. 지도자는 "여러분 가운데 누가 그렇게 느낀 적이 있나요?"와 같은 질문을 한다. 다른 예로 지도자는 생각과 감정이 어떤 방식으로 관련되는지를 보여준다. 이것은 공통 주제에 대해 귀기울일 것을 요구하며 집단원으로 하여금 그들이 비슷한 문제를 가지고 있다는 것을 지각하게 한다. 보편화는 참가자가 편안하고 고립감을 느끼지 않으면서 그들이 모두 비슷한 인간적인 관심사를 공유하고 있다는 것을 깨닫게 한다.

원리   보편화는 집단 응집력의 기본이다. 응집력이 일어나기 위해서는 집단원이 상호간에 긍정적인 감정을 가져야 하고 상대방을 나와 동등하게 보아야한다. 지도자는 집단원으로 하여금 상호간의 유사성을 발견하도록 함으로써 집단의 응집력을 높일 수 있다. 지도자는 관심사를 공유하도록 장려하는데 이는집단원의 결속과 성장을 촉진시키기 때문이다. 문제의 공통성을 아는 것은 문제를 재확인하게 하고 참가자들로 하여금 보다 효과적인 방법을 배우는 용기를 갖도록 한다.

다음의 대화는 비효과적/효과적인 사용에 대한 대조를 보여준다.

비효과적인 사용

George : 나는 아버지의 단점을 닮았어요. 그가 주스를 갖다달라고 했는데 물을 갖다주면 아버지는 완전히 돌아버려요. 나도 그래요. 내 방법대로 되지 않으면 머리끝까지 화가 치밀어 올라요.

David : 나는 누이가 매주 금요일 밤마다 TV를 독점하면 화가 나서 싸워요. 누이는 항상 자기가 원하는 것은 하고야 말아요.

지도자 : 당신은 누이가 왜 자기가 원하는 것을 한다고 생각합니까?

지도자는 George와 David의 문제들에 대한 유사성을 지적할 수 있어야 했다. 지도자는 어떤 사람들의 행동에 대한 이유를 물어봄으로써 '지금-여기'에서집단을 이끌어내어 George와 David의 감정이 비슷하다는 것을 보여주는 기회를 놓쳤다.

효과적인 사용

Marianne : 화가 났을 때는 내 감정을 말하기가 어려워요. 나는 나 자신이 화를 내지 못하게 하는 것 같아요.

지도자 : 감정을 표현하는 데 어려움을 느껴본 사람 있습니까?

5) '지금-여기'의 상호작용 다루기

정의 이것은 집단원 개인뿐만 아니라 전체 집단이 경험하는 것으로서 지금일어나고 있는 일을 다루는 능력을 의미한다. 이는 지금 이 순간을 자각하기위해서 과거나 미래에서 빠져나오는 것을 의미한다. 확실하고 구체적이며 집단원의 감수성을 다루는 것은 '지금-여기'의 상태이다. 현재에 영향을 주는 과거의 사건에 대해서만 언급하라. 지난 회기보다는 이번 회기에서 일어나고 있는 일을 의식하라. 이 모든 것은 집단활동에서 '지금-여기'에 초점을 두는 것이다.

원리　'지금-여기'의 상호작용은 '그때 그곳'의 상호작용과 반대되는 것으로서 집단과정의 자발성, 성장, 효과에 필요한 것이다. 관심이 없는 것을 길게 다루는 것은 집단에 산소공급을 끊는 것과 마찬가지이다. 집단의 초점은 현재의 걱정과 관심사이지 과거의 것이 아니다. 현재에 대한 언급 없이 과거의 감정에 지나치게 머무는 것은 마음을 어지럽혀 결국 집단의 성장에 영향을 주게 된다. 행동은 과거에 일어난 것에 의해 영향을 받는 것이 아니라 현재의 목표를 가지고 있다. 만약 집단이 '지금-여기'를 잘 다루지 못한다면 문제를 경험하고 해결하는 기회를 놓치게 되는 것이다.

다음의 대화는 비효과적/효과적인 사용에 대한 대조의 예이다.

비효과적인 사용

Tom : 　나는 스스로에게 별로 자신이 없어요. 꼬마였을 때 집에 손님이 오시면 가구 뒤에 숨곤 했어요.

지도자 : 　그 행동이 계속 되었나요?

Tom : 　음. 내가 고등학생일 때는 주말에 아기를 돌보는 일을 많이 맡아서 파티에 가는 것을 피하려고 했죠.

지도자 : 　사람들을 피하는 것이 안정감을 느끼게 했군요.

Laura : 　어쨌든 그런 식으로 느끼곤 했었지요…

지도자는 무슨 일이 일어났는지 인식하지 못했다. Tom의 현재 감정으로 대화를 옮기지 못함으로써 집단은 기회를 놓치고 있다.

효과적인 사용

Tom : 　나는 나 자신에 대해 확신이 없어요. 그래서 나에 대해 어떻게 말해야 될지 모르겠어요.

지도자 : 　당신은 여기에서 기대하는 것에 대한 확신을 가지고 있지 않군요.

6) 연결짓기

정의　연결짓기(linking)는 지도자가 집단원에게 그들이 말하는 것의 유사점과 차이점을 지적하는 것이다. 이것은 내용과 감정의 유사성을 지각하게 하는 것을 필요로 한다. 또한 지도자는 개인의 언어적/비언어적 메시지를 연결시킬 수 있어야 한다.

원리　연결짓기를 통해서 지도자는 집단원의 문제가 표현만 다르지 기본은 비슷하다는 것을 보여준다. 이것은 감정에도 적용이 된다. 집단원은 자신의 감정과 타인의 감정 사이의 관계를 지각하게 된다. 연결짓기가 상호작용을 촉진한다고 가정한다. 초기의 집단상호작용은 때때로 미비하고 피상적이다. 연결짓기를 통한 상호작용은 응집력을 촉진한다. 그들의 문제와 감정이 공유되어 있다는 이러한 연결에 대한 집단원의 지각은 집단에 기여하고자 하는 의지와 인간행동을 더 잘 이해할 수 있게 한다. 집단원들은 그들이 상호 이해에 관심이 있다는 사실을 알기 때문에 보다 기꺼이 그리고 자유롭게 상호작용한다.
　다음의 대화는 이러한 능력에 대한 효과적/비효과적인 대조를 보여준다.

비효과적인 사용

Ramon : 어머니와 아버지는 내가 집에 일분만 늦게 들어가도 항상 친구네 집에 전화를 해요. 친구들은 다음 날이면 "마마보이"라고 놀려요.

Tony : 학교를 마치고 집에 와서 막 쉬려고 하면 부모님은 숙제가 있는지 물어보세요. 만약 숙제가 없다면 전쟁이 시작되죠. 가끔은 선생님에게 전화까지 걸어서 나에 대해 물어보세요.

지도자 : 숙제가 없다는 것을 나타내는 사인을 선생님으로부터 받는 것에 대해서는 생각해 보지 않았나요?

　지도자는 Tony에게 가능한 대안을 제공했으며 Ramon은 혼자 맴돌게 하여 집단의 상호작용을 제한했다. Ramon은 그의 말이 제대로 전해지지 않았다고 느끼고 이 집단이 뭘 해줄 것인가에 의구심을 가질 것이다. 아마도 그는 기꺼이 참가하지 않게 될 것이며 다음부터는 마음을 덜 쏟을 것이다. 지도자는 두 사람이 신뢰받지 못하는 것에 대해 분노하는 감정을 연결시킬 수 있었다. 이로 인해 그들은 상황과 감정이 비슷하다는 것을 느끼고 현재의 상황에 대해 보다 적절한 도움을 얻을 수도 있었을 것이다.

효과적인 사용

Sally : 나는 일요일 오후에 쇼를 보러 가고 싶어요. 친구들에게 이런 제안을 할 때마다 그들은 다른 것을 하고 싶어해요. 그래서 그냥 그들과 어울려요.

Marianne : 어떤 일을 하기 위해 소그룹으로 나눌 때, 좋은 생각이 떠오르지만 내가 그것을 말하기도 전에 다른 친구가 먼저 말해버려요. 대부분 나는 내 생각은 접어두고 친구들의 생각을 따르는 편이에요.

지도자 : 나는 두 사람이 자신의 생각들은 포기하고 단체가 원하는 것을 그냥 하게 될 때 자신에게 화를 낸다고 생각해요. 여러분은 여기에 대해 어떻게 느끼나요?

여기서 지도자는 두 사람의 감정과 문제를 연결지었으며 Sally와 Marianne가 혼자가 아님을 깨달을 수 있도록 하였다.

7) 직면시키기

정의 효과적인 직면(confrontation)은 감수성과 목표를 요구한다. 지도자는 집단원이 자신의 행동과 의도 사이의 모순을 지각할 수 있도록 한다. 노출은 행동의 목표에 초점을 둔다. 노출은 잠정적인 가설을 통해 다음과 같이 표현한다. 즉, "그렇게 될 수 있을까?" 혹은 "아마 이럴 거라는 생각이 들어요…" 또한 노출은 말과 행동 혹은 행동과 목표 사이의 모순을 명백하게 다룬다.

원리 직면의 목적은 정화와 도전이 아니라 한 개인이 타인에게 미치는 영향과 자신의 신념과 행동이 일관적이지 못하다는 것을 알게 하는 것이다. 직면은 집단원이 자신들의 행동을 분명히 알고 좀더 진실한 태도를 갖고 마음을 나누게 한다.

직면은 공감과 함께 사용해야 한다. 관심과 일관성과 진실함을 가지고 직면하는 사람은 상대방에게 가치있는 선물을 주는 것이다.

지도자가 공감과 상호 존중하는 마음으로 집단을 운영한다면 직면은 개인과 집단의 움직임을 새로운 단계로 나아갈 수 있게 한다. 지도자는 직면을 통해 다른 집단원이 새로 온 집단원과 지도자를 어떻게 인식하고 있는지를 함께 이야기해 보는 모험을 하게 된다.

직면은 또한 참가자가 다른 집단원을 미묘하게 자극한다는 것을 알도록 하는 데 도움이 될 수 있다. 이러한 직면은 집단에 있는 각 개인의 행동이 다른 집단원들과 관련된 심리적인 움직임에 비추어 보여진다는 가설에 바탕을 두고 있다. 이러한 움직임은 집단원의 의도를 드러낸다.

행동의 목표가 확인된 후 집단은 집단원의 동의 하에 한 집단원의 잘못된 요구에 대해 과장되게 동의한다. 예를 들면 누군가가 특별하기를 원한다면 회기 중의 상당한 시간 동안 그 사람을 아주 특별한 존재로 대우해 주는 것이다. 다시 말해 그 집단원이 원하는 세상을 만들어 보는 것이다. 그렇게 그 집단원의 목표가 드러나고 그의 잘못된 요구에 집단의 초점을 두면 그의 행동은 저지받게 된다. 이 절차는 역설적인 의도와 비슷하다. 왜냐하면 행동을 과장함으로써 만족을 덜 가져오게 하기 때문이다. Adler는 이 기법을 "증상 처방하기(pre-scribing symptom)"라고 불렀다.

다음의 대화는 직면에 대한 효과적/비효과적인 활용을 대조시켜 놓은 것이다.

비효과적인 사용

Wayne : 나는 Mrs.Kasey의 수업시간에 문제가 많아요. 그분은 나를 못살게 굴어요.

Joan : 그래, 그 선생님은 너에게 좀 심하셨어. 협조하려고 했지만 그분이 나를 그런 식으로 취급하도록 놔둘 수는 없었어요.

지도자 : 당신이 한 행동을 말해 보세요.

효과적인 사용

Wayne : 나는 Mrs. Kasey의 수업시간에 문제가 많아요. 그분은 나를 못살게 굴어요.

Joan : 그래, 그 선생님은 너에게 좀 심하셨어. 협조하려고 했지만 그분이 나를 그런 식으로 취급하도록 놔둘 수는 없었어요.

지도자 : 당신이 통제될 수 없다는 것을 Mrs. Kasey에게 보여주기를 원했나요?

지도자는 Joan의 저항의 목표에 초점을 두면서 대화를 다른 수준으로 이끌어갔다. 그러나 잠정적으로 Joan이 자신의 행동목표를 생각하도록 하였다.

8) 차단하기

정의　차단하기(blocking)는 집단 전체나 집단원 개인의 파괴적인 의사소통에 개입하는 것이다. 지도자의 목표는 집단을 진행하는 것이기 때문에 진행에 방해가 되는 의사소통은 차단한다. 예를 들면 한 참가자가 자신이 직접 직면하는 것을 두려워하여 지도자가 자신의 감정을 다른 집단원에게 대신해서 표현하도록 조종할 수도 있다.

원리　지도자는 이 기법을 통해서 집단원이 내적 감정을 표현하도록 격려한다. 집단원은 자신의 신념과 감정을 솔직하게 나타내면서 "있는 그대로의 자신"을 분명히 진술하고 개방적이 되기를 요구받는다. 이 기법은 부드럽게 다뤄져야 집단원들이 "거부"하지 않게 된다.

'차단하기'는 여러 형태를 취한다. 지도자는 질문을 차단할 수 있고 집단원이 자신의 감정과 신념에 대해 분명한 말을 하도록 할 수 있다. 이것은 또한 집단원이 집단 내에서 '그때-거기' 대신 '지금-여기'에 초점을 두도록 한다. 이러한 종류의 차단하기는 현재의 대인관계 경험과 감정에 주의를 기울이도록 한다. 정직한 직면을 계속하는 것이 성장을 가져온다. 또한 차단하기는 개인의 생각을 추측하고자 하는 사람들로부터 그 개인의 사생활이 침해받지 않도록 하는 데 쓰여질 수도 있다.

차단하기는 교통신호와 같은 것이어서 잘못 다루면 교통체증을 야기하지만 잘 다루면 집단을 원활하게 흐르게 한다. 차단하기가 효과적인지 아닌지의 여부에 대한 검증은 그 집단이 목표를 수행하는 데 도움이 되는지를 보면 알 수 있다. 차단하기는 사소하고 해로운 전술로 인해 주제에서 벗어나는 것을 막아준다.

다음의 대화는 차단하기에 대한 효과적/비효과적인 사용을 대조시켜 놓은 것이다.

비효과적인 사용

Lisa : 나는 John이 언제나 팔짱을 낀 채 앉아 있는 모습을 좋아하지 않아요.

Lynn : 그래, 나도 그렇게 느껴요.

지도자 : 그는 마치 집단원이 아닌 것 같아요.

지도자는 Lisa가 직접 John에게 말하도록 방향을 잡아주지 못했다. Lisa는 직면을 두려워했기 때문에 자신이 감히 이야기하지 못하고 지도자가 John에게 말해주기를 바랐다.

효과적인 사용

Frank (지도자에게) : 나는 당신이 Carol에게 무슨 말을 하길 바랬어요. 그녀는 집단에 전혀 도움이 되지 않아요.

Anne : 우리 모두 당신이 그녀에게 무슨 말이라도 해야 한다고 생각해요.

지도자 : 내가 무슨 말을 하기를 바라나요? 나는 당신이 Carol에게 직접 말한다면 그녀에게 더 도움이 될 것이라고 생각해요.

Frank : Carol, 당신은 내가 어머니와의 관계에 있어서 어려움을 겪고 있는 데 대해 어떻게 느끼세요?

Carol : 내가 보기에는 당신이 마치......하는 것처럼 보여요.

지도자는 집단에서 행해지는 잡담을 효과적으로 차단하고 있다. 관련된 집단원에게 말하도록 방향을 조정하였다. Carol의 감정이 공개되고 건설적인 제안이 이루어졌다.

9) 격려하기 및 장점과 긍정적인 피드백에 초점두기

정의 지도자는 장점과 긍정적인 감정을 숨김없이 나타내는 것이 매우 효과가 크다는 것을 잘 알고 있다. 동료로부터 받는 긍정적인 피드백은 우리의 태도와 자아존중감에 상당한 영향을 준다. 지도자는 장점에 초점을 두고 긍정적인 피드백을 줄 기회를 찾는다. 이는 집단원들이 상호간에 서로를 격려하면서 같은 일을 하도록 장려한다.

원리　개인은 종종 집단 내의 위치에 대해서 신경을 쓰고, 여러 제안에 대해서 개방적이며 지도자보다는 동료에게 압력을 느낀다. 지도자는 집단이 참가자들의 발전을 격려할 수 있도록 도움을 준다. 집단이 긍정적인 측면을 바라보고 그것을 강조하면 할수록 사회적 관심은 고무되고 집단원들은 긍정적으로 상호작용할 기회를 더 많이 가지게 됨으로써 성장하게 된다. 진정한 격려의 분위기가 조성되고 연습이 뒤따르면 집단은 통합이 잘 되고 응집력이 생긴다.

다음의 대화는 '격려 및 긍정적 피드백'에 대한 효과적/비효과적인 사용을 대조시켜 놓은 것이다.

비효과적인 사용

Tom :　나는 여학생들과 친해지기가 쉽지 않은 것 같아요.

Laurie :　그래요, 당신은 수줍음이 아주 많은 것 같아요.

Tom :　나도 그렇게 생각해요.

지도자 :　당신의 수줍음에 대해서 이야기 해봅시다.

여기서 지도자는 위장된 결점에 대해 토론하는 함정에 **빠졌다.**

효과적인 사용

Tom :　나는 여학생들과 친해지기가 쉽지 않은 것 같아요.

Laurie :　그래요, 당신은 수줍음이 아주 많은 것 같아요.

Tom :　나도 그렇게 생각해요.

지도자 :　당신이 집단에서 남학생들과 이야기 할 때는 편안해하는 것을 보았어요.

지도자는 Tom의 장점을 활용하고 그가 제대로 기능하지 못하는 영역으로 그 장점을 옮기려는 시도를 하였다.

10) 비언어적인 단서에 직면하여 집단참여를 촉진하기

정의　집단지도자는 개인의 통합적 차원, 즉 사고, 감정, 목표, 행동을 다루는 것에 관심이 있다. 지도자는 행동의 언어를 이해하기 위하여 개인의 기본적인 기관, 정서, 그리고 안전에 대한 요구가 충족되는지 어떤지를 언급하는 것으로 집단을 시작한다. 집단원들이 자아와 타인에 대해 갖는 일련의 가정은 끊임없이 확인받고 때로는 집단 내에서 현실검증을 통해서 거부되기도 한다. 지도자는 집단원이 의사소통의 경로를 열고 닫는 비언어적인 행동언어를 알아차리도록 돕는다.

원리　지도자는 집단원이 의사소통의 경로를 열거나 닫게 하는 비언어적인 행동을 지각하게 함으로써 집단 의사소통에 또 다른 차원을 덧붙이게 된다. 집단원은 자신의 메시지를 깨닫고 타인의 메시지를 읽는 것을 배우게 된다. 그들은 또한 자신과 타인 간의 비일치성을 지적하고 처리하는 것을 배우게 된다.

다음의 대화는 이러한 기법에 대한 효과적/비효과적인 활용을 대조시켜 놓은 것이다.

비효과적인 사용

Gary : (첫 만남에서 약간 뒤로 몸을 빼고서는 주로 원 밖에 앉아 집단으로부터 멀리 떨어져 있다.)

지도자 : 나는 사람들이 뒷자리에서 맴돌고 있을 때는 그들이 집단을 좋아하지 않는 것이 아닌가하고 느끼는 경우가 많아요. Gary, 여기에 당신이 좋아하지 않는 사람이 있나요?

지도자의 발언은 Gary의 입장에 대해 공격적이다. "우리 모두 좀더 가까이 안으로 당겨 앉읍시다"라고 말해서 보다 일반적인 경우가 되도록 했어야 했다.

효과적인 사용

Lisa : (자신에 대해서 지적으로 말하고 자신의 감상과 회상으로 집단을 지배하려고 한다.)

Wayne : (의자에 앉아 몸을 비틀고 쭉 뻗기 시작한다.)

지도자 : Wayne, 불안해 보이는군요. 무슨 일이 있나요?

지도자는 Wayne의 행동에 대해서만 언급하고 있다. Wayne 자신과 Lisa의 행동 간에 관련을 짓는 것은 Wayne에게 달려 있다.

11) 나-메시지의 촉진

정의　나-메시지는 화자의 감정과 태도에 관하여 상대방에게 명확하게 보내는 메시지이다. 지도자의 과제는 간접적인 메시지(너-메시지)를 보내는 집단원을 발견했을 때 모범을 보이고 예를 제공하며 중재역할을 하여 나-메시지로 바꾸도록 하는 것이다. 자신의 감정을 말하지 않고 질문하는 집단원에게 개입할 때 나-메시지를 사용한다. 지도자는 그러한 집단원에게는 질문을 하지 말고 말을 하라고 요구한다. 예를 들면, "당신은 왜 그렇게 하나요?"라고 묻기보다는 "당신이 그렇게 할 때 나는 짜증이 나요"라고 할 수 있다.

원리　너-메시지와는 대조적으로 나-메시지는 저항과 반항을 훨씬 덜 일으키는 경향이 있다. 나-메시지를 보내면 훨씬 더 잘 지각하게 된다. 그런 경우에는 자신에 대해서 책임지며 자신의 감정을 확인하게 된다. 정직한 나-메시지를 보내는 사람은 실제 있는 그대로의 자신을 타인에게 드러내는 모험을 하는 것이다. 그렇게 하는 데는 용기가 필요하고 내적인 안전감이 요구된다. 나-메시지는 자신의 감정을 나타내는 것이지 그 말로 타인의 변화를 요구하는 것이 아니다.

집단과정에서 직접적인 나-메시지를 사용하면 제3자가 개입해서 빗대어 말한 집단원에게 메시지를 해석하고 전달할 필요가 없어진다. 집단원들이 서로를 직접 대할 때 피드백과 정직한 의사소통이 향상된다. 상호간에 의사소통을 하지 않거나 역기능적인 의사소통을 하면 집단은 비효과적이 된다.

다음의 대화는 이러한 능력에 대한 효과적/비효과적인 활용을 대조시켜 놓은 것이다.

비효과적인 사용

Diego：　Darnel은 나를 보면 웃지 않을 수 없다고 계속 말하는데 이제 그 말에 질려 버렸어요.

지도자：　면전에서 그를 한 방 날리고 싶겠네요.

지도자의 말은 Diego가 Darnel에게 직접적으로 분노를 나타내도록 제안하지 않고 Diego의 감정을 지적했기 때문에 비효과적이다.

효과적인 사용

Diego : Darnel은 나를 보면 웃지 않을 수 없다고 계속 말하는데 나는 이제 그 말에 질려 버렸어요.

지도자 : Diego, Darnel에게 직접 당신의 느낌을 말할 수 있나요?

집단원들이 자신들의 감정을 상호간에 직면할 수 있도록 격려하는 것은 매우 효과적이다. 그렇게 하면 집단원은 자신의 감정과 직면하여 그것을 솔직하게 다룰 수 있게 된다. 결과적으로 직접적인 통찰이 가능하게 되어 집단에 없는 사람을 다루고 있는 것처럼 느끼지 않게 된다.

12) 현실검증을 자극하는 바꿔 말하기와 명료화하기

정의　바꿔 말할 때 지도자는 내용과 피드백―표현된 말의 핵심―에 선택적으로 초점을 둔다. 그는 자신이 들은 내용을 정확하게 확인하기 위하여 생각을 반영하고 집단원으로 하여금 상호작용을 통해서 자신들의 가설, 가치, 태도, 행동을 명확히 하도록 격려한다. 집단은 언어를 넘어서서 그것의 적절성과 효과를 살펴보기 위한 행동을 할 수 있는 독특한 장면을 제공한다.

원리　바꿔 말하기는 집단원이 제대로 이해받고 있는지를 확인하는 것이다. 집단원은 현실검증을 통해서 어떤 행동을 시도하고 그 행동으로부터 배우며 결과를 평가한다. 그들은 집단을 통해 "행동하는 자신을 바라보는 것"이 가능하게 된다.

다음의 대화는 이러한 능력에 대한 효과적/비효과적인 활용을 대조시켜 놓은 것이다.

비효과적인 사용

Laurie : 나는 어머니와의 관계에서 문제가 많아요.

Anne : 나는 당신이 집단에서 항상 어머니 얘기를 꺼내는 것에 질렸어요.

지도자 : 사람은 누구나 자기가 하고 싶은 말을 거론할 권리가 있어요. 참고 들어봅시다.

지도자는 Anne의 메시지를 듣지 못했다.

효과적인 사용

Laurie : 나는 어머니와의 관계에서 문제가 많아요.

Anne : 나는 당신이 집단에서 항상 어머니 얘기를 꺼내는 것에 질렸어요.

지도자 : 당신은 Laurie가 항상 자기 어머니 얘기를 하는 것에 대해서 아주 화가 나 있군요. 그러한 경우에 당신은 어떻게 하는지 그 경험을 말해줄 수 있나요?

지도자는 Anne이 말을 하도록 했고 그녀가 믿고 느끼는 것을 분명히 하고 있다.

13) 피드백 제공

정의 피드백이란 타인이 우리를 지각하는 방법을 아는 과정을 의미하며 이를 통해서 우리는 행동을 적절하게 바꿀 수 있다. 일상생활에서 정확한 피드백을 받을 수 있는 기회는 상당히 제한되어 있다. 집단은 사람들이 진실하고 가치 있는 피드백을 주고받을 수 있도록 심리적 안전을 제공한다.

원리 피드백의 기능은 두 가지이다. (1) 자신의 행동이 타인에게 미치는 영향에 대한 정보를 제공한다. (2) 긍정적인 혹은 부정적인 강화를 제공한다. 피드백은 구체적인 반응과 관련될 때 더욱 효과적이다. 각자의 반응에 대한 피드백은 전반적인 진행에 대한 정보보다 더 효과적이다. 그리고 반응할 때마다 정확한 정보를 제공하는 것이 연속적인 반응에 대해 일반적인 정보를 주는 것보다 훨씬 낫다. 집단 내의 피드백은 '지금-여기'에 대한 관찰에서 나오고 하나의 사건이 일어나고 난 뒤 바로 피드백을 주는 것이 효과적이다.

피드백 과정에서 집단원은 그들이 타인에게 어떻게 보이는지 알게 된다. 지나치게 다정한 유형의 사람들은 집단원들이 그의 과장된 다정함에 대해 불쾌해 하고 있다는 사실을 알게 된다. 말을 매우 신중히 골라서 하고 정확하게 말하는 남자는 처음으로 타인이 그를 고지식한 사람으로 여긴다는 것을 알게 된다. 타인을 도와주고 싶은 마음이 다소 지나친 여자는 집단원이 그들의 어머니를 원하지 않는다는 사실을 확실히 알게 된다. 피드백은 당황스러울 수도 있지만 관심어린 마음으로 제공한다면 큰 도움이 될 수 있다.

다음의 대화는 '피드백'에 대한 효과적/비효과적인 활용을 대조시켜 놓은 것이다.

비효과적인 사용

Nikki : 나는 다른 사람들의 감정을 이해하는 것이 아주 쉽게 느껴져요.

지도자 : 쉬운 이유가 무엇일까요?

Nikki : 아마도 민감하기 때문이겠지요.

지도자 : 그럴 수 있어서 참 다행이군요. Sam, 당신은 어떤가요.

이 예에서 지도자는 Nikki의 말에 받은 느낌에 대한 피드백을 주지 않고 그저 수용하고 인정하고 있다.

효과적인 사용

Deke : 내가 조심하는 이유는 만약 내가 하는 말에 대해서 주의를 기울이지 않으면 의미가 다르게 전달되기 때문입니다.

지도자 : 우리는 당신이 언제 신중해지는지 알 수 있을 것 같아요.

Deke : 나도 그럴 거라고 생각해요. 하지만 그것이 내 방식이에요. 나는 논쟁할 때도 그렇게 해요.

지도자 : 당신에게는 정직해지는 것이 매우 어려운 일인가요?

14) 잠정적 가설의 형성

정의　잠정적 가설은 지도자가 집단원의 행동목표에 대해 갖는 가설이다. 가설을 통해서 집단은 행동의 목표를 고려하고 지금 일어나고 있는 일을 조사함으로써 '지금-여기'에 대해 지각하게 된다. 앞에 나온 Deke의 예는 피드백에 대한 잠정적인 가설을 설명해 주고 있다.

원리　지도자는 행동의 잠정적 가설을 제공하여 집단원이 행동의 목적을 이해하고 자신의 행동을 통찰하도록 한다. 집단은 그 자체가 사회적 현장이기 때문에 집단원에게 사회적 행동의 목적과 결과를 관찰할 수 있는 상황을 제공한다. 비록 잠정적 가설이 한 사람에게 제시된다 하더라도 그 가설은 전체 집단에게 가치로운 것이다. 왜냐하면 사람들의 잘못된 지각과 자기 패배유형은 상당히 유사하기 때문이다. 동료의 피드백은 보다 타당한 가설을 만들고 부차적으로 통찰력을 갖게 한다.

잠정적인 가설은 적절한 시기, 즉 집단원이 가설들을 받아들일 준비가 되어 있을 때 제공되는 것이 효과적이다. 가설을 제시하는 지도자의 태도가 중요하다. 가설로 밝히는 내용은 행동의 원인이 아니라 그 목표와 관계되어 있다. 지도자는 낙담을 가져오는 행동에 대해서는 결론을 내리지 않는 대신, 집단원이 행동의 목적이 될 수 있는 것에 대해서 지각할 수 있도록 한다. 이러한 노출은 즉각적인 인지적 반영을 불러일으킬 수 있다. 노출은 서로를 존중하는 다정한 분위기에서 이루어진다. 지도자는 한 개인이 그렇게 행동하는 이유를 알고 싶다거나 잠정적인 가설을 내리고 싶으면 그 사람에게 "나는 …가 궁금하다", "그것이 …가 될 수 있을까?", "나는 …와 같은 생각을 갖고 있다"와 같은 말을 한다.

다음의 대화는 '피드백'에 대한 효과적/비효과적인 활용을 대조시켜 놓은 것이다.

비효과적인 사용

Wayne : 집단에서 거론되고 있는 문제가 관심이 없는 것이면 나는 때때로 하품을 크게 해요.

지도자 : 당신은 분명히 주의를 끌려고 하고 우리가 당신에게 계속 관심을 갖고 있기를 바라는군요.

이 예에서 지도자는 퉁명스럽게 가설을 제공하며 Wayne의 목표에 대해서 가설을 세우기보다 그의 목표가 무엇인지를 말해주고 있다. 지도자가 이러한 태도로 직면할 때 Wayne은 방어적이 되어 자신의 행동의 진정한 목표를 부인하거나 이러한 '비난'에 대해서 화를 낼 수도 있다.

효과적인 사용

Wayne : 집단에서 거론되고 있는 문제가 관심이 없는 것이면 나는 때때로 하품을 크게 해요.

지도자 : 당신은 우리들이 당신에게 계속 관심을 갖도록 하기 위해 과장되게 하품을 하는 것이 아닐까요?

　여기에서 지도자는 동일한 가설을 제공하고 있지만 훨씬 주장이 약하고 귀에 거슬리지 않는다. Wayne은 함정에 빠졌다는 느낌을 갖지 않고도 지도자의 가설이 그의 진정한 의도를 반영하는 것이라고 생각할 수 있다. 그리고 그는 지도자의 말을 비난이라기보다는 도움이 되는 제안으로 받아들일 수 있다.

15) 과제설정 및 실행하기

정의　지도자는 집단원이 그들 자신을 위해 집단에서 설정한 일이나 과제를 말하도록 해서 과제를 설정한다. 집단원은 한 회기에서 (혹은 회기 전체 동안) 다른 집단원들과의 상호작용 속에서 이루고 싶은 것을 분명히 말한다. 과제를 보다 구체적으로 진술하면 할수록 실행하기도 그만큼 더 쉬워진다. 집단지도자는 먼저 집단원이 말하는 것을 듣고 난 후 자신의 생각을 말하고 일을 실행하도록 격려함으로써 더 구체화할 수 있다. 집단원이 성취해야 하는 과제의 가치를 알도록 도와주는 것이 격려가 될 수 있다. 집단원은 계약을 하고 다음 모임에서 진행이 얼마나 되었는지에 대해서 다시 보고하도록 한다.

　일단 과제가 구체화되면 지도자는 집단원으로 하여금 어떻게 하면 과제를 가장 잘 성취할 수 있겠는가에 대해 정확하게 말하도록 도와주어야 한다. 여기에서도 구체성이 중요하다. 집단원 자신이 책임진 과제를 실행하도록 하는 것이 중요한 요인이다.

원리　과제가 없다면 실행도 없기 때문에 과제를 설정하고 실행하는 것은 중요하다. 지도자는 모든 집단원이 집단 내에서 자신이 역할을 맡을 필요가 있는 영역을 지각하도록 도와주는 것이 중요하다. 모든 집단원이 자신이 정해놓은 일이나 과제를 차질 없이 실행하도록 하는 것도 마찬가지로 중요한 일이다. 과제를 설정하고 실행하는 것은 대개 집단 초기에 일어나지만 새로운 지각과 상황이 일어나면 새로 재규정할 수 있다.

　다음의 대화는 이러한 능력에 대한 효과적/비효과적인 활용을 대조시켜 놓은 것이다.

비효과적인 사용

Neresa : 나는 이 집단의 목적이 무엇인지 확실히 모르겠어요. 내가 완벽하지 않다는 것은 알지만 집단이 나를 위해 무엇을 할 수 있는지를 모르겠어요.

지도자 : 글쎄요. 뭔가 분명히 있을 겁니다. 그런 태도로 아무 것도 이룰 수가 없어요.

Neresa : 나는 이미 내가 느낀 바를 말했어요. 집단이 나를 위해 무엇을 할 수 있는지를 모르겠어요.

지도자 : 그렇게 말하면 안되지요.

지도자는 Neresa를 반응시키기 위해 과도한 행동을 했다. 이러한 종류의 반응은 Neresa가 지도자에게서 거리감을 느끼게 하기 때문에 효과가 없다.

효과적인 사용

Neresa : 나는 이 집단의 목적이 무엇인지 확실히 모르겠어요. 내가 완벽하지 않다는 것은 알지만 집단이 나를 위해 무엇을 할 수 있는지를 알지 못하겠어요.

지도자 : 우리 모두가 그런 감정을 약간씩은 가지고 있다고 생각해요. 집단의 목적은 자신을 이해하고 타인과 효과적으로 관계를 갖도록 도와주는 것이죠. 당신이 토론하고 싶은 이야기가 있나요?

Neresa : 글쎄요, 저는 사람들이 많이 있는 집단에서는 불안해요. 아마도 그것에 대해서 이야기를 할 수 있을 거에요.

지도자 : 당신은 자신의 불편한 감정에 대해 얘기해 보고 싶으신가요?

Neresa : 예. 그리고 싶어요.

지도자 : 큰 집단에서 느끼는 감정과 어떻게 변하고 싶은지 우리에게 말해줄 수 있나요?

Neresa : 글쎄요, 그런 생각에서 벗어날 수가 없어요. 좀더 자유롭고 편안하게 느끼고 싶어요.

여기에서 지도자는 무리하지 않게 Neresa로 하여금 집단에 대해 할 일을 결정하도록 하고 있다. 지도자는 Neresa에게 과제를 주지 않고 그녀가 과제를 발견해서 그 상황을 탐구해보도록 지도한다.

16) 마무리하기 및 요약하기

마무리하기　마무리하기는 거의 회기의 마지막 단계에 하게 되며 이때 지도자는 집단으로 하여금 상호작용을 정서적인 측면에서 인지적 측면으로 초점을 옮기도록 한다. 지도자는 감정보다는 내용에 반응하고 감정을 잡으려하기 보다는 바라보도록 한다. 정서적인 부분이 제기되면 지도자는 마무리 기법을 사용하여 덜 긴장된 주제로 바꾸도록 한다. 주제를 지난 번에 논의된 것이나 새로운 것 또는 한쪽에 치우치지 않은 것으로 바꿀 수도 있다. 이 기법을 사용하는 데 있어서 지도자는 집단원 어느 누구도 위기 상태에 있지 않은가를 확인해야 한다. 집단원은 회기에서 처리할 수 없는 감정이 남아있다고 느껴서는 안 된다. 회기 마지막에 각 집단원이 돌아가면서 하고 싶은 마지막 말을 하도록 기회를 줄 수도 있다.

요약하기　요약하기는 회기 중에 나온 주제를 돌이켜보는 것을 의미한다. 이 것은 지도자나 집단원에 의해서 혹은 공동으로 이루어질 수 있다. 지도자가 집단에서 일어나고 있는 일에 대해 협조를 얻고 싶거나 상호작용의 의미를 살펴보기 위하여 회기 중에 할 수도 있다. 예를 들면, "지금 무슨 일이 일어나고 있나요?" 또는 "우리가 지금 어디쯤 있나요?"와 같은 질문으로 촉진할 수 있다. 지도자는 여러 집단원이 어떤 특정한 문제에 처해있다는 것을 확인시켜주고 싶을 수도 있다. 이는 집단원에게 무엇을 배웠고 경험한 것에 대해서 어떻게 느끼는지를 물어보면 이루어질 수 있다.

원리　마무리하기는 모든 집단원이 협력하여 현실을 다루도록 시간을 내주는 것이다. 요약하기는 긍정적인 계획을 세우면서 회기를 마치게 하고 상호작용에 인지적 요소를 제공하여 집단으로 하여금 실제 일어난 일에 대한 구조와 목표를 연결할 수 있도록 한다. 또한 요약하기는 모든 집단원이 서로를 어떻게 지각하고 있는지를 알게 하고 집단에 대해 새로운 자료를 생성할 수 있게 한다. 마지막으로 요약하기는 집단원이 경험하고 있는 것을 지도자가 정확하게 파악할 수 있도록 한다.

다음의 대화는 '요약하기'에 대한 효과적/비효과적인 활용을 대조시켜 놓은 것이다.

비효과적인 사용

Diego : 정말로 긴장돼요.

지도자 : 이제 끝날 시간이 다 되었으니까 다음 번으로 미뤄 둡시다.

효과적인 사용

Darnel : 나는 우리가 문제를 해결했는지 확신이 서지 않아요.

지도자 : 당신은 지금까지 무엇을 배웠다고 생각하나요?

지도자는 토론을 마무리하고 이 시점에서 배운 것에 대해 질문한다. 이것은 지금까지 Darnel에게 일어난 변화를 평가하는 기회가 된다.

8. 집단방법

Adler학파는 행동의 사회적 의미를 대단히 강조한다. 그들은 대부분의 문제가 사회적이고 대인관계에서 비롯된다는 사실을 깨닫고 인간의 행동을 사회적 맥락에서 이해해야 할 필요성을 느낀다. 이 접근은 모든 Adler학파의 치료사와 상담사에게 공통되는 것이지만 집단절차에 있어서는 여전히 약간의 차이를 보이고 있다.

9. 생활양식 집단

Adler학파의 집단은 자기-각성과 이해를 돕기 위하여 생활양식을 사용한다. 집단원은 대개 부모와의 관계, 출생 순위의 평가 및 특성 비교, 그리고 초기 기억을 망라하는 간략한 생활양식(mini-lifestyle)의 자료를 수집하기 위해 자신에 대한 정보를 충분히 제시한다. 지도자는 개인의 잘못된 지각, 장점, 목표를 간단하게 요약한다. 어떤 집단에서는 집단원이 여러 가지 과제를 얼마나 성공적으로 잘 해냈는지를 보여준다.

집단원의 생활양식과 각 집단원이 삶의 과제에 대처하는 방식을 아는 것은 매우 유익한데, 그것은 집단원으로 하여금 다른 집단원의 지각, 신념, 목표, 그리고 가치를 이해할 수 있도록 돕기 때문이다. 집단관계의 평등주의적 성격이 강조되는 이유는 그것이 집단원들로 하여금 서로를 알게 하고 집단에 참여하게 하며 각 집단원의 심리적인 움직임의 목표에 대한 잠정적인 가설을 추측하거나 형성하는 것을 배워나가게 하기 때문이다.

Robert Powers는 집단치료에 교육적인 접근을 사용한다. 모든 집단원은 실제적 집단의 생활양식에 관해서 계속 기록한다. 지도자와 집단원이 생활양식과 상호작용에 관한 같은 정보에 접근할 수 있다는 사실은 지도자와 집단원이 학습경험에 동등하게 참여하는 것을 가능케 한다.

이것은 Powers의 양식을 기초로 한 Frank Walton(1975)의 지침이다.

1부 : 자신을 세미나에 소개하는 지침

A. 10분 동안 아무런 방해도 받지 않고 당신이 누구인지 소개하시오.

B. 가능한 한 현재시제를 사용하라. 나중에 당신의 어린시절을 말할 기회가 주어질 것이다.

C. 인생은 우리에게 도전하고, 우리는 그 도전에 대해 자신의 독특한 방법으로 접근하고 있다. 이 도전에 대한 여러분의 반응에 대해서 말해보세요.

   1. 여러분은 어떤 종류의 친구들을 사귀었습니까? 여러분은 어떤 친구입니까? 낯선 사람과 만났을 때 어떻게 대합니까? 일반적으로 사람들은 여러분을 어떻게 대합니까? 여러분은 다른 사람에 대해서 대부분 어떻게 느낍니까?

   2. 여러분은 어떤 종류의 일을 하며 어떤 직장인입니까? 본인의 일에 만족합니까? 함께 일을 하는 사람이나 여러분이 도와주는 사람들은 여러분의 도움에 대해 고맙게 생각합니까?

   3. 여러분은 누구를 사랑하세요? 사랑해 왔고 사랑받아오면서 어떤 문제가 있었나요? 성, 가까움, 친밀감, 이런 것들을 편안하게 여깁니까? 남성다움에 대해서는 어떻게 생각하세요? 여성다움에 대해서는 어떻게 생각하세요? 남성 또는 여성으로서 자신에게 기대하는 것이 잘 이루어지고 있나요?

2부 : 반응을 공유하기 위한 지침

A. 어떤 사람이 자신을 정확하게 10분 동안 소개를 했다. 그의 소개를 어떻게 받아들입니까?

B. 다른 집단원이 자신에 대해 언급한 것을 마음속으로 인정합니까? 그를 이해하는 것이

쉬운가요, 어려운가요? 그가 낯설게 느껴지나요, 친숙하게 느껴지나요?

C. 그 사람에 대해 어떻게 느낍니까? 그가 자신을 소개한 후에 그 사람에 대한 감정이 변했나요? 어떻게 변했나요?

D. 그 사람에 대해 특별한 방식으로 행동하고 싶으세요? 그러한 마음이 들기를 바라세요, 아니면 그 행동에 대해 화가 나세요? 여러분은 그 사람을 위해, 그 사람과 더불어, 그 사람에게 무엇을 하고 싶으세요?

3부 : 가족구도를 그리기 위한 지침

A. 우리들 각자는 어린시절 타인 속에서 자신의 위치를 규정하는 법을 배웠습니다. 세미나에 참가한 집단원에게 자신이 사춘기 이전에 가족 내에서 어떤 위치를 차지했는지를 말하세요.

B. 형제는 몇 명이었나요, 그리고 여러분은 몇 번째였습니까? 다른 형제들과 어떻게 달랐나요? 그들을 얼마나 좋아했나요? 그들 중 자신과 비슷한 사람은 누구였으며, 가장 다른 사람은 누구였나요? 무엇을 잘했고 무엇이 어려웠나요?

C. 아버지는 어떤 분이셨나요? 그는 누구를 좋아했나요? 여러분에게 무엇을 기대했나요? 그 기대에 대한 느낌은?

D. 어머니는 어떤 분이었나요? 그녀는 누구를 좋아했나요? 여러분에게 무엇을 기대했나요? 그 기대에 대한 느낌은?

E. 부모님의 사이는 어떠했나요? 그들의 차이점과 논쟁점, 그리고 싸운 내용은 무엇이었나요? 두 분 가운데 어느 분에게 더 친밀감을 느꼈나요? 그 이유는?

F. 할아버지와 할머니 혹은 친척들은 당신에게 중요했나요? 어떤 방식으로?

G. 청년기에 변화한 점은? 어떻게 변했나요? 사춘기와 신체적 발달 그리고 데이트는 당신에게 어떤 의미였나요?

  1. 소년의 경우 : "남자가 된다"는 것은 어떤 의미였나요? 만약 여자로 태어났다면 보다 행복하고, 보다 운이 좋고, 보다 잘 지냈을 것이라고 생각한 적이 있나요?

  2. 소녀의 경우 : "여자가 된다"는 것은 어떤 의미였나요? 만약 남자로 태어났다면 보다 행복하고, 보다 운이 좋고, 보다 잘 지냈을 것이라고 생각한 적이 있나요?

4부 : 가족구도를 토론하기 위한 지침

A. 여러분은 방금 이야기를 한 사람과 자신의 어린시절 가족 속에서 자신에 대한 느낌을 공유할 수 있습니까?

B. 여러분은 이 사람을 더 잘 이해할 수 있습니까? 어떤 방식으로 이해할 수 있나요?

C. 그가 처음으로 자신을 소개할 때 이해하지 못한 부분이 있었나요?

D. 여러분은 이 사람에 대해 무엇을 더 알고 싶으세요?

E. 여러분은 그가 가정에서 다른 형제들 가운데 아이로서 했던 역할과 이 세미나에서 자리

를 찾기 위한 방식과의 관계를 볼 수 있습니까?

1부와 2부는 3부와 4부로 옮겨가기 전에 각 집단원을 위해 반복하고, 3부와 4부도 각 집단원을 위해 반복한다. 5부와 6부는 지도자의 선택에 따라 첨가될 수도 있다. 5부에서는 두세 가지의 초기 기억을 수집하고, 6부에서는 지도자와 참가자가 기억을 해석하게 된다. 이러한 부가적인 부분들은 1부에서 4부까지 각각 10분으로 제한된다.

집단은 4부나 6부가 끝날 때 종결될 수 있으며 생활 가운데서 집단원이 도전에 대한 자신의 행동목표와 유형을 보다 잘 지각하는 데 만족감을 주기 위하여 주기적으로 지속할 수도 있다.

10. 행동치료

행동치료(Action Therapy)는 Walter O'Connell(1972, 1975)이 개발한 집단과정이다. 그 형식은 사이코드라마와 비슷하지만 정서를 자발적으로 표출하는 것에서 끝나지 않고 자신과 타인이 함께 정직한 방향으로 나아가려는 움직임으로 이어진다. 사람들은 자아존중감을 향상시키려는 의사결정을 하는 존재로서 이해되며 그들의 잘못된 지각과 방법은 집단과정에서 강조된다. 행동의 숨겨진 목표가 드러나며, 개인은 사회적으로 보다 책임있는 동기와 목표를 개발시킬 수 있도록 격려된다.

비록 사이코드라마의 창시자인 Jacob Moreno의 기법이 행동치료를 만드는 데 도움이 되긴 했지만, O'Connell은 자신의 체계가 다음에 제시되는 요소들로 구성되어 있기 때문에 Adler학파의 입장을 취하고 있다고 하였다.

1. 인간은 폐쇄된 에너지 자원에 의해 가동되는 기계론적 체계(mechanistic system)가 아니다. 피드백과 그에 뒤따르는 자아존중감의 동요는 우리의 세계관과 아주 일치하며(Frankl, 1963; Mowrer, 1963), 우리의 행동을 설명할 수 있을 뿐만 아니라 이는 완전한 치료를 위해서도 필요한 부분이다(Oliver & Landfield, 1962).

2. '지금-여기'에 있어서 변화에 따르는 행동반응을 일으키기 위하여 어린시절과 병리학적인 결정론을 중요시하지만 정신 내적인 것을 지나치게 강조하지 않는다.

3. 우리가 선호하는 것은 자아존중감, 보상적 환상, 시간이 지남에 따라 행동에서 나오는 인간적인 동일시에 주의를 기울이고 외부조건을 변화시키는 진단에 대한 것이다.

4. 치료는 비인격적인 병리과정을 제거하는 것이 아니라 잘못과 어리석은 행동을 수정하는 과정이며 개인의 창의적인 가설적-추론적 생활양식을 강조하는 집단장면에서 실시된다(예들 들면, 경험을 통해 자기가 강화된 인지를 가지게 되며 타인에 대해서 큰 기대와 요구를 하게 된다)(O' Connell, 1975, p. 63).

1) 기본 개념과 전술

다음은 O'Connell이 설명한 행동치료의 기본 원리와 전술이다.

1. 보호자 원리(guardian principle) 모든 집단원은 위엄있게 사람을 다룰 수 있고 이해심이 많으며 수용적인 "보호자"를 갖고 있어야 한다.

2. 책임감(responsibility) 목표는 자신의 행동에 대해 책임을 질 줄 아는 사람이 되도록 교육하는 것이다. 불안과 죄책감이 불편한 것이기는 하지만 목표를 이루기 위해 병을 이용하는 행위는 단념하게 될 것이다.

3. 관찰력(outsight) 자아존중감이 낮다면 수용과 소속감이 반드시 향상되어야 한다. 이는 타인의 동기와 감정을 관찰함으로써 얻을 수 있다.

4. 각성(awareness) 이것은 내면화된 문장과 부정적인 무의미한 말(internalized sentences and negative nonsense)의 개념이다. 행동치료는 과거에 집착하는 대신에 내면화된 문장에 대해 개인이 즉각적이고 자동적으로 반응할 것을 강조한다.

5. 자기 노출(self-disclosure) 긍정적인 동일시 모형으로서 지도자의 자극가치가 강조된다. 집단원은 지도자의 말보다는 행동을 더 많이 따라한다

(Connell, 1975, pp. 64-66).

2) 기법

거울기법(the mirror), 이중기법(double), 역할 반전(role reversal), 방백 (aside), 대화기법(dialogue technique) 등이 유익하다는 것을 경험을 통해 배웠다. 저항하는 환자의 경우 담당자가 거울 역할을 통해서 잠시 동안 환자의 동작과 언어적 반응들을 연기해 보여주면, 환자는 언제나 자신의 문제를 집중하여 다루려 한다. 환자는 누군가가 자신을 아주 잘 아는 것처럼 보이는 것과 근본적으로 아무런 가치도 없다고 느끼는 자신에게 기꺼이 시간과 노력을 들인다는 사실에 무척 놀라워한다. 이중기법도 환자가 감정과 "자동적" 반응을 언어화하는 동안 지도자는 환자 뒤에 서 있으면서 주인공의 참여를 유도한다(예를 들면, 나는 내가 무슨 생각을 하거나 무슨 말을 하든지 처벌을 받게 될 것 같아요. 나는 뭔가 이상한 말을 함으로써 요리조리 빠져나가려고 할 거예요. 나는 더 이상은 아무 것도 하지 않을 거예요). 역할 반전은 사람들로 하여금 상대방에게 실속 없는 요구를 임의적으로 하게 한 다음 우정을 굳히는 수단으로서 타인의 요구에 주의를 기울이는 토론과 연습을 하게 하는 좋은 매체이다. 방백 기법에서 환자나 담당 지도자가 방어적이고 자기 패배적인 행동을 하더라도 진실한 감정과 감추어진 조작게임은 언어화된다. 담당자나 환자는 심하게 회피적인 환자에 대해서는 해석을 목표로 하여 자기 노출을 하지 않으려는 성향을 증가시키기보다는 환자의 특별한 동기와 목표를 토론하는 편이 좋을 것이다. 그러한 교환(대화)은 "우리는 당신이 과거에 이것을 배운 사실을 알고 있지만 원하신다면 변경할 수 있고 그것이 가능하다고 생각할 수 있습니다. 만약 우리가 잘못되었다고 생각되면 말해 주세요"(O'Connell, 1975, p. 67)와 같은 명백한 논지를 가지고 부드럽게 진행할 수 있다.

O'Connell이 지적한대로 "행동치료는 환자가 자신보다는 타인을 위해서 할 수 있는 것에 초점을 두는 집단치료의 한 형태이다"(O'Connell, 1975, p. 36).

행동치료는 Adler의 이론에 대한 "소강연(lecturettes)"이 포함하는데 여기서는 참가자의 잘못된 개념, 자기 패배적인 신념, 그리고 이러한 잘못이 어떻게 극복될 수 있는지를 쉽게 설명하고 있다. 자아존중감과 사회적 관심에 대한 필요성이 강조된다. 낮은 자아존중감 징후는 과민성, 무가치감, 불완전할 수 있는 모험에 대한 의지부족 등 집단원의 잘못된 행동의 예를 들어 설명한다. 자아존중감의 결여와 사회적 관심 부족이 지나친 의존과 적극적 또는 소극적 경쟁심과 공격성을 야기시킨다는 사실과 함께 불완전할 수 있는 용기도 함께 논의된다.

> 소강연의 일부는 지도자(director)로 하여금 집단의 진행을 돕고 추상적인 것과 과거의 역사를 회피하는 주제와 관계가 있다. 한 가지 주제는 현재의 만남에서 자아존중감을 저하시키고 사회적 관심의 범위를 좁게 하는 구체적인 잘못에 대한 것이다. "우리 모두는 이것을 한다. 왜? 어떻게? 왜 당신은 그것을 지금 합니까?" 다른 주제는 우리가 통제할 수 없는 "어떤" 비극적인 일이 자신에게 일어날 것이라고 느끼는 불안이다. "무엇이 일어날 것을 두려워합니까? 집단에게 솔직하고 정직하게 말해 주십시오. 외로움, 굴욕감, 타인이 불완전함을 발견하는 것이 두려운가요?" 또 다른 주제는 외적/내적 움직임(인지적)의 견지에 비춰 봤을 때 그 자신의 자아존중감과 사회적 관심이 어떻게 저하되는지를 이해하고, 그의 숨겨진 불안을 알고, 그의 평소 인간관계의 성격을 이해하고(지나친 의존, 협동적, 경쟁적), 마지막으로 그가 "무엇"으로서 그리고 어떤 유형의 강화를 사용하여 자신을 확인받기 원하는지 아는 것인데, 예를 들면 가장 훌륭한 언변가로서 끊임없이 타인에게 고개를 끄덕이고 미소를 짓는 방법으로 자신을 확인시키는 것을 아는 것이다. 이상적인 것은 모든 집단원이 다른 모든 집단원에 대해 이러한 정보를 알고 기꺼이 자신을 공유하며 타인을 승인하는 것이다. 이것이 진정한 "공동사회"의 건설이며 각 집단원은 다른 모든 집단원을 반영하거나 두 배의 힘을 발휘할 수 있다(O'Connell, 1975, pp. 38-39).

행동치료에서 집단원은 자발적으로 한 사람씩 주역(protagonist)이 되어 삶에 대한 자신들의 관심과 도전을 집단에서 다룬다. 이때 주역(protagonist)에게서 낮은 자아존중감과 부정적이고 무의미한 말들이 탐색된다.

> 주역과 함께 작업을 하는 동안, 지도자는 다른 집단원에게 그들 간의 유사성을 이해했는지에 대해 질문을 한다. "왜 Joe를 이해하지 못하나요?", "어떤 정보가 필요하세요?", "당신이 그를 이해하기 전에 그는 어떤 조치를 취해야 하나요?", "당신은 Joe가 자신을 열등한 존재로 생각한다고 말하도록 그에게 어떤 말이나 어떤 일을 했나요?"

지도자는 타인이 이와 유사한 문제를 가지고 있는지 물어볼 수 있다. "성에 대한 문제를 갖고 있었던 사람들은 손을 들어봅시다"(2명은 손을 들고, 10명은 가만히 있다). "여기 용기가 있는 2명과 10명의 거짓말쟁이가 있습니다(폭소). 나도 성 문제를 가지고 있습니다. 거기에 대해서 어떻게 생각하세요?"

지도자는 맥이 빠진 집단원에 대해 경쟁의 목표를 통찰시키고 집단응집력을 발전시키기 위해 경쟁 그 자체를 이용할 수 있다. 이때 "우리 집단의 과제는 가장 낙담한 남자를 발견하는 것입니다. 누가 가장 아픈가요?"와 같은 말을 할 수 있다.

지도자는 솔직하게 공유하고 개방성을 연습시키기 위해 경쟁적인 힘의 투쟁을 이용할 수 있다. 음침하고 수동적인 알코올 중독환자 Harry는 자신을 화나게 한 아들과 놀기를 단호하게 거부했고, 그를 데리고 가서 술을 마셨을 때 Joe와 내기가 이루어졌다. 지도자가 "가장 좋은 성격"을 가지고 있는 사람을 선택하라고 집단에게 요청했을 때 집단원들이 Joe를 선택해서 Joe도 무대 위에 올라와 있다. 지도자가 Joe에게 "저는 당신이 Harry가 아들을 데리고 놀게 할 수 없다고 확신하고 25센트를 걸겠습니다"라고 말했다. 바로 그 순간에 지도자는 25센트를 잃어버렸고 집단원들은 권위를 "패배시킨" 힘에 대해 거리낌없이 웃었다. 그러나 이러한 경우에 집단원들이 힘의 투쟁을 나타내고 활기를 찾은 데 대해서 웃고 기뻐했기 때문에 권위는 패배한 것이 아니다.

다른 사람의 제한적인 인지를 추측해 보는 것은 상대방의 "창조성"(비록 예기치 않은 부정적 종류이기는 하지만)을 강조하고 그가 할 수 있는 대안적 선택의 가능성에 초점을 두도록 하는 것이다. 추측 그 자체가 강조되는 이유는 우리들 가운데 어느 누구도 절대적인 확실성을 가지고 있지 않으며 우리가 하고 있는 모든 것은 추측될 수 있다는 것을 깨닫게 하기 위해서이다. 다른 사람의 창조성을 추측하는 것은 그에게 희비극적 역설(예, 도움을 청하려고 울고 있는 동안 기진맥진해지는 것)에 대한 경험을 통하여 유머감각의 발달 경로를 아는 데 도움이 된다.

참가자들로 하여금 자신의 "증상"을 완성하기 위해 더욱 노력하도록 역설법을 강조할 수도 있다. 교훈은 "부정적인 넌센스를 그만두거나 오히려 증가시켜서 불행을 충분히 즐기도록 배우는 것이다"(O'Connell, 1975, p. 41).

지도자는 동료들의 지지와 수용 그리고 특히 격려를 개발시키고자 하며, 자아존중감이 자아
와 타인의 긍정적인 강화, 격려, 그리고 사회적 관심으로부터 나온다는 것을 강조한다.

11. 격려실험실

O'Connell은 격려실험실(encouragement labs)의 창시자이다. 이 실험실은 그가
인간을 비교적 안정되고 내적인 핵심(생활양식이나 실존주의적-인본주의적
태도)과 사회적 교제의 생득적 잠재력(대인관계적 변화를 촉진하거나 무시하
는 능력으로 보여지는 힘의 요구)을 가진 존재로 받아들이는 인본주의적 개념
을 가지고 개발한 것이다(O'Connell, 1975, p. 52).

격려실험실의 목표는 소강연과 경험을 통하여 참가자가 환경의 수동적 희생
자가 아니라는 것을 가르치는 것이다. "실험실의 기본 전제는 우리 사회처럼
사랑의 생성과 책임을 가르치는 제도화된 노력이 없는 경쟁적 사회에서는 사
회적 관심이 심리적 병(증상)이 없는 곳에서 활짝 피어나는 것이 아니라는 것
을 분명하게 가르칠 필요가 있다는 것이다(O'Connell, 1975, p. 53).

격려는 사회적 기술 향상 목록에 용기의 기술, 즉 한 사람의 행동에 대한 사
람들의 반응에 피드백을 주고 받는 것과 자신과 타인의 잘못된 행동의 목표를
추측하는 것을 포함한다. 훌륭한 격려는 솔직함과 자기 노출의 중요성을 인식
하고 편협되고 도움이 되지 않는 사회적 역할을 하면서 느끼는 가치감 또는
무가치감을 강화하지 않는 것이다. 격려실험실은 유머있는 태도를 갖도록 지식
과 실습을 지향한다. 왜냐하면 유머가 있는 사람보다 더 타인을 격려하거나 성
장을 촉진하는 사람은 없기 때문이다. 흔히 생각하는 것과는 달리 격려는 단연
코 응석을 받아주는 것이 아니다. 이 예들에서 학생은 마치 그들이 피드백을
줄 권리가 없는 것처럼 행동했고 만약 그들이 피드백을 준다해도 그것이 무시
되거나 보복당할 것이라고 생각했다. 그래서 그들은 낙담한 것이다. 격려는 그
의 의도된 잘못을 완전히 무시하고 멋진 사람이라는 말을 듣고 싶어하는 사람
에게 멋지다고 말해주는 것과 같이 파괴적인 응석을 받아주는 것이 아니다. 격

려는 자아존중감과 소속감을 제한하거나 확장하는 데 대한 책임이 자기 자신에게 있다는 메시지를 큰 소리로 분명하게 전달하는 과정이다(O'Connell, 1975, p. 53-54).

격려실험실에는 격려기술의 개발을 목표로 하는 소강연과 활동이 있다. 집단원은 자신의 자아존중감과 사회적 관심을 증가시킴으로써 자연스럽게 높아지는 것을 배우게 된다. 기법들에는 여러 종류의 제한을 가진 개인을 격려할 기회를 많이 갖게 하고 장점 세례(좋은 점을 발견하는 것)를 하는 것이 포함된다. 심지어 참가자들은 각색된 거부와 부정적인 넌센스와 잘못된 행동까지도 나름대로 축하하는 것을 배우기도 한다. 그들은 넌센스와 부정적 행동을 강화하는 대신 격려의 피드백을 주는 것을 배운다.

다음은 두 사람 사이에 격려과정을 실습하기 위한 몇 가지의 본질적 요소들이다.

1. 눈을 마주보며 주의 깊게 경청한다.
2. 상대방의 메시지와 감정을 바꿔 말한다.
3. 수용은 소속감을 격려하므로 당신과 상대방이 가진 유사점을 확인한다.
4. 당신의 감정을 진심으로 노출하여 타인과 나눈다.
5. 서로간에 피드백을 주고 발전된 인상을 함께 나눈다.
6. 집단에 있는 모든 사람들의 좋은 점을 찾는다. 사람이 자신의 행동을 어떤 식으로 강화하는지에 대해서도 보도록 한다.
7. 상대방이 당신을 어떻게 격려했는지 말한다.
8. 당신이 어떤 방식으로 집단을 도왔는지에 대해서 짐작해 본다.

1) 긍정적이고 격려하는 사람되기

이 워크숍은 The Encouragement Book : Becoming a Positive Person(Dinkmeyer & Losoncy, 1980)에서 개발된 것이었다. 이것은 자기 확신, 자신을 격려하는 능력, 그리고 타인을 격려하는 기술을 발달시키기 위한 것이다. 그것은 소강의, 활동과 경험, 토론집단, 피드백을 하기 위한 기회, 격려과정의 여러 가지 국면의 실습으로 이루어져 있다. 지도자는 Adler 심리학의 기본인 격려의 심리적 기초에 대해 구체적인 예를 들어 소개한다. 참가자들은 자기 확신과 자기 격려의 과정을 배운다.

격려는 스트레스 관리의 과정 가운데 한 부분으로 다루어진다. 참가자는 점진적 이완, 심상, 그리고 건전하지 않은 신념과의 싸움을 배운다. 또한 자신과 긍정적 관계를 개발하는 과정을 배운다. 자신들이 이룬 것을 인지하고 자아를 존중하는 것과 이기적인 감정을 구별할 수 있어야 하며, 용기 있고 일치된 행동을 개발하는 데 초점을 둔다.

이 워크숍에서는 Walter O'Connell 박사가 처음 사용한 "자연적 고양(natural highs)"의 개념을 제시하는데, 이를 통해 참가자들은 (1) 억압 극복하기, (2) 격려하기, (3) 초월하기 혹은 영성갖기의 3단계를 배우게 된다.

유머는 참가자에게 사물을 전망하는 방법을 가르친다. 유머과정은 우리가 긍정적이고 성공적으로 사물에 반응할 수 있도록 가르친다.

격려기술은 구체적이고 교훈적으로 가르치게 되며 다음과 같은 내용들이 포함된다.

- 경청과 공감을 포함하는 의사소통
- 장점, 강점, 자원에 초점 두기
- 지각적 선택
- 노력과 공헌에 초점 두기
- 낙심시키는 허구적 믿음을 확인하고 물리치기
- 기대하는 능력

격려의 순환은 여러 가지 장면에서 문제해결 방법으로서 가르치게 된다. 워크숍에서는 부모되기, 결혼, 사회적 관계, 그리고 자신은 물론 전문직이나 직업에도 이러한 격려과정을 적용하는 기회를 갖는다.

12. 사회치료

Toni와 Theo Schoenaker는 독일의 Zuntersback에 있는 사회평등을 위한 Rudolf Dreikurs 연구소에서 사회치료(social therapy)를 시작하였다. 이 과정이 사회치료라고 불리는 이유는 모든 인간은 사회적 존재로서 이해되고 모든 문제도 사회적 문제이기 때문이다.

사람들은 집단에서 자신의 모든 장점과 약점을 지닌 채로 수용된다. 기본 가정은 신경증적 장애와 성격문제는 질병이 아니며 보편적으로 가지고 있는 문제를 과장한 것이라는 사실이다. 용기, 자아의 확인, 사회적 관심을 위해 노력할 때 변화가 이루어진다.

사회치료집단의 참가자는 5일 동안 하루에 7시간씩 만난다. 집단원은 집단에 참가하기 전에 Adler 심리학의 원리에 익숙해지도록 장려된다.

다른 모든 Adler학파의 집단처럼 사회치료집단도 평등한 분위기 속에서 활동한다. 집단원에게 소속감과 수용의 감정을 키우고 자신감과 변화를 촉진하기 위해 건설적인 피드백을 적극적으로 사용하는 것을 강조한다. Schoenaker(1976)에 따르면 "사회치료에서 집단원은 일상적인 행동을 긍정적인 방향으로 확대하고, 행동을 변화시키기 위해서 어떤 제안도 따라할 각오로 행동한다. 우리는 자신감이 강화되고 사회적 관심과 용기가 향상될 것을 희망한다"(p. 16).

소속감과 수용은 참가자의 상호존중과 자신과 타인에 대한 책임을 강조할 때 생긴다. 그러므로 유용하지 않은 피드백은 물론 경멸과 공격도 피해야 한다. 목표는 경쟁보다는 평등과 인간성을 경험하는 데 있다. 기본 규칙은 집단 밖에서는 아무도 집단원에 대해 말하지 않는다는 것이다. 사회적 치료활동은 집단원이 타인의 기대를 충족시키기 위해 그곳에 있는 것이 아니라는 것을 깨닫도록 조직되고 이끌어진다.

활동에는 신체와 신체의 기능을 지각하기 위한 이완활동(relaxation), 집단원으로 하여금 집단의 리듬과 조화될 수 있도록 자신의 호흡리듬을 조절하기 위한 호흡하기와 동작 연습(movement exercises), 그리고 자신을 표현하는 방법을 배우기 위한 소리 연습(sound exercises) 등이 있다.

집단원은 자신의 생활양식에 따라 자신의 감정을 나타내고 소속되고자 한다. 소속에 대한 잘못된 생각, 즉 "획득자(getter)", "조종자(driver)", "통제자(controller)", "간청자(pleaser)", "도덕적으로 우월한 사람(morally superior)"에 대해 토론한다. 행동을 유용하고/유용하지 않은 것, 적극적이고/수동적인 것으로서 나타내고 토론한다.

궁극적인 목적은 집단원으로 하여금 그들 자신이 이미 훌륭하다는 것을 믿게 하고 자기 고양(self-elevation)의 욕구를 감소시키도록 돕는 것이다. 명상의 분위기 속에서 집단원은 "나는 나이고, 나는 있는 그대로의 나를 수용한다", "너는 너 자신이고, 나는 있는 그대로의 너를 수용한다" 그리고 "너는 너이고, 너는 나의 기대에 맞추려고 여기 온 것이 아니다"라고 말하게 한다.

모든 집단원은 자신의 생활양식의 측면을 이해하게 된다. 성격의 통합적 성향 때문에 집단의 전반적인 심리적 움직임은 각 집단원이 자신의 행동을 이해하는 데 도움이 된다. Adler에 의하면 "개인의 모든 사소한 행동과 모든 행동증상은 통합적인 인간의 특징이며, 그것은 모자이크의 돌처럼 전체의 양식을 나타낸다. 사람이 말하고 움직이며 어떤 사상에 반응하는 방식을 보면 그의 특징적인 생활양식을 어느 정도 쉽게 인식할 수 있다"(Schoenaker & Schoenaker, 1976, p. 46).

생활양식의 이해를 촉진하기 위해 집단지도자는 서로에게 관심을 가지면서 아무런 말도 하지 않고 집단실 여기 저기를 돌아다니라고 제안할 수 있다. 집단원이 여기 저기 다닐 때 지도자는 다음과 같이 1인칭으로 질문을 할 수 있다.

- 나는 상대방에게 관심이 있는가 혹은 상대방은 나에 대해서 어떻게 생각하는가라는 질문에 몰두해 있는가?
- 나는 교제하기를 원하는가 혹은 그저 기다리고 있는가?
- 나는 교제가 가장 잘 이루어질 수 있는 곳으로 가는가 혹은 단지 몇 사람만 만날 수 있는 곳으로 움직이는가?
- 나는 수용되지 않는 두려움에 대해 우호적인가?
- 나는 충분히 많은 사람을 만나지 않는 것과 한 사람이 배제되는 것을 두려

| 표 11-1 | 우선순위(number one priorities) |

우선 순위	타인의 느낌	우선순위 행동에 대해 지불하는 대가	우선순위 행동으로 피하고자 하는 것
편안함	초조함, 성가신	생산성의 감소	스트레스
기쁘게 하기	수용적인	성장저지	거절
통제	도전적인	사회적 거리감, 자발성 감소	모욕
우월	부적절한	과부담	무의미

원하지 않는가?

• 나는 그 상황을 통제하고 싶어서 교제를 적극적으로 하는 것은 아닌가? (Schoenaker & Schoenaker, 1976, p. 40)

이 활동을 마치고 난 후에 이루어지는 토론은 그 활동으로부터 무엇을 배웠는가에 초점을 둔다.

참여자는 서로 도움을 주고 난 후에, 우선순위의 순서와 이를 유지하기 위해 사용하는 방법과 그에 대해 지불하는 대가를 결정하고자 한다(표 11-1을 보라). "행동을 해 보시오." 한 사람을 면전에서 직접 쳐다보면서 비난을 하거나, 이성에게 점심식사를 하러가자고 신청하거나, 실행하기가 힘들다고 여겨지는 것을 시험삼아 해보시오. 초점은 내적 통찰력(insight)에 대해서 뿐만 아니라 외적 통찰력(outsight)과 행동(action)에 두도록 한다. 역할연기, 사이코드라마, 자기 관찰, 이완, 동작, 표현활동 등의 모든 것은 개인으로 하여금 생활에 대한 잘못된 신념과 잘못된 접근을 이해하도록 하고 대안적이고 보다 효과적인 신념과 접근들을 이해하도록 한다.

13. 목적분석 : 자기, 타인, 행동의 목적 이해

Don Dinkmeyer에 의해 개발된 목적분석 워크숍은 참여자로 하여금 그들 자신의 신념, 가치, 목적, 생활양식을 자각하도록 하고 자기 각성(내적 통찰)을 사회적 관심(외적 통찰)으로 옮기게 함으로써 대인관계를 보다 효과적으로 할 수 있도록 한다.

워크숍은 Adler학파의 다음과 같은 전제에 바탕을 두고 있다.

1. 인간은 사회적이고 의사결정적 존재이며, 그의 행동은 목표를 가지고 있다. 모든 행동은 사회적 의미를 지니고 있다.
2. 집단원의 생활양식은 집단과의 상호교류를 통해서 표현된다.
3. 인간의 행동은 총체적인 접근에 의해 가장 잘 이해되며, 이는 심리적 움직임이 목표를 향한 생활양식과 단일의 추구를 나타내고 있다는 것을 알게 한다. 사람이나 특정한 행동을 이해하기 위해서는 그의 목표를 이해해야 한다.
4. 사회적 관심과 용기는 정신건강의 기준이 된다.
5. 개인은 지각, 현상학적 장의 견지에서 이해된다. 한쪽으로 치우친 해석과 지각에 대한 주관적 요인은 인간의 결정에 영향을 미친다.

워크숍은 정보를 제공하는 소강연 방식의 학습위주의 강의와 참가자의 감정, 신념, 가치를 이용한 활동을 경험하게 하는 실험으로 이루어진다.

다루는 주제는 다음과 같다.

• 자기 존중감, 자기 이미지, 자기 수용
• 사회적 관심
• 목적과 목적론적 인과관계, 목표 추구, 허구적 목표
• 의미, 힘(적극적, 소극적)의 추구
• 생활양식의 이해 : 가족분위기, 가족구도, 심리적 위치, 훈련방법, 초기 회상, 창조적 결정 능력, 사적 논리
• 우선순위와 삼각구도
• 삶의 과제와 도전
• 낙심, 기능에 대한 실패, 불완전할 수 있는 용기
• 낙심과 격려

- 성격의 통합, 총체주의, 유형
- 사회적 평등 : 수평적 대 수직적 대화
- 감정을 이해하고 결정하기
- 공통적으로 관찰되는 생활양식 : 추동자, 통제자, 획득자, 자기를 고양시키는 사람, 정의로운 사람, 간청자, 도덕적으로 우월한 사람, 개혁 반대자, 희생자, 순교자, 자극을 추구하는 사람
- 자기에 대한 잘못된 생각 : 나는 특별하고, 자격이 있으며, 첫째가 되어야 의미있는 사람이 되고, 완벽해야만 된다는 생각
- 자기 수용, 자기 격려, 승자 되기

활동과 경험은 처음에는 2명, 그 다음은 4명이, 그리고 8명 그리고 그 이상의 집단원을 한 집단으로 묶어서 진행하면서 의사소통을 향상시키고 이를 통해 소속감의 향상을 이뤄나간다. 이러한 과정을 통해 모든 집단원들이 보다 눈에 잘 들어오고 투명하며 서로 일치하게 된다. 활동에는 자신의 장점, 우선순위, 자아존중감, 가족환경, 가족구도, 강점에 비춰 자신의 모습을 집단에 노출하는 것 등이 포함된다.

참고문헌

Adler, A. (1931). *Guiding the child*. New York: Greenberg.

Dinkmeyer, D., & Losoncy, L. (1980). *The encouragement book: Becoming a positive person*. Upper Saddle River, NJ: Prentice Hall.

Dreikurs, R. (1952). Group psychotherapy: General review. *Proceedings of the First* International *Congress of Psychiatry*, Paris, 1950. Paris: Hermann.

Frankl, J. (1963). *Man's search for meaning*. New York: Washington Square Press.

Metzl, J. (1937). Die arbeitzmethoden der trinkerfuersorgestelle brigittenau *Int. Zeits. gegen den Alcohol, 35*.

Moreno, J. L. (1953). *Who shall survive?* New York: Beacon House.

Moreno, Z. T. (1959). A survey of psychodramatic techniques. *Group Psycho-therapy. 12,* 5-14.

Mowrer, O. (1963). *The new group therapy.* New York: Van Nostrand.

Papanek, H. (1958). *Change of ethical values in group psychotherapy. International Journal of Group Psychology. 18,* 114-124.

O'Connell, W. E. (1972). Adlerian action therapy techniques. *Journal of Individual Psychology. 28,* 184-191.

O'Connell, W. E. (1975). *Action therapy and Adlerian theory.* Chicago Alfred Adler Institute.

Oliver, W., & Landfield, A. (1962). Reflexibility: An unfaced issue in psychology. *Journal of Individual Psychology. 18,* 114-124.

Ozertovsky, D. S. (1927). *Zhurn. Neuropath. i. Psichiat.* (20) 587.

Schoenaker, T., & Schoenaker, T. (1976). *Adlerian social therapy.* St. Paul, MN: Green Bough Publications (monograph).

Walton, F. (1975). Group workshop with adolescents. *The Individual Psychologist. 12*(1), 26-28.

Watzlawick, P. (1964). *An anthology of human communication.* Palo Alto, CA: Science & Behavior Books.

Yalom, I. D. (1970). *The theory and practice of group psychotherapy.* New York: Basic Books.

제 12 장

단기치료와 관리보호

장 기(long-term) 심리치료가 오랫동안 심리치료의 개념으로 사용되어 온 반면, 단기(brief)치료는 제한된 조치를 하는 보조치료법으로 간주되어 왔다. 그러나 오늘날 단기치료는 대부분의 내담자들이 선택하는 치료방법일 뿐 아니라 보조가 아닌 단독치료로 여겨지게 되었다. 단기치료에 대한 문헌은 기하급수적으로 증가일로에 있다. 100권 이상의 책과 1,000권 이상의 잡지 논문들이 25년 동안 영어로 출판되었으며, 이 중 대부분이 지난 5년 동안에 출판된 것이다. 오늘날의 심리치료 훈련은 단기치료의 훈련을 의미하게 되었다. 단기치료를 강조하는 이유는 많다. 첫째, 연구에 의하면 대부분의 내담자는 비교적 몇 회기 안에 문제를 해결하는 단기치료를 기대한다는 것이다(Garfield, 1986). 둘째, 단기치료방법은 장기치료와 성공률이 동일하다(Bloom, 1992 ; Perry, 1987 ; Hoyt, 1995). 단기치료방법은 초점이 되는 문제와 합당한 치료목표만 존재한다면 급성이고 덜 심각한 문제뿐만 아니라 보다 만성적인 문제에도 효과적이다. 마침내 제3지불자인 보험사와 HMO(건강유지조직 : Health Maintenance Organization)에서도 단기치료의 장점을 인정하기 시작했다.

1. 관리보호와 단기치료

Preferred Provider Organizations(PPOs), Individual Provider Associations
(IPAs), Employee Assistance Programs(EAPs), Health Maintenance
Organizations(HMOs)와 같은 관리보호계획은 현재 약 1억 8천만 명의 미국인
에게 정신건강을 제공하고 있다. 비용, 배치, 서비스의 활용을 조절하는 이러한
계획은 상담과 심리치료의 임상적인 실제에 엄청난 영향을 미치고 있다. 단기
치료가 의료서비스 활용정도와 경비를 감소시킬 수 있다는 최근의 연구결과는
관리보호를 확립하는 데 있어 단기치료를 훨씬 부각시켰다. HMO장면은 단기
치료에 대해 많은 자료를 출판했다.

　두말할 필요도 없이 효과적인 단기치료에 대한 관심과 필요성이 널리 퍼져
있다. HMO뿐만 아니라 보험회사, 공공/개인 임상 및 상담 서비스, 소비자는
정신의학 조건에서 뿐 아니라 심리적 문제에 대해서도 단기치료를 바라고 있
으며 재정적인 측면에서 단기치료를 요구하기도 한다. 책임성, 질적 보호, 가치
가 그들의 주요 관심사이다.

　책임 문제와 보호의 질을 다뤄온 노력은 단기치료의 효율성과 경제성에 대
해 상당히 많은 연구를 하도록 했다. 6회기의 단기치료가 얼마나 효과적일까?
공황발작, 우울증, 자아도취 성격장애를 치료하는 데 필요한 회기는 얼마나 될
까? 구체적인 증상을 나타내는 내담자에게는 어느 치료자가 가장 효과적일까?
관리보호 지불자가 심리치료에 대해 반신반의하고 있기 때문에 정책입법자는
이러한 문제에 대해서 더욱 연구하고자 한다. 최근 연구에서는 급성불안과 우
울증상을 가지고 있는 대다수의 내담자들은 1회기와 9회기 사이에서 임상적인
향상을 보여주는 반면에, 공황발작과 같은 만성조건에 있는 내담자들은 7회기
에서 27회기가 필요하다는 보고가 있다. 심각한 성격장애를 가지고 있는 내담
자들은 104회기 이상이 필요할 수도 있다(Kopta, Howard. Lowry, & Beutler,
1994). 이와 비슷한 연구 자료는 서로 다른 치료자의 효과, 즉 어느 치료자가
구체적인 심리문제를 가지고 있는 내담자에게 더 효과적일 것인가에 대한 의
문을 분명히 하기 시작했다(Peck, 1994).

2. 개관

심리치료(psychotherapy)와 심리적 처치(psychological treatment)가 얼마 있지 않아 단기치료와 비슷한 개념이 될 것이라는 말은 과장이 아닐 것이다. 도리어 장기치료가 점차 제한된 지시와 최소한의 배상을 하는 보조치료로 간주되고 있다. 그래서 상담 및 심리치료전공 학생과 실습생은 단기치료의 이론과 기술을 습득할 필요가 있다.

단기치료의 중요성이 증가되고 있는 것에 비추어 이 단원에서는 단기치료의 실제를 설명하고 사례를 제시하며 단기치료의 네 가지 주요한 지향점을 살펴보고 있다. 정신역동, 인지행동적, 체계적, 경험적인 치료를 서로간에 그리고 단기치료의 기원으로 여겨지는 Adler의 심리치료와 비교·대조해보도록 한다.

1) 장기 심리치료, 단기치료, 계획된 단기 심리치료

보통 심리치료는 몇 달(단기치료) 혹은 몇 년(장기치료) 동안 계속되는 치료활동이다. 그러나 치료적 처치(therapeutic treatment)는 심지어 단 1회기에 끝날 수도 있다(Bloom, 1981; Talmon, 1990). 치료가 적절한 시간에 적절한 방법으로 주어진 적절한 말이라고 가정한다면, 내담자는 이러한 치료활동으로부터 상당한 도움을 받을 수 있다. 달리 말하면 심리치료적 변화의 매개물은 장기치료로부터 단일 회기의 만남에 이르기까지 그 사이에는 형식적인 단기치료를 두고서 시간적 연속선 상에 걸칠 수 있다. 어떤 사람은 계획된 단기 심리치료(planned short-term psychotherapy)가 단기치료(brief therapy)보다 더 정확한 용어라고 한다. 계획된 단기치료는 불이행에 의해서가 아니라 결정에 의한 단기이므로, 즉 치료가 내담자에 의해서 일방적으로 종결되었기 때문에 단기적인 도움과 "비계획적인" 단기치료와는 구별되어야 한다는 주장이다(Bloom, 1992).

그러나 치료의 길이와 환자의 개선은 비례한다는 믿음이 심리치료를 신성시하는 전통에 내포되어 있다. 치료과정이 길어지면 길어질수록 개선의 정도도 더 커진다는 것이다(Fiester & Rudestan, 1975). 불행하게도 어떤 임상적 경험과 연구도 이러한 가정을 지지하지 않고 있다. 오히려 경험에 따르면 치료자가 환자와 전화나 가두면담과 같은 비계획적인 경우라도 치료적 상호작용의 잠재성이 있는 만남을 가지게 되면 그 결과는 치료적이 될 가능성이 있다. 단기치료가 장기치료보다 훨씬 더 효과적이라는 연구결과가 일관성 있게 보고되고 있다(Perry, 1987).

목표에 대한 합의는 중요하다. 임상의는 종종 치료결과에 대해 환자와는 다른 기대를 갖는다. 보통 대부분의 환자는 심리치료를 통해 증상경감을 추구하는 반면에 대다수의 임상의는 훨씬 더 광범위한 치료결과를 얻기를 기대한다(Beutler & Crago, 1987). 치료자의 의도에도 불구하고 대다수의 치료기간은 짧다(Garfield, 1986). Phillips(1985)는 심리치료의 평균길이는 문제 제시, 장면, 방법과는 상관없이 단 4회기라고 보고했다. 바꿔 말하면 환자의 50%만이 치료자에 의해 장기치료가 적절한 것으로 판단되었고 심지어는 첫 회기 후에 단기치료로 돌리기도 한다. 전형적으로 치료자는 계획되지 않은 환자의 치료종결에 대해서 개인적인 실패와 거부감을 보인다. 자신의 치료적 능력을 의심하거나 부정적인 특질을 "동기화되지 않은" 혹은 "저항적인" 환자들의 탓으로 돌리는 경우도 있다.

장기치료를 지향하는 임상의와 단기치료를 지향하는 임상의들 사이에는 그 가치에 많은 차이가 나는 것으로 관찰되어 왔다. Budman과 Gurman(1983, 1988)은 장기치료를 선호하는 임상의의 가치를, 형식적인 심리치료의 "시대를 초월한" 특질에 노출함이 없이는 심리적 변화가 일상생활에서는 불가능하다고 믿으면서 기본적으로 치료와 기본적 성격(character) 변화를 지향하는 것으로 특징짓는다. 그들은 또한 심리치료는 어떠한 부적당한 결과도 가져오지 않는 양호하고 유용한 것이라고 생각한다. 놀랄 것도 없이 이러한 임상의는 치료가 환자의 생활에서 가장 중요한 부분이라 여기고 "장기(long-term) 환자로 인한 재정사정을 무의식적으로 인식한다."

이와 대조적으로 단기치료의 형식적 실제에 잘 반응하는 임상의는 "치료"나 기본적인 성격재구조화 대신에 증상완화와 대처능력의 향상 같은 좀더 실용적인 치료목표를 받아들인다. 이는 심리적 변화란 사람의 일생에 있어서 불가피한 것이고 치료는 환자의 힘과 자원에 초점을 두어야 한다는 전제에 바탕을 둔 것이다. 이러한 치료자들은 치료기간 중에 시작되는 작은 변화는 유지될 것이고 치료의 형식적인 과정 후에 한층 일반화될 것이라고 믿는다. 그러므로 치료의 형식적인 부분은 치료실에서보다 세상 속에서 더 중요하다는 믿음 때문에 시간에 제한이 있을 수 있고 또 그렇게 되어야 한다. 적절하지 못한 심리치료는 해롭거나 치료로 인해 부작용을 야기할 수 있는 강력한 변수로 여겨진다. 다른 연구에 의하면 단기치료자는 장기치료자보다 치료과정에 있어서 더 적극적인 경우가 많다고 한다(Koss & Butcher, 1986).

단기치료자 가운데는 단기치료를 실시하는 것을 더욱 편안해 하는 임상의가 있다. 이미 언급한 사항들 외에 이러한 임상의는 세 가지의 신념들을 공유하는 경향이 있다. 첫째, 단일회기조차도 치료적일 수 있다는 확신이다. 환자 감소에 대한 연구(Phillips, 1985)는 계획된 단일회기 치료에 있어서 이러한 신념이 가능하다는 것을 확인해준다(Bloom, 1981; Talmon, 1990). 그리하여 이러한 임상의는 치료적 만남이 마치 유일한 회기인 것처럼 의식적으로 접근하고 변화는 만남 가운데에 그리고 그 이후에 일어날 수 있고 일어날 것이라는 기대를 전달한다. 이것은 전통적인 심리치료문제에 대해서 뿐만 아니라(Powers & Griffith, 1989) 건강과 관련되는 문제에도 적용된다(Carlson, 1989). 둘째, 임상의는 여러 가지 치료 양식에 있어서 효과적인 단기치료는 약속이 계획된 전통적인 장면에서 뿐만 아니라 회기나 만남이 계획되지 않은 비전통적인 장면에서도 일어날 수 있다고 믿는다. 사적/공적 개업사무실 외에, 지극히 짧은 단기치료 만남은 병원 회진 중에 시행할 수 있고(O' Connell & Stubblefield, 1989) 사회적 사건에 대해서, 복도에서, 심지어는 전화로도 일어날 수 있다. 흔히 이루어지는 일 대 일 양식 외에 단기치료의 중재는 감독의 양식(Ireton & Peterson, 1989) 뿐만 아니라 지시적 시범(Shulman, 1989a), 집단(Starr & Weisz, 1989), 부부(Pew, 1989), 가족(Croake & Myers, 1989)과 함께 시행할 수 있다. 마지막으로 효과적인 단기치료는 50분 외의 다양한 시간 구조에서 일어날 수 있다. 만남은 5분 상담에서 마라톤 상담까지 지속될 수 있다.

다음 단원에서는 공식적인 단기치료체계와 내담자의 요구와 방식을 수용하는 다양한 접근을 개관한다.

2) 정신역동적 단기치료

정신역동을 단기치료에 대한 다른 접근과 구별시키는 몇 가지 구성요소가 있다. 가장 뚜렷한 것은 무의식적 욕구, 두려움, 방어에 대한 해석이다. 단기치료에 있어서 역동적인 해석의 목적은 좁게 초점화된 개인 내적 정신갈등을 명확하게 하고 해결하는 것인 반면, 목표는 증상을 완화시키는 것이다. 대부분의 접근 또한 핵심 갈등 영역에 있어서 성격을 변화시키려는 시도를 한다.

환자가 제시하는 문제가 초점화된 개인 내적 갈등으로서 개념화될 수 있다면, 단기 정신역동치료에 대한 일반적인 지시사항에는 여러 가지 진단적 범주가 포함된다. Sifneos(1984)는 오이디푸스적 갈등을 가진 환자들을 선정한다. Mann(1973)과 Goldman(1982)은 분리-개별화에 대한 갈등을 가진 환자에 대한 치료로 제한한다. 그러나 Malan(1980), Davanloo(1980), Bellak과 Siegel(1983)은 단지 그 문제에 초점을 맞출 것을 요구한다.

각각의 특정한 정신역동적 접근은 치료의 구체적인 금기사항을 제시한다. 금기사항은 Sifneos가 가장 엄격한 반면 Bellak은 가장 적다. 일반적으로 만성 알코올 중독자이거나 다른 물질에 중독이 된 환자들, 전체적으로 파괴적인 것으로 드러나는 행동, 심각한 성격장애, 자살 시도 혹은 정신병적 조건에 있는 환자는 치료에서 배제된다. 그러나 Bellak은 정신병과 자살을 시도하는 환자들을 치료하려는 시도를 했다. 다른 금기사항들은 너무 산만하거나 여러 가지 면에서 초점화된 문제를 가진 환자들, 다른 치료에 반응을 보이지 않은 환자들, 보다 광범위한 성격 변화를 바라거나 요구하는 사람이 될 것이다.

모든 단기치료접근 가운데 정신역동적 접근은 환자선택에 있어 가장 엄격한 요인을 갖는다. Bellak의 접근을 제외하고는 특정한 YAVIS 환자들만이 조건에 맞는다. YAVIS 환자들은 젊고(Young) 매력적이며(Attractive) 사고, 감정, 환상을 전달할 수 있는 언어적 능력(Verbal)을 가지고 있고 지적(Intelligent)이고 심리적 정신을 가진 사회적으로 직업적으로 성공적인(Successful) 사람들을 말한다. 높은 자아 강도 외에 환자는 변화에 대한 동기를 가져야 하고 단순히 증상완화만을 원해서는 안 된다. 환자는 또한 초기 아동기 동안에 한 번의 유의미한 대인관계를 틀림 없이 가졌어야 한다. 고통스런 영향들을 경험하고 인내하고 토론할 수 있어야 하며 초점이 되는 갈등을 다루는 해석을 내면화할 수 있어야 한다. 마지막으로 환자는 초점이 되는 주제에 관해 기꺼이 치료자와 작업을 해야만 하고 치료자와 빠르고 자유롭게 관계를 맺을 수 있어야 한다. 만약 환자가 이러한 기준에 부합되지 않는다면 다른 형태 단기치료의 장기 정신역동적 접근이 제안되어야 한다.

Sifneos의 단기 불안 유발 심리치료(STAPP)　　환자 선정은 그것이 가지고 있는 불안-유발 성격 때문에 이 접근의 초석이 된다. 불안억제의 경향이 있는 지지적인 심리치료의 접근과 달리, Sifneos(1979, 1984)는 건전한 대상관계의 역사를 가지고 있는 환자만을 선택한다. 그러한 환자는 아동기에 적어도 한 번의 의미있고 긍정적인 관계를 가지고 있었을 것이며 그래서 치료자와 함께 성숙한 관계를 발전시켜 나갈 것으로 기대할 수 있고 STAPP(Sifneo's Short-Term Anxiety Provoking Psychotherapy) 방법에 의해 야기되는 불안을 참아낼 수 있을 것이다. 이러한 기준은 경계선 장애, 자아도취 성격, 그 외 다른 심각한 성격장애를 배제하는 경향이 있다. Sifnoes는 또한 환자들이 원래의 오이디푸스적인 핵심문제를 구체화하기를 요구한다. 그는 오이디푸스 이전의 갈등을 가진 환자와 작업하려는 단기 역동적 시도는 실패할 것이라고 믿는다. 전형적으로 오이디푸스 이전의 환자(pre-oedipal patient)는 사랑해 주던 사람을 상실한 후에 생기는 반동적 우울에 대해 불평하며 종결문제가 나오면 퇴행한다. 이것은 치료를 어렵게 하며 종종 치료의 실패를 가져온다.

　Sifneos는 사전 평가를 하면서 불안, 공포, 우울, 전환 히스테리, 가벼운 강박증, 대인관계 문제를 포함한 가벼운 성격장애를 가지고 있는 환자를 찾는다. 환자는 단 하나의 초점이 되는 갈등을 구체화하고 다른 문제에 대한 일을 연기함으로써 불안을 참아낼 수 있어야 한다. 더욱이 환자는 호기심과 적절한 희생을 하려는 의지를 보여야 하고 치료결과에 대해 현실적인 기대를 가져야 한다. 평가회기 동안 환자와 치료자는 치료목표 목록을 서면으로 함께 작성한다. 이러한 것은 치료과정과 장기추후에 걸쳐 평가된다. Sifneos는 외래환자 가운데

약 20%만이 이 접근에 적절한 것으로 추산한다(Sifneos, 1978).

치료의 초기 국면 동안 치료자는 치료동맹을 보장해주는 환자와 일종의 라포를 확립할 수 있어야 한다. 치료자는 적극적이어야 하며 현재의 갈등뿐 아니라 환자의 초기 인생 상황에 대한 문제를 명확히 하기 위하여 편안하고 유능하게 불안-유발직면을 활용할 수 있어야 한다. 모든 희생을 치러서라도 치료자는 퇴행을 촉진하는 문제를 피해야 한다. 환자의 방어를 직접적으로 공격하는 데 STAPP 대신에 직면이 사용된다.

치료기간은 보통 3~4달이다. 45분의 회기가 매주 계획되며, 보통 12~15회기를 하며 결코 20회기를 넘지는 않는다. 변화에 대한 확실한 증거가 나타날 때 종결을 고려한다.

Mann의 시간-제한적 심리치료　Mann(1973), Mann과 Goldman(1982)은 시간 변인을 치료적 효과의 한 요소뿐 아니라 구체적인 요인으로 본다. Mann은 지나치게 의존적인 것이 환자의 기본적 문제라고 보았다. 치료의 목표는 분리 불안을 극복하고 중요한 인물에 대해 보다 긍정적이고 덜 이중적이며 내적인 표상을 발전시킴으로써 양육자로부터 분리할 수 있는 환자의 능력을 향상시키는 것이다. 이것은 교정적인 정서적 경험, 즉 긍정적인 감정뿐만 아니라 환자의 부정적인 감정을 지지하는 공감적 조력자로서의 역할을 하는 치료자를 통해서 이루어진다. Mann의 시간-제한적인 접근에 있어서는 종결이 중심적 역할을 한다. 환자에게 항상 치료의 마지막 날을 알리고 환자와의 치료계약에 있어서 이러한 구체화는 치료가 분명한 초기, 중기, 종결을 갖도록 한다.

중심 문제(central issue)의 선택이 치료에 결정적인 역할을 한다. 중심 문제는 전달 수단으로서 환자가 치료를 시작하게 하고 성공적인 결과도 좌우한다. 중심 문제는 시간, 정서, 자아상의 견지에서 형성된다. 이는 치료에서 드러날 것으로 기대되는 "전이의 패러다임"이다. Mann은 항상 환자가 치료에 나타내는 불평과 중심 문제는 다른 것이라고 강조한다. 중심 문제는 환자의 "현재와 만성적으로 지속되는 고통"을 나타낸다. 치료는 고통과 환자의 부정적인 자아상을 해결하는 것이다.

Mann은 단기 역동적 치료에 대한 일반적인 선정 기준 외에 치료에 열중하는 데 어려움이 있는 환자와 이전의 치료에서 빨리 벗어나는 데 어려움을 겪는 환자는 부적절하다고 판정한다. 또한 의존 욕구가 높은 환자, 치료적 동맹을 빨리 형성할 수 없는 우울증 환자, 상실감을 잘 참아내지 못하는 심신증 환자는 배제한다. 정신분열증, 양극성 장애, 심각한 경계선 장애, 자아도취 성격장애는 이 방법으로 치료하지 않는다. 환자는 현재 만족할만한 안정된 관계와 직업적 신분을 가지고 있어야 한다.

시간 제한적인 치료자는 Sifneos와 같은 분석적 기법을 몇 가지 사용하지만 공감적인 반응을 강조한다. 전이는 확인된 중심 문제/갈등에서부터 해석된다. 분리와 종결 문제에 직면하는 것이 이러한 접근의 성공에 중요한 역할을 한다. 시작 회기에서 치료자는 발언을 거의 하지 않고 환자의 긍정적 전이를 수용하며 방어기제, 대처양식, 중심 문제의 발생을 관찰한다. 중기 4회기 동안에 환자는 변화를 위한 모든 바람이 일어나지 않을 수 있다는 좌절을 경험한다. 저항과 부정적 전이도 중간 회기 중에 일어날 가능성이 있다. 종결회기에서는 다른 생활영역에서 해결되지 않은 문제들이 있음에도 불구하고 종결에 대한 관심사가 언급된다. 중심적인 문제와 치료사와의 애착-분리과정의 전개에 대한 해결은 전이의 발달과 해석을 통해 일어난다.

Klerman의 대인관계 심리치료   Klerman, Weissman, Rounsaville 그리고 Chevron(1984)은 우울장애에 대한 독특한 형태의 단기중재를 개발했다. 그들의 접근은 최초의 소위 매뉴얼에 근거한 심리치료 가운데 하나이다. 이는 국가적 심리치료 연구계획에서 광범위하게 연구되었고 약물치료와 함께 사용하는 주요한 심리치료 중재가 되었다. 우울증은 외래환자들이 가장 공통적으로 제시하는 문제 가운데 하나이기 때문에 이 접근에 대해 간단히 설명하고자 한다. 대인관계 심리치료(IPT; Interpersonal Psychotherapy)는 매주 한 번씩 12~26 회기로 구성되며 비정신병적 우울증을 가진 외래환자에 있어서 현재 가지고 있는 대인관계문제에 초점을 둔다. Klerman의 IPT는 정신의학의 대인관계학파에서 파생된 것이고 사회적 지지 체계와 애착의 관점에서 평가하고 치료한다. 치료적 전략과 기법에는 안심, 감정 확인, 대인관계 의사소통의 향상, 지각 검증이 포함된다. 치료목표는 성격의 재구성보다는 대인관계능력을 향상시키는 것이다.

초기 회기에서는 증상에 대한 역사가 구조적 면접을 통하여 자세하게 다루어진다. 이러한 증상은 환자와 함께 점검되고 임상적 우울의 자연적 과정에 대한 심리교육이 제공된다. 평가의 둘째 부분에는 대인관계 문제 영역에 대한 구체적인 내용이 포함된다. Klerman은 우울에는 네 가지 영역의 대인관계 문제가 있다는 것을 지적했다. (1)슬픔에 대한 재반응, (2) 대인관계 논쟁, (3) 역할 변화, (4) 대인관계 결핍. 평가는 치료의 초점으로서 문제영역을 하나 혹은 그 이상으로 분리해야 한다.

중간 회기는 문제영역을 해결하는 방향으로 나아간다. 구체적인 기법이 각각의 특별한 문제영역에 사용되기는 하지만 몇 가지 일반적인 전략들은 네 가지 영역 모두에 적용된다. 일반 전략에는 감정의 확인, 관계에 대한 과거의 모델 확인, 의사결정과 문제해결에 있어서 환자를 인도하고 힘을 부여하기 등이 있다. 현재의 어려움에 초점을 두고 과거의 대인관계에 초점을 두지는 않는다. IP의 많은 것들이 정신역동이론에 기초를 두고 있기는 하지만 개인 내적이고 인지과정에 대한 관심사에 대해서는 부족한 점이 많다.

이전에 언급한 바와 같이 이 접근은 비심리적인 것(nonpsychotic), 비-양극성 우울증(non-bipolar depression)과 같은 매우 제한된 징후를 가지고 있다. 문제해결을 지향하기 위해 언급된 일반적인 환자 선정 요인 이외의 것은 어떤 구체적인 금기사항도 보고되지 않았다. 임상연구에서는 우울증에서 회복되는 동안에 증상완화와 향상된 개인 및 사회적 기능에 있어서 이러한 접근의 장점을 증명해왔다(Klerman et al., 1984).

3) 인지행동적 단기치료

인지행동적 단기치료는 분리된 행동 및 인지적 치료접근 그리고 두 가지 요소를 결합하는 몇 가지 접근으로 구성되어 있다. 이를 위한 다양한 기법에는 노출법, 역할 연기, 모델링, 인지 재구조, 사회적 기술 훈련, 재발 방지, 강화뿐만 아니라 자동적 사고를 이끌어내어 검증하는 것 등이 있다. 단기 인지행동치료는 집단과 부부, 가족뿐 아니라 개인 형태로도 이루어질 수 있다.

이러한 단기치료에 흔히 활용되는 징후로는 여러 가지의 불안 및 우울장애가 있다. 행동치료는 특히 공황, 광장 공포증, 단순한 사회적 공포, 강박장애, 일반화된 수행불안, 성적 역기능과 사회기술 결핍에 효과적이다. 사실상 행동치료는 단순공포증과 일차적 성 역기능 치료에 적합한 것으로 판단되어 왔다(Beutler & Crago, 1987). 인지행동 단기치료는 섭식장애와 만성적 고통증후군을 위한 포괄적인 치료에서 자주 사용되어 왔다.

정신역동적 접근과 비교하여 금기사항의 수는 매우 적다. 기본적으로 인지행동적 접근에서는 환자의 문제가 만성적이어서 어떠한 제한적 치료에 도달하는 것을 넘어서는 지점에서 금기가 나타난다. 보통 이것은 만성적인 정신분열증, 심각한 성격장애, 그 외 구체적인 초점이 없거나 통제할 수 없는 행동 표명혹은 신체형(somatoform) 증상과 같은 치료가능한 목표증상이 없는 만성적 정신병 혹은 비정신병적 조건들을 포함한다. 변화 동기가 명백하게 부족하거나회기 내와 회기 밖의 치료계획에 협조하려는 의지가 부족한 경우는 금기가 될것이다. 이와 비슷하게 치료의 목표가 광범위하고 너무 거창할 때−성격재구조화와 같이−인지행동치료는 다른 단기치료와 마찬가지로 금기가 될 것이다.

환자 선정 요인은 다소 제한적이다. 환자는 기꺼이 회기에 참여해야 하고 치료자의 제안과 치료중재에 협조해야 한다. 또한 환자가 변화하려는 동기를 가지고 있어야 한다. 비록 심리적-경향성(psychological-minded)을 가지는 것이행동적 접근에서는 요구되지 않는다 하더라도 인지적 접근에서는 도움이 된다.

Beck의 인지치료　　인지치료는 병리를 역기능적인 사고 유형의 결과로 본다. 구체적인 인지, 도식, 논리적 오류가 증상의 시작과 지속을 설명해준다. 인지는 개인이 어떤 상황에 처할 때 즉각적으로 마음에 나타나는 사고와 심상이다. 치료 초기에는 환자가 그들의 역기능적 인지를 인식하여 직면하게 하고, 보다 기능적인 인지로 대체하도록 가르친다. 그 가운데 잘못된 인지로 인해 야기되는 증상들(보통 불쾌나 불안)이 감소된다. 치료의 후기 단계는 도식과 논리적 과오의 규명과 수정에 초점을 둔다. 도식은 인지의 내용을 결정하는 개인의 초기 경험에 기초한 무언의 가정(silent assumptions)이다. 그들은 경험을 평가하고 범주화하며 왜곡하는 기초를 형성한다. 이와는 대조적으로 논리적 과오는 역기능적 사고의 원인이 아니라 결과이다. 거기에는 선택적 관심, 개인화, 과일반화, 확대와 같은 정확하지 않은 결론이나 추론 등이 포함된다.

Beck(1976)이 "협동적 경험주의(collaborative empiricism)"라고 부르는 공감과 협동정신을 통해서 치료자는 환자가 역기능적인 유형을 인식하고 이에 도전하며 보다 적응적인 사고와 행동유형을 개발하도록 돕는다. Beck은 인지적 논박과 재구조 외에 역할 연기, 강화 과제와 같은 여러 가지 행동 기법을 사용한다. 약물치료는 때때로 부수적으로 사용된다.

불안장애와 기분부전증(dysthymia)과 같은 정신병이 아닌 단극성 우울증은 이러한 접근에 대한 두 가지 주요 징후이다. 최근에 Beck은 편집증과 물질남용 장애, 심지어는 신체장애의 부차적인 역할을 하는 주요 우울증을 위해 이런 방법들을 정교화시켰다. 이러한 접근은 만성적인 정신분열증, 심각한 성격장애, 기질적인 정신장애와 같은 심각한 인지적 결함을 가지고 있는 환자들에게는 성공할 가능성이 낮다.

환자선택 요인은 치료적 관계를 빨리 형성할 수 있고 자기 반성과 심리적-경향성에 대한 능력있는 개인들을 선호한다. 이 경우 역동적인 접근과는 달리 완전한 대상관계는 요구하지 않는다.

우울증을 완화하는 가벼운 치료는 15회기로 일주일에 두 번 진행된다. 만약 증상완화가 7회기까지 일어나지 않는다면 항우울제를 처방한다. 추후회기는 치료효과를 공고히 하고 재발을 방지하기 위해서 6개월에서 12개월까지 한 달 또는 두 달에 한 번 치료계획을 세울 수 있다. Beck의 우울증 검사(BDI) 점수는 치료과정에 걸쳐 정기적으로 점검된다. 한편 불안장애에 대한 인지치료는 12~20회기 동안 일주일에 한 번 치료계획이 세워지는 경향이 있다.

비록 Albert Ellis에 의해 개발된 합리적-정서적 행동치료(REBT)가 Beck의 접근과 여러 공통점을 보유하고 있지만, Beck과 Greenberg(1979)는 두 체계 사이의 두 가지 차이점을 지적한다. 첫째, Beck과 Ellis는 역기능적인 인지구조의 평가에 대한 견해가 다르다. Ellis는 보편적 조건에서 환자의 비합리적인 신념을 보는 반면, Beck은 문제를 야기시키는 생각이 사람마다 독특하기 때문에 개별적인 조건 하에서 비합리적인 것을 발견해야 한다고 믿는다. 둘째로, 역기능적인 신념에 대한 Beck의 기법은 Ellis의 기법에 비해 논박을 훨씬 덜 한다.

4) Weiss와 Jacobson의 단기 행동 부부치료

이러한 형태의 단기치료는 문제행동이 부적응의 형태를 나타낼 뿐만 아니라 적응적 특질을 가질 수도 있다는 가정을 기초로 한다. 이 접근은 (1) 반응 (responses), (2) 유능성(competencies), (3) 기술(skills), (4) 상황(context)이라는 네 가지 목표영역에 걸쳐서 변화를 시도한다. 반응이란 부부의 한쪽 혹은 양쪽이 관계를 파괴한 것 같은 행동을 나타내는 것을 의미한다. 기술은 관계를 향상시킬 수 있는 구체적인 숙달, 예를 들면 적극적 경청과 긍정적 강화진술 같은 것을 말한다. 유능성은 상대방과의 관계에 있어서 이해력, 문제해결 능력과 그에 따라 상호 공유하게 되는 목표에 대한 성취력 등의 일반적인 기술이다. 마지막으로 상황(context)은 아동보호나 의사소통과정과 같은 부부 상호작용의 구체적인 영역을 의미한다.

단기 행동 부부치료의 목표는 상황관련-구체적 행동, 상호강화 유형, 문제해결기술, 자신의 행동 패턴을 인지하는 능력을 보다 잘 행사할 수 있도록 부부를 돕는 것이다. 이러한 치료의 형태는 치료계약 혹은 구체적 치료목표를 달성하기 위하여 구체적인 기술을 연결짓는 기본 계획을 포함한다. 치료는 보통 8회기에서 10회기 동안 지속되며, 강화, 역할연기, 처방적, 지시적 과제들에 대한 사회적 기술훈련과 같은 다양한 전통적인 행동처치 기술을 사용한다. 치료자의 역할은 외현적 행동의 변화, 지시에 따르는 순응을 강조하고 재발방지를 보장함으로써 치료과정을 안내하는 일이다(Weiss & Jacobson, 1981).

5) 체계지향적 단기치료

체계적 접근은 네 가지 단기치료를 지향하는 접근방법 가운데 가장 가변적이고 절충적이며 융통성이 있다. 체계적 접근의 주요한 특징은 그것이 보통 가족이나 관계적 제도에 관련되는 것이기 때문에 구체적으로 제시된 문제를 정의하고 해결하는 것에 초점을 둔다는 것이다. 치료의 목표는 증상완화, 재통합, 보다 효과적인 대처에 있다. 성격변화는 치료목표에 포함하지 않는다. 여러 가지 기술과 전략이 (1) 상황의 명료화, (2) 대안적 결정에 대한 암시의 탐색, (3) 조언, (4) 역설, (5) 역할-연기, (6) 환경 조작, (7) 사회적 망의 동원에 사용된다. 무의식적 과정의 통찰과 해석은 이러한 체제접근과 맞지 않는다.

단기역동치료와 인지행동 단기치료를 비교해볼 때 이 접근은 치료의 가장 광범위한 지시사항을 가진다. 본질적으로 환자는 임상적 처치가 필요한 만큼 다급한 사건으로 인해 충분히 고통을 겪거나 역기능적이어야 한다. 보통 치료는 자아, 직업, 부부/가족문제에 대한 중대한 문제에 대해 치료를 시도한다. 때때로 그러한 문제는 오래 지속되어왔지만 치료의 초점이 되지 않는 안정된 장애인 것으로 추가 판명된다.

체계지향적 단기치료접근에 대한 금기와 환자 선정 요인은 인지행동지향적 단기치료에 관한 요인과 본질적으로 동일하다.

MRI 단기치료 접근 이것은 캘리포니아의 Palo Alto에 있는 Mental Research Institute(MRI)에서 단기치료 프로젝트(Brief Therapy Project)를 시행한 Weakland, Fisch, Watzlawick, Bodin(1974)과 Fisch, Weakland, Segal(1982)에 의해 통합적으로 구성되어 널리 사용되었다. 문제와 문제를 지속시키는 해결책(problem-maintaining solutions)이 그 핵심 개념 가운데 두 가지이다. 문제는 기관결함 이외의 것에는 본질적으로 행동적인 것으로 여겨지며 의미가 있는 진행 중인 관계에서 상호작용에 의해 형성되고 유지되는 것으로 여긴다. 무의식적인 기제를 요구할 필요는 없다. 문제행동의 악순환과 현재 그것을 지속시키고 있는 부적절한 해결책에 초점을 맞추는 것이 더 적절하다. 한 환자가 비생산적인 행동을 계속하고 있을 때 치료의 목표는 보다 유용한 해결책을 만들어

내려는 것을 막는 것이다.

중대한 초기 면접에서 이끌어낼 수 있는 세 가지 임상적인 정보를 치료의 중심에 둔다. 첫째, 현재의 문제는 분명하게 통합적으로 구성된다. 환자에게 무엇 때문에 치료받으러 왔는지, 무엇을 바꾸고 싶어하는지에 대해 질문한다. 둘째, 환자가 또는 가끔씩 중요한 타자가 사용한 문제를 지속시키는 해결책 (problem-maintaining solutions)에 대해서 질문한다. 셋째로, 치료자는 환자와 함께 분명하고 구체적인 행동 용어로 예기된 치료목표를 형성한다. 환자는 "적게 생각하고" 비현실적인 목표에서 물러나도록 격려된다. MRI치료자는 치료목표의 설정이 치료의 성격을 말해주고 문제해결 상황을 명백하게 만든다고 믿는다. 초기 회기에서 치료자는 10회기 계약을 성립시켜 행동변화가 빨리 일어날 수 있다는 기대를 갖게 한다.

이 접근은 환자의 잘못된 해결법을 막는 구체적인 전략과 대안을 활용한다. 이러한 방법은 해결법을 반대 혹은 양립 불가능한 행동으로 대체시키도록 고안되었다. 가장 효과가 높은 기법 가운데 두 가지로 증상처방과 같은 억제하기 (refraining)와 역설적 지시(paradoxical directives)가 있다. 각 회기의 결론부에서 환자는 일반적으로 지시나 과제를 부여받는다. 여기에는 치료에서 자주 가지고 오는 증상적 행동의 지속이나 과장을 포함한다.

Weakland 등(1974)은 이 접근에 대한 여러 가지 지시사항을 제시하였다. 그것은 학습장애와 섭식장애에서부터 정신분열, 성기능 장애, 심신증적 장애까지 포함하고 있다. 분명히 구체적인 금기사항은 없다. 치료는 10회기로 제한하며, Weakland의 보고에 의하면 그가 실시한 단기치료는 약 75%의 사례에 있어서 환자의 주요 불평과 관련하여 제한적이기는 하지만 의미가 있는 목표를 이루는 데 성공적이었다고 한다(Fisch 등, 1982).

6) 단기가족치료와 해결중심치료

1980년대 초기에 Wisconsin, Milwaukee에 있는 단기가족치료센터(Brief Therapy Center)에서 de Shazer와 그의 동료들은 참신하고 믿을 수 없을 정도로 간단한 형태의 가족치료에 대해 서술했다. 그는 단기가족치료를 개인이 그들의 "구조", 즉 가족 내에서 어려움을 야기하는 관점이나 관습을 변화시키도록 도와주는 노력이라고 정의했다. 이러한 치료형태는 가족의 관습이 발달시켜온 방법을 변화시키거나 "재구조화"하여 동일한 상황의 의미를 수정하고 지각하며 다르게 반응하도록 하는 것이다. 이 형태의 치료는 하나의 팀에 의해 실시되며 그 팀의 한 구성원이 가족과 상호작용을 하는 동안 나머지 구성원은 일반경을 통해 이를 관찰하며 상담 휴식시간에 치료자의 조언을 얻는다.

de Shazer의 임상적이고 이론적인 작업의 심화된 반복을 통해 "해결 중심 가족치료"가 개발되었다(de Shazer, 1988). 이 접근은 첫 회기에 가족에게 묻는 기본 질문을 통해 설명할 수 있다. "어느 날 밤 당신이 잠들어 있는 동안 기적이 일어나서 이 문제가 해결되었다고 가정해 보세요. 당신은 그 사실을 어떻게 알 수 있을까요? 무엇이 달라지게 될까요?" 이것은 "기적 질문"이다(1988, p. 5). 해결중심치료의 기본 전제는 치료자가 문제에 관심을 두는 만큼 해결에 관심을 기울여야 한다는 것이다. 모든 해결책은 종종 가족구성원에게 무엇인가 다른 일을 행하게 하기 때문이며 치료의 목적은 가족구성원들이 무엇인가 다른 일을 하도록 도와주는 것이다.

해결중심치료자는 개인이나 가족이 도움을 구하는 문제를 설명하는 데 보통 이상의 많은 시간을 쓰기보다는 문제가 일어나지 않는 시간과 상황에서 문제의 예외를 탐색한다. 이러한 예외는 개인이나 가족에게 일어났으면 하고 바라는 것이 일어날 때, 무슨 일이 일어나는지를 다음 회기에 관찰해서 보고하도록 가족들에게 요청함으로써 알 수 있다. 내담자는 과제에 대해 보고할 때 자주 다른 일을 행하거나 어떤 일이 다르게 일어난 것을 보고한다. 이 현상이 해결중심치료의 기본이다.

이 접근은 우울증과 섭식장애에서부터 부모와 아동 간의 불일치에 이르는 광범위한 개인과 가족문제에 적용할 수 있다. 치료는 비교적 단기로 1회기에서 10회기에 이르며 평균 회기는 6회기이다. 치료의 기본 목표는 증상완화와 문제 해결이다. 치료전략은 진술된 문제에 대한 예외에 주의를 기울이는 것과 "기적 질문"을 던지고 문제보다는 오히려 해결에 초점을 두는 것을 강조한다. 재구조화는 기본적인 치료기법이다. 이 치료접근의 경우 한 팀의 자문가가 일반경 뒤에 반드시 있을 필요는 없으며 전 가족이 함께 치료에 올 것을 요구하지 않아도 된다. 해결중심치료는 사실 개인치료에도 사용될 수 있다.

3. 경험적 단기치료

1) Budman 단기 대인관계-발달-경험치료

Budman(Budman & Gurman, 1988)은 3개의 영역 ― (1) 대인관계(interpersonal), (2) 발달적(developmental), (3) 실존적(existential)(I-D-E)영역 ― 에 초점을 두고 있는 단기치료에 대한 경험적 접근을 개발했다. Budman에게 있어서 실존이란 자신의 죽음의 문제에 직면하는 것을 포함하는 인생에 대한 의미와 가치와 같은 요인들을 의미한다. Budman의 접근은 증상지향적이지도 심리 내적(intrapsychic)이지도 않으며 대인관계적 접근 또한 아니다. 오히려 이는 대인관계의 실존적 이론과 인간잠재력의 모델일 뿐 아니라 최근의 개인, 집단, 부부, 가족이론의 원리에 기초한 혼합물(amalgam)이다. 이 I-D-E의 초점은 치료자에게 단기치료의 중심 질문, "왜 지금(why now)?"에 대한 해답을 개념화하기 위한 참조체제를 제공한다. Budman에 의하면 내담자는 개인 내부와 주변에서 일어나고 있는 대인관계, 발달적·실존적 변화 때문에 치료를 받으러 온다. "왜 지금?"에 대한 대답은 치료자에게 변화를 위한 노력이 생겨나는 지점을 분명하게 하여 치료에 대한 초점을 확립하도록 도움을 준다. Budman은 치료에서 가장 일반적으로 사용되는 다섯 가지 초점을 언급하고 있는데, 그 다섯 가지는 (1) 상실(losses), (2) 발달적 비동시성(developmental dysynchronies), (3) 대인관계 갈등(interpersonal conflicts), (4) 우울증, 불면증 혹은 공황과 같은 증상표현(symptomatic presentations), (5) 심각한 성격장애(severe personality disorders)이다.

따라서 Budman과 Gurman(1988)은 이러한 각각의 다섯 가지 치료적 초점을 위한 몇 가지 치료지침을 마련했다. 개인, 부부 혹은 가족, 집단과 같은 치료양식은 각각의 초점에 대한 구체적인 치료목표를 성취하기 위하여 전략적으로 사용된다. 알코올이나 다른 물질남용이 진행 중일 때 이러한 문제는 어떤 다른 초점이 되는 영역의 발달과 함께 동시에 혹은 그 전에 거론되어야 한다. 현재 알코올이나 다른 물질을 남용하고 있는 내담자에게는 치료를 지연하거나 거부 하는 것이 필요할 수도 있다.

Budman과 Gurman은 광범위한 환자와 함께 사용될 수 있는 개인, 집단, 부 부 그리고 가족치료전략을 융통성 있게 활용하는 단기심리치료를 개념화하는 독특한 구조를 제공한다. 이 접근은 뉴잉글랜드 지역에서 봉사하고 있는 대규 모 HMO인 하버드 지역 건강계획(Harvard Community Health Plan)에서 Budman에 의해 개발되었다. 따라서 그 기원은 이 장에서 설명한 기타 접근과는 다르다. 이 접근의 또 다른 방법은 주어진 회기 동안 치료가 지속되어야 한다고 가정하지 않는 것이다. 대신 Budman은 초기에 계획된 정기적인 매주 회기를 비 연속적이 되도록 허용하고, 그 후 치료를 2주, 매달, 혹은 치료의 발달적 초점이 보증된다면 두 달에 한 번으로 감소시킬 것을 주장한다. 더욱이 Budman (Budman & Gurman, 1988)은 환자-치료자가 적절한 조화를 이루지 못하거나 구체적인 치료양식과 적절히 연결되지 않은 내담자의 경우에는 단기치료가 적 절하지 않다고 한다. 정신병의 과정이나 심각한 성격장애가 나타난다면 보다 장기적이고 비연속적인 치료양식이 더 적절할 수도 있다.

2) 단기치료에 대한 Adler의 접근

Alfred Adler(1956, 1964)가 처음으로 주창한 Adler학파 또는 개인심리학 접근 은 Rudolf Dreikurs, Kurt Adler, Bernard Shulman, Harold Mosak과 같은 학자 들에 의해 한층 더 발전되었다. Adler는 보통 20회기 혹은 그 보다 더 적은 회기 동안 환자들을 만났다(Adler, 1956, 1964). 현대의 수많은 Adler학파의 임상학자 에 의해 그 전통이 이어졌다(Kern, Yeakle, & Sperry, 1989 ; Shlien, Mosak & Dreikurs, 1962). Ansbacher(1972)는 Adler의 접근이 최초의 단기치료접근이라 고 결론 내린다. 놀라운 점은 Adler학파 이외의 사람들은 이러한 Adler의 유산

을 모르고 있다는 것이다.

Kurt Adler(1972)는 비록 Adler 접근이 최초의 단기치료이기는 하더라도, 그것은 단기 혹은 장기의 심리치료 방법이라고 하기보다는 환자의 요구와 양식에 따라 조절할 수 있는 접근이라고 지적했다. Adler식 접근의 가장 좋은 점은 환자의 요구, 기대, 개인차에 맞게 재단되는 맞춤식이라는 것이다. 만약 단기치료의 형식적 과정이 지시되고 협상된다면 그때는 치료의 단기과정이 뒤따를 것이다. 이와 비슷하게 만약 장기치료를 임상의가 그의 판단으로 지시하고 환자가 요구한다면 그때는 장기치료가 진행된다. 혹은 이 모든 것이 가능하거나 필요하다고 여겨지면 단기치료 처치를 한다.

특별한 경우를 위한 시간 경과에 대한 결정이 환자와 치료자 요인에 달려 있다. 그 한 가지 요인에 인생과업이 포함된다. Adler학파 치료자의 실제 경험으로 얻은 규칙에 의하면 보다 장기적인 치료는 두 가지 이상의 인생과업이 역기능적일 때 지시된다. Shulman(1989b) 또한 사회적 관심을 가지고 있는 사람은 사회적 관심이 없는 사람보다 더 짧은 시간 내에 도움을 받을 수 있음을 지적하였다. 이와 비슷하게 보다 낙관적인 기대를 가지고 있는 사람은 도움을 받게 될 여지가 훨씬 더 크다. 다른 한편으로 어떤 유형의 사적 논리는 보다 도전적이 되는 반면에, 특히 전이문제가 포함될 때 스트레스가 있는 생활 상황은 치료를 복잡하게 하고 장기화시킬 수 있다. 마지막으로 어떤 원인에 의한 저항은 치료기간을 늘리는 경향이 있다.

Adler식 접근에서는 인간을 성취하기 위해 투쟁하는 개방된 체계로 본다. 이러한 투쟁은 선천적인 지각과 초기 인생경험 사이의 상호작용에 의해 결정된다. 이러한 상호작용의 결과로서 통일된 지각체계나 종합기본계획(master plan), 생활양식(life style), 통일된 성격이 나타난다. 스트레스가 부적응적인 행동 속에 포함되어 있다고 하더라도 역기능적인 행동은 기본 계획의 결과이다. Shulman(1984)에 의하면 비뚤어진 생활양식의 소유자는 불안정, 혼란스런 인간관계, 낙담, 열등감, 즉 낮은 자아존중감, 그리고 인생과업─사랑, 일, 우정─의 직면에 대한 두려움에 취약하다.

Adler 치료의 목표는 환자의 사회적 관심 수준이나 관계성 그리고 보다 효과적으로 기능하는 능력을 증대시키는 것이다. 종종 이것은 잘못된 생활양식 신념의 변화와 함께 일어나지만 통찰은 변화에 대한 필요조건도 충분조건도 아니다. 치료자는 Adler 심리치료의 3단계 치료과정에 따른 세 가지 과업을 갖는다. (1) 관계(relationship), (2) 평가(assessment), (3) 재정향(reorientation). 장기심리치료에서는 이러한 3단계가 별도로 다루어진다(예, 생활양식의 평가는 2회기 내지는 4회기에 걸쳐서 일어나며, 그 후 몇 회기의 재정향 회기가 뒤따른다). 반면 단기치료에서는 다음의 3단계가 단일 회기에 일어날 수도 있다. 첫째, 협조적인 치료관계 설정하기, 둘째, 개인의 지각체계와 생활양식 신념을 평가하고 이해하기, 셋째, 환자에 대한 잘못된 신념 밝히기, 넷째, 자기 교정과 변화 촉진의 주체가 되기(Shulman, 1984).

평가는 환자의 적응 기능의 수준을 포함한다. 그것은 인생과업에 대한 환자의 반응을 기초로 하며 생활양식은 가족구도 자료와 초기 아동기 기억에 의해 추론된다. 이 정보는 보통의 단기치료 형태의 사례와 같이 한 회기 이상의 면접(intake) 회기에서 공식적이고 체계적으로 수집되거나 치료 첫 회기에서 짧은 시간 안에 이루어질 수 있다. 치료 초기단계의 초점은 목적 혹은 우선순위(priority) 자각의 수준을 발달시키는 데 있다. 치료의 후기단계는 대안적 행동양식을 실험해 보는 것을 포함한다. 여기에서 치료자는 보다 효과적으로 용기를 가지고 기능하려고 노력하는 환자의 모델로서 그를 격려하고 안내하며 지지하고 그에게 봉사하는 역할을 맡는다. 이러한 접근은 인지적, 행동적, 분석적, 실존적, 내담자 중심 접근으로부터 많은 기법을 융통성 있게 결합하게 한다. Kurt Adler(1972)는 치료의 시간체제를 단축하는 몇 가지 기법을 제시했다. 그 가운데에는 (1) 억제하기(refraining), (2) "마치 ~인 것처럼" 행동하기(acting "as if"), (3) 유머(humor), (4) 재통로화(rechanneling), (5) 증상처방(symptom prescription) 등이 있다. Shulman(1972)은 11가지의 다른 기법들을 서술했다.

Adler의 단일회기 치료는 어떠한가? 여기에 대해서 몇 가지 설명이 있다(Powers & Griffith, 1989; Shulman, 1989a; Adler, 1989). Adler의 단일회기치료에서 공통적인 것은—공식적으로 계획된 회기이든, 시범(demonstration) 면접에서든 혹은 단기 상담에서든 간에―다음과 같다. 치료자는 그 사람이 왜 지금 도움을 구하고자 하는지에 관해 "왜 지금?"이라는 질문을 하는 것으로 회기를 시작한다. 이 질문으로 치료자는 현재의 상황을 탐색하기 시작하고 과거에 대해 몇 가지 질문을 하며 연속성을 발견하여 현재와 과거를 빨리 연결시킨다. Adler학파의 치료자는 초기 회상과 현재 모두에서 일치한다고 여겨지는 일련의 움직임을 찾는다. 이때 문제는 잘못된 지각으로 재정의되거나 재구조화되며 치료자는 개인의 주의를 끌기 위하여 과장, 역설, 기대하지 않은 진술문을 활용할 수도 있고 사고와 행동의 대안을 제시하기도 한다. 예를 들면, 치료자는 "당신이 무가치하다고 믿는 것을 그만두지 않는다면 변화를 가져올 수 없다"라고 말하고 나서 그 사람이 만나는 5명의 사람에게 그가 무가치한 사람이라고 말하라는 역설적인 금지명령(paradoxical injunction)을 내린다. 치료자는 그들의 행동, 스스로가 만들어낸 장애, 비현실적인 기대, 대인관계의 작전 행동 뒤에 있는 사적 논리를 드러내기 위하여 부드러운 직면을 사용하면서, 이러한 일련의 움직임이 초기에 어떻게 습득되고 어떻게 현재까지 지속되었는지를 반영한다(Shulman, 1989b). 이러한 변화를 완성하기 위하여 많은 내담자들은 격려를 필요로 할 것이고 자신의 사적 논리를 거부하고 자아존중감을 확인하기 위하여 지속적으로 노력할 것이다. 이는 자아 치료, 지지집단, 혹은 치료자와의 부가적인 회기에서 일어난다.

　Adler학파의 접근은 정신역동적 접근뿐 아니라 인지행동적, 경험적, 체계적 접근과 유사한 지시, 금기, 선정요인을 공유한다. Adler식 접근은 개인적인(사설) 심리치료기관뿐 아니라 지역사회 정신건강기관, 학교, 교정체계, 의료기관에서 활용하는 데도 적합하다.

3) 아홉 가지의 단기치료접근의 비교 분석

이상에서 설명한 아홉 가지의 치료 접근 사이에는 많은 차이점과 공통점이 존재한다. 여기에서는 여덟 가지 현대적 접근을 Adler학파의 접근과 비교하고 대조할 것이다. 이 접근은 표 12-1에서 요약하였다.

　이러한 접근들 사이에는 지시와 금기에 대해 현저한 몇 가지 차이점이 있다.

일반적으로 정신역동적 접근이 치료가능한 것으로 여겨지는 진단적 범주의 범위가 가장 좁다. 이것은 Sifneos(1979)와 Mann(1973)뿐만 아니라 잘 알려진 Malan(1980)과 Davanloo(1980)의 접근에도 해당된다. IPT와 인지치료 또한 처음에는 우울증을 치료하기 위해 발달되었기 때문에 제한된 지시를 갖는다. 지난 몇 년 동안 Beck(Alford & Beck, 1998)은 그의 접근을 여러 가지 증상에 맞게 개조하였고, Klerman과 Weissman(1993)은 IPT를 불안과 물질장애까지 확대하였다. 해결중심적, Budman의 경험적, 그리고 MRI접근은 Adler의 접근을 공유하여 훨씬 더 널리 적용할 수 있도록 하였다.

환자 선정 요인에 있어서 지시 및 금기에 대한 유사한 패턴이 언급된다. 정신분석적 접근은 가장 엄격한 준거를 갖는다. Bellak은 예외이다. 많은 사람들이 정신분석적 방법은 부유하고, 걱정을 잘하고, YAVIS 환자들을 선호한다는 것을 관찰하였다(Ellenberger, 1970). 이것은 Sifneos(1979), Mann(1973), Malan(1980), Davanloo(1980)의 선정기준으로 거의 증명되었다. Adler의 접근과 마찬가지로 해결중심적, 경험적, MRI, 인지적, IPT 접근들은 대다수의 환자군에 적절한 것으로 여겨진다. 모든 접근은 일반적인 치료의 목표로 증상 감소나 완화를 보장한다. 그 밖에 각각의 접근은 기본적인 전제와 일치하는 구체적인 결과목표를 갖는다.

Sifneos(1979)와 Mann(1973)이 성공적인 치료의 결과로서 제한된 성격 변화가 있었다는 것을 지적한 반면에, 대부분의 고전적인 분석가들은 장기치료 없이 성격 변화가 가능하다는 사실에 대해 의구심을 가졌다(Bibring, 1954 ; Perry, 1987). 비록 여러 가지 다른 접근이 성격 변화를 언급하지 않았지만 보다 실용적인 목적을 위해 행동-사고, 심상, 감정, 활동-에 있어서 지속적인 변화는 초점이 되는 성격 변화에 상응하는 것으로 보인다. Adler학파의 치료자는 생활양식 신념과 분명한 행동 변화를 성격 변화와 같은 뜻으로 간주한다.

이와 비슷하게 치료적 전략에 대한 비교는 모든 여덟 가지 접근들 사이에서 기본적인 일치를 나타낸다. 치료적 동맹, 치료계약, 혹은 협동적 관계, 이 모든 접근은 환자에게 있어서 빨리 그리고 의도적으로 치료과정에 관여하게 하는 중요성에 대해 동의한다. 그러나 관계의 성격에 있어서는 차이가 있다.

표 12-1	아홉 가지의 단기치료접근의 비교

접 근	지시/금기	선정요인들	회기 수
STAPP/Sifneos	신경계 장애에 제한, 심각한 성격장애 배제	매우 엄격함, YAVIS 오이디푸스 문제에 초점을 둠	2-15
시간제한적/Mann	신경계 장애에 제한, 심각한 성격장애 배제	매우 엄격함, YAVIS 분리의 문제	10
IPT/Klerman	주로 우울증적 장애	덜 엄격함	12-26
인지적/Beck	불안, 우울, 물질남용, 편집증 장애	덜 엄격함, 어느 정도의 자기 반성적 능력	변동 가능
단기 행동적 부부치료/Weiss와 Jacobson	부부관계 문제에 제한	덜 엄격함	8-10
MRI/Weakland	범위가 더 넓음	덜 엄격함	10
해결중심적/de Shazer	범위가 넓음	덜 엄격함	1-10
경험적/Budman	매우 범위가 넓음	가장 엄격하지 않음	변동 가능
Adler	범위가 더 넓음	덜 엄격함	1-20

접 근	치료결과 목표	치료전략/계획	치료기법
STAPP/Sifneos	증상 완화, 문제해결, 초점이 되는 성격변화	치료동맹 확립, 오이디푸스 갈등, 평가/문제, 직면 문제	전이/저항 해석, 방어분석, 불안-유발직면
시간제한적/Mann	증상완화, 문제해결, 초점이 되는 성격변화	치료동맹확립, 중핵적 문제 평가, 분리 직면/ 종결문제&두려움, 종결촉진	전이/저항 해석, 방어분석 '공감반응'
해결중심적/de Shazer	증상완화, 문제해결	문제에 대한 예외에 초점, 기적질문, 문제해결 강조	재구조화
인지적/Beck	증상 완화, 기능적 인지 및 쉐마	협력적 관계 확립, 인지구조, 쉐마, 논리적 오류 평가, 역기능 수정	인지적 논쟁, 재구조화, 여러 행동적 방법, 역할 연기, 회기와 회기 사이 과업

표 12-1	아홉 가지의 단기치료접근의 비교(계속)		
접 근	치료결과 목표	치료전략/계획	치료기법
단기 행동적 부부치료/Weiss와 Jacobson	증상완화, 관계기능 향상	협력적 작업 관계확립, 치료계약, 치료전 부적응적반응, 기술, 능력, 관계 평가, 부적응 패턴을 보다 적응적 패턴으로 대체	상호강화 계획, 사회적 기술 훈련, 지시적 과업, 역할 연기
IPT/Klerman	증상완화, 슬픔 해결, 대인관계 논쟁, 역할 전이 혹은 대인관계 결핍	증상평가, 과정과 문제 문제 영역 해결	재확인, 감정 동일시, 의사소통 훈련, 의사결정 훈련, 부수적, 약물
MRI/Weakland	증상완화, 문제해결 제도 변화	상호 치료계약 발전, 문제 및 문제를 지속시키는 해결책 평가, 문제를 지속시키는 해결책 금지	조언, 대안탐색, 재구조화, 역설, 회기간 지시/과업
경험적/ Budman	증상완화, 상실감 해결, IP갈등, 발달적 비동시성 또는 성격 변화	협력적 관계확립, 치료초점 평가, 최상의 치료 결정, 환자-치료자, 환자처치, 지속(연속적 혹은 비연속적)	여러 가지 양식(개인, 집단, 가족, 부부, 인지적 역동, 행동, 경험적, 체계적 접근으로부터 적절한 처치전략)
Adler	증상완화, 사회적 관심의 증가 및 인생과업에 대처하기	협력관계확립, 적절한 생활양식 자료 평가, 각성/통찰, 대안적 행동을 실험	여러 가지 분석적, 인지적, 내담자-중심, 행동적, 역설적 방법들

연속선 상의 한 끝점에는 동등한 태도를 견지하는 Adler와 인지적 접근이 있으며, 다른 한 끝점에는 보다 권위적이고 치료자-지향적인 자세를 갖는 정신분석적 접근과 MRI접근이 있다. 다른 접근은 두 점 사이의 어딘가에 위치해 있다. 평가와 재교육 국면은 모든 접근에 다 나타난다. 분명한 것은 평가, 문제를 훈습하는 방법, 변화가 치료 이외에서 외삽되는 방법은 각 접근마다 다르다는 것이다. 정신분석적 접근과 Adler학파의 접근은 정신역동과 통찰을 공식적으로 인정하는 유일한 접근들이다.

각 접근에 대해 공식적으로 구체화된 치료기법을 비교하는 데 있어서 많은 차이가 나타난다. Sifneos(1979)와 Mann(1973)의 접근은 다소 편협적인 면을 보이고 있다. 이들은 정신분석적 기법과 방법만을 사용한다. 대부분의 경우 다른 접근에서는 자신들과는 다른 접근의 기법을 자유롭게 사용하면서 보다 절충적인 자세를 취한다. 효과적인 정신분석적 치료자를 관찰하는 연구자들은 이러한 치료자가 실제로 행동적, 인지적, 문제해결적 기법을 포함한 여러 가지의 반(反)정신분석적인 기법을 사용한다고 지적한다(Weiner, 1986). Budman의 경험적 접근과 Adler의 접근들은 기법들의 선택의 견지에서 볼 때 가장 절충적이고 실용적이며, Adler학파 치료자는 정신분석적 기법을 활용하는 데 개방적이다.

4) 요약

본질적으로 위에서 제시한 접근들 간의 비교는 어느 정도의 형식적인 단기치료접근이 시간-제한적인 심리치료적 치료의 요구와 필요에 잘 반응하고 있다는 것을 제시한다. Adler학파의 접근을 제외하면(Sperry, 1987) 접근 중의 어느 것도 단기치료개입에 대한 형식적인 전략을 분명하게 설명하지 못하고 있다.

이러한 단기접근들 사이에는 상당한 공통점이 있다. 사실상 일반적으로 장기심리치료 접근보다 단기치료 사이에서 더 많은 유사점을 찾을 수 있다. 그러나 현저한 차이점도 어느 정도 존재한다. 구체적으로 정신분석적 접근은 일반적으로 환자 선정과 진단적 치료지시에 관한 한 가장 제한적이며 가장 편협된 처치 방법과 기법을 명시하고 있는 것으로 결론 내릴 수 있다. 그러나 그들은 다른 접근과 비슷한 치료전략과 결과목표를 공유한다. 비록 인지적이고 대인관계적 접근들이 원래 우울증 장애를 치료하기 위해 구체적으로 개발된 것이며, 그에 따라 제한된 치료 지시사항을 갖는다고 할지라도 거의 모든 점에서 비(non)정신분석적 접근과 현저하게 유사하다. 결론적으로 Adler학파의 접근은 모든 비정신분석적 접근과 아주 비슷하지만, 초기의 경험이 현재의 기능에 영향을 미친다고 인정하는 점과 치료전략으로서 통찰력을 사용하는 점은 정신분석적 접근과 일치한다.

☐ Adler학파의 단기치료 사례

Jackie L.은 24세의 독신 백인 여성이다. L양의 사촌과 함께 심리치료에 종사하고 있는 한 동료가 그녀를 만나줄 것을 요청했다. 사촌의 보고에 의하면 L양은 어린시절 성학대를 받은 적이 있었다. 이 사실은 최근에 단기기억상실, 탈인격화, 정서적 무기력(마비상태) 등의 선택적인 분열증상으로 분명히 드러났다. 사촌은 최근 L양과 대화를 나누었고 L양의 기억상실은 분열을 나타낼 수 있으며 심지어 이전에는 복합적인 성격장애라고 일컬어진 분열정체성 장애를 나타낼 수도 있다고 말했다. L양은 이러한 말에 점점 더 놀라게 되었고, 심리평가를 받으려고 했다. HMO는 여섯 차례의 평가와 치료를 허락했고, 회기가 더 필요할 경우 1년 이내에 20회기까지 치료회기를 늘릴 수 있도록 허락하였다.

■ 1회기

첫 만남에서의 목표는 L양의 현재와 과거의 기능수준, 장점, 성격, 생활양식, 치료적 관계를 발전시키는 능력, 치료에 대한 준비성, 그녀의 현재 문제(심각한 분열장애를 나타낼 수 있는 기억상실(memory lapse)과 불안)를 평가하는 것이었다.

L양은 자신이 최근에 회계학 전공으로 대학을 졸업했고 이어서 회계부의 조합원으로서 고도의 기술을 가진 생물 의학계열 회사에서 일하게 되었다고 했다. 그리고 그녀는 "기억문제"가 그녀의 일생을 통해 늘 있었음에도 불구하고 지난 두 달 동안 더욱 악화되었다고 했다. 그녀는 또한 특히 상사와 같은 권위적인 인물이 기한이 정해진 과제를 주면 환상과 백일몽에 빠지게 된다고 보고했다. 그녀의 환상은 주로 남자와 성에 대한 것이다. 그녀는 10세 때 오빠가 자신을 희롱하여 두렵고 당황스러웠던 사건을 지적했고 오빠에게 희롱당했던 경험을 이야기해 주었을 때 그 일을 기억할 수 있었다고 보고했다. 그러나 L양은 인생의 훨씬 더 이른 시기에 일어났던 "기억상실"의 예를 기억해냈고 이러한 예에는 대개 어머니와 아버지가 포함되어 있었다.

나는 또한 L양이 과거 5년 간에 걸쳐서 결혼상대로 적합한 남성들과 관계를 갖고 친밀한 관계를 유지하는 데 상당한 어려움을 가지고 있었다는 것을 알게 되었다. 그 전에 그녀는 자신이 아주 매력적이고 흥미를 갖고 있으며 시간이 있는 데도 불구하고 데이트를 거의 하지 않았다는 것을 지적했다. 그녀가 매력을 느꼈던 4명의 남자들은 그들이 관계를 가진 다른 여자들을 L양 앞에서 자랑스럽게 떠벌리는 "바람둥이"로 판명되었다. 이때 그녀는 이런 여자들에 대해 제정신이 아닐 정도로 질투하고, 이러한 남자들을 붙들기 위해 "어떠한 일이라도 하겠다"는 다짐을 했다고 한다. 이외에 그녀는 강박적으로 손톱을 물어뜯고 머리카락을 당기는(trichotillomania) 증세가 있다고 보고하였는데, 이로 인해 머리에 작은 대머리 자국이 있으며 머리모양을 변화시켜 이 자국을 효과적으로 감추려고 하였다. 손톱 물어뜯기 또한 문제가 있는 것으로 기록되었다. 가끔씩 폭주(binge drinking)도 하였다.

L양은 이 상담 이외에는 상담이나 심리치료를 받은 적이 없었다고 한다. 그녀의 의학적 역사와 건강행동은 가끔씩 있는 폭주(binge drinking)를 제외하고는 도움이 되지 않는 것으로 나타난다. 가족으로는 건강하게 살아계신 부모님이 계시며 여전히 L양이 자란 집에서 거주하고 있었다. L양은 오남매 가운데 막내이며 외동딸이다. 어머니는 정서적으로 거리감이 있고 지나친 요구를 하며 L양의 여성적인 요구에 "관심이 없는" 분으로 묘사되었다. L양은 여성스러운 복장이나 화장을 거의 하지 않았으며 대학생활을 시작할 때까지는 "여성적인 태도"를 받아들이지도 않았다. 어머니는 L양이 대학을 다니기 위해 집을 떠났을 때 "쇠약(breakdown)"해졌는데 아마 우울증 때문인 것으로 추측된다. 아버지는 자상하고 딸에게 관심이 많으신 분으로 묘사되었지만 어머니의 요구로부터 L양을 지켜주기 위한 노력은 거의 하지 않았다. 그는 L양이 사내아이처럼 옷을 입고 행동하게 하려는 아내의 기대를 못마땅해 했지만 적어도 공공연하게 말로 표현하지는 않았다. 4명의 오빠들은 아주 경쟁적인 "경마기수(jocks)"로 묘사되었다. L양은 초등학교 시절에 자기 자신을 "말괄량이"라고 묘사했고 고등학교에서는 "열광적인 사내아이"로 묘사했다.

그녀의 현재 생활을 조사해보면 그녀는 여자친구들과 안정된 관계를 형성하고 있고 부모와의 사이에서는 어려움을 느끼며 현재 남자친구와는 불만족스럽고 사이가 좋지 않고 여자 상사와는 혼란스러울 정도로 좋지 않은 관계를 맺고 있다. 그녀는 부하와 상사로부터 직업수행능력에서 높은 평가를 받았지만 직접적인 상사로부터는 그렇지 못했다. 분열장애를 평가하기 위한 구조적인 면접인 분열장애 면접(dissociative disorders interview)에서, L양의 "기억상실"은 분열장애를 나타내는 것으로 드러나지 않았다. 나머지 정신상태 검사에서는 두드러진 것이 없었는데, 그녀는 사람, 장소, 시간에 순응하며 분명한 인지적 혹은 지각적 결함을 나타내지는 않았다. 그녀는 자살과 살인에 대한 생각을 부인했다. 이러한 조사에 근거하여 L양은 DSM-Ⅳ 기준에 의해 축 I의 불안장애, 그리고 축 II에서 부자연스럽고 수동적이며 공격적이고 자기 파괴적인 경향을 나타냈다.

그녀는 회기 초기에는 아주 불안해했지만 쉽게 안정됐고 효과적인 협동적 치료관계를 형성할 수 있을 것이라는 다른 징후들을 보여주었다. 그녀는 자기 자신을 위해서 설정했던 개인적 목표, 즉 15파운드(약 7kg)를 감량하고 3년 동안 그 체중을 유지한 것과 4년 전에 담배를 끊는 목표를 성공적으로 달성했기 때문에 치료에 대한 충분한 능력과 변화에 관한 준비가 되어 있는 것으로 보였다. 5회기를 더하는 계약을 합의했고 HMO가 인정했다. 회기의 초점은 불안과 기억상실의 감소에 있었다. 따라서 5회기는 매주 이루어졌다. L양은 회기에 거론될 생활양식 면접 지침서(lifestyle interview guide)를 완성하라는 요구를 받았다.

■ 2회기

두 번째 회기의 초기에 L양은 주말에 폭주하지 않았으며 지난 회기 이후로 술을 전혀 마시지 않았다고 말했다. 더욱이 그녀는 상사와의 회의 후에 아주 불안했음에도 불구하고 불안할 때 머리카락을 잡아당기는 일을 삼가했다고 보고하였다. 음주와 머리카락을 잡아당기는 일은 그녀에게 불안함을 감소시켜주는 역할을 한 것으로 보여진다. 이러한 노출은 그녀가 행동을 감소시키거나 그만둘 것을 내가 제안하지 않았기 때문에 흥미로운 일이었다. 그리고 이 사실은 그녀가 치료적 변화에 대한 준비가 되어 있고 동기가 있다는 예측을 확인해 주었다. 이번 회기 동안에 생활양식 면접 지침서(lifestyle interview guide)와 초기 가족 구도 회상에 대한 그녀의 반응이 토론되었다(이 사례연구의 끝에 나와 있는 색인을 보라). 이후에 잠정적인 생활양식에 대한 서술이 제시되었다. 이 서술에 대한 L양의 피드백이 탐색되었다. 그녀는 처음에는 기억상실에 대한 심리치료적 의미에 대해 놀라워 했다. 특히 생활양식 자각에 대한 서술이 정확하다고 동의하였다. 구체적인 치료목표는 협상되었다. 남은 3회기에서의 작업은 기억상실이 L양이 여자 상사뿐만 아니라 자신의 분노와 그녀의 부모, 특히 어머니에 대한 분노와 더불어 일어나는 불안을 표현하는 것을 보호하도록 도움을 준 방법을 탐색하는 것이었다. 부가적인 목표는 불안과 분노를 보다 효과적으로 다루는 방법을 실험하는 것이었다.

■ 3~6회기

보호의 수단으로 나타나는 기억상실을 토론하는 일은 L양으로서는 고통스럽지만 그녀를 자유롭게 해주는 것으로 판명되었다. 그녀는 어머니와 현재와 과거의 남자친구들 그리고 고통스런 학대의 관계로부터 해방될 능력이 없다는 이야기를 했다. 다섯 번째 회기에서 가정과 직장에서의 권위와 힘을 포함하는 체계적인 문제와 L양의 개인적 역동이 아주 깊이 얽혀있고 회기가 더 필요하다는 것이 분명해졌다. L양은 그녀가 분열장애를 가지고 있지 않고 약간의 증상 경감(예, 불안과 폭주 감소, 더 이상의 머리카락 잡아당기는 일을 하지 않음)을 경험했다는 사실에 안심했지만, 부가적인 회기를 허가 받는 일에 동의했다. 요구서를 신청했으며 재심사 결과는 10회 후 재조사를 한 번 받는 걸로 하고 20회기까지 허락받았다. 이제 치료초점은 우선 직업기능화와 직업개발에 둘 것이고, 두 번째로는 어머니와의 혼합된 관계와 남자친구 그리고 애인과의 관계에서의 자학적인 성격에 둘 것이다. 일에 관련된 문제를 중심으로 치료를 구조화하는 일은 치료적 퇴행과 복합적인 전이를 감소시키는 것으로 드러났고,

반면에 보다 일반적인 대인관계와 개인 내 문제들을 중점으로 다루는 데는 더 적은 회기가 요구되었다(Lowman, 1993).

■ 7~11회기

이 회기에서는 주로 L양의 여자 상사와의 관계를 조사하는 것에 초점을 맞추었다. L양이 고용되기 6개월 전에 승진된 상사를 L양은 본질적으로 무능력한 사람이라고 여겼다. 그 직책은 새로운 것이었고 그녀의 상사가 회사일로 자주 여행을 했기 때문에 이 여자는 거의 감독을 받지 않고 책임도 별로 없었다. 그녀는 L양의 일을 점검하기 위하여 그녀를 정기적으로 만나는 것을 거부하였다. 그 대신에 그녀는 L양에게 많은 일을 위임했고 "일에 대해 걱정하지 마세요. 당신이 큰 실수를 하면 내가 알려줄게요"라는 모호한 피드백을 주었다. 이 여자와 L양의 어머니 사이에는 상당히 분명한 유사점이 있었다. 두 여자와 함께 있으면 L양은 주장을 할 수 없게 되고 본질적으로 갈등에서 뒤로 물러서게 되었다. L양은 그녀의 관심이나 분노를 직접 표현할 수 없었기 때문에 우유부단, 능력보다 낮은 성적, "기억상실"을 나타내었다. 그 결과 L양은 좌절을 느꼈고 불안하였으며 이로 인해 음주, 머리카락 당기기, 데이트한 남자에게 점점 더 매료되고 학대하는 남성에 대해 질투심을 느끼게 되었다. 주장적인 의사소통 훈련이 인지 재구조화가 그랬던 것처럼 통찰력 작업과 함께 이루어졌다.

■ 12~15회기

12번째 회기에서 L양은 상사와의 관계에서 점점 더 주장적이 되어 가는 데도 불구하고 "그 여자 상사와 그런 불건강한 관계를 맺는 것을" 계속할 의지가 없었다. 그 결과 그녀는 MBA과정을 시작하기로 계획을 세우고 직업을 포기했으며 회계보다 더 광범위한 관리 영역에서 시간제 일거리를 찾게 되었다. 그녀는 또한 더 이상 남자친구가 부정을 저지르면서 정서적 학대를 계속하는 일을 허락하지 않을 것이라고 했다. 그녀는 관계가 오직 한 사람과 이루어져야 된다는 것을 요구할 것이고 그렇지 않으면 떠나기로 결심했다. 14번째 회기에서 그녀는 현재의 관계를 끝냈다고 보고했고, 이제 그녀는 자상하며 여자를 존중할 줄 아는 남자를 찾을 것이라고 했다.

13회기에서 그녀는 분노와 불안을 술을 마시지 않고도 통제할 수 있게 되었음을 더욱 잘 확신하게 되었다. 직업문제로 다음 두 회기를 보냈다. 그녀는 문학을 전공하여 대학에서 강사가 될 계획을 세웠었지만 "그것은 가족의 설득으로 단념하게 되었다." 그녀의 대학시절 두 번째 학기에 그녀의 지도교수는 회계 프로그램에서 그녀가 가장 유능한 학생이라고 간주했지만 L양은 공부에 전념하지 않아서 평균 C⁺의 점수로 졸업했다. 그녀는 지금 자신이 인생을 어떻게 살아야 하는지에 대하여 결단을 내릴 수 있다고 믿었다.

■ 16회기

이 회기에서는 이전에 했던 10회기의 진행사항을 재검토했다. 이러한 점검을 통해 단기기억은 그대로 두면서 더 이상 새로운 기억상실을 보이지 않았음을 알았다. 그녀는 더 이상 머리카락을 잡아당기지 않았고 최근에는 지금까지 가장 사랑스럽고 존경할 만하고 지지적인 동료학생과 데이트를 하기 시작했다. 그녀는 주장이 많아졌기 때문에 어머니와의 불화가 증가했다고 보고했다. 그 결과 L양은 매일 집에 전화하는 것을 그만두게 되었다. 그녀가 비록 자기 자신에 대해 자랑스럽게 여긴다고 할지라도 이는 고통스럽고 불안을 야기하는 것이었다. 검열자는 10회기를 더할 것을 허락하였다.

■ 17~19회기

이 회기에서는 직업과 경력에 관련된 것을 다루었기 때문에 주로 L양의 자아관과 세계관을 구체적으로 재교육하는 데 초점을 두었다. 첫 번째와 다섯 번째의 초기 기억(ER)에 있는 재능과 능력에 대한 주제들이 그녀의 자아관 및 타인관을 수정하고 재구조화하는 데 사용되었다. L양은 생일 게임에서 이기고 자기집 개를 익사상태로부터 구해낸 일은 그녀의 재능과 능력을 부인할 수 있는 요행도 특별한 경우가 아니라는 것을 받아들일 수 있었다(사례연구 마지막의 색인을 보라). 또한 자신의 장점과 관심을 인정하고 개발하는 것이 가능할 뿐만 아니라 그녀가 성장하고 가족으로부터 개별화하는 데 필요한 것이라는 것을 받아들일 수 있었다. 그렇게 하는 일은 그녀의 부모에게 불행한 결과를 가져다주지 않을 것이다. 그녀는 성공이 어머니를 불명예스럽게 하고 완패시키는 것이라고 두려워하였다. 더욱이 그녀는 성공하는 것이 아버지나 형제들을 무기력하게 하는 것이 아니라는 것을 발견하였다.

■ 20~23회기

20번째 회기에서 L양은 그녀가 MBA과정에서 특히 조직적인 행동을 잘 해내고 있다고 보고하였다. 그녀의 교수는 그녀의 능력에 감명을 받았고 대학강사가 될 수 있도록 이 분야에서 박사학위를 취득할 것을 고려하라고 했다. 그녀는 마침내 지난 주에 자신의 작업조건을 잘 따져보았다고 했다. 그녀는 자신의 직장을 그만두었다. 그녀의 계획은 가족의 기대에 의해서라기보다는 자신의 선택과 자신의 요구와 강점을 기초로 한 직업과 진로궤도를 추구하는 것이었다. 대인관계에 있어서 그녀는 보다 비학대적인 친구들을 선택하기 시작했으며 가족 특히 오빠로부터 상당히 분리되었다. 그녀의 기억상실, 머리카락 당기기, 손톱 물어뜯기, 가끔씩 하는 폭주 등이 감소되거나 제거되었다. 비록 추가적인 회기들이 내담자가 가족원과의 관계와 생활양식 자각에 대해 한층 좋아진 기능을 훈습하고 재교육하는 작업에 도움이 될 수 있기는 하지만 내담자는 치료적 과정에 상당한 재능을 나타냈고 스스로 자신의 치료자가 될 수 있다. 그러나 그녀의 HMO는 한 회기 더 인정하였고 간단한 추후 지도 후에 4~12개월의 간격으로 나와 편안하게 전화로 접촉할 수 있게 해 주었다.

사실 L양은 4번째와 12번째 달에는 전화로 추후 지도를 받았고 그녀의 증상은 감소하였으며 그녀와 남자친구 Chris는 결혼을 고려하고 있었다. 가족관계는 다정했다. 그러나 L양은 개별화가 일어났다고 하면서 여전히 건전한 거리를 유지하였다. 비록 내적인 혼란이 많이 일어나기는 했지만, 그녀는 가족의 기대보다는 자신의 요구와 강점에 기초하여 직업결정을 내려야만 했다. 22회기에서 그녀는 시간제 일을 구했다고 보고했고, 그 일은 도전적이고 급여가 좋을 뿐 아니라 정중하면서도 그녀의 진로계획을 격려하고 지지해 주는 중노년 남자를 위한 일이었다. 지금 그녀는 거의 6주 동안 한 남자와 데이트를 해왔고 자신의 꿈과 두려움을 다른 사람과 깊이 공유하는 일은 보답을 받을 만도 하지만 다소 겁나는 일임을 발견하였다. 그녀의 남자친구인 Chris는 그녀의 감정을 쉽게 공유했고 이전의 남자친구와는 많이 달랐다. 더욱이 재능과 능력에 대한 초기 기억의 주제를 사용하는 재교육이 이 회기의 초점이 되었다.

■ 24회기

이 회기는 이 시점에서 우리가 계획한 공식적인 마지막 회기였다. 치료적 진전 상태를 점검하고 추후 지도에 대한 계획을 거론하였다. 이번 회기의 진전에 대한 기록이 다음과 같이 진술되었다. "이번 회기는 계획된 24회기 가운데 마지막 회기이며 첫 의뢰는 분열장애를 평가하고 치료하는 것이었는데, 불규칙적인 불안장애가 진단되었으며 체계적·정신역동적 그리고 인지행동적 전략들을 포함하는 개인심리치료적 처치를 사용하였다. 내담자는 치료과정에서 전적으로 효과적으로 협조하였고 여러 가지의 긍정적인 변화들이 언급되었다. 그녀는 가끔 술을 마시지만 폭주하거나 중독에 빠지지 않았다.

18개월 후 : 결혼 전 상담

마지막 공식적인 회기를 마친 후 약 18개월쯤 후, L양은 그녀와 Chris가 네 달 후에 결혼하기로 약속했다는 말을 하기 위해 전화를 했고 결혼 전 상담을 받고 싶다고 요구했다. "부모님과 같은 경험을 되풀이하고 싶지 않아요"라고 말했다. 추후에 세 번에 걸친 부부 상담 회기를 계획하였다. 여러 가지의 관계적 차원과 그들의 생활양식 신념을 평가하기 위해 Chris와 L양을 만난 것 이외에 이번 회기들은 이전에 했던 24회기의 치료효과를 평가할 수 있는 기회가 되었다. 나는 Chris와 L양 두 사람에게 여러 가지 관계적 체계목록표와 생활양식 면접지침서(lifestyle interview guide)를 기입하도록 하였다(Gottman, 1994). 나는 그녀의 초기 기억과 전년도에 보고된 내용을 비교할 수 있었다. 이러한 초기 기억들과 긍정적인 변화에 대한 평가를 사례연구의 색인에 제시하였다. 요약하면 L양은 공식적인 치료로부터 얻은 모든 도움들을 유지했으며 더욱이 이러한 변화들은 초기 기억의 두 번째 장면에 반영되어 있다.

■ 단기 Adler 치료에 대한 자료

단기치료에 대한 임상적으로 유용한 많은 자료들이 Adler 심리학에서 발견될 수 있다. Adler의 단기치료에 관한 두 가지 특별한 발행판을 추천하고자 한다. 첫 번째는 개인심리학저널(*Journal of Individual Psychology*) 1972판, 28권이다. 그것은 Rudolf Dreikurs를 기념하기 위하여 Chicago 의과대학 후원의 단기치료협회(Brief therapy Conference)에서 발행한 11편의 논문으로 구성되어 있다. 두 번째는 개인심리학(*Individual Psychology*) 1989년판, 45권에 2판이 동시에 발행되었다. 여기에는 Adler의 단기치료를 다양한 치료상황에 있는 성인, 아동, 노인, 부부, 가족, 그리고 의료환자들에게 다양하게 적용한 45편의 논문이 있다.

색인

1. 가족구도 자료

Kurt(38)   L양보다 14살 위이다. 기질적으로 완고한 것으로 묘사된다. 남자 중의 남자이고 광신적 애국주의자이다. L양을 가장 많이 놀렸다. "그는 나의 의지와는 반대되는 일을 하기를 원했어요." 그는 가장 반항적이었고 다른 사람을 가장 많이 비난했으며 가장 힘이 세고 가장 짜증을 많이 냈다. Kurt는 어머니와 아주 유사했다. 현재는 보험대리점을 운영하며 자녀가 셋이고 "매우 비주장적인 아내"와 결혼했다.

Kevin(34)   L양보다 나이가 10살 많고 그녀를 가장 적게 놀린 형제로 인식되었다. L양은 그를 가장 좋아했다. 그를 그녀의 오빠 가운데 가장 성공한 사람으로 묘사했다. 현재 주요 금융업체의 마케팅 담당 부회장이다. 결혼을 했고 아들이 2명 있다. 그는 가장 인기가 좋고 가장 잘 생겼으며 가장 매력적이고 운동을 가장 잘했다. 아버지는 그를 무척 좋아했다. 그는 Jackie를 돌보았고 다른 사람으로부터 그녀를 보호했다.

Jay(30)   L양보다 6살 많다. L양에 의하면 그는 가장 지적이고 성적이 좋았으며 가장 이기적이고 키가 가장 컸으며 가장 남성적일 뿐만 아니라 가장 신경질적이었다. 현재 그는 회계사이고 독신이다.

Jaime(28)   L양보다 4살 위이고 그는 가장 열심히 일하는 사람이며 가장 높은 도덕적 수준을 가지고 있을 뿐만 아니라 가장 사려 깊고 예민하며 순응적이고 도움을 주는 사람이다. 또한 가장 잘 생겼으며 아주 여성적이다. 그는 L양과 가장 많이 싸웠으며 어머니가 가장 좋아한 인물이었다. 아버지는 Jaime에게 학업성취와 좋은 행동을 "가장 혹독하게(hardest)" 기대했다.

Jackie(24)   자기 자신을 가장 이상적이고, 쾌활하며 심리적이고 친구가 가장 많다고 묘사하였다. 그녀는 자신이 갈 길을 가장 잘 갔지만 아버지에 의해 엉망이 되었다고 믿었고 다른 형제들보다 훨씬 더 아버지와 유사했다. 그녀는 자기 자신을 학교에서 가장 성적이 나쁜 학생으로 평가했다. 그녀는 가족 중에서 자신의 IQ가 가장 높다고 말했고, 어머니는 항상 그녀를 성적이 가장 좋은 Jay와 비교했다. 그럼에도 불구하고 Jackie는 어머니와 긴장된 관계를 유지하는 것과 동료 수용의 수준과 유형이 비슷하다는 측면에서 볼 때 자신이 Jay와 가장 비슷하다고 믿었다. 그녀는 부모님과 매우 다른 관계를 맺고 있다는 것과 관련하여 자기 자신을 Jaime와 아주 다르다고 보았다. 현재 그녀는 자기 자신을 우유부단하고 회피적이며 나약하고 비생산적이며 민감하고 순응적이라고 묘사한다. 그녀는 자신에 대해서 가지는 것보다 다른 사람에게 더 높은 기대를 갖고 "아무도 나에게 도전하지 않기 때문에 많은 일들을 잘 해낸다"라고 믿는다.

아버지(58)   Jackie에 의하면 그는 머리가 좋고 사업과 남자들과의 관계에서는 경쟁적인 것으로 묘사했지만 아내에게 지배를 받았다. 유머감각이 대단하며 온정적이고 인정이 많았다. 최근에는 건강이 좋지 않고 은퇴하기 전에는 자신의 보험사업을 소유하고 있었다.

어머니(59) Jackie에 의하면 지적이지만 차분하지 못하다. 그녀는 야심적이지만 집안일 외에는 다른 직업을 가져본 적이 없었다. 그 대신에 그녀는 물질적 성공과 자녀의 안녕에 대해서는 아주 높은 기대를 갖고 있었다. 대부분 불행하고 정서적으로 소원하며 여성적이지 않았다. 즉, 그녀는 중성적인 옷을 입었고 결코 여성복을 입은 적이 없었으며 화장을 거의 하지 않았다. 그녀가 다른 사람들에 대해서 예민했던 만큼, L양은 어머니가 기본적으로 참견이 많고 자신을 조종했으며 믿음을 배반했고 다른 사람이 그녀의 이점에 대해 말하는 것을 왜곡했다고 믿었다.

2. 가족분위기와 가치

경쟁적이고 놀리기를 좋아하고 거칠고 남성우위의 분위기로서 부드러운 감정과 애정은 표현되지 않고 음주를 장려하는 분위기였다. 가족가치는 업적과 물질적 성공에 대한 추구와 인습을 포함했다. 개인적 표현과 개별화는 불쾌한 것으로 여겨졌고 불복종과 반항은 허용되지 않았다. 그러나 정서적 학대는 흔하게 일어났다. 이런 행동은 부모에 의해 모델링되어 정기적으로 오빠들에 의해 일어났고 때때로 신체적인 학대를 야기하기도 하였으며, L양과 그녀의 사촌을 포함하여 두 차례에 걸쳐 성적인 학대가 있었다고 보고했다.

1) 부모와의 관계

논쟁적이고 다투는 것으로 묘사되었다. "애정이라고는 하나도 없고 항상 이혼에 대해서 이야기를 함."

2) 부모와 Jackie와의 관계

Jackie가 멀리 떨어진 대학을 다니기 위해 집을 떠났을 때까지 초기에는 아주 긴장되었다. 지난 3년 사이에 훨씬 좋아졌다. 특히 Jackie가 그녀의 아파트에서 산 이후로 그러했다. 그러나 그녀는 최소한 하루에 한 번은 "확인하기 위해" 그들에게 전화를 해야 될 의무감을 느꼈다.

3) 초기 기억

1. 7세 : 생일파티에서 주(states)를 알아맞히는 게임을 한 기억이 남. 그녀는 가장 많은 주를 생각해내어 상을 받았다. 그 상은 어머니가 고른 시시한 (dumb) 실용적인 선물인 빗이었다. 어머니는 Jackie가 그 상을 타게 되었을 때 무표정했다. L양은 그녀의 여자친구들을 둘러보았고, 그들이 져서 불쾌해 하는 것과 어머니로부터 인정을 받지 못한 것을 대부분 생생하게 기억했다. 그녀는 이긴 사실에 대해 기뻤지만 다른 사람들에 의해 거부당하는 것을 원하지 않았다. 그녀는 자신이 다른 사람들보다 더 낫고 똑똑할 수 있다는 생각을 증오했다. 그러나 그녀는 이기는 것에 대해서는 아주 흥분되었다. L양은 "나는 다른 사람들에게 내가 똑똑하다는 것을 보여서는 안 된다. 왜냐하면 그들은 나를 싫어할 것이고 내가 이기적이라고 생각할 것이기 때문이다"라는 결론을 내렸다.

2. 6세 : 여름 별장에서 Jaime는 그녀에게 화를 냈고 잠시 동안 그녀의 머리를 물 속에 담갔다. L양은 순간적으로 버둥거렸고 그리고 나서는 가만히 있었다. 그리고 Jaime는 그녀가 헛기침으로 많은 물을 뱉어냈기 때문에 그녀의 머리를 물 위로 나오게 했다. 그는 말하기를, "이봐, 잠자코 있어, 대단한 일이 아니야." 가장 생생한 부분은 물 아래에서 포기하면서 생각하고 있었던 때였다. "아무 소용없어, 나는 끝났어." 그녀는 완전히 무기력하게 느꼈고 싸움이 끝났다는 평화로움을 느꼈다.

3. 3세 : 어머니는 나를 목욕시키면서 나의 머리를 감겨주셨다. 그녀는 초록 컵으로 헹궈주셨다. 비누가 눈에 들어갔기 때문에 그것이 싫었다. 가장 생생한 기억은 그녀의 머리 위로 부어진 비눗물이었다. 그녀는 비눗물이 그녀의 머리를 헹구기 위해 사용되고 있었다는 것과 어머니가 아주 기계적이고 잘 보살펴주지 않는 것처럼 느껴져서 이상하다는 생각이 들었다. 어머니와 함께 있는 것은 불편하게 느껴졌고 친밀감이 부족했다.

4. 5세 : 여름 방학 때 가족 오두막집에서 Jackie는 2층의 침대에 누워 있었다. 그녀 외의 다른 모든 사람들은 카드게임을 하느라고 아래층에 있었다. 그들은 —오빠들과 부모님 — 웃고 농담을 하고 있었다. L양은 그 모든 것에 귀를 기울였고 오빠들도 빨리 잠자리에 들기를 바라고 있었다. 그녀는 귀를 기울이면서 기다리고 있었던 것을 가장 생생하게 기억한다. 그녀는 혼자라는 외로움과 두려움을 느꼈지만 다른 사람들이 그들의 침대로 가는 순간부터 그녀가 안전하고 행복해질 것같은 생각이 들었다.

5. 11세 : 차도에서 테니스를 했고 차고를 넘어 가족 수영장 속으로 공을 쳤다. 그녀의 개 Frisky가 공을 쫓아왔고 풀장 덮개의 아래로 넘어져서 거의 익사직전이었다. Jackie는 공을 찾기 시작했고 개가 풀장 속에 빠졌다는 생각은 전혀 하지 않았다. 직관적으로 그녀는 공이 풀장에 빠졌는지 찾아보기로 했다. 그녀가 풀장으로 가까이 다가갔을 때 그녀는 풀장 덮개 아래로부터 허우적거리는 소리를 들었으며, 그 속에서 Frisk를 발견하고는 밖으로 꺼냈다. 나중에 그녀는 울기 시작했으며 아버지는 다음과 같이 말했다. "개가 익사한 것도 아닌데 왜 그렇게 당황해하니?" 그녀는 Frisky가 풀장 덮개 아래에서 버둥거리는 것을 생생하게 기억했고 그녀가 개를 구조했을 때는 "완전히 공포에 질린" 상태였다. 그녀는 수영장이 있는 장소를 점검한 것은 요행이라고 생각했으며 그 후 그녀는 자신의 직관을 따르는 것은 겁나는 행동일 수 있으며 자신은 똑똑하지도 유능하지도 않으며 다른 사람에게 도움이 되는 사람이 정말로 될 수 없다는 결론을 내렸다.

4) 계통적 서술

L양은 성취에 대한 높은 기대, 복종, 유능함, 회피에 대한 감정, "남성적인 특권"에 대한 강조가 두드러진 가족체계 안에서 성장했다. "가족은 아주 적절하고 인습적인 것으로 보였지만 너무 수치스러워서 토론할 수 없는 비밀과 부모의 반응 없이 이따금씩 깨어진 경계가 있었다. 여기에는 이른바 Kurt와 L양 그리고 Kurt와 L양의 사촌 사이에 있었던 성적인 음란한 행위가 포함된다. L양은 "남자아이들 중의 한 명"이 되려고 노력함으로써 가족에 있어서의 자신의

자리를 발견했지만, 그녀가 재능이 있었음에도 불구하고 그 재능을 무색하게 했다. L양은 자기 자신이 재능있는 것을 인정했지만 그녀가 "단순히 여자이기 때문에" 유능하지 않다고 생각했다. 그녀는 인생을 불공평하며 지나치게 많은 요구를 해오고 자신을 침입하는 것으로 보았다. 그곳은 순전히 남성이 위반도 하고 보상을 받는 장소였다. 그러므로 그녀의 목표는 권위자의 기대와 요구에 순응하는 것으로 보이는 것이었지만 그렇게 하기에는 너무 힘들었다. 이러한 목표를 성취하는 그녀의 전략은 우유부단, 갈등회피, 능력보다 낮은 성취, 특히 친밀한 관계에서 자기 패배적인 행동, 그리고 "기억상실"과 같은 것이었다. 기억상실과 직업에서의 낮은 성취는 L양이 기본적으로 일과 사랑 같은 삶의 과제를 다룰 수 없다는 두려움뿐 아니라 그녀가 권위자의 기대와 요구에 대해 분노하는 감정을 잊게 해 주었다.

5) 초기 기억에서의 변화

24회기 치료를 마친 후 18개월이 지났고 L양은 약혼자와 함께 3회기 결혼 전 상담을 받기 위해 돌아왔다. 그녀는 다시 다음의 초기 회상을 포함한 생활양식 면접지침서(LIG)를 기입했다.

1. 7세 : (미국의)주 이름을 열거하는 것을 포함한 게임이 진행되던 일곱 번째 생일파티에서 나는 다른 어느 누구보다도 더 많은 주를 기억해 상을 받게 되었다. 나는 내가 이긴 사실에 약간 당황스러워 했고 그래서 웃지 않고 친구들을 슬프지 않게 하려고 노력하기는 했지만 내가 그렇게 잘한 것에 대해서는 행복했다.

2. 5세 : 여름별장에서 나를 제외한 모든 사람들은 아래층에서 게임을 하는 동안 나는 위층 침대에 있었다. 나는 약간 외로움을 느끼기는 했지만 오빠들도 곧 침대로 올라갈 것이라는 것을 알았다.

3. 8세 : 겨울이었고 나는 크리스마스 트리를 장식하기 위해 눈송이를 만들고 있었다. 나는 정말 행복함을 느꼈으며 창의력을 발휘했고 분위기는 아늑했다.

4. 6세 : 나는 여름별장 앞 부두에서 떨어진 곳에서 아버지와 낚시를 하고 있

었다. 나는 아버지와 함께 있다는 사실에 대해 정말 흥분되었고 행복했다. 나는 고기를 잡았고 그것은 멋진 경험이었다.

분명히 이러한 회상들에는 변화가 있었다. 초기에 주어진 것보다 새로운 두 가지 세 번째와 네 번째 초기 기억이 있다. 두 가지는 L양이 생산적이고 창의적이며 혼자서 일하는 것을 행복해 하며 권위적인 인물인 아버지 쪽에 있다는 것을 보여준다. 처음의 세 가지 회상들은 반복되어 나타났지만 질적으로 다른 것이었다. L양은 첫 번째 초기 기억에서 동료에 대해 적절한 공감과 관심을 보여주는 동안에 그녀의 지적인 재능에는 훨씬 더 편안해 했다. 또한 무반응이지만 항상 경계하고 있던 어머니의 경우, 처음에 이 경험에 대해 이야기할 때는 등장했지만 나중에는 등장하지 않았다. 두 번째 초기 기억에서 두려움과 거부에 대한 감정은 그들이 처음에 이야기할 때 나타난 것처럼 두드러진 주제로 나타나지 않았다. 그녀는 남자를 좋아하고 그들이 편안한 감각을 향상시켜줄 수 있다는 것을 고마워하고 있지만 학대적인 남자들에 대한 강박적인 동경과 그들이 거부할 것에 대한 두려움은 나타나지 않는 것처럼 보인다. 대체로 이러한 네 가지 회상들은 L양이 훨씬 더 높은 수준에서 기능하고 있고 개인적인 통합과 생활만족을 누리고 있음을 반영한다.

본질적으로 치료과정을 통해 L양의 자기관은 "나는 매우 유능하고, 유용함을 보이는 데 있어서는 최소한 어느 정도의 자신감을 느낀다"는 쪽으로 옮겨졌다. 이와 비슷하게 그녀의 세계관은 "인생은 예측할 수 없는 것이며 다른 사람들이 나에 대해 기대를 가질 수 있지만 때때로 그 불예측성이 기쁜 일이 될 수도 있고 나 자신의 기대를 만족시키는 것은 활력을 주는 일이며 나의 창의성과 다른 강점들을 표현할 수 있게 해준다."

참고문헌

Adler, A. (1956). *The individual psychology of Alfred Adler.* In H. Ansbacher & R. Ansbacher (Eds.), New York Basic Books.

Adler, A. (1964). *Superiority and social interest* In H. Ansbacher & R.

Ansbacher (Eds.), Evanston, IL: Northwestern University Press.

Adler, K. (1972). Techniques that shorten psychotherapy. *Journal of Individual Psychology, 28,* 155-168

Adler, K. (1989). Techniques that shorten psychotherapy. *Individual Psychology, 45,* 62-74.

Alford, B., & Beck, A. (1998). *The integrative power of cognitive therapy.* New York: Guilford.

Ansbacher, H. (1972). Adlerian psychology: The tradition of brief psychotherapy. *Journal of Individual Psychology, 28,* 137-151.

Beck, A. (1976). *Cognitive therapy of emotional disorders.* New Yok: International Universities Press.

Beck, A., & Greenberg, R. (1979). Brief cognitive therapies. *Psychiatric Clinics of North America, 2*(1), 23-37.

Bellak, L., & Siegel, H. (1983). *Handbook of intensive brief and emergency psychotherapy.* Larchmont, NY: C.P.S.

Beutler, L., & Crago, M. (1987). Strategies and techniques of prescriptive psychotherapeutic intervention. In R. Hales & A. Frances (Eds.), *Psychiatric updates: The American psychiatric association annual review.* Washington, DC: American Psychiatric Press, pp. 378-397.

Bibring, E. (1954). Psychoanalysis and the dynamic psychotherapies. *Journal of the American Psychoanalytic Association, 12,* 745-770

Bloom, B. (1981). Focused single-session therapy: Initial developments and evaluation. In S. Budman (Ed.), *Forms of brief therapy.* New York: Guilford Press, pp. 167-216

Bloom, B. (1992). *Planned short-term psychotherapy: A clinical handbook.* Boston: Allyn & Bacon.

Budman, S., & Gurman, A. (1983). The practice of brief therapy. *Professional Psychology, 14*(3), 272-292.

Budman, S., & Gurman, A. (1988). *Theory and practice of brief therapy.* New York: Guilford Press.

Carlson J. (1989). Brief therapy for health promotion. *Individual Psychology, 45,* 220-229.

Croake, J., & Myers, K. (1989). Brief family therapy with childhood medical problems. *Individual Psychology, 45,* 159-177.

Davanloo, H. (Ed.). (1980). Short-term dynamic psychotherapy. New York: Jason Aronson. de Shazer, S. (1988). *Clues: Investigating solutions in brief therapy.* New York: Norton.

Ellenberger, H. (1970). *The discovery of the unconscious: The history and evolution of dynamic psychiatry.* New York: Basic Books.

Fiester, A., & Rudestan, K. (1975). A multivariate analysis of the early treatment dropout process. *Journal of Consulting and Clinical Psychology, 43,* 528-535.

Fisch, R., Weakland, J., & Segal, L. (1982). *The tactics of change. Doing therapy briefly.* San Francisco: Jossey-Bass.

Garfield, S. (1986). Research on client variables in psychotherapy. In S. Garfield & A. Bergin (Eds.), *Handbook of psychotherapy and behavior change.* New York: John Wiley & Sons, pp. 191-232.

Gottman, J. (1994). *Why marriages succeed or fail.* New York: Simon & Shuster.

Hoyt, M. (1995). *Brief therapy and managed care: Readings for contemporary practice.* San Francisco: Jossey-Bass.

Ireton, H., & Peterson, T. (1989). Brief developmental counseling with family physicians. *Individual Psychology, 45,* 201-211.

Kern, R., Yeakle, R., & Sperry, L. (1989). Survey of contemporary Adlerian clinical practices and therapy issues, *Individual Psychology, 45,* 38-47

Klerman, G., Weissman, M. (Ed.). (1993). *New applications of interpersonal psychotherapy.* Washington, DC: American Psychiatric Press.

Klerman, .G., & Weissman, M. (Eds.). (1993). *New applications of interpersonal psychotherapy.* Washington, DC: American Psychiatric Press.

Kopta, S., Howard, K., Lowry, J., & Beutler, L. (1994). Patterns of symptomatic recovery in psychotherapy. *Journal of Consulting and Clinical Psychology, 62*(5), 1009-1016.

Koss, M., & Butcher, J. (1986). Research in brief therapy. In S. Garfield & A. Bergin (Eds.), *Handbook of psychotherapy and behavior change.* New York: John Wiley & Sons, pp. 664-700.

Lowman, R. (1993). *Counseling and psychotherapy of work dysfunctions.* Washington, DC: American Psychological Association.

Malan, D. (1980). *Toward the validation of dynamic psychotherapy.* New York: Plenum.

Mann, J. (1973). *Time-limited psychotherapy.* Cambridge: Harvard University Press.

Mann, J., & Goldman, R. (1982). *A casebook in time-limited psychotherapy.* New York: McGraw Hill.

O'Connell, W., & Stubblefield, S. (1989). The training of the encouraging therapist and the thirty-minute psychiatric interview. *Individual Psychology, 45.* 126-142.

Peck, R. (1994). Measuring behavioral treatment: Interview with Peter Brill, M.D. *Behavioral Health Management, 14*(4), 21-25.

Perry, S. (1987). The choice of duration and frequency for outpatient psychotherapy. In R. Hales & A. Frances (Eds.), *Psychiatric update: The American psychiatric association annual review.* Washington, DC: American Psychiatric Press, pp. 226-248.

Pew, M. (1989). Brief marriage therapy. *Individual Psychology, 45.* 191-200.

Phillips, E. (1985). *Psychotherapy revised: New frontiers in research and practice*. Hillsdale, NJ: Lawrence Erlbaum Associates.

Powers, R., & Griffith, J. (1989). Single-session psychotherapy involving two therapists. *Individual Psychology, 45*, 99-125.

Shlien, J., Mosak, H., & Dreikurs, R. (1962). Effects of time limits: A comparison of two psychotherapies. *Journal of Counseling Psychology, 9*, 31-34.

Shulman, B. (1972). Confrontation techniques. *Journal of Individual Psychology, 28*, 177-183.

Shulman, B. (1984). Adlerian psychotherapy. In R. Corsini (Ed.), *Encyclopedia of psychology*. New York: John Wiley & Sons.

Shulman, B. (1989a). Single-session psychotherapy: A didactic demonstration. *Individual Psychology, 45*, 82-98.

Shulman, B. (1989b). Some remarks on brief psychotherapy. *Individual Psychology, 45*, 34-37.

Sifneos, P. (1978). Techniques of short-term anxiery provoking therapy. In H. Davanloo (Ed.), *Basic principles and techniques in short-term dynamic psychotherapy*. New York: Spectrum, pp. 433-453.

Sifneos, P. (1979). *Short-term dynamic psychotherapy: Evaluation and technique*. New York: Plenum.

Sifneos, P. (1984). The current status of individual shon-term dynamic psychotherapy and its future. *American Journal of Psychiatry, 37*, 472-483.

Sperry, L. (1987). ERIC: A cognitive map for guiding brief therapy and health care counseling. *Individual Psychology, 43*(2), 237-241.

Sperry, L. (1989). Contemporary approaches to brief psychotherapy: A comparative analysis. *Individual Psychology, 45*, 3-25.

Starr, A., & Weisz, H. (1989). Psychodramatic techniques in the brief treatment of inpatient groups. *Individual Psychology, 45*, 142-147.

Talmon, M. (1990). *Single-session therapy*. San Francisco: Jossey-Bass.

Weakland, J., Fisch, R., Watzlawick, P., & Bodin, A. (1974). Brief therapy: Focused problem resolution. *Family Process: 13*, 141-168.

Weiner, M. (1986). *Practical psychotherapy*. New York: Brunner/Mazel.

Weiss, R., & Jacobson, N. (1981). Behavioral marital therapy as brief therapy. In S. Budman (Ed.), *Forms of brief therapy*. New York: Guilford Press, pp. 387-414.

제 13 장

가족치료

오 늘날 가족은 과거 그 어느 때보다 더욱 다양하고 복잡하다. 어떤 잡지
든지 페이지를 넘기기만 하면 가족에 대한 이야기가 있다. 많은 가족
이야기는 비극적인 종말을 묘사한다. 텔레비전에서도 이와 같은 메시지를 전달
한다. 가정 폭력, 독신자, 마약, 이혼, 재혼, 편부모 그리고 맞벌이부부의 아이들
은 모두 오늘날의 "역기능적인 가족"의 증상을 가지고 있다고 볼 수 있다. 현대
가족이 1950년대의 전통적인 핵가족과는 다르다는 것에 대해서는 의심의 여지
가 없다. 그 당시의 남편은 생계를 책임지는 유일한 사람이었고 아내는 가정을
꾸려나가는 사람으로서 집에서 아이를 키우는 어머니였다.

오늘날 전통적인 핵가족은 10%도 되지 않는다. 가장 보편적인 가족형태는
자녀가 없거나 나중에 출산이 가능한 가족(23%)이다. 이것 다음으로 독신, 과
부 혹은 이혼한 사람(21%), 맞벌이가족(20%), 편부모가족(16%), 의붓가족
(15%)의 순이다(Glick, Clarkin & Kessler, 1987). 사회과학자들은 전통가족에
서 현대가족으로 최근 40년 동안에는 포스트모더니즘가족으로 가족이 발전되
고 있다고 설명한다. 여성과 여성의 역할변화, "일 중심가족(work-centered
family)"(Sperry & Carlson, 1993)으로 불리는 둘 혹은 그 이상의 급료(pay-
checks)에 의존하는 가족이 증가하고 수명연장으로 다섯 세대까지 동시대에
살 수 있게 되었다(Carlson & Sperry, 1993).

단독벌이가족(breadwinner)/핵가족과 편부모가족과 의붓가족의 치료는 상당히 다르다. 오늘날 가족치료는 가족에 대한 통합적이고 체계적 관점과 광범위한 진단적·처치적 전략을 필요로 한다. 다행스럽게도 가족치료에 대한 Adler학파의 접근법은 그러한 전망과 전략을 제공한다.

Dinkmeyer와 Sherman(1989)은 Adler학파의 접근을 가족체계 내 그리고 하위체계 사이에서 상호작용의 관계 유형을 조사하는 체계이론으로서 확립하였다. 가족상황은 역사적으로 그리고 문화와 지역사회와의 상호작용 속에서 주의 깊게 고려되어 왔다. 사랑, 우정, 직업, 공동체와의 관계, 그리고 자아존중감, 이 모든 것은 인간행동에 있어서 중요한 요인들이다. 가족구도(family constellation)에서는 각 가족원의 위치와 개개의 가족원 간의 경계가 평가된다. 행동과 증상은 가족체계 내에서 목적적이고 조직적인 것으로 간주된다. 이런 것과 다른 많은 일반체계이론 그리고 구조적·전략적 가족치료접근은 Adler학파의 가족접근과 관련이 있다.

1. Adler학파의 가족치료와 가족상담

가족치료와 가족상담 이 두 용어는 때때로 서로 중복해서 사용된다. 그러나 실제 이 둘 사이에는 상당한 차이가 있으며 이 차이를 분명히 할 필요가 있다. 이 단원에서는 Adler의 가족치료에 대해 상세히 설명하고 Adler의 가족상담을 간단하게 언급하고자 한다.

1920년대에 Adler는 공개시연(public demonstration)을 시작했다. 그는 학교에 있는 아동과 청소년을 그들의 부모, 형제, 교사, 청중, 정신건강 종사자 그리고 다른 관심 있는 학부모 앞에서 공개상담을 하였다. Adler의 의도는 교사와 상담사들에게 상담방법을 훈련시키려는 것이었다. 그는 또한 참여자와 관찰자가 회기를 통해서 자신과 가족 내에서 일어나는 상호작용의 역동성에 대해 많이 이해하게 되었다는 사실을 발견했다. 오늘날 우리는 이러한 이점을 "관객치료(spectator therapy)"라고 부른다. 이렇게 Adler의 가족상담이 시작되었고 약간 개선되었을 뿐 오늘날에도 처음에 실시했던 그대로 지속되고 있다.

Adler 가족상담의 목표는 성인/아동과 부모/아동관계의 향상을 촉진하는 것이다. 상담사의 역할은 부모가 가족을 이해하고 보다 효과적으로 관계를 가지는 방법을 습득하여 아동에 대한 새로운 태도를 개발하도록 돕는 것이다. 아동들은 자신들의 행동 목적이나 목표들을 보다 충분히 이해하도록 도움을 받는다. 가족은 보통 두세 번의 공개 면접(public interview)을 받게 된다. 첫 번째 면접은 부모들과 이루어진다. 이때 가족구도, 현존하는 문제, 가족생활의 전형적인 하루를 묘사하는 것에 대한 정보를 도출한다. 그 다음에 상담사는 부모가 상담실을 떠난 후 아동(혹은 아동들)을 면접한다. 상담사는 아동의 행동이나 잘못된 행동의 목표를 인식하고 밝혀내기 위하여 간단한 면접을 한다. 이 모든 정보들을 종합하여 아동의 목표를 진단하고 부모의 훈육방법을 평가하며 가족구도를 이해하고 행동계획을 세운다. 그 다음에 부모와 아동이 함께 있는 자리에서 상담사는 아동의 행동 역동에 대해 설명하며 구체적인 권고나 제시를 해 준다. 그 다음에 상담사는 청중에게 그들의 의견을 묻고 뒤이어 집단토론을 한다.

추후 면접에서 부모는 보통 첫 면접에서 알게 된 것과 가족문제를 다루기 위해 그들이 행동했던 것을 이야기한다. 상담사는 토론이 진행되면서 더 많은 설명, 조언, 격려를 제공한다. 또한 청중은 지지, 격려, 그들이 비슷한 문제와 관심사를 다루었던 방법에 대한 피드백을 제공한다. 많은 가족들은 그 권고를 따르고 가족상담의 형태에서 가족교육센터상담(family education center counseling)이라고 불리는 중요한 변화를 경험할 수 있다(Lowe, 1982). 부모들이 권고를 실행할 수 없는 경우 가족치료를 의뢰할 필요가 있게 된다. 이러한 공개시연 모델(public demonstration model)은 보다 전통적이고 개인적인 가족상담회기에 사용될 수 있다.

교육을 강조하는 Adler학파 가족상담과는 대조적으로, Adler학파 가족치료는 치료와 공감을 중요시한다. 이는 가족이나 부부가 함께 비공식적으로 치료실에 와서 가족체계를 변화시키고 새로운 체계 안에서 기능할 수 있는 개인의 기능화에 치료의 초점을 맞춘다. 가족상담은 이와는 대조적으로 기존의 가족구조와 체계 내에서 사용할 수 있는 새로운 대처전략을 제공한다(Sherman & Dinkmeyer, 1987).

2. 가족치료의 통합적 개념

오늘날 가족치료의 체계는 증가일로에 있다. 다양한 가족체계이론에 대한 검토는 이 장의 범위를 넘어서는 것이다. 관심있는 독자들은 주요한 접근을 광범위하게 묘사한 Gurman과 Kniskern(1981, 1991)의 연구를 참고하면 좋을 것이다. 여기서는 이러한 주요 체계들을 포함한 세 가지 중요한 개념들을 설명하고 이러한 세 가지 개념들이 하나의 가족치료 체계인 Adler학파 가족치료에서 통합적으로 잘 나타나고 있다는 것을 언급하고자 한다.

모든 부부 및 가족관계는 본질적으로 대부분의 가족치료 체계의 개념과 원리를 결합하고 통합하는 세 가지 입장에 비추어 특징지어질 수 있다. 이 세 가지 개념들은 (1) 경계(boundary), 혹은 포함(inclusion), (2) 힘(power) 혹은 통제(control), (3) 친밀성(intermacy)이다(Doherty & Colangelo, 1984; Doherty, Colangelo, Green & Hoffman, 1985; Fish & Fish, 1986).

경계 문제(boundary issues)는 가족원과 구조에 중심을 둔다. 경계 문제란 대인관계 경계, 구체적으로 말하면 관계에 수용할 수 있는 침범의 정도를 의미한다. 결혼한 부부에 있어서 경계는 직장, 확대가족, 친구, 그리고 다른 외부의 관심에 참여하는 것을 의미할 수도 있다. 아동에 있어서 경계는 가족에 대한 소속감을 중심으로 하며, 다른 한편으로는 한 개인으로서 인정받는 감정을 갖는 것이다.

가족치료의 입장에서 볼 때 구조적 접근(1974년 Minuchin에 의해 개발됨)과 맥락적 접근(Boszormenyi-Nagy & Spark, 1973)은 가족기능과 경계차원을 강조한다. 그러한 치료적 노력은 세대 간의 경계뿐만 아니라 핵가족, 특히 부부·부모 하위체계와 형제 하위체계에서 주로 경계 및 역할 패턴을 평가하고 중재하는 것을 목표로 한다(Doherty & Colangelo, 1984).

힘의 문제(power issues)는 책임, 통제, 훈련, 결정, 역할 타협을 포함한다. 가족 상호작용은 계속해서 결정과 행동에 영향을 미치는 암암리의 시도뿐 아니라 공개적인 시도를 포함한다. 통제나 힘의 문제는 전형적으로 돈, 보상, 특권의 문제와 연결되어 있다. 그들은 또한 갈등을 부추긴다든지 다른 가족원의 행동을 한 차원 위에서 조종하는 등 보다 교묘한 방법으로 자기 자신을 나타내기도 한다. 부부 상호작용에는 여러 가지 방법으로 관계를 통제하기 위해 투쟁하는 것이 포함된다. 부부갈등에 있어서 기본적인 역동은 특정한 상황 하에서 누가 누구에게 일을 말하는가에 나타난다. 부부와 가족 상호작용은 모두 정서적으로 긍정적인 것에서부터 부정적인 범위에 걸쳐 있고, 혼란스러운 민주적 범위에서부터 독재적인 범위까지 이르게 된다. 그리하여 힘은 친밀성뿐 아니라 경계에 대한 모든 것을 결정하는 상위(메타) 규칙이 된다.

가족치료학파에 비추어볼 때, 전략적 접근(1976년 Haley에 의해 주창됨)과 MRI 집단(Watzlawick, 1984)에 의해 개발된 교류 접근과 행동적 체계(Jacoson & Margolin, 1979)는 가족기능에 있어 힘과 통제 차원을 강조한다. 이러한 치료적 접근은 상호 규칙에 대한 가족의 규칙 체계를 변화시키는 데에 초점을 둔다. 이것은 문제 청소년에게 부모의 권위를 회복시키기 위해서, 반목이 심한 부부에게 의사소통과 문제해결 기술을 가르치기 위해서, 또는 형제들 사이에 있는 힘투쟁을 중립화하기 위해서 간접적으로 역설적 처방을 사용함으로써 이루어질 수 있다(Doherty & Colangelo, 1984).

가족에 있어서 친밀성 문제들(intimacy issues)은 자기 노출, 우정, 보살핌, 개성에 대한 인정과 같은 영역에서 분명히 나타난다. 친밀성은 부부 혹은 가족원 사이의 물리적이고 정서적인 거리를 잘 조정하는 것을 말한다. 경우에 따라 소속감과 자율감 간의 균형을 맞추는 것이 목표가 되기도 한다. 가족에 있어서 애정의 문제가 어려움의 근원이 될 때 그 문제는 "너는 나의 감정을 이해하지 못한다", "나는 당연한 존재로 생각되어지고 있다. 우리 관계에서 이제 로맨스는 사라졌다"와 같은 불평에서 시작되어 다양한 방식으로 나타날 수 있다.

가족치료는 Ackerman(1966)과 Framo(1992)의 저서에 잘 논의되어 있다. 가족체계이론(Bowen, 1978에 의해 개발됨), 상징적·경험적 가족치료(Whittaker & Bumberry, 1988), 그리고 인본주의적/의사소통 가족치료(Satir, 1967에 의해 주창됨)는 부부와 가족에 있어서 친밀성을 강조한다. 이러한 접근방식은 적절한 가족기능화와 자기 분화를 중요시한다. 경계와 통제의 문제해결이 건강하고 친밀한 방식으로 부부나 가족원들을 관련시키도록 도와주기 위한 선행조건으로 여겨진다(Doherty & Colangelo, 1984).

경계, 힘, 친밀성의 개념이 광범위하고 포괄적이기 때문에 전통적, 혼합적, 편부모와 같은 모든 유형의 가족치료 문제들을 평가하고 공식화하는 데 상당히 유용할 수 있다. 제2장에서 언급한 바와 같이 Adler의 심리치료는 통합적 접근이어서 대부분의 다른 심리치료학파의 체계를 포함한다. 특히 Adler의 가족치료에 있어서 명백하게 나타난 36개의 기본적인 중재전략과 30개의 기본 개념을 가족치료의 주요 학파이론과 비교·분석한 Sherman과 Dinkmeyer(1987)에 의하면, Adler의 접근은 가족치료의 어떠한 다른 주요 체계보다 보다 포괄적이고 양립 가능한 것으로 인정받고 있다. 무엇보다 경계, 힘, 친밀성의 개념은 Adler학파의 가족치료의 대표 개념이다. 이 장의 나머지는 Adler 가족치료의 독특한 공헌에 대해 설명하고 있다.

3. Adler학파 가족치료의 목표

가족 중 한 명 혹은 그 이상의 가족원에게 문제가 생겼을 때는 전체 가족에게 영향을 끼친다.

> 10살과 14살의 두 아들을 가진 부부가 심각한 부부문제를 경험하고 있다. 어머니는 입원할 정도로 자살경향까지 보이는 심각한 우울증세를 지니고 있다. 그녀가 퇴원하기도 전에 아버지 또한 심각한 정신신체장애로 입원을 권유받았다. 가족 전체를 보았을 때, 이러한 혼란이 아이들 문제의 근원이 되었고 지금도 주요한 우려가 되고 있음을 분명히 알 수 있었다. 10살 소년은 부모님이 이혼할까봐 걱정한다. 14살 아이는 자신의 감정을 혼자서 간직한다. 그는 점점 더 사회적으로 위축되고 비만의 경향을 보인다.

대부분의 전통적인 가족치료에서는 만성적 가족갈등이 이런 저런 방식으로 모든 가족원에게 영향을 끼친다는 것과 그 갈등이 한 명 혹은 그 이상의 가족원 개인의 문제에 대해 책임이 있다는 것을 기본 가정으로 삼고 있다. 그러므로 가족치료는 가족원 모두를 포함시켜야 한다. Adler의 접근이 총체적이기 때문에 치료의 대상은 "가족"이라 불리는 독특한 전체, 분리할 수 없는 개체를 형성하는 특정한 집단이다.

비록 가족치료가 다양한 가족원의 개인적인 생활양식에 변화를 가져온다고 할지라도 그러한 변화가 주요 목표는 아니다. Adler학파의 가족치료는 집단의 구성원이 서로를 더 잘 다루는 방법과 사회적 동등체로서의 공생법을 가르치는 것을 목표로 한다. 가족집단과 함께 민주적 갈등해결의 원리를 공유하고 가족구성원을 파괴적인 의사소통 양태에서 벗어나도록 재교육하여 가족원 모두를 격려자가 되도록 가르침으로써 이 목표를 이루게 하는 것이 보다 중요하다. 가족치료의 주요 목표는 가족원들의 사회적 관심을 고무시키면서 자기 존중감과 가치감을 향상시키는 것이다(Dinkmeyer & Dinkmeyer, 1981).

가족치료의 전반적인 목표는 치료자가 모든 가족구성원에게 자신의 생각과 감정을 가족들에게 정확하고 솔직하게 전달하는 방법을 가르침으로써 치료받지 않을 때에도 스스로 그렇게 하도록 하는 것이다. 이렇게 광범위한 목표는 여러 가지 구체적인 목표의 결과이다. 그 중 한 가지는 가족원에게 (1) 상호존중의 표명, (2) 문제의 정확한 지적, (3) 새로운 합의에 도달, (4) 책임감 있는 의사결정에 참여하기와 같은 원리에 의존하여 자신의 갈등을 해결하도록 가르치는 것이다.

앞서 말한 바와 같이 부모는 아동의 잘못된 행동의 목표를 인식해야 한다. 학습과정은 쉽지 않지만 가족교육센터나 부모연구집단에서 보다 효과적으로 실행할 수 있다. 가족치료의 또 다른 목표는 가족원들이 자신의 행동에 책임지는 것을 배우고 협조하며 가족집단에 기여하는 것을 학습하도록 도와주는 것이다. 가족들이 민주적으로 협조하기 위해서 부모들은 자신의 역할에 순응하는 것을 중요하게 생각해야 한다. 때때로 순응은 가족회기에서는 이루어질 수 없고 개인회기나 부모 한쪽, 부모 양쪽이 참여하는 집단치료, 혹은 부부치료를 요구한다. 치료자는 모든 문제를 집단으로서 전체 가족과 함께 다룰 때 그 문제가 가장 잘 해결될 것이라고 가정해서는 안 된다.

가족치료는 갈등의 정도와 문제의 지속 상태가 가족교육센터에서 하는 것보다 더 집중적인 작업이 필요하다는 판단이 들 때 행해진다. 가족치료는 가족원이 동시에 가족교육센터에 참석하거나 혹은 부모가 부모연구집단에 참가한다면 향상될 수 있다. 또한 가족치료는 부모가 자신의 과업을 보다 성공적으로 수행할 수 있도록 도와주는 자료들을 읽을 때 향상된다. 그 자료에는 다음과 같은 것들이 있다. Dinkmeyer & McKay(1998)의 "*Raising a Responsible Child, Dinkmeyer*", Kay & Dinkmeyer(1998)의 "*Systematic Training for Effective Parenting*", 그리고 Dreikurs & Soltz(1964)의 "*The Challenge.*"

4. Adler학파 가족치료의 과정

Adler학파의 가족치료는 심리적인 움직임과 그 동기를 강조한다. 사람의 행동이 혼란스러워 보일 때 그것은 실지로 그 사람의 목표와 일치한다. 그 사람은 목표를 인식하지 않고 있을 수도 있다. 그럼에도 불구하고 "오직 움직임(movement)만을 믿어라"는 것은 유용한 지도원리이다.

일단 가족치료를 하기로 동의하면 초기 회기에는 가능한 가족원 모두를 참석시켜야 한다. 모든 가족이 함께 모이고 나서 어떤 구성원의 예를 들어 아주 어린 구성원은 제외한다는 결정을 내릴 수 있다.

가족들은 종종 가정에서 회기를 할 수 있는지에 대해 묻곤 한다. "가정방문(house call)"을 통해서만 얻어질 수 있는 정보도 있지만 치료자들은 일반적으로 본인의 치료실에서 일하는 것이 전략적으로 보다 유리한 위치에 있게 된다. 가족치료의 이상적인 장소는 모든 가족원들이 산만하지 않고 둥글게 자리하기에 충분히 큰 방—크기가 같은 의자—이다.

가족구성원들은 종종 치료과정 초기에 예측(prognosis)에 대해, 즉 흔히 예상되는 치료기간을 의미하는 질문을 한다. 우리는 예측은 손해라고 믿는다. 만약 우리가 호의적인 예측을 한다면 어떤 가족원은 우리가 잘못되었다는 것을 증명하기 위해 긴장감을 느낄 수도 있다. 좋지 못한 예측을 한다면 그들은 그 예측을 자신이 도움을 받을 수 없는 것으로 해석하기도 한다. 그리고 만약 우리가 도울 수 있다고 생각하지 않는다면 아마 그렇게 할 수 없을 것이다. 치료기간과 관련하여 우리는 가족에게 4~6번 만나기로 요청하고 그 시기가 끝날 무렵에 그 상황을 재평가한다.

한 여자는 자신이 항상 남편에 의해 조종되고 있다고 느끼기 때문에 결혼생활을 지속하는 데 대해 매우 회의적이었다. 때때로 남편은 약간의 일시적인 향상을 보이긴 했지만 아내는 그가 장기간의 결혼생활을 책임질 수 있을지를 신뢰할 수 없다고 생각했다. 남편은 과거에 관한 한 그녀가 옳다고 인정했다. 그는 자신이 해오던 방법들을 바꾸지 않는다면 아내와 아이들을 잃을 가능성이 있다는 것을 깨닫고 있는 것처럼 보였다. 그는 바뀌기 위해 무엇인가를 하기를 원했다.

부부에게 가족치료가 권고되었고 그들은 이 치료에 임할 때까지 이혼에 대한 결정을 연기하기로 합의했다. 이러한 합의는 부모가 결혼생활을 지속할 것인가에 대해 우려하고 있는 아이들에게 중요한 안정감을 제공했다. 그 우려는 아이들이 가족치료에 깊이 관여하는 것을 방해할 수도 있었을 것이다.

일반적으로 1시간 30분보다 짧은 회기는 효과적이지 않다. 반면 2시간 혹은 2시간 30분 이상 지속되는 회기는 가족원의 입장에서 중단하게 할 수 있고 치료자의 입장에서는 피로감을 초래할 수도 있다. 가족치료 회기는 가족원에게 회기 동안에 진행된 것을 처리하고 치료자가 제공한 구체적인 권고사항들을 수행하기 위한 시간을 주기 위하여 매주 실시되어야 한다. 초기 단계에서 2주 이상 지나서 다시 만나는 것은 치료의 연속성을 방해하고 각 회기를 별개의 경험으로 만드는 경향이 있다.

5. 가족치료의 단계

치료과정은 주요한 3단계로 되어 있다. (1) 관계의 확립, (2) 가족의 이해, (3) 재교육 및 재방향 설정. 이러한 단계는 별개의 것이 아니고 중복되어 일어난다. 예를 들면 그들이 이해받고 있다는 것을 보여주고 공감하고 심리 변화에 대해 이야기함으로써 관계를 확립하는 것이 효과적이다. 재교육 또한 지속적인 것이지 마지막에 국한되는 것이 아니다.

1) 1단계 : 관계의 확립

초기 면접에서는 관계를 형성하고 가족원이 바라는 것을 확립한다. 관계의 목표는 치료자와 가족 그리고 가족원 사이의 상호존중을 발전시키는 것이다. 이 것은 가족을 존중하고 보살피는 치료자의 모델링에 의해 수행된다. 밝혀진 내 담자가 진짜 내담자가 아닐 수도 있다는 것을 알고 있어야 한다. 대신 가족체계 와 구성원을 낙담시키는 방식이 치료의 초점이 된다. 또한 중요한 것은 목표의 확립과 치료자와 가족 그리고 가족원들 사이의 목표를 조정하는 것이다.

치료자는 가족원들의 우선순위, 태도, 신념에 대한 생각들을 알아내려고 한 다. 처음부터 가족구성원 각자가 어떤 종류의 접촉이나 결합을 하도록 하는 것 이 중요하다. 개개인이 긍정적으로 맺는 이러한 치료적 동맹은 가족체계에 영 향을 미친다. 치료자는 직접 가족원과 이야기하고 문제에 대한 자신의 생각을 말하도록 하며 그들의 의미, 감정, 신념을 이해하도록 한다. 비록 어린아이들이 상담실에 있는 목적을 이해하지 못한다 하더라도 그들을 존중하고 그들이 관 계를 볼 수 있는 방법에 대해 생각하는 것이 중요하다. 이러한 초기 국면에 있 어서 치료자는 그들이 다음과 같은 질문을 공식적으로 받지는 않는다고 하더 라도 특정한 질문에 대한 해답을 찾게 된다.

- 가족 전체에게 상처가 되거나 고통스러운 것은 무엇인가?
- 각각의 가족원이 가족관계에서 일어나기를 원하는 것은 무엇인가?
- 각각의 가족원은 가족이 직면한 주요한 도전이나 문제를 무엇이라고 보는 가?
- 가족원은 본 회기의 목표가 변화에 초점을 두는 것이지, 그저 불평을 하기 위한 것은 아니라는 것을 지각하고 있는가?
- 가족원은 이 가족에서 사는 것에 대해 어떻게 느끼는가?
- 가족분위기를 확인한다. 독재적인가, 민주적인가, 허용적인가?

이 시점에서 치료자는 가족구도 정보를 확인한다. 원가족에 있어서 아버지 와 어머니의 위치와 그들이 그 자리를 어떻게 지각하는지 확인하는 것이 중요 하다. 가족 중 한 사람이 그가 아이였을 때 있었던 위치와 지금 같은 위치에 있는 아이와 갈등을 느끼는지를 알아보는 것은 흥미로운 일이다. 예를 들면, 만약 아버지가 맏이었다면 그는 이 가족 맏아이와 문제를 가지고 있는가?

이러한 과정을 통해서 치료자는 가족구성원의 역할을 확인하기 시작한다. 가족구성원은 제한되는 역할을 하는가 아니면 여러 가지 과업에 있어서 그들의 기능을 잘하고 있는가?

Adler식 가족치료는 가족의 결점과 약점을 관찰하고 지적한다. 그러나 더욱 중요한 것은 가족의 장점에 대한 진단과 규명이다. 치료자는 처음 만났을 때부터 하나의 결합체가 되어 그 가족의 일반적인 장점은 무엇인가? 이러한 장점이 어떻게 하면 가족체계와 혼합될 수 있는가를 파악하려고 노력한다(Sherman & Dinkmeyer, 1987).

2) 2단계 : 가족의 이해 평가

이 단계의 목표는 가족역동, 교류의 유형, 그들의 목적을 이해하는 것이다. 치료자는 가족목표와 신념으로부터 야기되는 교류를 확인하는 데 관심을 갖는다. 또한 우선순위와 그것이 성격 유형에 미치는 영향을 조사해야 한다. 앞서 말한 바와 같이 Adler학파에서는 사적 논리와 목표를 잠정적 가설로 조사한다. 치료자는 개인이나 가족을 하나의 전체로서 가설적으로 구성해 본 것을 가설적 언어로 그들에게 제시한다. "~이라고 할 수 있을까?" 혹은 "~이 가능한가?" 그리고 그들 행동의 목표와 유형을 넌지시 암시한다.

진단절차에 있어서 변화를 추구하는 사람을 이해하는 것은 중요하다. 더 중요한 것은 그들이 변화할 의지가 있는가 하는 것이다. 그들은 가족 혹은 가족 개개인에 대해서 어떤 변화가 일어나기를 바라는가? 변화를 저항하는 사람을 분석하고 확인하는 것과 저항의 목표를 명료화하는 것은 항상 중요하다.

가족구도와 각 구성원의 심리적 위치를 포함한 가족체계 자료는 가족을 이해하는 기본이 된다. 가족치료자는 이러한 정보를 활용하여 연대순으로 그리고 심리적으로 가족의 위치가 가족원 사이의 상호작용에 미치는 영향을 이해해야 한다.

3) 3단계 : 재교육 및 재방향 설정

가족체계를 조사하기 위하여 치료자는 "가족은 그들이 미처 모르고 있는 많은 규칙에 의해 조종됩니다. 어떤 규칙이 당신의 가족을 조정한다고 생각하십니까?"라고 말할 수 있다.

"결정은 가족 안에서 어떤 방식으로 이루어지는가? 서로 협의해서인가 아니면 특정한 사람에 의해서인가?", "누가 힘이나 통제력을 갖고 있는가?", "그는 그것을 어떻게 사용하는가?"라는 질문으로 가족분위기를 파악하고, 가족구성원이 그 분위기를 어떻게 받아들이고 있는가를 조사한다.

형제서열 또는 출생 순위뿐만 아니라 가족구도와 형제 간의 심리적 위치를 고려한다. 부모가 아동의 행동이나 자아존중감에 영향을 미치는 동안 형제자매는 상호간의 발달과 성격에 중요한 영향을 미친다. 치료자는 상호작용을 관찰하여 누가 가장 똑똑한지, 가장 협조적인지, 반항적인 아이인지, 사교적이거나, 책임감이 크다고 여겨지는 사람은 누구인지를 파악하면서 성격에 미치는 가족구도의 영향을 이해하게 된다.

이 단계는 가족원 사이의 행동과 상호작용에 영향을 미치는 신념, 목표, 구조를 변화시키는 것에 초점을 둔다. 개인의 목표와 사람들 사이의 과정목표가 서로 대항한다. 경계와 힘의 균형을 재조직하는 것과 같은 가족구조를 변화시키기 위한 노력은 전통적인 구조적 그리고 전략적 가족 중재(Minuchin, 1974; Minuchin & Fishman, 1981; Haley, 1976)로 달성된다. 이 상황은 가족원이 서로 직접 이야기하도록 함으로써 얻어질 수 있다. 가족원은 자신을 변호하고 변화를 실행하는 데 도움이 되는 과업을 선택하도록 요구받는다. 이때 가족회의, 의사소통 연습, 격려 실습 등을 다룬다.

격려는 변화를 촉진하기 위한 가장 중요한 기법이다. 대부분의 대인관계 문제는 낙심의 결과이다. 격려는 개인의 자아존중감을 불러일으키고 다른 가족구성원과 협조하게 하는 과정이다. 가족을 격려하는 것은 치료의 진단단계에서 중요한 역할을 한다. 치료자는 병리, 불리한 일, 약점에만 초점을 두지 말고 강점, 유리한 것, 그리고 자원에도 똑같이 관심을 두어야 한다. 치료자는 가족원이 보다 효과적으로 삶의 도전을 다룰 수 있는 장점을 확인해 주는 재능발굴자가 되어야 한다. 치료자는 긍정적인 조치나 관련성을 추구하고 확인하는 것을 배운다. 그들은 부정적인 것으로 보이는 모든 것에서 긍정적인 측면을 보도록 노력한다(Dinkmeyer & Dinkmeyer, 1983).

6. Adler학파 가족치료기법들

Adler학파의 가족치료는 심리적인 움직임을 이해하고 영향을 미치는 것에 집중하고 있다. 치료자는 말뿐만 아니라 사람들의 행동과 비언어적인 의사소통에도 관심을 가진다. 사람들 사이의 상호작용은 목표, 우선순위, 그리고 신념들을 이해하도록 도움을 준다.

가족이 서로 의사소통하는 데 사용하는 방법을 집중으로 다루는 작업이 있다. 치료자는 비효과적인 의사소통은 우월한 위치에서 열등한 위치로 떨어지게 되는 것 같다고 지적한다. 가족이 자신들의 의사소통을 긍정적인 측면에 초점을 두도록 격려한다. 치료자는 몇 가지 간단한 의사소통 규칙을 만든다.

1. 모든 가족원이 자기의 의견을 말한다.
2. 치료자나 가족의 다른 사람을 통하지 말고 서로에게 직접 말하라.
3. 다른 구성원의 감정과 신념을 경청하고 공감하라.
4. 비난할 누군가를 찾지 말아라.

치료자는 증상이 아니라 실제 문제에 초점을 두어야 한다. 치료자는 의사소통 되는 것의 목표와 이러한 유형과 신념이 가족의 행동에 어떤 영향을 미치는가를 결정하기 위하여 교류 및 상호작용을 관찰한다. 실제 문제는 통제, 우월성, 동등해지기, 혹은 힘 발휘하기와 같이 앞에서 논의한 우선순위의 몇 가지와 관계가 있을 수 있다.

치료자 또한 격려받아야 한다. 다음과 같은 특징이 있을 때 가족치료는 고무적이 된다.

1. 모든 가족원은 지금 자신의 의견이 경청되고 있다고 느낀다.
2. 가족원들은 의도적으로 공감하고 이해력이 있다.
3. 강점, 유리한 점, 관계의 자원에 초점을 둔다.
4. 지각적 대안들(perceptual alternatives)을 처음에는 치료자에 의해 그 다음에는 집단원에 의해 개발한다. 가족원들은 부정적인 상황을 긍정적으로 바라보는 방법들이 있다는 것을 배운다.

치료자는 Adler학파의 상담기법들을 다른 치료적 집단에서와 같이 가족에게도 적용한다.

1) 사적 논리와 신념에 직면하기

사적 논리에는 목표, 생각, 그리고 태도가 포함된다. 직면은 치료자가 예민하고 지각적으로 가족원들의 행동과 의도 사이의 모순, 실제 감정과 겉으로 드러내는 감정 사이의 모순, 통찰과 행동 사이의 모순을 반영해 줌으로써 치료적 변화를 자극하는 것이다.

2) 역설적 의도

역설적 의도 혹은 반암시(antisugestion)는 사람이 불평하고 있는 증상을 더 하도록 설득하는 것이다. 증상은 실제적으로 처방되고 가족원은 훨씬 더 "증상적"이 되도록 고무된다. 역설은 체계를 재구조화하고 가족이 상황에 주는 전체적 의미를 변화시키는 데 도움을 준다.

3) 역할 시연

가족원은 종종 다른 사람이 자신의 행동을 지각하는 방법을 이해하지 못한다. 역할 시연을 하여 가족원이 마치 그들이 다른 가족원인 것처럼 행동하도록 요구한다. 그리고 나서 그 사람으로 하여금 다른 가족원이 그들의 관계를 지각한다고 믿는 방식을 분명하고 정직하게 표현하도록 요구한다. 두 번째 사람은 역할 시연의 어떤 부분이 정확했고 부정확했는지를 지적한다.

4) 저항과 목표 제휴

가족치료에 있어서 저항은 보통 치료자와 가족 사이의 공통 목표의 결여에서 나타난다. 모든 가족원이 동일한 목표를 향해 나아갈 수 있도록 목표를 제휴하는 것은 변화를 일으키는 기본이 된다. 만약 어머니는 아이들의 학업성적에 대해 염려하고, 아버지는 운동을 강요하고, 딸이나 아들은 사회생활에 주로 관심을 보인다면 가족치료는 복잡하게 된다. 치료자는 이러한 혼란스러운 목표에서 가족이 보다 협조적으로 함께 잘 살 수 있도록 타협의 영역을 발견하도록 돕는다.

5) 과제설정과 이행

치료자는 가족과 개인이 바라는 구체적인 변화를 위해 가족과 함께 특정한 과제와 서약을 확립하기 위한 작업을 한다. 과제설정은 모든 가족원들이 자신의 목표와 변화하고 싶어하는 것을 진술하는 첫 회기에서 일어난다. 과제가 구체적일수록 보다 즉시 성취할 수 있게 된다. 가족원은 구체적으로 계약하고 다음 모임에서 자신들의 발전을 이야기해야 한다.

6) 요약하기

요약하기는 가족원의 지각을 파악하고 그 회기의 주제를 바라보는 방법이다. 치료자는 가족원에게 각 회기 마지막에 배운 것을 요약하라고 요청할 수 있다. 마찬가지로 치료자도 요약하고 서약과 과제를 명료화한다.

7) 저항

저항은 가족의 목표와 치료자에 의해 설정된 목표 간의 차이 혹은 가족 내에서 다른 집단원들 혹은 집단들의 목표 간의 차이이다. 저항은 즉시 다루어져야 한다. 저항을 극복하고 다시 나아가게 하는 가장 효과적인 방법 가운데 하나는 치료과정에 다른 구성요소를 첨가하는 것이다. 이 구성요소에는 또 다른 치료자 혹은 핵가족제도나 치료에서 개발된 새로운 체계 속에서 구속받지 않는 다른 가족원(치료자 포함)이 될 수 있다.

만약 목표가 일치하지 않고 치료과정에 대한 새로운 요소의 첨가가 도움이 되지 않는다면 치료의 종결이 논의될 수 있다. 종결은 언제든지 선택될 수 있어야 하고 그에 따라 치료자는 종결이 개인적인 문제가 되지 않도록 주의해야 한다.

8) 결석하는 가족원의 역할

몇몇 가족제도와 더불어—예를 들면, 혼합 가족(배우자가 이전의 결혼에서 낳은 아이를 새로운 가정으로 데리고 온 가족)—가족치료회기에 일원으로 함께 참석하지는 않지만 의미있는 영향을 끼치는 사람으로서 무시될 수 없는 가족원이 결석할 경우가 있다.

남편과 사별하고 홀아비와 결혼한 여자가 있다. 아내의 아이와 남편의 아이들이 한 지붕 밑에서 지내게 되자 복잡한 가족체계가 전개되었다. 그는 첫 번째 아내에 대해 이야기하기를 한사코 피했고, 반면에 그녀는 여러 해가 지났는데도 다른 사람 집에 사는 이방인처럼 느꼈다. 만약 이 가족이 치료를 경험했다면 첫 번째 아내에 대한 이야기가 거론되었을 것이다. 왜냐하면 그녀는 여러 가족원에게 지속적으로 영향을 미쳤기 때문이다.

다른 가족의 경우, 극심하게 심각한 행동문제를 가지고 있는 한 아이가 공공시설에 수용되어야 했다. 아버지는 아들과 밀접한 관계를 유지해왔다. 그러나 어머니는 소년을 두려워했고, 그가 가정으로 돌아올 가능성에 대해 이야기하길 꺼리고 있었다. 다른 아이들은 처음에는 이 방향으로 그 다음에는 저 방향으로 몰려다니면서 상담에 빠진 이 아이가 얼마나 깊이 가족의 일상생활에 여전히 영향을 미치는가를 보여주고 있었다.

가족치료에서는 일반적으로 부모와 자녀의 2세대를 생각하는데, 경우에 따라서는 3세대 또는 4세대가 함께 성공적으로 가족치료에 참석하기도 한다.

어떤 가족은 할아버지가 아들이 결혼하는 날부터 그의 아들과 며느리와 함께 살고 있었다. 아내는 시아버지의 존재에 대해 항상 분개했고 그를 무거운 짐으로 생각했다. 남편에 의하면 그녀는 아이들을 시종일관 할아버지에 대항하도록 가르쳤다. 이 가족의 성공적인 치료를 위해서는 할아버지의 역할을 분명히 고려해야 한다.

7. 중다치료

아마 어떤 형태의 치료도 중다치료(multiple therapy : 한 명 이상의 치료사에 의해 행해지는 치료)의 개념이 가족치료에 미치는 영향만큼 중요하지는 않을 것이다. 만약 가족이 부모와 한 명 이상의 아이일 경우, 한 치료자가 가족원의 모든 언어적 · 비언어적 의사소통에 적극적으로 참여하면서 날카로운 관찰자가 되는 것은 실제적으로 불가능하다.

공동치료자가 남성과 여성의 치료자로 구성된다면 이상적이지만 이런 경우는 제한적이다. 실제로 중요한 것은 공동치료자가 의사소통을 잘하고 서로를 존중하는 사람으로 가족에게 인식되는 것이다. 그렇다고 해서 이것은 치료자의 의견이 다른 것들을 부적절하게 여긴다는 것을 의미하지는 않는다. 가끔씩 생기는 불일치는 비참한 결과를 초래하지 않을 수도 있고 평화롭고 협조적으로 해결할 수 있다는 것을 가족에게 보여주는 기회를 제공해 주기도 하기 때문이다.

대부분의 경우 공동치료자가 가족들과 함께 치료과정의 여러 가지 문제를 토론하는 것이 바람직하다. 중요한 점은 집단치료의 다른 형태와 마찬가지로 치료자는 어떤 일이 일어나야 한다는 선입견을 가진 채 회기를 시작하지 않아야 한다는 것이다.

많은 가족은 한 가족원을 가족의 어려움에 대한 희생양 혹은 증상보유자로 선택한다. 아동이 종종 "문제"로 간주되며 다른 가족원은 이 문제와 관련하여 자신의 역할에 직면하는 것을 회피하려고 한다.

> Raichon은 16세이며 "태어난 날부터" 그녀의 부모에게 문젯거리가 되어 왔다. 그녀는 학교에서 낙제를 하고 마약을 하고 적절하지 못한 친구들과 교제하고 있었다. 그녀는 감옥에 있는 19세 된 남자친구를 만나러 다른 도시에 가는 것을 어머니가 허락하지 않자 분개했다. 그녀의 여동생인 Vanessa는 모든 면에서 상냥하고 쾌활하고 착했다. 아버지와 어머니는 그들의 결혼이 가장 훌륭한 결혼이었다고 주장했다. 가족치료회기 동안에 모든 가족원들은 Raichon에게 집중했고, 그녀의 나쁜 행동이 없었다면 더 좋았을 것이라고 이런 저런 방식으로 반복해서 표현했다. Vanessa는 겉보기에는 언니에 대해 걱정하는 것처럼 보였지만 동시에 판단적인 태도를 취했다. 치료자들은 부모와 여동생들이 Raichon을 괴롭히는 것을 그만두게 할 수 없었다. 왜냐하면 이 가족원들은 가족의 문제에 있어서 그들이 해 온 행동에 대해서는

보려고 하지 않고, Raichon에게 책임전가를 하려고 고집부리고 있었기 때문이었다.

입원하고 여러 차례 가족회기를 더 한 후에 Raichon은 사라졌고 그녀에 대한 소식을 아무도 다시 듣지 못했다. 만약 치료자가 Raichon의 상황에 대한 심각성과 가족들이 그녀를 희생양으로 만드는 것을 멈출 의사가 없다는 것을 미리 알았더라면, 그들은 Raichon에게 양가정(forster home)이나 집단가정(group home)을 마련해줄 수 있었을 것이다.

"희생양 만드는 것(scapegoating)"(혹은 비난하거나 판단하는 것)에 대한 또 다른 이유는 지금 그리고 여기를 피하려는 욕구이다. 각 사람들이 겪은 모든 권리침해(불공평)가 포함된 과거의 "사실"을 자세하게 말함으로써 가족원들은 현재에 있어서 그들 자신과 서로를 다루는 것을 회피한다. 어떤 가족은 미래지향적이 됨으로써 현재를 피한다. 어떤 가족원은 자신의 문제는 소홀히 다루면서 다른 가족원들의 일을 간섭하는 데는 아주 능숙하다. 여기에 한 예가 있다.

> Joan의 어머니는 13세인 Joan이 말하지 않을 것이라고 하면서 첫 번째 가족치료회기를 시작하였다. Joan은 실제로 활기찬 여동생인 Karen의 뒷전에 앉았다. Joan에게 질문을 했을 때 Karen은 그녀를 대신하여 대답하였다. Karen이 자신과 그녀의 감정에 대해 이야기하고 있을 때, 그녀의 아버지는 Karen이 말하고 있는 것을 수정하고 싶어 의자에 앉았다 일어났다 하면서 눈에 띄게 조급해 하면서 듣고 나서는, Karen이 정말로 어떻게 느끼며 그리고 왜 그렇게 느끼는지에 대해서 설명했다. 그 다음에는 아버지가 어머니를 인정할 수 없다고 표현하자, 그녀는 그의 말 중간에 끼어들었다. 어머니는 정말로 무슨 일이 일어났는지를 알고 있으며, 남편은 자신의 생각을 이야기하지 않고 시어머니가 며느리에 대해 한 말을 반복하고 있을 뿐이라고 주장했다. 이런 상황은 집에서도 동일했다. 가족원 각각은 다른 가족원을 항상 방해하고 참견하였다. 비판과 말다툼, 모든 가족원들의 입장에서 대변하기가 끊임없이 계속되었다.

치료자가 이와 같은 가족과 직면할 때, 그는 단호해야 하고 모든 가족원들에게 자신의 이야기를 해야 한다고 말해야 한다. 가족치료에서 종종 마주치게 되는 다른 상황은 한 명 또는 그 이상의 가족원이 다른 사람들은 토론에서 제쳐놓거나 결석한 가족원 대신에 말하는 것이다. 또한 앞에서 언급한 바와 같이 가족원들은 종종 편을 들거나 치료자를 가족불화에 끌어들이려 한다. 문제가 있는 가정의 아이들은 자신의 부모와 함께 편갈라 싸우는(divide and conquer) 과정에 아주 능숙하고 또한 치료자와 함께 이 기술을 사용하고자 한다.

치료자가 연민의 함정을 인식하고 피하는 것은 중요한 일이다. 누군가에게 연민을 느끼는 것은 상대방을 낙심케 하고 위신을 떨어뜨리는 일이다.

> Aaron은 5세로서 유치원 학급에서 가장 작은 아이이며 불운한 한 해를 보냈다. 선생님은 Aaron에게 유치원을 더 다닐 것을 권했다. 가족치료회기에서 어머니는 Aaron의 모든 미래가 지금 학교에서의 낙제에 의해 이루어질 것이라고 믿으면서, Aaron에게 미안하게 느끼는 것을 분명히 드러냈다. 이 문제를 한층 더 깊이 파헤쳐가면서 치료자는 어머니 또한 학교에서 유급당한 적이 있다는 것과 그것이 끊임없는 낙심의 근원이라는 것, 그녀가 Aaron의 낙제를 자신의 실패로 여기고 있다는 것을 알게 되었다. 어머니가 Aaron에 대해 미안한 감정을 가지는 것을 중지하게 되었을 때, 그녀는 학교의 권고를 수용할 수 있는 대안을 발견하게 되었다.

1) 심리교육적 중재

심리교육적 중재는 개인치료보다 가족치료에서 더 중요할 수 있다. 기술부족은 치료에 있어서 가족의 진전에 제한을 가져오거나 가족원의 기본 욕구 전달을 방해할 수도 있다. Adler학파의 치료자는 부모역할, 갈등해결, 의사소통, 문제해결 기술과 같은 영역에 있어서 여러 가지의 기술훈련 방법들을 개발하고 사용해 왔다. 가족교육센터(family education centers)는 60년 이상 Adler학파에 의해 운영되어 왔다. 학교와 지역사회센터와 같은 공공장소에서, 정기적으로 만나는 센터에서, 자발적인 가족은 상담과정에 참여하는 청중 앞에서 면접과 상담을 받는다.

참고문헌

Ackerman N. (1966). *Treating the troubled family.* New York : Basic Books.

Boszormenyi-Nagy, I., & spark, G. (1973). *Invisible loyalties : Reciprocity in intergeneratonal family therapy.* New York : Harper & Row.

Bowen, M. (1978). *Family therapy in clinical practice.* New York : Aronson.

Carlson, J., & Sperry, L. (1993). The future of families : New challenges for couples and family therapy. *Family Counseling and Therapy. 1*(1), 144.

Dinkmeyer D., & Dinkmeyer, D. Jr. (1981). Adlerian family therapy. *The American Journal of Family Therapy, 9*(1), 45-52.

Dinkmeyer, D., & Dinkmeyer, J. (1983). Adlerian family therapy. *Individual Psychology, 39*(2), 116-124.

Dinkmeyer, D., & Sherman, F. (1989). Brief Adlerian family therapy, *Individual Psychology, 45*(1), 148-158.

Dinkmeyer, D., & McKay, G. (1998). *Raising a responsible child.* New York: Simon & Schuster.

Dinkmeyer, D. C., & McKay, G. D., and Dinkmeyer, D. C. Jr. (1998). *Systematic training for effective parenting.* Circle Pines, MN: American Guidance Service,

Doherty, W. J., & Colangelo, N. (1984). The family FIRO model: A modest proposal for organizing family treatment. *Journal of Marital and Family Therapy, 10*(1)19-29.

Doherty, W. J., Colangelo, N., Green, A. M., & Hoffman, G. (1985). Emphases of the major family therapy models: A family FIRO analysis. *Journal of Marital and Family Therapy, 11*(3), 299-303.

Dreikurs, R., & Soltz, V. (1964). *Children: The challenge.* New York: Hawthorn.

Fish, R., & Fish, L. S. (1986). Quid pro quo revisited: The basics of marital therapy. *American Journal of Orthopsychiatry, 56*(3), 371-384.

Framo, J. (1992). *Explorations in marital and family therapy: Selected papers of James L. Framo.* New York: Springer.

Glick, I., Clarkin, J., Kessler, D. (1987). *Marital and family therapy* (2nd ed.). New York: Grune & Stratton.

Gurman, A. J., & Kniskern, D. P. (Ed.). (1981). *Handbook of family therapy.* New York: Brunner/Mazel.

Gurman, A. J., & Kniskern, D. P. (Ed.). (1991). *Handbook of family therapy,* vol. 2. New York: Brunner/Mazel.

Haley, J. (1976). *Problem-solving therapy.* San Francisco: Jossey-Bass.

Jacobson, N., & Margolin, G. (1979). *Marital therapy: Strategies based on social learning and behavior exchange principles.* New York: Brunner/Mazel.

Lowe, R. (1982). Adlerian/Dreikursian family counseling in A. Horne & M. Ohlsen (Eds.), *Family counseling and therapy.* Itasca, IL: Peacock Publishers.

Minuchin, S. (1974). *Families and family therapy.* Cambridge, MA: Harvard University Press.

Minuchin, S., & Fishman, H. (1981). *Family therapy techninques.* Cambridge, MA: Harvard University Press.

Satir, V. (1967). *Conjoint family therapy* (rev. ed.). Palo Alto, CA: Science and Behavior Books.

Sherman, R., & Dinkmeyer: D. (1987). *Systems of family therapy: An Adlerian integration.* New York: Brunner/Mazel.

Sperry, L. (1985). Family processes in health promotion: Applications to weight management. *Individual Psychology, 41*(4), 544-551.

Sperry, L. (1986). Contemporary approaches to family therapy : A comparative arid metaanalysis. *Individual psychology, 42*(4), 591-601.

Sperry, L. (1992). Tailoring treatment with couples and families. *Topics in Family Psychology and Counseling, 1*(3). 1-6.

Sperry, L., & Carlson, J. (1993). The work-family connection: What clinicians need to know. *The Family Journal. 1*(1), 12-16.

Sperry, L., Carlson, J., & Lewis, J. (in press). *Family therapy: Insuring treatment efficacy.* Pacific Grove, CA: Brooks/Cole.

Watzlawick, P. (1984). *The invented reality.* New York: Norton.

Whitaker, C., & Bumberry, W. (1988). *Dancing with the family. A symbolic -experiential approach.* New York: Brunner/Mazel.

제 14 장
결혼 및 부부치료

결 혼치료(marital therapy)라는 명칭은 점차적으로 부부치료(couple therapy)로 대체되고 있다. 부부치료는 보다 포괄적인 개념이며 결혼을 하지 않은 많은 커플들도 그들의 관계를 위해 심리치료를 받으러 함께 온다. 이 장에서 논의되는 "결혼(marriage)"은 법적인 결혼여부에 관계 없이 두 사람의 친밀한 관계를 의미한다.

남자와 여자의 역할변화와 그에 따른 성역할 기대에 대한 감소가 오늘날 많은 부부들이 직면하고 있는 여러 가지 특수한 문제들의 근원이다. Adler(1978)는 50년 전에 출판된 그의 저서 "*Cooperation Between the Sexes*"에서 이러한 현상을 이미 예측하였다.

미국에서 배우자들 간의 평등으로의 전환은 대공황시절 남자들의 실업률이 높아져 여자들이 생계를 책임지거나 혹은 이차적인 임금노동자가 되어야 했던 시기에 시작되었다. 이러한 전환은 제2차 세계대전 동안에 두드러졌다. 수천 명의 여자들이 노동인구가 되었고 그들은 더 이상 남편에 의해 통제되던 이류 시민(second-class citizens)이 되어서는 안 된다는 것을 알게 되었다. 남편들이 아내에 대한 통제력을 잃어버린 것과 마찬가지로 부모 역시 자식에 대한 통제력을 상실했다. 부모와 아이들 사이에서도 독재에서 탈피한 평등의 관계가 형성되었다. 결혼과 가족관계에서 낡은 방식은 사라지고 있다. 부부는 평등한 관계 속에서 함께 살아가기 위해 노력했지만 평등에 대한 교육은 받지 못했다. 그들이 어렸을 때 경험했던 가정은 그들의 역할 모델이 되지 못했다.

1960년대와 1970년대에 와서 변화된 부부관계는 처음에는 시민권 운동에 의해, 그 후에는 여성 운동에 의해 영향을 받았다. 1980년대 후반에 비롯된 경제적 변화로 말미암아 대다수의 부부들은 부부가 함께 일하는 것을 의미하는 맞벌이부부(dual-paycheck couple)가 되었다. 두 사람이 모두 전문적인 일을 하는 경우에는 전문직업부부(dual-career couple)라는 용어가 사용된다. 맞벌이부부와 전문직업부부는 독특한 요구와 문제를 가지게 되고 그에 따른 심리치료와 부부치료가 이루어져야 한다(Sperry, 1992, 1993; Criswell, Carlson & Sperry, 1993).

관계 기대에 있어서 이러한 변화는 계속된다. 결혼한 부부와 그들의 관계에서 발생하는 문제들은 여전히 미해결 상태이다. 배우자는 변했지만 서로 협력하지 않는다. 결과적으로 부부간의 성장의 차이는 관계를 크게 긴장시킬 수 있다. 여성들이 과거에 했던 보조적인 역할을 거부함으로써 단순히 아내로서라기보다 인간으로서 자신의 성장과 발달이 결혼의 성공과 비교했을 때 아무 가치 없거나 부차적이라는 개념을 거부했다. 많은 남성들은 관계에 있어서 여전히 "우월한 남자"로서의 위치가 아닌 곳에서 어떤 역할을 해야 할지 모르고 있다. 그들은 평등한 관계, 자기 실현, 그리고 성적 만족을 요구하는 아내에게 당혹감을 느끼고 있다.

1. 친밀한 관계 체계

인간은 의사결정을 하는 총체적 존재로서 그들의 행동(action)과 움직임(movement)은 목적성을 가진다. 부부 두 사람 사이에서 나타나는 상호작용의 유형은 하나의 체계 속에서 발달한다. 이러한 관계체계는 부부의 목표, 우선순위, 신념, 그리고 갈등해결양식 뿐만 아니라 개개인의 목표, 신념, 그리고 우선순위를 반영한다. 부부의 관계체계는 그들의 목표가 결합되고 갈등양식이 효과적일 때 원활하게 기능한다. 목표와 신념이 갈등상태에 있을 때 그 체계는 역기능적 행동을 가져온다. 부부치료사는 두말할 필요도 없이 개인적인 배우자와 관계체계 (relationship system) 두 가지 모두를 이해해야 한다.

Gottman(1994)은 2,000쌍의 부부에 대한 연구를 통해서 친밀한 관계를 지속시키고 만족시키는 것은 기본적으로 부부가 어떠한 관계에 있어서든 불가피하게 생기는 갈등을 해결하는 능력에 달려 있다는 결론을 내린다. 부부체계에 대한 그의 연구는 갈등해결 혹은 문제해결의 세 가지 양식을 보여주고 있다. (1) 정당한(validating), (2) 불안정한(volatile), (3) 갈등회피(conflict- avoiding).

정당한 부부는 서로 타협하고 문제를 평온하게 해결하며 서로의 차이를 받아들인다. 불안정한 부부들은 격렬하게 논쟁하며 서로에게 방어적이며 비판적이다. 그러나 그들은 일시적 새로움(renewal)을 가져다주는 그러한 격렬한 논쟁을 즐기는 것 같아 보인다. 갈등은 부부의 개성에 대한 감각을 강화시켜준다. 갈등회피 부부는 단순히 불일치만을 가져오고 그 불일치들을 최소화하며 긴장을 완화시키기 위하여 혼자 활동한다. Gottman은 불안정한 갈등회피 유형들 또한 정당한 유형(치료자가 보다 이상적이라고 생각하는)과 비교했을 때 불가피하게 병리적인 것이 아니며 안정된 적응을 가져올 수도 있다고 지적한다.

부부체계가 효과적으로 작용하기 위해 중요한 것은 긍정적인 감정과 상호작용 대한 부정적인 감정과 상호작용의 비율이다. Gottman(1994)은 여러 가지의 척도들, 즉 웃음, 접촉, 얼굴표정, 생리학적 척도, 다툼의 빈도를 활용하여 부정적인 상호작용에 대한 긍정적 상호작용의 비율이 1 : 5 이상이어야 안정적인 결혼을 예측할 수 있다는 사실을 발견했다. 이는 이혼을 예측하는 경향보다 더 낮다. 사실상 이 비율은 관계가 성공적일 확률과 이혼을 할 확률을 94%의 정확도로 예측한다.

Gottman(1994)은 결혼이 실패하고 부부가 점차적으로 부정적인 것에 의해 사로잡히게 되는 경고 표시인 "네 가지 징후(four horsemen)"를 제시했다.

1. 비판(criticism)   이것은 인신공격, 비난, 성격 공격을 의미한다. 차이를 표현하는 것이 건강한 반응인 반면, 결코 해결되지 않을 불만 나열하기, 부정에 대한 비난, 과도한 일반화, 즉 "항상(always)"과 "결코(never)"를 사용한 발언 등의 비난과 공격은 부부의 관계를 파괴시킨다.

2. 경멸(contempt)   이것은 배우자의 마음을 상하게 하고 업신여기며 모욕하려고 하는 것뿐만 아니라 상대를 평가절하하여 지각하는 것을 포함한다. "내가 왜 당신 같은 사람과 결혼했을까!", "당신은 멍청해"와 같은 표현들은 경멸의 대표적인 예들이다. 냉소, 눈흘기기, 욕설이 야기되는 혼란 속에서 결혼의 로맨스(romance)와 친근감, 서로에 대한 찬사들은 상실된다.

3. 방어(defensiveness)   이것은 변화에 대한 책임을 거부함으로써 상처받았고 희생되었다는 감정과 타격에서 비껴가려는 것을 말한다. 행동을 고치려 하기보다는 변명하고 일반화된 부정적인 신념과 태도를 배우자의 탓으로 돌리거나, 상대방과 같은 방식으로 대항하거나(더 많이 불평함으로써 불평에 대응하기), 위협으로써 이기려는 것을 의미한다. 방어는 갈등을 심각하게 하고 상승시킨다.

4. 의사방해(stonewalling)   이것은 배우자와의 의사소통을 차단하는 것을 의미한다. 어떠한 의사소통도 고통을 증가시키는 냉담한 비난이 될 수 있다.

한 번 이러한 징후들 가운데 어떤 것이 나타나서 그 관계를 지배하게 되면 부정적인 인지는 실패로 귀착되는 체계를 생성하게 된다.

2. 부부치료

Adler학파의 부부치료과정은 다음의 3단계를 포함한다. (1) 치료관계의 확립, (2) 부부의 이해, (3) 재방향 설정 및 재교육(Carlson & Dinkmeyer, 1987). 다른 단원의 형식에 맞추어 부부치료의 처치과정(treatment process)을 다음과 같이 세 가지로 나누어 설명할 수 있다. 주요 강조점은 세 번째 단계에서 설명한다.

1) 매력과 우선순위 : 배우자의 선택

우선순위(priority)는 Adler학파의 부부치료에 있어서 최근에 발달된 것이다 (Sperry, 1978). 특히 배우자의 우선순위는 스트레스나 갈등을 겪고 있을 때 분명해진다. 이러한 우선순위들은 부부관계체계를 즉각 반영한다. 부부의 우선순위에 대한 치료자의 인식과 노출은 부부에게 그들을 이해하고 있다는 것을 표명하는 가장 효과적인 방법 가운데 하나이며 효과적인 치료관계를 위한 초석이 된다.

Phyllis : Steve는 끊임없이 나를 비판하면서 지배하려고 해요.

치료자 : 당신의 우선순위는 우월성이고 당신은 정당함과 공평함을 강조하는 성향이 있기 때문에, 그를 비판적이라고 나무람으로써 문제를 악화시키고 있다고 생각할 수 있지 않은가요?

Phyllis : 있을 수 있는 일이라고 생각해요.

치료자 : 두 사람은 일주일 동안 상대방을 비판하지 않는 대신 매일 상대방에게 격려의 말을 해 주시겠습니까?

Steve : 기꺼이 그렇게 하겠어요. 그러나 내가 하는 말이 격려가 될지 아닐지 어떻게 알죠?

치료자 : 보장은 할 수 없지만, 격려는 당신이 당신의 아내에 대해 감사하는 것이 무엇이든지 정직하게 인정하라는 뜻입니다. 만약 그녀가 당신이 자기 자신에 대해서 한 말을 믿지 않는다면, 그녀는 격려받았다는 사실을 알지 못할 수도 있습니다. 당장 그것을 해 보는 것이 어때요? 당신은 Phyllis에 대해 무엇을 감사합니까?

Steve : 그녀는 매우 영리하고 유머감각이 있어요.

치료자 : 그리고 Phyllis, 당신은 Steve에게 대해 무엇을 감사하나요?

Phyllis : 그는 정직하고 믿음직해요.

사람들은 자신의 우선순위에 기초하여 친밀한 배우자를 선택하게 되는 것 같다. 즉, 사람들은 우선순위를 추구할 수 있을만한 사람들을 배우자로 선택한다. 예를 들면 우선순위가 "통제"인 남자는 자신의 지도력과 조직적인 능력을 발휘할 수 있게 해주는 여자를 선택할 가능성이 높다. 만약 어떤 여성의 우선순위가 "우월성"이라면, 그녀는 어느 정도의 수준에 비추어 보아 자신이 상대보다 더 나을 수 있다고 믿었기 때문에 그 남자를 선택한 것일지도 모른다.

친밀한 관계에 있어서의 문제는 "내가 편안하기만 하면 정말로 잘 어울릴텐데"와 같은 "만약 ~하기만 한다면(only if)"이라는 불합리를 향하여 나아갈 때 발생한다. 개인이 "만약 ~하기만 한다면"이라는 불합리를 향하여 나아가면 갈수록 희생은 더 커진다. 각 개인이 그들 자신과 배우자의 우선순위를 알게 되면, 배우자의 취약점이 어느 정도인지 자각하게 된다. 치료자의 과제 가운데 한 가지는 배우자의 취약점을 공격하기보다는 효과적으로 격려해주는 사람이 되도록 가르치는 것이다.

친밀한 부부들은 동일한 우선순위를 가지고 있지 않다. 가장 흔한 짝은 "통제/우월(control/superiority)"과 "편안함/기쁘게 하기(comfort/pleasing)"이다. 치료자가 초기 면접에서 우선순위를 정확히 파악하는 기술로 배우자의 생활양식을 통찰하게 되면 내담자는 자신이 이해받고 있다고 느끼고 효과적인 치료 동맹이 촉진될 것이다.

매력과 배우자 선택의 과정은 무엇인가? 배우자가 될 가능성이 있는 사람들은 스스로는 지각하지 못하는 복잡한 인간관계에서 일어나는 교류를 거치게 된다. 매력은 두 가지 수준에서 생각해 볼 수 있다. (1) "유유상종"이라는 유사성, 그리고 (2) "반대끼리 서로 이끌린다"는 보상(Sperry, 1978; Sperry와 Carlson, 1991). 사람들은 관심, 취미, 종교적 교우관계의 유사성을 넘어서 보다 심오하고 무의식적인 수준에서 이끌린다. 무의식적 수준의 매력에서 정반대의 생활양식은 서로를 보상하기 때문에 이끌린다. "다름(gaps)"이나 원함 그리고 욕구의 충족이 바로 그것이다.

다시 말해, 대인관계에서 느끼는 매력은 상식이 아닌 사적인 논리(private logic)에 기초를 두고 있다. 우리가 매력을 느끼는 배우자는 "개인적인 유형을 깨닫는 기회를 제공하고 인생에 대한 우리의 견해와 개념에 반응하며 어릴 때부터 수행해 온 계획들을 계속하거나 재개하도록 한다. 심지어 우리는 상대방 속에서 우리가 기대하고 필요로 하는 행동을 정확하게 자극하고 고무시키는 데 있어서 아주 중요한 역할을 한다"(Dreikurs, 1946, pp. 68-69).

그러므로 얼마간 함께 살아온 부부가 처음에는 매력으로 작용했던 바로 그

속성이 나중에는 불화를 야기하는 것을 발견하는 것은 그리 놀랄만한 일이 아니다. 사교적인 여자에게 끌렸던 조용한 성향의 남자가 나중에는 "그녀는 절대로 파티를 떠날 생각을 하지 않아요"라고 불평할 수도 있다. 공격적인 남자에게 끌렸던 수동적인 여자는 나중에 그가 모든 것을 결정하고 싶어한다고 불평할 수도 있다.

예를 들어, 소극적이고 순종적인 사람이 의지할만한 짝을 찾는 것처럼 공격적이고 단호한 사람은 순종적이고 협조적인 배우자를 원할 것이다. 혹은 다른 사람을 즐겁게 하고 인정받으려는 욕구를 가진 사람은 (종종 이기적인 방법으로) 존경과 순종을 요구하는 사람을 선택할 것이다. 이렇게 보다 심층적인 성격상의 요구와 성격 유형이 강한 매력을 불러일으키는데, 서로에게 강하게 끌렸던 두 사람이 더 이상 상대방을 용납할 수 없는 지경에 이르는 것은 어째서인가? Dreikurs(1946; 1968)는 초기에 두 사람이 서로 끌렸던 특성들이 기본적으로 불화와 이혼을 야기시키는 특성들과 동일하다는 것을 관찰한 최초의 사람 가운데 한 사람이었다.

Dreikurs는 인간의 자질이나 특성들은 긍정적·부정적인 방식 모두로 지각될 수 있다는 것을 지적하고 있다. 사람은 보는 방식에 따라서 친절하거나 나약하게, 강하거나 위세를 부리는 것으로 판단될 수 있다. Dreikurs에 의하면 사람들은 상대의 미덕 때문에 그를 좋아하지 않고 결점 때문에 그를 싫어하지 않는다고 한다. 우리가 다른 사람을 좋아할 때는 상대의 긍정적인 점을 강조하며, 상대를 거부할 때는 그들이 가진 약점을 강조한다. 개인의 약점이나 부정적인 특성을 강조하는 것은 서로 의사소통하고 타협하고 갈등을 해결해야 하는 의무에 대해 핑계를 대는 것이다.

2) 1단계 : 치료관계 확립하기

효과적인 치료관계를 확립하는 것은 신뢰가능한 관계와 상담계약을 구축하는 것과 관련되어 있다. 치료자와 부부 사이의 치료관계는 당사자들 간의 충분한 신뢰와 구체적인 목표를 향하여 함께 상담할 것에 대해 상호합의 혹은 계약을 맺고 난 후에야 이루어진다.

먼저 신뢰가능한 관계를 확립하는 것에 대해 알아보자. 누구와도 신뢰가능한 관계를 맺지 못하는 사람들의 경우에는 이를 확립하는 데 상당한 시간이 필요할 수도 있다. 어떤 경우 부부 중 한 사람이 다른 사람보다 더 쉽게 상담관계를 맺기도 한다. 그러나 일반적으로 관계 확립은 치료자가 그들의 문제를 이해하고 있다는 것을 표명할 때 가장 수월하게 이루어진다. 이를 위해서 Adler학파 치료자는 그들의 성격이나 관계 특성의 몇 가지 측면을 이해하고 있다는 것을 부부에게 보여주는 간단한 전술들을 많이 사용한다.

가장 효과적인 방법 가운데 하나는 배우자의 우선순위를 정확하게 지적하는 것이다. 남을 기쁘게 하는(pleasing) 우선순위를 가진 아내가 그것을 지각하게 될 때는 자기 무시, 개인성장의 감소, 거부에 대한 과장된 의미부여와 같은 대가를 지불해야 되는 것을 깨닫게 된다. 그녀는 남편의 악의 없는 행동을 거부로서 받아들였다는 것을 처음 알게 되고 난 후 그 이유를 이해한다. 만약 남편의 우선순위가 통제라면, 그는 처음으로 자신이 타인으로부터 거리를 두었던 방식을 이해할 수도 있다. 이러한 새로운 지각과 이해 받고 수용되는 부수적인 감정들은 아래의 두 사례에서 보는 바와 같이 효과적인 치료적 관계를 훨씬 더 가능하게 한다.

치료자 : Malcolm, 자세히 설명할 수는 없지만 나는 당신에게 다소 화가 났어요.

Malcom : 내가 하는 행동이요?

치료자 : 아니요, 그런 것이 아니에요. 그것은 당신의 우선순위와 관계가 있다고 봐요. 당신의 우선순위는 편안함(comfort)이라고 생각해요. 당신이 편안함을 추구하면 할수록 당신은 게을러지지요. 편안함이라는 우선순위에 대해 치러야 되는 대가는 생산성의 감소예요. 당신에 대해서 화가 나는 것은 청교도식 윤리와 관계있다고 생각해요.

Malcolm : 아마 맞을 거예요. 나는 스스로 목표를 설정했지만 원하는 만큼 성취할 수 있을 것 같지가 않아요.

치료자 : (아내에게) 당신은 Malcolm에게 자세한 설명을 요구하는 것이 힘들다고 생각하시나요? 이를테면 그로 하여금 문제를 다루도록 하는 것이 힘들게 느껴지느냐는 겁니다.

Diana : 그래요. 당신은 어떻게 생각하나요?

치료자 : 편안함을 우선순위로 가지고 있는 사람들은 흔히 교활한 협잡꾼처럼 행동하지요. 그들에게 있어서 가장 나쁜 일은 함정에 갇혀있다고 느끼는 것이지요. 나는 Malcolm이 당신과의 갈등을 피하는 데 아주 능숙하다고 생각해요. 그것은 자신을 위해 그 압박감을 피해버리는 방식이죠.

Diana : 예, 나 아닌 다른 사람이 내가 가진 큰 문제를 이해해줘서 매우 감사해요.

상담사가 치료동맹을 확립하는 것을 도와주는 실제를 확인할 수 있는 좋은 예가 있다.

치료자 : 당신의 우선순위는 남을 기쁘게 하기(pleasing)라고 생각해요.

Deb : 당신 말이 맞는 것 같아요. 나는 내가 하려고 하는 일이 받아들여 질거라는 확신이 들지 않으면 생각을 바꿔 그만 두는 경향이 있어요.

치료자 : 만약 Bob이 그것을 인정해주지 않는다면, 그것은 그의 개인적인 거부입니다.

신뢰관계를 확립하는 것 외에 부부들과 상담계약을 발전시키는 것 또한 필요하다. 두 사람이 함께 출석하는 경우에만 치료적 관계가 확립되었다는 말을 할 수 있다. 상담계약을 위해서는 치료자 쪽에서는 무엇보다도 관계에 희망이 있다는 분명한 징후가 필요하다. 사람이 살아 있는 한 그들에게는 성장에 대한 잠재력이 있으며 또 어떠한 부부이든 그들의 관계에 상호존중과 협조, 둘 중 하나가 있다면 그들의 문제가 아무리 복잡하고 심각하다 하더라도 잘 해결 해 나갈 수 있다는 것이 Adler학파의 입장이다(Dinkmeyer & Dinkmeyer, 1982).

면접의 초기 단계에서 두 사람에게 상담을 받으러 온 이유를 간단하게 설명해 달라고 요청하고 나서 결혼생활을 지속하고 싶은지를 묻는다. 만약 대답이 긍정적이라면 우리는 관계 속의 문제를 보기 전에 개인적인 생활양식을 형성할 것을 제안한다. 만약 부부 중 한 사람이나 두 사람 모두가 결혼의 지속에 대해서 의심을 품고 있다면, 우리는 생활양식 형성을 완성할 때까지 어떠한 결정도 연기할 것을 제안할 수 있다.

심지어 부부 두 사람 모두 함께 살기를 원하지 않는다고 해도 여전히 그들에게 생활양식을 형성할 것을 제안한다. 그들이 동의한다면, 그들은 그 관계에서의 미해결된 문제를 다른 배우자와 되풀이하게 될 가능성을 줄여나갈 방법을 배울 수 있을 것이다. 만약 부부 중 한 사람이 그 관계를 유지하기를 원하고 다른 한 사람은 원하지 않는다면, 다시 생활양식을 형성할 것을 제안하고 부부 관계에서 벗어나기를 원하는 배우자에게는 생활양식이 완성될 때까지 어떠한 조치도 미뤄둘 것을 요구한다. 물론 부부들은 때로 할 수 있는 모든 일을 했다는 것을 보여주기 위한 마지막 제스처로서 치료에 임하기도 하지만, 사실상 그들은 관계를 끝내겠다는 결정을 이미 한 경우도 있다.

우리는 분명히 정의된 초기의 합의뿐만 아니라 종료점에 대해서도 분명한 계약을 하는 것을 선호한다. 보통 각 배우자의 생활양식을 형성하는 것을 마무리하는 데는 4~6시간 정도가 걸린다. 그 기간이 끝날 무렵에는 계약을 재협상할 필요가 있다. 때로 상대방은 우선은 할 수 있는 만큼 했다고 느끼기도 한다. 혹은 그들의 관계를 다루는 데 시간을 보낸 후에 치료를 더 받기 위해서 다시 오기를 원한다. 또 다른 부부는 생활양식 형성을 마무리한 후에도 관계에 대해서 계속 치료받기를 원하기도 한다. 만약 생활양식 형성이 끝날 무렵에 한 사람이 개인치료를 필요로 하는 것이 분명하게 되면 나중에 두 사람이 함께 부부치료를 재개하자는 합의에 도달하게 된다.

부부치료를 할 때는 언제나 제한된 목표를 가져야할지 또는 이상적인 목표를 가져야 할 지에 대한 문제에 직면한다. 이것은 치료자와 내담자가 "치료를 얼마나 받아야 충분할까?"라는 질문에 답하기 위해 노력해야 한다는 말을 다른 방법으로 표현할 것이다. 개인의 문제인 경우 생활의 한 측면에서의 작은 태도변화로도 충분할 수 있다면, 부부문제의 경우는 관계를 위한 헌신과 상대방에 대한 더 큰 인내가 문제해결을 위해 필요한 모든 것일 수 있다. 치료자는 부부가 생활양식의 기본적인 재교육을 포함하여 광범위한 치료적 도움을 받는 것이 이상적이라고 생각할 수도 있지만, 궁극적으로는 부부가 치료목표를 무엇으로 잡아야할지 스스로 결정해야 한다. 저항은 부부의 목표와 치료자의 목표 사이에 혹은 부부들의 목표 사이의 차이에 있어서 조절이 잘 안 될 때 발생한다.

저항을 간파했을 때에는 두 사람 모두가 수용할 수 있는 새로운 목표가 협상

될 때까지 치료과정을 멈추는 것이 중요하다. 때로 협상은 목표 제휴가 불가능하고 종결을 제안하는 합의를 가져온다. 결과가 무엇이든지 간에 그 과정은 본질적으로 합의를 향해 나아가게 된다. "합의"라는 것이 모든 사람이 100% 동의하는 것을 의미할 수는 없지만, 제한된 시간에 보다 바람직한 합의를 통해 어떠한 결정을 한다는 것을 의미한다. 이것을 하나의 "실험"이라고 말하기도 한다. 결혼한 부부들이 어떠한 중요한 결정을 잠시 유보하고 계약된 기간이 끝날 무렵에 재평가 하여 재협상 하겠다는 의도를 가지고 두 달 동안 자신들의 관계에 대해 상담할 것을 결정할 수도 있다. 만약 치료자가 그러한 한정된 조건 속에서 작업하는 것을 편안하게 느낀다면, 치료자가 더 오랜 기간 동안 부부가 함께 헌신하는 모습을 보길 원하더라도 합의에 도달한다.

결혼목록표는 부부치료에 체계적인 접근을 제공하기 위해 만들어졌다 (Dinkmeyer & Dinkmeyer, 1983). 그것은 간편 생활양식 척도와 함께 사용된다(Kern, 1977).

결혼목록표가 지닌 가치 가운데 하나는 그것이 진단적인 국면과 전체 관계에 대한 중요한 목표를 전달한다는 것이다. 목록표는 치료자들이 부부와 목표를 제휴하고 그들이 일어났으면 하고 바라는 것이 무엇인지를 결정하도록 하며 증상의 목표를 규명하고 개인의 우선순위를 명료하게 함으로써 치료자로 하여금 불평, 증상, 실제적인 문제를 구별하도록 돕는다.

목록표는 긍정적인 면을 강조하고 유리한 점과 강점을 추구하며 격려하기를 강조한다. 주제는 "그 관계에 대해 옳은 것은 무엇인가?" 그리고 "관계를 향상시키기 위한 자원은 어디에 있는가?"이다. 우리는 병리를 진단하는 것을 강조하지 않지만 강점, 유리한 점, 그리고 자원이 관계체계를 향상시키는 데 필수적이라는 사실을 믿는다.

그 목록표는 지배받고자 하는 사람, 동등하게 되고 싶어하는 사람, 평화를 유지하려는 사람, 타협하고자 하는 사람, 성장과 변화에 관심이 있는 사람과 같이 관계에 있어서 그 유형을 규명하도록 도와준다. 그리하여 결혼 혹은 체계의 생활양식을 평가한다. 우리는 부부 각자가 높은 자아존중감, 협조하려는 의지, 주고받음(give and take), 그리고 유머감각을 가지고 있는 한 부부의 행복은 이루어질 수 있다고 믿는다.

3) 2단계 : 부부 이해하기

이 단계는 부부의 다섯 가지 차원과 그들의 관계체계를 주의 깊게 평가한다. 이러한 차원들과 그것들에 관련된 요인들은 표 14-1에 자세하게 설명하였다.

상황/심각성(situation/severity)은 인구통계학적 요인과 부부의 기능화 수준 이외에도 부부가 직면하는 스트레스 요인들의 증상과 심각성을 의미한다. 부부 기능화의 한 가지 표시(marker)는 그들의 부부불화의 수준이다.

체계(system)는 발달단계에서 경계, 힘, 친밀성의 체계요인들과 부부의 역사를 나타낸다(Fish & Fish, 1986). Sekaran과 Hall(1989)이 설명한 바와 같이 비동시성(asynchronism)은 예정에서 벗어난 것인 반면, 동시성(synchronism)은 개인 혹은 부부의 경험이 발달시간표에 따라서 예정대로 진행되는 조건이다. 이러한 시간표는 가족, 부부, 근무 조직에 의해 정의된다. 예를 들면 늦게 결혼하고 아이가 늦은 부부들은 보통 사회적 규준에 동조하지 않는 것으로 여겨진다. 이러한 현상을 가족비동시성(family asynchronism)이라고 한다. 어떤 사람이 40세까지 관리직 수준으로 승진하지 못할 때 그 개인은 예정보다 뒤쳐져서 차후에는 결코 승진을 하지 못할 것으로 생각한다. 이것을 조직적 비동시성(organizational asynchronism)이라고 부른다. 맞벌이 부부 가운데 비동시성의 유형이 많고 비동시성의 수준이 높을수록, 부부가 경험하게 되는 스트레스도 그만큼 커진다.

기술은 배우자가 그들의 관계에서 사용하는 자기 관리와 관계기술의 수준을 의미한다. 예를 들어 어떤 배우자가 직업에 대해서는 효과적으로 자기 주장을 하지만 부부관계에서는 어떤 이유로 인해 자기 주장을 하지 않을 수도 있다. 혹은 배우자가 관계에서 요구되는 기술을 가지고 있지 못할 수도 있다. 자기 관리 기술에는 주장성, 문제해결, 금전과 시간 관리, 그리고 스트레스 해소가 포함된다. 부부들에 대한 본질적인 관계기술에는 의사소통, 타협, 갈등해결이 포함된다.

유형/상태(style/status)는 배우자의 하위체계 차원을 의미한다. 이것은 각 배우자의 성격이나 인격유형뿐만 아니라 신체·심리적 건강을 포함한다. 생활양식은 관계와 생활 그리고 자기 자신에 대하여 지각하고 반응하고 고찰하는 지속적인 유형을 의미한다. 부부 두 사람의 생활양식에 대한 평가가 Adler 부부치료의 핵심적인 특징이다.

치료의 적합성(suitability for treatment)은 부부의 기대, 준비성, 치료 동기는 물론이고 그들의 설명이나 문제의 형성을 뜻한다. 치료에 대한 부부의 준비성을 평가하는 세 가지 기준은 (1) 의지, (2) 능력, (3) 문제해결에 대한 자신감이다.

두 사람의 생활양식을 평가하는 목적은 그들이 갖고 있는 자신과 인생, 그들의 강점과 유리한 점 그리고 설정한 목표에 대한 역기능적인 신념과 확신을 파악하는 것이다. 생활양식 평가는 가능한 한 언제나 부부가 함께 있을 때 시행한다. 생활양식 재창조(Adler, 1958)는 아주 구체적인 자료수집의 방법에 기초한다(색인 A는 생활양식 형식을 보여준다). 가족구도는 각각의 가족원이나 가족기원에 대한 간단한 설명과 함께 도표로 나타나는데, 그 사람과 친했던 사망한 형제를 포함하여 형제와 가족의 형성기에 유력한 영향을 미친 부모격(parental)의 모든 인물에 대해 특별한 관심을 기울인다. 이러한 조사를 배우자가 함께 하면 부부들은 배우자의 어린시절의 중요했던 요소들을 처음 알게 된다. 당사자가 아닌 배우자는 이 단계에서 말하지 않도록 한다. 그 이유는 우리가 그 사람의 생활양식이 형성되고 있는 주관적인 세계로 들어가려고 노력하고 있기 때문에 배우자가 만약 그 당시에 없었다면 그 주관적 세계를 이해하는 데 도움이 되지 않기 때문이다. 치료자는 생활양식이 형성되고 있는 사람에게 주의를 기울이고 상대방이 무엇을 말하든지 그것에 의해 부당한 영향을 받지 않도록 하는 것이 중요하다.

생활양식의 형성은 개인의 주관적 세계를 이해하게 해 준다. 거기에는 "올바른(right)" 정답은 없다. 단지 전체적인 유형을 찾고 가족 내에서 개인의 위치를 파악하려고 노력할 뿐이다. 신체적-, 성적-, 사회적 발달과 교육과 직업상의 경험에 대해서 간단히 질문한다. 또한 부부들은 이전에는 결코 거론되지 않았을 것 같은 상대 배우자에 대해 중요한 새로운 것들을 알게 된다.

성 발달 영역에 있어서는 배우자로서 거부반응을 느낄 수 있는 "비밀"을 알게 될 수도 있다.

Domita : 지난 회기 이후로 우리는 뜬눈으로 밤을 세웠어요.

Paulo : 예. 아주 어려운 시간이었고 우리가 지금 모든 일들을 해결했는지 어떤지 잘 모르겠어요.

치료자 : 무엇 때문에 그렇게 고통을 겪고 있나요? Paulo의 젊은 시설 성 생활에 대한 정보 때문인가요?

Domita : 바로 그거예요. 나는 경험이 없는 사람과 결혼했다고 확신하고 있었어요. 건강하고 순수한 사람. 그런데 그가 서비스업에서 성 경험을 갖고 있었던 것을 알게 되었어요.

Paulo : 그것은 그렇게 대단한 일이 아니었어요. 단지 몇 번의 단순한 관계였어요. 그것에 대해 언급해야 될 이유를 모르겠어요.

　여러 가지 인생과제의 견지에 비추어 자신에 대한 배우자의 태도와 배우자를 평가하는 것도 유용하다. Adler는 이러한 목적을 위해서 사랑, 우정, 일의 세 가지로 인생과제를 나누었다. 세 가지 인생과제는 다시 다음과 같이 세부적으로 나눌 수 있다. 노동자, 친구, 애인, 배우자, 이성에 관계하기, 자기 혼자 지내기, 의미 추구하기, 동성과 관계하기, 부모 그리고 친구. 이 사람에게 1~5의 척도를 제시하고(5점 : 가장 높은 등급) 자기 자신을 평가하도록 요구한다. 우리의 질문은 "당신은 인생의 이 시점에서 어떤 방식으로 당신의 과제를 정성껏 수행하십니까?" 한 사람이 이 질문에 대답하고 배우자가 상대를 어떻게 평가하는지를 예측한 후에 배우자는 같은 절차로 그에게 등급을 매긴다. 이것은 부부 중 한 사람이 얼마 동안은 수동적으로 관여하게 하고 그 후에 그를 그 과정 속으로 다시 들어가게 하는 방법이다. "결혼의 온도를 재는 것(taking the temperature of the marriage)"은 종종 문제 영역이나 보다 충분하게 조사될 필요가 있는 영역을 정확하게 지적하는 것이다. 치료자는 부부들이 자기 자신과 상대방에 대해 얼마나 잘 아는지에 대해 알아야 하고 나중에 치료의 성공을 평가하는 데 사용될 기초선을 알려준다.

　다음으로는 어린시절의 회상과 꿈을 이끌어내 축어록을 기록한다. 이 두 가

| 표 14-1 | 네 가지 결혼/부부 평가의 차원 및 요인들 |

상황/심각성(situation/severity)
1. 불평과 문제(문제들)
2. 인구통계 : 나이, 직업과 지위, 사회문화적 및 경제적 상태
3. 관계 갈등 기능화의 수준

체제(system)
4. 관계의 역사와 발달단계 : 가계도
5. 동시성/비동시성
6. 경계, 힘, 친밀성
7. 지지망

기술(skills)
8. 자기 관리 기술
9. 관계적 기술

유형/상태(style/status)
10. 부부의 생활양식 평가
11. 개인 기능화 : 건강과 심리적 상태
12. 부부 문제(문제들)의 형성

치료의 적절성(suitability for treatment)
13. 치료에 대한 기대
14. 치료에 대한 준비성 혹은 동기

지는 한 개인의 자아관에 나타난 주관적인 주제와 멜로디를 밝혀주고, 한 사람이 인생에 있어서 자신의 자리를 어떻게 발견하는지를 보여준다. 또한 부부 두 사람에게 노래, 동화, 동요, 시, 성경에 나오는 등장인물, 성경 이야기, 텔레비전 쇼, 라디오 쇼, 혹은 어렸을 때 그들에게 특별한 감동을 안겨준 영화를 회상하고 무엇으로부터 감동을 받았는지를 묘사하도록 한다. 발췌된 주관적인 감동들이 치료과정에 유용하게 사용된다.

4) 3단계 : 재정향과 재교육

이 단계에는 치료적 변화를 위한 계획과 과정을 실행하는 것뿐만 아니라 부부에게 피드백을 제공하는 것이 포함된다. 피드백을 제공하는 것은 그들의 강점

과 변화에 대한 잠재력뿐만 아니라 생활양식과 기술결핍에 관련된 부부의 불화와 갈등의 근원에 대해 치료사가 형성한 것을 밝혀내는 것을 포함한다. 특히 Adler의 추종자들은 협조와 사회적 관심에 초점을 둔 문제해결과 갈등해결을 포함하여 보다 효과적인 관계양식으로 재정향(reorientation)의 관점에서 변화과정을 다룬다.

치료사는 부부의 관계적 체계, 표상의 심각성, 기술, 생활양식, 치료에 대한 적절성에 대한 자료를 요약함으로써 피드백의 과정을 시작할 수도 있다. Adler학파의 심리치료사들은 생활양식의 해석을 강조하는 경향이 있다. 나타나는(자아, 세계, 결론 그리고 윤리적 확신들에 대한 개인적 확신과 지침) 주요한 주제들을 기입하고 난 후에, 부부 두 사람과 치료사는 협력해서 생활양식을 형성하고 있는 사람들의 강점을 기록한다.

생활양식이 완성될 때 두 사람은 각각 복사본을 받는다. 요약을 하고 난 회기에서 두 사람에게 요약한 내용을 소리내어 읽도록 요구할 수도 있다. 치료사는 말 실수에 특별히 신경을 쓰고 그가 강조하고 생략하는 것에도 주의를 기울인다.

5) 생활양식 맞춰보기

"생활양식 맞춰보기(meshing the lifestyle)"는 두 사람의 생활양식을 알고 나서 관계에 대해 배우는 과정을 의미한다. 사람들은 결혼을 결정한 이유를 물으면 "사랑에 빠졌어요"라고 말한다. 사람이 자신의 기본적인 목표와 일치하여 사랑의 방향을 선택한다는 것을 인정하는 것 또한 그 사람이 사랑에 빠질지 안 빠질지를 결정한다는 사실을 수용할 수 있게 한다. 이와 비슷하게 종종 별거나 이혼에 대한 이유로 "사랑하지 않아요"라는 말을 하기도 한다.

두 사람의 생활양식을 동시에 봄으로써 항상 합의의 영역을 발견한다. 예를 들어 어느 부부는 Adler가 "남성적 저항(masculine protest)"이라고 부르는 것을 그들 성격의 한 부분으로 공유하고 있다. 남성적 저항이란 세상은 남자의 세계이고 남자들이 훨씬 더 중요하고 더 힘있으며 여자들보다 더 위험할지도 모른다고 생각하는 경향을 말한다. 다른 부부는 인생은 흥미롭고 극적이어야 한다는 것에 동의할지도 모른다. 또한 부부가 인생을 어떻게 보는지와 타인에 대해 어떤 기대를 가지고 있는지에 대해 미묘한 차이를 발견할 수 있다. 만약 사람들이 심리적으로 동일한 쌍생아라면 절대로 결혼하지 않을 것이다. 결혼치료의 궁극적인 목표는 부부가 개인차이에 대한 포용력을 넓히는 것이다.

생활양식을 비교하고 차이를 정확하게 지적해내는 과정에서 부부들은 자신이 인생을 다르게 보는 이유를 명확하게 알게 된다. 그 차이는 관계에 풍요로움을 가져다주기도 하고 갈등의 근원이 되기도 한다.

> Ruth와 Jim은 Ruth의 편집증적 정신병(paranoid psychosis) 때문에 치료사와 상담을 하였다. 그녀는 항상 망상과 환상에 시달리고 있었다. 예를 들면 그녀는 텔레비전과 광고게시판으로부터 "특별한 메시지"를 받았고, 남편이 자신과 아이들을 죽일 음모를 꾸미고 있다고 믿었다. 치료사는 그녀를 정신과 의사에게 의뢰했고, 그는 항정신병(antipsychotic) 약물치료를 처방해 주었다. 그 후 치료사는 부부를 함께 상담하기 시작했다. Jim은 결정을 하거나 감정을 나타내기 전에 논리적이므로 주의 깊게 분석하는 컴퓨터 같은 사람이었다. 그가 Ruth와 토론을 하고 그의 강한 "논리" 때문에 싸움에서 이겼을 때는 언제나 Ruth는 정신병 증세를 나타내서 도저히 손을 쓸 수 없게 된다. 치료사와 두 사람이 이러한 과정을 이해하게 되었을 때, 치료사는 실제로 상담회기 동안에 그런 경우가 일어나는 것을 지적할 수 있었다. 치료사는 또한 Ruth의 예민하고 주제를 가지며 태평한 태도가 Jim에게 매력적인 것이었고, Jim의 주의 깊고 잘 계획된 인생에 대한 접근방식이 Ruth에게 크나큰 안전의 근원이 되어 주었다는 것을 서로에게 이해시킬 수 있었다. 그러나 그의 인생에 대한 분석적 접근이 문제가 되었는데 특히 그것이 두 사람 간의 애정에 관련된 문제일 때는 더욱 그러했다. 성공적인 치료는 상대방이 경험해 온 방식을 인정하고 서로에게 감사하도록 돕고 그러한 접근이 그 관계에 어떻게 가치를 더할 수 있는지 이해하는 것에 중점을 둔다.

생활양식 자료를 계속해서 사용하는 것은 Adler식 부부치료에 있어서 없어서는 안 될 부분이다. 부부들은 생활양식을 형성한 후에 함께 상담의 지속을 결정한다. 관계에 있어서 재현되는 각각의 문제들은 부부의 개인적인 생활양식에 비추어 조사된다. 치료사는 참고로 각 생활양식에 대한 개요를 알 필요가 있다. 때때로 치료사는 다음과 같이 질문할 수도 있다. "자, 당신은 이제 자신의 생활양식에 대해 이해하고 있습니다. 왜 당신이 그렇게 하는지를 자기 자신에게 어떻게 설명하시겠습니까? 그리고 당신은 배우자의 생활양식을 이해하고 있는데, 그가 그렇게 행동하는 이유를 자기 자신에게 어떻게 설명하시겠습니까?"

배우자의 의문과 관찰 가운데 대부분은 단지 질문의 다른 방식이다. "저 사람은 왜 좀더 나처럼 될 수 없나요?"라는 생활양식에 대한 토론과 이해는 이 질문에 답할 수 있도록 도와주고 배우자가 나와 같지 않으며 같을 수도 없다는 사실을 다소 정확하게 보여준다. 더욱이 이는 한 사람이 다른 사람을 통제할 수 없다는 치료사의 반복되는 경고를 뒷받침해 준다(결혼생활에 있어서 사람들이 종종 이런 저런 방식으로 시도하는 어떤 것). 생활양식은 좋은 것도 나쁜 것도 아니라 단지 그 자체일 뿐이다. 광범위한 가능성이 특정 생활양식 안에 존재하지만 부부치료의 목표는 두 사람이 그들 자신들을 그 순간에 있는 그대로 받아들이고 상대방을 더 잘 수용할 수 있도록 도와주는 것이다.

생활양식에 대한 재정향은 필수 불가결한 것, 사치스러운 것, 혹은 그 사이에 있는 어떤 것으로 생각할 수 있다. 대부분의 생활양식은 여러 가지의 가능성을 허용할 만큼 충분히 광범위하기 때문에 대부분의 경우 부부 중 어느 한 쪽이 기본적인 생활양식을 변화시킬 필요는 없다. 예를 들어 "극단의" 생활양식을 가지고 있는 사람은 흑과 백 또는 일을 완벽하게 행하거나 전혀 하지 않는 것처럼 사물을 극단적으로 보는 경향이 있다. 그런 성격을 가지고 있는 사람들은 과장하여 생각하는 경향이 있다. 따라서 상당히(very)라는 용어가 나온다. "그녀는 단순히 훌륭한 요리사가 아니다. 그녀는 아주 상당히 훌륭한 요리사이다." "그는 단순히 훌륭한 제공자가 아니다. 그는 아주 상당히 훌륭한 제공자이다." 만약 어떤 사람이 비교적 광범위한 생활양식을 가지고 있다면, 상담은 바로 그 "극단적인(very)" 생활양식 내에서 가능한 다양한 선택을 지각하도록 돕는 것으로 한정할 수 있다.

그러나 생활양식의 어떤 측면은 심하게 제한적일 수 있어서 치료사나 배우자는 생활양식을 변화시키는 것을 목표로 해야 한다고 결론을 내린다. 이 점에 대해 설명해주는 한 가지 예가 있지만 이것은 엄밀하게 말해서 부부치료의 예가 아니고 결혼 전 상담사례이다. 왜냐하면 이 여성의 목표는 배우자를 찾을 수 있을 정도로 남자에 대한 자신의 태도를 조절할 수 있는지를 알아내는 것이기 때문이다.

Keesha는 남자에 대한 증오심이 강했다. 그녀는 아들이 넷이고 딸이라고는 자신뿐인 남성이 지배하는 가정에서 성장했다. 성장해서는 남성들이 현저하게 지배적인 사무소에서 일하게 되었다. 그 결과 그녀는 아이였을 때나 어른이었을 때 인생을 남성을 능가하는 것에 바쳤고 편견과 혐오를 제외하고는 남자에게 그 어떤 감정도 느끼지 못했다.

그녀가 치료를 시작했을 때 최초의 장애물은 협동치료사(co-therapist)인 남성 치료사와 신뢰관계를 발전시키는 것이었다. 그녀는 결혼교육센터에서 면접을 받았기 때문에 청중 중에 많은 남성이 그녀에게 동감했고, 그들도 섬세하고 부드럽고 다정할 수 있다는 것을 경험했다. 그러므로 "모든 남자는 짐승이다"라는 자신의 기본 가정을 다시 생각하게 되었다. 결국 그녀는 남성과 관계를 만들기 시작할 정도로 그녀의 편견을 재조정했다. 하지만 그녀는 자신의 생활양식에 맞춰 그녀의 부정적인 기대를 충족시킬 것 같은 남자를 선택했다. 그러나 이 시점에서 그녀는 치료를 재개하여 일어난 일에 대해 재평가할 수 있었고, 그녀를 실망시킬 것 같은 남자를 선택하게 된 원인을 더욱 분명하게 알 수 있었다.

만약 한 사람이 생활양식을 변화시키고자 한다면, 이 목표는 개인, 집단, 혹은 부부치료 속에서 추구될 수도 있다. 그러나 치료사는 어느 한 사람을 억지로 변화시키거나 상대방을 변화시키기 위해서 다른 한 사람과 공모해서는 안 된다. 두 사람이 자기 자신과 배우자를 그 순간에 있는 그대로 수용하도록 배우는 것이 중요하다. 생활양식에 있어서 기본적인 변화를 위한 노력 여부는 궁극적으로 개인이 선택할 문제다. 장단점을 가지고 있는 배우자를 이해하고 수용하는 법을 배우게 된다면, 생활양식의 변화는 그렇게 어려운 일이 아닐 수도 있다.

이때 부부치료에 있어서 중재는 여러 가지의 목표-행동, 감정, 환경 혹은 태도의 변화-에 초점을 둘 수 있다. 이는 기본적으로 생활양식의 변화를 목적으로 하는 것이다. 이들 가운데 어느 것도 상대방에게 배타적이거나 상대방과 관계 없는 것은 없다. 어떤 사람들은 통찰에 있어서 특별한 변화 없이 행동에 다소 두드러진 변화를 이룰 수 있다. 어떤 사람은 감정의 목표, 즉 그가 추구하고 있는 목표를 이해함으로써 그들의 감정을 다루는 것을 배울 수 있다. 그들의 목표를 변화시키기로 결정하게 되고 그렇게 할 때 감정이 그들 자신들을 돌보게 된다. 당연히 어느 누구도 의식적으로 감정을 변화시킬 수는 없다. "나는 꽤 괜찮은 사람이야. 그리고 만약 내가 그렇게 느낀다면, 거기에는 상당한 이유가 있어"라고 말할 수 있는 지점에 도달하는 것이 훨씬 더 중요하다.

6) 간편 생활양식

간편 생활양식(mini-lifestyles)은 가족구도와 분위기에 대한 간단한 개관과 두 세 가지 초기 기억에 대한 해석으로 구성되어 있다. 이는 몇 가지 기본적인 주제를 명료하게 밝히지만 완전한 생활양식의 형성은 아니다. 관리보호지시 혹은 임상정책은 개인이나 부부가 가질 수 있는 회기 수를 제한하기 때문에 간편 생활양식이 필요할 때도 있다. 다음은 간편 생활양식의 활용에 대한 사례이다.

> Sara와 Mike는 같은 회계 회사에서 일하는 젊은 부부이다. 그녀는 몇 명되지 않는 여자 직원 가운데 하나이다. 그녀의 말에 의하면 자신은 남자의 행동을 잘 수용하지 못해서 동료 직원들과 아주 어려운 관계에 있다는 것이 분명하다. 예를 들어 그녀는 남편과 항상 스포츠에 대해 얘기하는 것에 대해 비판적이다. 동료 직원으로서 Mike는 그 비판을 퍼트리지 않는다. 그녀의 동료 대부분은 남자이기 때문에 Sara는 생활양식이 현재 상황에 빛을 비출 수 있을 것인지 의아해하고 있다.
>
> Sara의 가족구도에 대한 간단한 도표는 그녀의 적수(Gegenspieler : 가족구도에 있어서 흔히 가장 가까이 있지만 그 사람에 저항했던 사람)는 그녀의 오빠였다는 것과 그녀가 아버지를 존경했다는 것을 보여준다. 초기 회상 중 하나의 기억을 통해 그녀가 남자의 성격에서 갑자기 결점이 밝혀진 것에 대해 아연실색했다는 사실이 나타났다. 다른 초기 기억들에서 그녀는 남자가 훌륭하고 중요해야 한다는 것에 몹시 감명받았음을 보여주었다. 치료사의 도움으로 Sara는 남자에 대한 이러한 갈등적인 견해들이 그녀의 일상생활에서의 문제를 어떻게 제시하고 있는지를 이해하기 시작했다. 간편 생활양식은 또한 지금까지 직업에 관련된 그녀의 문제를 이해할 수 없었던 Mike를 도와주었다.

7) 친밀한 관계에서의 갈등해결

개인심리학은 대인관계적 심리학이기 때문에 모든 갈등을 대인관계적인 것으로 본다. Adler학파 치료사들은 결혼에서 발생하는 문제를 관계의 문제로 본다. 앞에서 언급한 바와 같이 많은 부부가 상대방을 동등한 사람으로 대하기 위해 필요한 배경을 가지고 있지 않으면서 평등한 관계를 시도해 많은 어려움을 겪는다. 대부분의 인간관계는 어느 정도의 우월감과 열등감에 의해 특징지어진다. Adler는 1931년에 이 입장의 오류를 보았으며 평등은 성공적인 결혼을 위한 유일한 기준이 된다고 지적했다. 한 쪽 배우자가 다른 쪽 배우자이상으로 자신을 높이려고 할 때마다 열등한 위치에 있는 배우자가 그 상황을 반전시키려고 하기 때문에 부부관계는 흔들리고 오래가지 못한다.

싸움과 같은 관계적 갈등은 문제를 해결하지 못할 뿐만 아니라 또 다른 갈등을 불러일으키는 토대를 제공한다. 용기와 자신감을 가지고 있을 때만이 협조를 향한 도전에 직면할 수 있다. Dreikurs(1946)는 인간의 협조와 관련하여 두 가지의 잘못된 개념이라고 말했다. 한 가지는 분개(resentment)가 발전을 가져다줄 수 있다. 남편이 아내에게 전적으로 수용받고 있다고 느낀다면 아내의 희망에 기꺼이 부응할 것이다. 그러나 만약 그가 분노와 거부를 느낀다면, 그 반대의 방향으로 치달을 것이다(pp. 103-104). 협조에 대한 또 다른 잘못된 개념은 "관심사가 충돌할 때 싸우거나 양보하는 것 이외에는 아무 것도 할 수 없다"는 생각이다.

Adler학파의 결혼치료사들은 Dreikurs의 네 가지 갈등해결의 원리를 사용하여 부부문제를 다루게 된다.

- 상호존중을 나타내기
- 문제를 정확하게 지적하기
- 새로운 합의에 도달하기
- 의사결정에 참여하기

모든 결혼의 갈등에는 이러한 원리 가운데 하나 혹은 둘 이상이 위반되어 나타난다.

상호존중을 나타내는 것은 싸움이나 양보가 아니다. 이는 압도적인 것도 항복하게 하는 것도 아니다. 상호존중이란 갈등의 해결책이 이기거나 지는 것에 있는 것이 아니라 상대방의 견해를 이해하고 존중하는 것에 달려 있음을 인정하는 것이다.

문제를 정확하게 지적하기 위해 대부분 부부간의 불평 뒤에는 사회적인 문제가 놓여있다는 사실을 고려해야 한다. 예를 들어 한 부부가 성, 인척관계, 일, 돈, 혹은 자녀에 대해 불평을 한다고 하자. 그 불평 뒤에는 개인적인 신분, 위신이나 우월감에 대한 위협이 있을 것이고 누가 이기고 있는지 결정을 할 것인지 혹은 누가 옳은지에 관련된 문제가 존재할 것이다. 부부들은 전문가의 도움을 구하지 않고 자신의 힘으로 갈등을 해결하는 것을 배울 수 있도록 문제를 정확하게 지적하는 기술을 특별히 배우게 된다.

갈등의 해결은 부부들이 싸우기로 동의했기 때문에 싸운다는 이해를 기반으로 한다. 그러므로 갈등을 해결하기 위해서는 새로운 합의에 도달해야 한다. 이는 궁극적으로 당사자의 "나는 부대조건을 붙이지 않고 기꺼이 이 일을 할 것이다"라는 발언에서 전해져오는 것이다. 제한된 시간 동안에 새로운 협의를 하는 것이 가장 바람직하다. 그 시간이 끝날 무렵에 부부는 새로운 협정을 지킬 것인지의 여부를 결정하기 위하여 재평가해야 한다.

친밀한 부부들은 그들 두 사람에게 영향을 미치는 결정에 참여해야 한다. 참여는 의사결정 과정에 제한되지 않지만 결정에 책임을 지는 것이 포함된다. 이 원리를 위반하면 자신의 배우자에 대한 존경심이 결여되고 반드시 원망하는 마음이 생기게 되어 있다.

> 남편이 귀가하여 자신들을 위해 유원지의 한 모텔에서 보낼 준비를 해 놓았고 멋진 레스토랑에 저녁식사 예약도 해 놓았다고 흥분해서 말했으나, 그는 아내가 그가 기대한 만큼 감격하지 않아 매우 실망스러워했다. 그가 깨닫지 못한 것은 그녀와 상의하지 않고 행동함으로써 그녀를 존중하지 않았다는 것과 의사결정에 있어서 참여의 원리를 위반한 것이었다.

"더 나은 결혼을 위하여"(*Time for a Better Marriage*; Dinkmeyer & Carlson, 1984b)에서 부부간의 관계에 있어서 갈등해결에 대한 정보를 자세하게 찾아볼 수 있다.

3. 중다치료

중다치료(multiple therapy)는 한 명 이상의 치료사에 의해 실행되는 것이다. 이 접근의 이점은 다른 치료양식에 있어서보다 부부 및 가족치료에서 더 뚜렷하게 나타난다. 1명의 치료사가 부부를 효과적으로 다룰 수도 있지만 2명의 치료사, 특히 성이 다른 치료사라면 치료과정에 많은 도움이 된다. 아마도 가장 이상적인 상황은 두 부부가 함께 자리할 수 있도록 치료사들이 서로 결혼한 상태이다(Pew & Pew, 1972). 여자 배우자는 치료사가 남자일 때 두 남자에 의해 공격받는다는 기분이 들 수 있기 때문에 여자 치료사일 때 도움을 받는다.

Ben :	저는 Meg와 제가 매주 만나서 우리가 시간을 어떻게 활용하는지에 대해 평가해야 한다고 생각해요.
Meg :	(눈물이 고여) 저는 그런 말을 하고 있는 게 전혀 아니에요.
남성 공동치료사 :	저는 Ben의 생각에 일리가 있다고 생각해요. 가족회의 모임으로 구체화할 수 있을 거예요.
여성 공동치료사 :	Meg가 원하는 것은 약간의 인정입니다. 저는 평가라는 용어가 그녀가 등급이 매겨지는 것처럼 들리지 않을까 하는 의심이 들어요.
Meg :	바로 그거예요. 그리고 내가 통과하지 못한다면, Ben은 나를 통제할 다른 방법을 더 찾을 거예요.

그러나 내담자가 동성의 치료사들과 항상 일치하는 것은 아니다. 많은 경우 남자 치료사가 여자의 입장을 더 잘 이해할 수 있으며 여자 치료사의 경우도 마찬가지이다. 치료사들이 서로 결혼한 사이라면 부부들의 신뢰성이 더 높을 것인데, 특히 그들이 자신들의 관계에 있어서 다루고 있던 불편한 점에 대해 개방할 수 있다면 더욱 그러하다. 결혼한 공동치료사(co-therapist)를 중요시하는 동안에, 우리는 공동치료에 있어서 이것이 예외이지 규칙이 아니라는 것을 알아야 한다. 어떠한 형태의 공동치료라도 공동치료는 부부치료에 매우 유익하다.

여성공동 치료사 :	나는 Larry에게 아주 화가 났어요. 그를 물어버릴 수도 있었어요. 그러나 결혼 회의에서 30분 동안 모두 들을 기회가 있을 때, 종종 나는 내가 상당히 진정하고 있는 것을 알게 돼요.
남성공동 치료사 :	그러나 당신은 여전히 항상 어떤 해결책을 원해요.
여성공동 치료사 :	그래요. 그리고 당신은 일이 미해결로 남아 있을 때 자신의 역할을 더 잘 할 수 있는 것처럼 보여요.
내담자 함께 :	그것이 바로 우리 방법이에요.

부부치료가 주춤해질 때마다 다른 치료사들이 진행 중인 치료과정이나 자문

을 위해 참가하는 것이 도움이 될 수 있다. 공동치료와 중다치료는 훌륭한 훈련 방법이 될 수 있다. 그리고 2명이나 그 이상의 치료사들이 부부와 함께 상담을 하는 것도 가능한 일이다.

대부분의 부부는 치료사가 한 명 이상이기를 바란다. 그들은 지불한 돈이 제 가치를 하고 있다고 믿는다. 말하자면 관련되는 치료사가 많을수록 치료과정에 더 많은 견해가 도입될 것이라고 믿는다. 새로운 치료사가 치료과정에 합류할 때 "결혼의 온도(temperature of the marriage)"는 상담이 시작되던 시기와 비교하여 새로운 치료사에게 관계의 질과 현재의 어려운 점에 대해 제공하기 위하여 재측정된다. 때때로 이러한 재평가는 치료과정에 있어서 새로운 방향을 제시한다.

한 부부는 처음에 사랑하는 애인으로서 자신들을 3점(1~10점 척도 기준)이라 평가했다. 배우자 간의 등급 사이에는 아무런 모순이 없었다. 몇 달 후 그 과정이 반복되었을 때, 두 사람의 자존감은 상당히 향상되었고 그들 관계에서 원했던 것을 훨씬 더 주장할 수 있게 되었다. 이 무렵에 그들은 여전히 자신을 애인으로서 3점으로 평가했다. 그들은 자신들을 다른 분야에서는 훨씬 높게 평가하고 있었기 때문에 성 문제 영역을 제기하여 다룰 수 있었다. 그러므로 상담은 여러 회기 동안 성적인 문제에 초점을 두었다. 적절한 독서치료 서적 혹은 소책자를 읽고 그리고 여러 가지 색깔의 연필로 감명을 받은 것들에는 밑줄을 긋도록 했다. 그렇게 함으로써 두 사람은 성 영역에서 자신들이 알지 못했던 것이 많았다는 것을 발견하게 되었다. 그들은 또한 주말에 성 지각 재평가 회기에 참여하도록 권유받았다. 이 회기 동안 그들은 멀티미디어 상연을 보았고 많은 집단토론에 참여하였다. 마침내 그들은 다양한 기술을 추천받았고, 특히 상대방에게 기쁨을 주는 것의 중요성을 강조하는 것에 주의를 기울이도록 요구받았다.

그들의 향상과 함께 성 영역에 있어서 갈등 뒤에 숨어 있는 문제는 통제의 문제라는 것이 분명해졌다. 부부는 실험을 하도록 제안받았다. 첫 주 동안에는 아내가 애정, 다정함, 성에 관한 표현에 대해 모든 결정을 해야 했다. 다음 주에는 남편이 책임을 져야 했다. 부부는 그 실험에 동의했고 또한 능력이 닿는 한 최선을 다해 서로 협조하기로 동의하였다. 그녀는 주장하는 것을 배웠고 자신이 주도권을 갖는 것이 좋았다. 그는 성적인 충동이 생길 때마다 즉각 만족을 추구하지 않았다는 것을 알게 되었다. 두 사람은 자신의 즐거움과 상대방의 즐거움을 크게 향상시키는 법을 배웠다. 그 결과 그들은 성뿐만 아니라 친척관계에서도 보다 효과적인 방법을 습득하게 되었고 10대 아이들과의 관계도 상당히 향상되었다.

4. 기술적인 문제

1) 별거

많은 부부들은 별거의 위협으로 애타는 마음을 갖고 있다. 우리는 경우에 따라 별거할 것을 권하기도 한다. 별거를 통해 부부들이 얼마나 사랑하는가 그리고 서로를 얼마나 그리워하는가를 깨달을 수 있을 때 그렇게 한다. 또한 별거를 권하는 경우는 상담회기 사이에 싸움이 아주 심해서 부부들이 갈등이나 문제를 해결할 시간이나 에너지가 있는 것 같아 보이지 않을 때이다. 그러나 일반적으로 별거는 그다지 권하지 않는다. 치료사가 권유하기보다는 부부가 결정하는 경우가 훨씬 더 많다.

2) 개인치료 및 가족치료

부부치료과정에서 때때로 개인치료를 하게 되는 경우가 있다. 그러나 본질적으로 친밀한 관계와 관련되지 않은 개인문제들은 그 관계와 관련되는 것을 분리하여야 한다. 비록 한 배우자가 집중적으로 개인적인 문제를 더 많이 다루고 싶어할지라도 그의 문제는 관계에 있어서의 "문제"라는 견해를 고수하는 것이 중요하다. 부부가 함께 하기보다는 개인적으로 다루는 것이 더 좋을 것 같은 문제에는 부모의 상실에 대한 풀리지 않은 슬픔, 동성의 사람과 관련되어 일어나는 어려움, 자신의 강점을 발견하고 결집하는 문제, 정신신체장애에 대한 불평, 만성 질병에 관련된 문제 등이 포함된다.

가족치료에 있어서 가족의 문제는 본질적으로 부부의 문제이고 두 사람이 그들의 차이를 해결할 때까지는 가족이 원활하게 돌아가지 않을 것이다. 그러한 경우에 가족치료사는 종종 부부치료를 권하는데 때로 가족치료회기와 동시에 일어날 수 있다. 다른 경우 가족치료는 부부치료가 끝날 때까지 일시적으로 진행되지 않을 수도 있다.

3) 배우자의 불참

때때로 혼자 치료실에 와서 부부관계에 대해 불평을 하면서 자신의 배우자는 부부치료에 함께 오지 않을 것이라고 강하게 항의하는 사람이 있다. 그러한 경우 우리의 전략은 치료를 주저하는 배우자에게 연락하도록 허락해 줄 것을 즉시 요구하는 것이다. 그것은 바로 그 순간에 전화로도 이루어질 수 있다. 경험을 통해 볼 때 상대 배우자가 종종 치료에 동의하여 아주 협조적이 되는 경우가 비일비재하다.

치료에 불참한 배우자는 종종 설명과는 다르다. 물론 우리는 한 쪽에 치우친 설명을 듣고 있으며 만약 지금 우리가 면접하고 있는 배우자가 화를 내어 참을 수 없는 상태에 있다면, 우리는 그 배우자의 나쁜 점에 대해서만 듣게 될 것이라는 것을 잘 알고 있다. 이들은 종종 자신의 결점에 대해서는 잘 보지 못한다. 주저하는 배우자의 협조를 구하고 사람이 단지 자신에 대해서만 말할 수 있는 부분을 지적하는 것이 가장 중요하다. 친밀한 관계에 있는 두 사람의 관계를 다루면서 한 사람 말만 듣는 것은 무대에 배우가 2명 있는데 그 중 한 사람의 말만 듣는 것과 같다.

주치의가 의뢰한 사람이 있었다. 그의 불평은 조루증이었다. 그는 그의 문제가 의학적인 것이고 그의 아내와는 아무런 관계가 없다고 주장하였다. 그는 또한 우리가 아내와 연락하는 것을 계속해서 거부하였다. 생활양식을 형성하는 일이 마무리되고 신뢰관계가 확립되었을 때, 우리는 마침내 그의 아내와 연락해도 좋다는 허락을 받을 수 있었고 그녀를 우리와 함께 하도록 초대하였다.

그녀는 (기꺼이) 와서 배우자가 놀랄 정도로 전혀 다른 이야기를 하였다. 예를 들어 그는 관계를 끝내자고 위협하면서 집을 여러 번 나갔다는 말을 전혀 하지 않았다. 또한 회기 도중에 그가 그녀의 애정의 깊이와 관계에 대한 헌신을 알지 못했다는 것이 분명하게 나타났다. 그가 보는 앞에서 그녀의 생활양식이 완성되었다. 부부치료가 시작되었다. 부부관계의 문제를 처음으로 야기시킨 것으로 보이는 조루증에 특히 많은 주의를 기울였고, 그에 따라 두 사람의 노력이 결합되어 문제가 해결되어야만 했다. 비교적 짧은 기간 동안 상담을 한 후에 이 부부는 그들의 관계에 대해 계속해서 함께 해 나가기를 원할 만큼 차이를 충분히 해결했다.

4) 자녀

자녀들이 관계갈등에 포함될 때 상황은 훨씬 더 복잡해진다. 치료사가 영향을 미쳐서 부부에게 부모의 갈등이 자녀에게 미치는 파괴적인 효과를 알려주는 것이 매우 중요하다.

여러 해 동안 갈등상황에 있는 부부는 말썽 많은 "과활동적인(hyperactive)" 자녀를 다루는 방법에 대해 서로 의견을 달리 하였다. 그 아이는 끝내는 입원치료를 받기 위해 병원으로 옮겨졌다. 매우 낙심한 어머니는 그 아이를 참아주면서 다시 집에서 키울 자신이 없다는 결론에 도달했다. 아버지는 아들과 떨어지는 것을 용납하지 않았지만 갈등을 해결하기 위하여 전혀 노력하지 않았다.

부부가 부부치료를 찾았을 때쯤, 그 아이가 집으로 돌아갈 수 없기 때문에 장기간의 계획은 거의 불가능하였다. 이 사실 때문에 아이의 치료는 심각하게 방해되었다. 남편은 아이가 집으로 올 준비가 되었다고 하고 아내는 아이를 돌아오게 하려는 것을 용납하지 않겠다고 통보한 후에 그는 집을 나가서 아들을 돌보기로 결정하였다. 이 사실은 아주 심각한 부부 위기를 야기했고 그 부부는 결국 이혼했다.

물론 자녀들은 부모들 사이에 불화가 있을 때를 알고 있다. 자녀에게 그것을 숨기려해도 별 의미가 없다. 자녀들은 부모가 어려움을 갖고 있으며 그들에 대해 뭔가를 하고 있다는 것을 단순히 들을 수 있다. 이러한 사실을 넘어서 대개의 경우 자녀를 부부치료과정 속으로 끌어넣는 것은 바람직한 일이 아니다. 때때로 자식이 청소년이나 성인인 경우 자녀가 부모의 관계 속에 깊이 얽혀있다면 그들을 회기에 몇 번 포함하는 것도 도움이 되는 것으로 밝혀졌다. 부부가 이혼을 계획한다 하더라도 자녀들의 부모로서의 역할은 계속해야 된다는 것을 상기시켜야 한다. 우리는 자녀들이 가족의 붕괴를 보다 쉽게 다루는 것을 도와주기보다는 결혼을 평화롭고 협조적으로 해체해서 다정한 관계를 유지하는 것이 이점이 있다는 것을 알려주는 노력도 한다.

부부들이 자녀의 성장과 발달에 부모의 갈등이 미치는 영향에 대해 생각하기 시작하면 그들은 보다 협조적이게 되고 덜 싸우게 된다. 부부들이 자신들이 얼마나 이기적이었으며 다른 사람의 관심과 안녕을 무시하고 부부관계를 회피하는데에 몰두하고 있었는지를 깨닫기 시작하면, 더 높은 사회적 관심과 용기를 향하여 나아갈 수 있다. 다른 한편으로는 부부가 "자녀들을 위하여" 함께 살 것을 절대 권하지 않는다. 허위의 관계가 성립된다면 자녀는 이를 감지하고 고통스러워 할 것이다. 자녀들이 인생에 있어서 바람직하고 친밀한 관계가 무엇과 같은지를 나중에라도 알기를 원한다면 파괴적인 부모관계는 자녀들을 위한 적절한 모델이 아니다.

5) 기타 사항

경험을 통해 볼 때 결혼관계가 부부 한 사람 혹은 두 사람의 인생에 있어서 다른 사람의 존재를 오랫동안 남겨두는 것은 흔하지 않은 일이다. 현대인들은 외로움을 극복하고 친밀감을 이루기 위해 매우 다양한 방법으로 노력하기 때문에, 오래 지속하는 일부일처의 결혼은 대안적인 생활양식의 많은 목록 가운데 단지 하나의 가능성일 뿐이다. 우리는 궁극적으로 일부일처제가 남성과 여성 사이에 지속하는 가장 실용적인 관계의 형태로서 다시 나타나게 될 것이라고 믿는다. 또한 사람들이 교회, 가족, 혹은 지역사회로부터의 압력 때문이 아니고 두 사람을 위한 관계가 주는 이점 때문에 일부일처를 선택할 것이라고 생각한다.

개인은 일부일처에 대한 자신의 생각을 정의내려 보고 배우자와 그 정의에 대해 합의해야 한다. 예를 들면, 일부일처 관계는 장기간의 깊은 헌신을 의미하지만 때로는 여전히 두 사람 모두 이성과 중요한 관계를 갖는 것을 허용한다. 그러나 부부치료의 경험을 통해서 볼 때, 부정은 흔히 결혼관계의 타락에서 오는 증상이지 원인이 아니다. 흔히 혼외정사는 배우자를 사점(dead center)에서 면제하려는 노력의 일환으로 배우자에게 누설된다. "누설"이라고 하지만 친밀한 관계에서는 비밀이 거의 없다. 배우자는 보통 어느 정도 수준에서 정사에 대해 지각하고 있다.

6) 치료의 빈도와 길이

회기의 빈도는 재정적인 문제나 시간과 같은 치료과정 자체와 관계 없는 요인에 의해 결정된다. 적절한 빈도는 일주일에 한 번이다. 이것은 부부에게 회기사이에 어떤 일을 할 수 있는 충분한 시간을 주면서 상담경험의 집중성을 유지시켜 준다. 6~8주 후에 대부분의 부부들은 덜 만나게 된다. 추후 지도를 위해서는 매달 치료를 받으러 오는 것이 유용한 간격이 된다.

결혼치료에 있어서 각 회기의 길이는 보통 50분으로서 개인상담과 같다. 4자(four-track) 치료에서 우리는 2시간 회기를 시험하여 아주 좋은 결과를 얻었다. 치료사와 부부가 함께 모이는 것이 어렵기 때문에 시간을 조금 오래 가지는 것이 도움이 된다. 시간을 2시간으로 잡는 것이 관계를 더 깊이 탐색하고 충분히 해결할 수 있게 한다. 우리는 좀더 집중적인 종류의 치료를 시도해 보았다. 예를 들면, 3일 연속으로 하루에 6~8시간 만나는 것. 이러한 부부들 중 몇 쌍이 심각하고 복잡한 문제를 가지고 있기는 하지만 그 과정은 셋째 날이 끝날 무렵까지는 해결되었다.

이미 말한 바와 같이 결혼치료는 개인 혹은 집단치료와 결합될 수 있다. 일반적으로 한 사람이 개인치료를 받고 있다면 부부관계는 그 치료과정의 일부가되어서는 안 되며, 치료사는 관계문제를 두 사람이 참석했을 때에만 다룰 수있다고 주장해야 한다. 한 사람이 집단경험이 필요한 것처럼 보일 때는 위험이생길 수 있음을 명심해야 한다. 예를 들면, 부부간의 차별적인 성장과 상대방이느끼는 소외감 또는 집단에서 일어날 수 있는 일에 대한 걱정같은 것이 있다. 이러한 문제가 나타나면 부부집단에 참여하는 것이 더 좋은 해결책이 될 수있다.

7) 부부의 내력

경험상 부부의 내력을 완전히 알 필요는 거의 없다. 현재의 상황을 토론하고 개인적인 생활양식 평가를 완성하는 것만으로 충분한 정보를 얻을 수 있다. 우리가 당황하고 관계의 역동성을 이해하지 못할 때 처음으로 돌아가서 부부에게 그들의 구혼, 신혼기, 결혼관계의 여러 국면에 대해 아주 자세하게 설명해 달라고 요구할 수도 있다.

우리는 반복되는 유형을 찾고 처음으로 서로에게 끌리게 했던 바로 그것들이 현재의 싸움에서 자주 제기되며 아주 강력하게 반대되고 있음을 보게 된다.

> Josh는 Stephanie의 사교성과 기지 있는 대화를 인정했지만, 지금은 싸울 때 그녀가 너무 수다스럽다고 주장한다. Stephanie는 Josh의 힘있고 조용하며 논리적인 태도를 인정했으나, 그가 혼자서 모든 결정을 내린다고 불평한다.

8) 성 문제

성 행위는 부부의 협력의지를 궁극적으로 시험하는 것이고 상대방의 안녕에 도움이 되는 것이다. 그러므로 성 문제가 대부분 관계의 문제인 것으로 판명되는 것은 놀라운 일이 아니다. 성 문제가 제기되었을 때 그 증상만을 다루려는 부부의 요구를 받아들이는 것은 유용하지 않다. 많은 부부들은 그들의 관계가 향상될 때 성 생활도 향상된다고 보고한다. 만약 부부가 좋은 성관계를 가진 적이 전혀 없다면, 성 문제 그 자체를 다룰 가능성은 더 커진다.

구체적인 성에 대한 역사는 때로 혼란스러운 상황을 명료화하는 데 도움이 된다. 부부는 자신들의 성에 관련된 초기의 경험과 그들이 만난 전후와 현재까지 살아온 성에 관한 자세한 역사를 제시하라는 요구를 받게 된다. 중요한 과정 —자신의 성 행위에 편안함을 느끼는 치료사에 의해서만 실행될 수 있는 과정 —은 부부가 그들의 사랑행위를 아주 자세하게 처음부터 끝까지 설명하는 것이다. 이런 일을 통해 치료사는 문제점을 규명할 수 있고 부부는 자신과 상대방에 대해 많이 알게 된다. 우리는 그러한 역사는 때때로 한 사람이 상대방 앞에서 과거의 성과 관련된 역사의 전체나 부분을 논의하는 것을 꺼리는 경우가 있다 하더라도 두 사람이 모두 출석한 경우에 얻어질 수 있다는 것을 강력하게 권한다. 비록 부부들이 이러한 영역에서 가능한 한 서로를 개방하기를 권장하기는 하지만, 상담사는 그러한 상황에 매우 민감해야 하고 그 사람의 말을 사적으로 끝까지 들어야 한다.

성적인 문제는 신체적인 문제가 원일일 수 있다. 성적인 기능이 신체기관에 원인이 있거나 부부 가운데 한 사람이 취한 약물과 관련될 수도 있을 때 부부에게 의학적인 평가를 받아볼 것을 제안한다.

9) 이혼과 이혼 중재

부부치료 과정 전이나 과정 중에 두 사람은 관계를 지속하지 않기로 결정하고 이혼을 심각하게 고려할 수도 있다. 가끔 이혼을 결정하는 동안에 부부와 관계 맺었던 치료사는 이혼과정에서 배제된다. 특히 변호사가 부부에게 개입될 때는 더욱 더 그러하다. 법적인 절차는 기본적으로 두 사람이 적대관계에 있기 때문에 부부관계에 오랜 갈등과 미해결된 일이 더욱 악화되는 것은 놀라운 일이 아니다. 이혼 중재는 두 사람이 적대관계에 있는 과정에 대한 대안이다(Huber, 1983). 부부치료의 기술은 Sperry(1993)와 Sperry와 Carlson(1991)의 책에 광범위하게 제시되어 있다.

5. 부부치료 전략

1) 결혼회의

결혼회의(marriage conference)는 심각한 갈등상황을 다루는 가장 만족스런 방법 가운데 하나이다. 이것은 Corsini(1967)가 처음 제안하였다.

부부들은 한 번에 1시간 동안 방해받지 않을 만한 장소에서 상대방을 만나기 위해 몇 가지 약속을 해야 한다. 약속은 적어도 2~3일 전에 이루어져야 한다. 심각한 갈등을 경험하고 있는 부부에게는 적어도 세 번의 약속을 하도록 추천한다. 결혼회의는 부부가 자신의 시간 편의에 따라 실행할 수 있는 자조적인 과정이다. 결혼회의를 처음 활용한 부부들이 주의 깊게 그 지시를 따르지 않고 나서 실망한 경험을 보고하는 것은 매우 정상적인 일이다. 부부가 결혼회의를 통해 어떤 경험을 하기 전까지는 새로운 기술을 권하지 않는다.

처음 약속에서 만날 때 사전 동의 하에 부부 중 한 사람이 30분 동안 먼저 발언권을 가진다. 상대방은 조용하게 경청하고, 말을 가로막거나, 얼굴을 찌푸리거나 혹은 어떤 다른 방식으로 상대방의 말을 가로막아서는 안 된다. 우리는 일반적으로 부부들이 TV나 라디오 시청, 기록, 흡연, 음식물 섭취 혹은 다른 오락을 하지 않도록 권한다. 30분 동안 한 사람은 자유롭게 하고 싶은 말은 무엇이든지 할 수 있고 또 침묵을 유지할 수도 있다. 원하는 대로 활용할 수 있는 시간은 30분이다. 정확하게 30분이 끝나면 처음에 말한 배우자는 듣는 입장이 된다. 두 번째의 30분이 끝나면 회의가 끝난다. 사전 동의에 따라 부부는 다음 결혼회의 때까지 이번 회의 때 제기된 논쟁이 될만한 내용들을 거론하지 않는다. 논쟁을 야기시키지 않는 내용이나 다른 주제들은 거론될 수 있다. 두 번째 회의때 부부가 그들이 말하고 듣는 순서를 바꾸는 것을 제외하고는 같은 과정을 되풀이한다(Dinkmeyer & Carlson, 1984b).

> Julie와 James는 복잡한 일정을 가지고 있는 매우 바쁜 전문직업인이다. 1주일에 15분간 결혼회의에 전념함으로써, 그들은 그것을 "이사회(board meeting)"라고 언급하기도 하는데, 이혼을 면할 수 있게 되었다. 그들은 매주 일요일에 자리하여 한 주 동안의 계획, 교통, 누가 무슨 일을 하려고 했는지, 재정적인 문제 등등, 달리 말하면 함께 사는 것에 대한 모든 정기적인 일과 집안 운영을 해결해 나갔다.

2) 심리교육적 중재

부부들에 대한 심리교육적 중재(psychoeducational interventions)는 결혼엔카운터(marriage encounter) 혹은 더 나은 결혼을 위한 시간(Time for a better Marriage), Dinkmeyer & Carlson, 1984b)과 같은 구체적인 프로그램과 관련된다. 따라서 그러한 심리교육적 노력은 많은 사람에 의해 "임상적인" 부부(즉, 부부치료나 개인 심리치료에 의뢰될 만한 불화 및 관계에서 오는 갈등의 수준을 가지고 있는 사람)보다는 "정상적인" 부부에게만 유용한 것이라고 생각되기도 한다. 실제로 많은 자료를 보면 어떤 심리교육적 중재는 비임상적인 부부 혹은 "정상적인" 부부보다는 문제가 많은 부부에게 훨씬 효과적인 것으로 나타났다(Ross, Baker, & Guerney, 1985; Giblin, Sprenkle & Sheehan, 1985). Carlson과 Sperry(1990)는 심리교육적 전략은 부부치료에 유용한 부가물로서 뿐만 아니라 공감, 주장적 의사소통, 혹은 문제해결에 있어서 기술이 상당히 결핍되어 있는 부부에게 반드시 필요한 것이라고 가정하였다. 또 다른 사람들은 심리교육적 방법이 실제로 어떤 부부를 치료하는 기본적인 치료양식이 되어야 한다고 믿기도 한다(Anderson, Reiss, & Hogarty, 1986).

부부치료에 대한 Adler학파의 접근은 치료과정 중에 심리교육적 중재의 통합을 잘 받아들인다(Carlson & Dinkmeyer, 1987; Pew & Pew, 1972; Carlson & Sperry, 1993). Adler학파들은 결혼모임(marriage meetings. Carlson, Sperry, & Dinkmeyer, 1992)이라고도 불리는 결혼회의, 결혼증진훈련(TIME : Training in Marriage Enrichment)(Dinkmeyer & Carlson, 1984b), 결혼교육센터(Marriage Education Centers)에 이르는 많은 심리교육적 전략들을 개발하였다(Corsini, 1967).

3) 사이코드라마

사이코드라마는 내담자가 상황을 더 잘 이해하고 통찰력을 얻기 위한 여러 가지 상황들을 실행에 옮기는 기술이다. 예를 들면,

> Kelsey는 24세의 기혼여성이다. 그녀는 다른 남자와 사랑에 빠져 있다. 그녀는 어떻게 해야 할지 결정을 하는 데 상당한 고통을 겪었다고 보고한다. 우리는 그녀에게 한 의자에서 절반, 그리고 다른 의자에서 절반을 걸쳐 앉도록 하였다. 그리고 나서 두 의자에 앉아있는 느낌이 어떤지에 대해 그녀와 이야기를 하였다. 그리고 그녀에게 얼마나 오랫동안 그 자리에 머무를 수 있을 것이라고 예측하는지를 묻는다. 또한 우리는 그녀가 기대고 있는 "의자"에 대해 어떤 생각을 갖고 있는지의 여부를 물어본다. 그때 우리는 Kelsey에게 "당신은 1년 동안 Jon과 함께 살고 있을 가능성이 50%보다 더 크다고 생각하십니까 아니면 더 작다고 생각하십니까?" 그녀는 "아직 50 대 50이예요"라고 말했다. 가능성이 50%보다 더 크다고 말했다면 우리는 그녀에게 허락받은 것을 근거로 하여(적어도 이번 만큼은) 그녀가 Jon과 함께 머무르기로 결정했다고 말했을 것이다. 또한 주요한 문제로 그녀의 결정으로 큰 소동이 벌어질 것임을 지적했을 것이다.

다른 사이코드라마의 기법으로는 부부들이 의자를 바꾸어 상대방의 역할을 해 보고 나서 상대방의 입장을 경험하는 것이 있다. 부부치료에 유용하게 사용되는 부가적인 사이코드라마의 기법으로는 보조 자아(auxiliary egos), 이중 자

아, 빈의자기법, 거울기법(mirroring)이 있다.

4) 부부집단치료

Adler학파는 집단과정을 결혼치료에 적용하였다. 결혼한 부부 다섯 혹은 여섯 쌍이 일주일에 2시간 동안 대략 10주 정도 만난다. 부부들은 동료들과 동일시하고 좋은 생각을 얻음으로써 집단으로부터 도움을 받는다. 그들은 자신이 혼자가 아니며 그들의 문제가 자신들만의 것이 아니라는 것을 발견한다. 이상적인 경우 부부들은 생활양식의 형성을 포함한 개인적인 회기도 가지게 될 것이다. 부부집단치료는 결혼교육센터에 다니는 것과 함께 행해질 수도 있다.

5) 과제

우리는 정기적으로 과제를 부과한다. 부부들은 부과된 활동에 전념할 것을 동의한다. 과제의 종류는 상담사와 청중의 상상에 의해서만 제한된다(상담이 센터에서 일어날 때). 오랫동안 자녀와 떨어져 있어 보지 못했고 그 상황을 견딜 수 없어 하는 부부의 경우, 아기를 돌봐주는 사람을 고용하여 오후 시간과 하룻밤 동안을 자녀와 떨어져서 보내는 것을 과제로 줄 수도 있다. 성에 대해 불평을 하지만 기저에 깔린 문제는 통제라고 생각되는 부부에게는 배우자 각자가 전적으로 책임을 지고 성(sex)과 애정에 관한 모든 결정을 하도록 하는 과제를 낼 수도 있다.

6) 역설적 의도

부부치료에서 가장 강력한 기술 가운데 하나는 역설적 의도이다. 부부들은 집에 가서 그들이 하고 있던 것이 무엇이든지 계획에 따라 그것을 하도록 요구된다. 예를 들어 항상 싸우던 부부는 매일 밤마다 10분씩 그들이 항상 해오던 절차대로 싸움을 하도록 한다. 그러나 매일 밤마다 10분 동안 하는 것을 반드시 기억해야 한다.

많은 부부들은 그러한 권고가 도움이 될 것이라고 믿지 않는다. 그들은 도움을 구하기 위해 왔는데 집으로 돌아가서 이전에 해 온 일을 그대로 정확하게 하라는 말을 듣고 있다. 그러나 그들이 관계의 향상에 대해 진지한 자세를 가지고 있다면 보통 그 숙제를 하게 된다. 역설적 의도는 항상 실험의 형태를 띤다. "당신이 배울 수 있는 것을 찾아보세요." 부부가 그 권고를 따르든 그렇지 않든 그들은 싸우고 싸우지 않아야 될 때를 선택할 수 있다는 것을 배우게 된다. 부부는 웃지 않고는 그 권고를 수행하지 못할 것이며 싸움의 불합리성이 명백하게 드러난다.

> 어느 부부는 남편의 조루가 문제라고 보고하였다. 우리는 그들에게 하루에 두 번씩 성관계를 갖되 전희를 하지 말라고 했다. 남편이 가능한 한 빨리 사정을 해야 한다고 강조한다. 이러한 충고를 한 이유는 증상에 대항하여 싸우지 않는다면 증상은 지속될 수 없기 때문이다. 그런 조건에서 조루의 증상은 사라진다. 사실 부부가 정반대의 경험−즉, 남자가 사정이나 혹은 오르가슴에 도달하는 것에 어려움을 겪고 있는 것−을 보고하는 것도 드문 경우는 아니다.

7) 재구조화

중요한 치료 전략으로 재구조화(reframing) 혹은 재정의를 들 수 있다. 만약 Doug가 계속해서 Allie를 완고하다고 한다면, 우리는 고집을 특성으로 재구조화하고 Allie가 그녀의 특성으로 인해 결혼생활에 가지고 온 모든 이점들을 자세하게 규명한다.

이 기법을 사용할 때뿐만 아니라 언제나 우리는 부부로 하여금 올바른 단어를 사용하고 구체적이고 직접적이며 혼란을 가져올 수 있는 메시지는 어떤 것이든 피하도록 하여 부부의 의사소통을 분명히 할 수 있도록 도움을 주고자 노력한다.

참고문헌

Adler, A. (1958). *What life should mean to you.* New York: Capricorn.

Adler, A. (1978). *Cooperation between the sexes: Writings on women and men, love and marriage, and sexuality.* Edited and translated by H. Ansbacher and R. Ansbacher. New York: Norton.

Anderson, C., Reiss, D., & Hogany, G. (1986). *Schizophrenia and the family: A practitioner's guide to psychoeducation and management.* New York: Guilford Press.

Carlson, J., & Dinkmeyer, D. (1987). Adlerian marriage therapy. *American Journal of Family Therapy, 15*(4), 326-332.

Carlson, J,, & Sperry, L. (1990). Psychoeducational strategies in marital therapy. *Innovations in Clinical Practice, 9,* 389-404.

Carlson, J., Sperry, L., & Dinkmeyer, D. (1992). Marriage maintenance: How to stay healthy. *Topics in Family Psychology and Counseling, 1*(1), 84-90.

Carlson, J., & Sperry, L. (1993). Extending treatment results in couples therapy. *Individual Psychology, 49,* 3-4, 450-455.

Corsini, R. J. (1967). Let's invent a first-aid kit for marriage problems. *Consultant, 40.*

Criswell, F., Carlson, J., & Sperry, L. (1993). Adlerian marital strategies with middle income couples facing financial stress. *American Journal of Family Therapy, 21*(4), 324-332.

Dinkmeyer, D., & Dinkmeyer, J. (1982). Adlerian marriage therapy. *Individual Psychology, 38*(2), 115-122.

Dinkmeyer, D., & Dinkmeyer, J. (1983). *Marital inventory.* Coral Springs, FL: CMTI Press.

Dinkmeyer, D., & Carlson, J. (1984b). *Time for a better marriage.* Circle Pines, MN: American Guidance Service.

Dreikurs, R. (1946). *The challenge of marriage*. New York: Hawthorn.

Dreikurs, R. (1968). Determinants of changing attitudes of marital partners toward each other. In S. Rosenbaum & I. Aler (Eds.), *The marriage relationship: Psychoanalytic perspective*. New York: Basic Books.

Fish, R., & Fish, L. (1986). Quid pro quo revisited: The basis of marital therapy. *American Journal of Orthopsychiatry 56*, 317-324.

Giblin, P., Sprenkle, D., & Sheehan, R. (1985). Enrichment outcome research: A metaanalysis of premarital, marital and family interventions. *Journal of Marital and Family Therapy, 11*, 257-271.

Gottman, J. (1994). *Why marriages succeed or fail*. New York: Simon & Shuster.

Huber, C. (1983). Divorce mediation: An opportunity for Adlerian counselors. *Individual Psychology, 39*(2), 125-132.

Kern, R. (1997). *Lifestyle scale*. Coral Springs, FL: CMTI Press.

Pew, M., & Pew, W. (1972). Adlerian marriage counseling. *Journal of Individual Psychology, 28*(2), 192-202.

Ross, E., Baker, S., & Guerney, B. (1985). Effectiveness of relationship enhancement therapy versus therapist: Preferred therapy. *American Journal of Marital and Family Therapy, 13*, 11-21.

Sekaran, & Hall, D. (1989). Asynchronism in dual career and family linkages. In M. Arthur, D. Hall, & B. Lawrence (Eds.). *Handbook of career theory* (pp. 159-180). Cambridge: Cambridge University Press.

Sperry, L. (1978). *The together experience: Getting, growing and staying together in marriage*. San Diego: Beta Books.

Sperry, L. (1992). Tailoring treatment with couples and families: Resistances, prospects and perspectives. *Topics in Family Psychology and Counseling. 1*(3), 1-6.

Sperry, L. (1993). Tailoring treatment with dual-career couples. *American*

Journal of Family Therapy, 21(1), 51-59.

Sperry, L., & Carlson, J. (1990). Enhancing brief marital therapy with psychoeducational interventions. *Journal of Couples Therapy, 1*(1), 57-70.

Sperry, L., & Carlson, J. (1991). *Marital therapy: Integrating theory and technique.* Denver: Love Publishing.

부 록

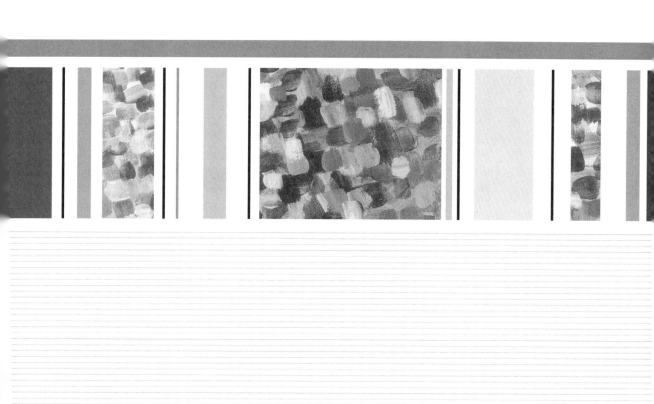

부록 A
초기 면접과 평가 안내

생활양식 형성을 위한 초기 면접지침서

이름 _____ 날짜 _____

1. 방문 이유

2. 사례 역사

3. 현재 생활 업무(주변 상황이 어떠한가) : 1~5척도(매주 순조로운 단계에서 매우 만족스럽지 못한 단계까지)
   직업 _____
   교우관계 _____
   자신 _____
   재산 _____
   여가 _____
   양육 _____

4. 아버지의 나이 _____   어머니의 나이 _____
   직업 _____   직업 _____
   성격   성격
   자녀에 대한 바람   자녀에 대한 바람
   자녀와의 관계   자녀와의 관계
   아버지와 유사한/다른 점   어머니와 유사한/다른 점

5. 부모와의 관계 특성

6. 다른 가족 정보(예, 이혼, 재혼)

7. 부가적인 부모 특성

8. 형제관계에 대한 기술 : 가장 나이 많은 형제부터 어린 형제까지의 형제 목록

당신과 가장 다른 점은? _____ 어떻게 다른가?

당신과 가장 닮은 점은? _____ 어떻게 닮았나?

당신은 어떠한 아이였습니까?

평범하지 않은 재능이나 성취 또는 야망이 있었습니까?

어떤 질병이나 사고가 있었습니까?

아동기 때 공포가 있었습니까?

9. 신체와 성적 발달

10. 사회성 발달

11. 학교와 학습 경험

12. 형제자매 척도 : 각 특성에 대해 가장 높거나 낮음을 보이는 형제자매를 순서대로 나열하시오.

지능	자신에 대한 비판적인
성적과 성취로 볼 수 있는 일반적 기준	매력적인, 기쁨을 주기 위해 노력
책임있는	사교적인, 우정
규칙적인, 말끔한	퇴학당한
운동을 잘하는	시키는 대로 또는 자신의 방법대로
외모	기질과 고집
장난기가 있는	민감한, 쉽게 상처받는
반항하는(겉으로, 은밀히)	이상주의적
규칙준수	물질주의적
옳고 그름에 대한 기준, 도덕	가장 버릇없는
다른 사람에 대한 비판	가장 많이 벌받는

13. 초기 기억회상. 얼마나 오래 전까지 기억할 수 있나요?(가능한 한 자세하게, 그 당시 내담자의 반응까지 포함하여 구체적인 사건을 기술하시오.)

14. 당신에게 가장 잘 부합되는 우선순위의 번호를 선택하시오(가장 잘 부합되는 것 순으로).

우선순위	타인의 관점	우선순위에 대해 당신이 치른 대가	당신이 피하고 싶은 것
편안함	짜증내거나 화냄	생산성의 감소	스트레스
기쁘게 하기	수용적인	성장 저지	거절
지배	도전적인	사회적 거리감 또는 자발성 감소	모욕
우월	부적절한	과부담이나 과책임감	무의미함

15. 요약 :

잘못된 자기 패배 개념들 :

자산 :

생활양식 평가 사례

소개

당신에게 생활양식 정보가 단편적으로 제시될 것입니다. 각 질문지가 제시되면 당신은 아래에 있는 지시대로 답지에 질문의 답을 표시해야 합니다.

이것은 생활양식과 관련하여 수집된 정보에 대해 당신이 평가한 것과 전문가가 평가한 것을 비교해 줄 것입니다. 당신이 더 많은 정보를 수집할수록, 당신이 말한 진술 중 일부를 수정할 수 있습니다. 이것은 자연스러운 일이며 아주 일반적인 현상입니다. 특정한 시점까지 가능한 모든 정보를 토대로 하여 판단을 내리세요. 미리 앞의 내용을 보지 마세요. 그러나 필요하다면 이전 정보를 다시 볼 수 있습니다.

답안지 작성법

I. 우선 표시할 문항을 선택하시오.

    A. 진실(T)   B. 거짓(F)   C. 근거없음(NE)

II. 그 다음 당신이 선택한 답에 대해서 어느 정도 확신하는지를 동그라미로 표시하시오.

    1. 매우 확신   2. 꽤 확신   3. 조금 확신

예시

	진실	거짓	근거없음
1. Alice는 권력지향적인 사람이다.	1 2 3	1 ②3	1 2 3
2. Alice의 삶은 점점 나아지고 있다.	①2 3	1 2 3	1 2 3

- 1번에서 응답자는 진술이 거짓이라고 생각했고, 그런 그의 확신은 중간정도였다.
- 2번에서 응답자는 진술이 진실이라고 생각했고, 그의 대답은 매우 확실하다고 생각했다.

초기 면접에서 얻는 정보

외모

Jane은 매력적이고 깔끔하다. 그녀는 키가 크다. 그녀의 옷은 비싸며 좋아 보인다.

직업

TV 연재 드라마의 감독 보조. 그녀의 보고에 의하면 월급은 괜찮은 편이다.

결혼상태

미혼. 현재 진전 중이거나 진지한 관계에 있는 남성 없음. 과거에 세 번 약혼한 적이 있으나 아직 결혼한 적은 없다.

현재 진술된 문제

Jane은 일반적으로 삶을 지루하게 느끼고 있다. 특별히 그녀는 자신의 직업에 만족하지 않으며 상사가 자신에게 고마워하지 않는다고 생각했다. 그녀의 사회 생활은 불만족스러웠다. 그녀는 한 남자와 오랫동안 교제하기를 원했으나 그녀가 추구하는 그러한 관계에 가까운 사람은 나타나지 않았다. Jane은 자신의 불행에 대해 얘기하면서 쉽게 울곤 했다. 그녀는 동료들에게 받아들여진다는 느낌을 가지지 못했다.

생활양식 척도(The Lifestyle Inventory)

이름 _____Jane X_____

날짜 _____

1. Bill   +4½

그녀에게 매우 친절하다.

그녀를 잘 돌본다.

그녀에게 여러 가지를 사준다.

사람들과 잘 지낸다. 친절하다.

학구적이지 않다. 운동을 좋아한다.

남자친구가 많다.

키가 크고 말랐다.

2. Jane   30

항상 여자친구가 많다.

귀엽다. 행복하다. 외향적이다.

노래와 춤을 배운다.

절대 부끄러워하지 않는다.

학교에서 잘했다. 교사들이 그녀를 좋아
  했다.

스포츠는 잘하지 못한다.

남자친구가 없다.

형제자매 척도

응답자와 가장 다른 점 :

어떻게? 그는 더 많은 관심을 받으며
      조용하다. 다소 보수적이다.
      그녀만큼 착한 학생은 아니다.

응답자와 많이 닮은 점 :

어떻게? 유머감각이 있다. 취향도 같
      다. 예를 들면, 음악(아내 빼
      고). 항상 제일 가깝다.

집단화(연령, 성 등등) :

함께 놀았는가? 그렇다. 그는 그녀를
　　많이 괴롭히고 그녀를 화나게 한다.

병, 수술, 또는 사고? 없다.

응답자의 어린시절 공포는? 어두움이
　　다. 어린아이들은 자신의 침대 밑
　　에서 살았다. 그러나 그녀를 괴롭
　　히지 않았다.

서로들 싸웠는가?
그는 한때 그녀를 한 번 친 적이 있다
　　(가방을 세게 침).

평범하지 않은 재능이나 성취가 있었나?

응답자의 어린시절 꿈은? 연극배우

최 대	최 대
지능 – 같다	활발한
성적 – Jane	사회적 – Jane
근면성 – Jane	유머감각 – 같다
성취의 기준 – Jane	사려심 있는 – 같다
활동적 – Bil	잘난척 하는 – Jane
반항적 – Bill	시키는 대로 하는 – Jane
외모 – Bill	자신의 방법대로 하는 – Bill
여성스러운	기질 – 같다
남성스러운	싸움꾼 – 둘 다
순종적인 – Jane	시비조인 – 둘 다 아님
장난꾸러기 – Bill	부루퉁한 – 둘 다 아님
겉으로 반항 – Bill	고집센 – 둘 다 아님
속으로 반항 – 둘 다 아님	수줍음을 타는 – 둘 다 아님
야단맞는 – 둘 다 아님	민감하고 쉽게 상처받는 – Jane
옳고 그름에 대한 기준 – Bill	이상주의적 – Jane
다른 사람에 대해 비판적 – Jane	물질주의적인 – 둘 다 아님
자신에 대해 비판적인 – Jane	규칙적인, 말끔한 – 둘 다 아님
태평스러운 – 둘 다	퇴학당한 – 둘 다 아님
매력적인 – Jane	버릇없는 – 둘 다 아님
흥미추구 – 둘 다 아님	과보호되는 – Jane

부모 정보

아버지, Oliver, 54세, 직업 : 가게 운영

절대 나를 때리지 않음. 항상 온건. 나를 웃게 만듦. 그와 잘 지냄. 노래하고 춤추는 것을 좋아함(오페라 및 자신이 좋아하는 것에 관심 있음). 관대함. 가족을 위해서는 어떤 것이라도 함. 자신의 실수를 인정하지 않음. 어떤 것에 대해서는 마음이 편협함. 그녀에 대해서 다소 보호적. 근심이 있음.

좋아하는 사람은? 아무도 없다. 왜?
아이들에 대한 꿈은? Bill-나를 제외하고 그에 대해 느슨한 기준을 가짐.
자녀들과의 관계는? 매우 가깝다.
아버지를 가장 닮은 형제는? 일적인 면에서 Bill
어떤 면에서? Jane은 집에 있기를 좋아하는 성격

어머니, May, 49세, 직업 : 주부

항상 잘 지냄. 그녀와 친밀함을 느낌. 부드러운 기질. 일요일 아침에 짜증내며 일어나서는 곧 사과함. 그녀는 주변에 있으면서 자녀들의 행동을 허락함. 건방지게 행동하거나 토라지는 것을 용납하지 않지만 자녀들은 자신들이 원하는 것을 함. 딸로부터 발로 한 번 차임. 매우 민감함(자신에 대해 신뢰가 많지 않음). 쉽게 상처를 받음.

좋아하는 사람은? 아무도 없음.
왜? 만약 있다면 딸이 자신을 원함.
자녀들에 대한 꿈은? 나를 위해서 어떤 것을 하는 것
어머니를 가장 닮은 형제는? 둘 다
어떤 면에서? 쉽게 상처를 받음. 매우 민감

부모의 관계 특성(nature of parents's relationship)

매우 바람직한 결혼 : 그러나 어머니는 열등함을 느끼고 아버지는 신뢰감을 느낌.

유사한 관심사. 항상 같이 있음. 몇 번 사소한 일을 가지고 다툼.

아버지가 중요한 결정을 내림. 어머니는 자녀를 양육. 아버지가 돈을 관리.

신체 발달(physical development)

13세에 초경 : 학교와 어머니가 그녀의 초경 준비를 도움. 외출하기 위해 옷을 차려입고는 어머니를 부름. "이런, 왜 지금이야?" 그것을 가볍게 여김. 아버지는 생리대를 사기 위해 약국으로 가고 그녀는 나가버림. 그것은 우연히 일어난 단순한 일이었음. 그 이후로 생리는 그녀에게 있어 귀찮은 일이 됨. 어려움은 없었음. 13세에 처음으로 브래지어를 함(꼭 해야하는 것은 아니었음). 처음으로 브래지어를 입은 시기를 기억하지 못함. 그녀는 지금 5파운드 뺄 수 있다고 느끼고 있음.

학교 정보(school information)

수학과 과학을 제외한 나머지 과목에서 항상 우수했음. 부분적이지만 여전히 좋은 성적을 유지하고 있음. 쓰기와 읽기를 잘함.

사회적 정보(social information)

항상 친구가 많음. 그 중 Beth는 고등학교 생활 내내 같이 지낸 친한 친구임. 매우 가까우나, 항상 경쟁함. 그녀의 남자친구는 매우 귀여우나 그녀는 절대 그를 믿지 않음. Jane은 항상 Beth가 자신보다 모든 면에서 우월하다고 생각. 매우 이기적이며, 버릇없고, 자기중심적임.

성에 관한 정보(sexual information)

고등학교 때 남자친구와 데이트 함. 목 등에 애무를 함(그러나 실제로 성관계는 가지지 않음). 학기 중 21세 때 처음으로 관계를 가짐. 21세 때 대학교에서 Peter라는 남학생과 성관계를 함(고등학교 이후로 2년 후임). 별로 좋지 않음. 끔찍했음. 그러나 Peter가 자신을 흥분시키기 시작하면서 좋은 시간을 보냄. 그 이후로 6명 내지는 7명과 관계를 가졌으나 Eric이 가장 좋았음.

다른 가족 정보(other family information)

부가적인 부모 특성(additional parental figures)

초기 기억(early recollections)

1. 2세   어린이 침대에서 바지에 배변을 봄. 아무 말도 하지 못함. 어머니가 그것을 치워주심. 아버지는 그런 일이 발생했을 때 화를 내셨음. 밤이었음. 그때 나는 그게 잘못되었다는 걸 알았음.

2. 3~4세   난 뚱뚱했음. 해변에서 모래놀이를 하며 놀았음. 내 생각에 어머니가 그때 거기 있었을 것 같음. 난 나의 조그마한 세계에 있었으며 모든 것이 좋았음.

3. 3~4세   낮이었음. 내가 무엇을 했는지 기억하지 못하겠음. 그러나 나의 어머니가 나를 때림. 그것은 Bill과 관련된 일임. 그때 어머니가 나를 때린 것은 그녀를 세상에서 가장 비열한 사람으로 느끼게 만듦. 어머니가 "아버지가 오실 때까지 기다려"라고 말하셨음. 나는 아버지가 아무 것도 하지 않으실 거라는 것을 알고 있었음. 그때 어머니에게 화가 많이 났었음.

4. 6세   Bill이 나를 공원에 있는 한 나무로 데려감. 다른 어린 소년이 거기 있었음. 그들은 그게 재미있다고 생각했음. 나는 무서웠고 그들이 나를 평생 거기 남겨둘 것이라고 생각했음. 그들이 떠났고, 나는 Bill을 향해 "Bill, Bill"이라고 소리쳤음. 그들은 몇 분 후에 돌아와서는 나를 가게 해줬음. 나는 그것이 재미있지 않았으며 내 남자친구 앞에서 나를 바보로 만들어버린 Bill에게 화가 났음. 큰 소년은 "폭군"처럼 행동했음. 난 그때 무서웠고, 화가 났음.

5. 5세   쉬는 시간에 2명의 여학생과 싸움. 처음에는 한 명이었으나 조금 후에 다른 한 명이 가세함. 한 명이 나의 발을 잡아당겼으며, 나

는 내 앞에 있는 여학생의 배를 물어뜯음. 그녀는 대가를 치른 것임. 그녀는 수년 동안 배에 흉터를 가지고 있었음. 그 이후로도 나는 기분이 나빴음.

6. 6세 1학년. 선생님은 친척을 묻고는 학생들의 손을 들게 했음. 나는 손을 들었고 선생님은 "친척이 있니?"라고 물었음(선생님은 나의 가족에 대해 알고 있었음). 나는 "네, 선생님이 모르시는 자매가 하나 있어요. 그녀의 이름은 Emma에요." 선생님은 "좋아"라고 말씀하셨고 나를 가도록 허락하셨음. 그 거짓말이 오래가지 못했기 때문에 신경이 쓰였고, 그것이 말이 되지 않는다는 것을 깨달았음. 얼마 후에 나는 당황했고 편하지 못했음. 나는 죄의식을 느끼지는 않았으나, 더 이상 그렇게 할 수 없다는 것을 알았음. "네가 거짓말 한 것 같구나. 이해가 안 되는걸."

7. 7세 놀이터에서 미끄럼틀 꼭대기에 있었음. 내려가는 것과 올라가야 하는 것이 무서웠음. 5학년 남자애들이 내려오라고 나를 부름. 죽을 만큼 두려웠음. 어느 쪽으로든 움직이는 것이 무서웠음. 마침내 미끄럼틀을 타고 내려갔고 나는 내가 내려왔다는 것과 땅을 걸을 수 있다는 사실에 안도감을 느꼈음. 모두가 주목하고 있어서 당황했음.

8. 9~10세 여자친구인 Jane과 나는 콘서트의 가시철사 아래를 기어서 텅빈 무대로 가서 춤추고 노래했음. 아주 멋진 시간이었음. 잡힐까봐 겁이 났으나 오케스트라와 청중을 상상하면서 기분이 정말 좋았음.

	진실	거짓	근거 없음
1. Jane은 자신이 도덕적으로 우월하다는 것을 느끼기 위해 다른 사람들이 자신을 학대하도록 유발한다.	1 2 3	1 2 3	1 2 3
2. Jane은 다른 사람들이 공정하지 못하다고 생각한다.	1 2 3	1 2 3	1 2 3
3. 심리학적으로 Jane은 단지 아이일 뿐이다.	1 2 3	1 2 3	1 2 3
4. Jane은 종종 인생에서 자신을 희생자라고 생각한다.	1 2 3	1 2 3	1 2 3
5. Jane이 중간이 아닌 분명한 입장에서는 것이 더 낫다.	1 2 3	1 2 3	1 2 3
6. Jane이 아이였을 때, 남자형제들과 경쟁하였다.	1 2 3	1 2 3	1 2 3
7. Jane은 자신을 완벽하지 못하다고 생각하지만, 다른 사람들은 자신보다 더 못하다고 생각한다.	1 2 3	1 2 3	1 2 3
8. Jane은 다른 사람들이 자신을 통제하는 것이 어렵다고 느끼기를 기대한다.	1 2 3	1 2 3	1 2 3
9. Jane은 다른 사람들을 많이 비판하는 경향이 있다.	1 2 3	1 2 3	1 2 3
10. Jane은 생활 환경 때문에 낙담하는 경우가 종종 있다.	1 2 3	1 2 3	1 2 3
11. Jane은 자신의 여성성에 대해서 의심을 가지며 선택할 수 있다면 남성이 되기를 원한다.	1 2 3	1 2 3	1 2 3
12. 삶에 대해서 Jane이 잘못 생각하는 것 중 하나는 여성이 남성보다 열등하다는 것이다.	1 2 3	1 2 3	1 2 3
13. Jane의 가족은 다른 사람과 사이좋게 지내는 것을 가치있게 여긴다.	1 2 3	1 2 3	1 2 3
14. Jane은 다른 사람이 자신을 통제하려고 할 때, 화를 내거나 놀라는 경향이 있다.	1 2 3	1 2 3	1 2 3
15. Jane은 그녀의 가족으로부터 그녀가 원하는 것은 그녀가 필요로 하는 것이라는 것을 배웠다.	1 2 3	1 2 3	1 2 3
16. Jane의 부모님은 협동적인 관계의 모델이었다.	1 2 3	1 2 3	1 2 3
17. Jane이 하려는 것을 못하게 하는 사람들은 그녀에게 상처를 준다.	1 2 3	1 2 3	1 2 3
18. Jane은 그녀의 가족에서 어떤 부분에 대해 책임을 느낀다.	1 2 3	1 2 3	1 2 3
19. Jane은 자기 자신에 대해 큰 신뢰감을 가지고 있다.	1 2 3	1 2 3	1 2 3
20. 가족은 나쁜 상황에서도 최선을 다하는 것에 가치를 둔다.	1 2 3	1 2 3	1 2 3
21. Jane은 인생을 살면서 자신의 길을 발견하기 위하여 노력한다.	1 2 3	1 2 3	1 2 3
22. Jane의 오빠는 아버지처럼 그녀를 지배했다.	1 2 3	1 2 3	1 2 3
23. Jane은 다른 사람과 협동하여 일하는 것이 어렵다는 것을 안다.	1 2 3	1 2 3	1 2 3
24. 어려운 상황에 처해있을 때 Jane은 종종 어떤 식으로도 행동을 취하지 않는다.	1 2 3	1 2 3	1 2 3
25. 관계는 중요한 문제이다.	1 2 3	1 2 3	1 2 3

상담과 심리치료에 숙련된 9명의 Adler학파 평가자들은 생활양식 평가 질문지를 완성했다. 그 응답들은 아래에 나열되어 있다. 정보에 기초한 응답들은 왼쪽에 있으며 가족배열도 포함되어 있다. 오른쪽의 응답들은 모두 초기 기억을 포함하여 생활양식 평가에서 나온 유용한 자료들을 기초로 하였다. 각각의 질문에 대한 양식은 아래에 나열되어 있는 데 이는 읽는 이에게 이 질문지가 자신들의 반응을 평가하는 어떤 기준으로 쓰일 수 있도록 하기 위해서이다 (T = 진실, F = 거짓, NE = 근거 없음).

질문 번호	기분(Mode)	질문 번호	기분(Mode)
1	T2	1	T1
2	T2, T3	2	T1
3	F1	3	F1
4	T2	4	T1
5	F2	5	T2
6	T2	6	T1
7	T2	7	T1
8	T2	8	T2
9	T1	9	T1
10	T2	10	T2
11	T3	11	T3
12	T1, T2	12	T2
13	T1	13	T1
14	T2	14	T2
15	T3	15	T3
16	F2	16	F2
17	T3, F2, F3	17	T1
18	F2	18	F1
19	F1	19	F1
20	NE2, F1	20	F2
21	T2	21	T2
22	T2	22	T1, T2
23	T2	23	T1
24	T1	24	T1
25	T2	25	T2

생활양식 척도(The Life-style Inventory)

Harold H. Mosak, Ph. D.	이름 _____
Bernard H. Shulman, M. D.	날짜 _____
H. H. Mosak & B. H. Shulman(1971). 복사	

연대순에 따른 형제자매 목록

형제자매 척도(sibling ratings)

응답자와 가장 다른 사람	어떻게?
응답자와 가장 유사한 사람	어떻게?
그룹화(나이, 성별 등등)	서로 싸웠는가?
함께 놀았는가?	범상치 않은 재능이나 성취는?
병, 수술 또는 사고가 있었나?	응답자의 어린시절 야망은?
응답자의 어린시절 두려움은?	

최대에서 최소까지	최대에서 최소까지
지능	활발한
성적	사회적인
근면한	유머감
성취의 기준	신중한
운동을 잘하는	사려심 있는
대담한	잘난척 하는
외모	시키는 대로 하는
여성적인	자신의 방법대로 하는
남성적인	기질
순종적인	싸움꾼
장난꾸러기	시비조인
겉으로 반항하는	뽀로통한
속으로 반항하는	고집센
벌받는	수줍음을 잘 타는
옳고 그름에 대한 기준	민감하고 쉽게 상처받는
타인에 대해 비판적	이상주의적
자신에 대해 비판적	물질주의적
태평스러운	규칙적인, 말끔한
매력적인	퇴학당한
기쁨을 주기 위해 노력하는	흥미추구

신체 발달(physical development)

학교 정보(school information)

사회성 발달(social information)

성적 정보(sexual information)

부모 정보(parental information)

아버지	나이	직업	좋아하는 것? 왜?
			자녀들에 대한 바람?
			자녀들과의 관계는?
			가장 아버지를 닮은 자녀는?
			어떤 면에서?

어머니	나이	직업	좋아하는 것? 왜?
			자녀들에 대한 바람?
			자녀들과의 관계는?
			가장 아버지를 닮은 자녀는?
			어떤 면에서?

부모의 양육 특성(nature of parents' relationship)

다른 가족 정보(other family information)

부가적인 부모 특성(additional parental figures)

초기 기억들(early recollections)

가족구성원들 위치의 요약(summary of family constellation)

초기 기억의 요약(summary of early recollection)

실수 또는 자기 패배적인 지각(mistaken of self-defeating apperception)

자산(assets)

아동 생활양식 지침(CLSG ; children's lifestyle guide)

1. 가족위치

   이름   나이   교육
   _____   _____   _____
   _____   _____   _____
   _____   _____   _____
   _____   _____   _____
   _____   _____   _____

   누가 가장 당신과 다릅니까? 그 이유는?

   누가 가장 당신과 비슷합니까? 그 이유는?

   당신이 학교 가기 전의 생활에 대해 말해주세요.

2. 삶의 과업 수행하기

   만약 학교나 집에 갈 수 있는 선택이 당신에게 주어진다면 어떻게 하시겠습니까? 왜?

   당신의 학교생활은 어떻습니까? 왜 그렇습니까?

   학교생활 중 가장 마음에 안 드는 것은 무엇입니까? 왜 그렇습니까?

   당신이 가장 좋아하는 과목은 무엇입니까? 가장 싫어하는 과목은? 왜 그렇습니까?

   당신이 성인이 되면 무엇이 되고 싶습니까? 왜 그렇습니까?

   학교에서 가장 친한 친구는 누구입니까? 학교에서는?

   당신은 지도자가 됩니까? 아니면 추종자가 됩니까?

   당신이 친구들과 함께 있을 때 주로 무엇을 합니까?

   가족환경

   아버지는 어떤 사람입니까?

   어머니는 어떤 사람입니까?

   어머니와 아버지는 잘 지내십니까?

   어떤 형제자매가 아버지처럼 행동합니까?

   어떤 형제자매가 어머니처럼 행동합니까?

   당신이 잘못을 저질렀을 때 누가 훈계를 합니까? 왜 그렇습니까?

　　아버지나 어머니의 가장 좋은 점은 무엇입니까? 왜 그렇습니까?

　　아버지나 어머니의 가장 싫은 점은 무엇입니까? 왜 그렇습니까?

　　당신의 부모님은 당신이 집에 있을 때 무엇을 하기를 기대합니까? 학교에서
　　　는? 놀 때는? 구체적인 활동에서는?

　　당신이 집에 있을 때 하는 일은 무엇입니까?

평가

　　각 특성에 대하여 가장 높은 정도를 보이는 형제자매와 가장 낮은 정도를 보이
는 형제자매를 나열하시오(본인을 포함해서).

지능	책임감 있는
근면성	민감한, 쉽게 상처받는
가장 성적이 좋은	기질
순종적인, 고분고분한	대장노릇 하려는
반항적인	물질적인
집안 일을 돕는	가장 친구 같은
즐거움을 주기 위해 노력하는	가장 버릇없는
자신의 방법대로 하기를 원하는	높은 성취의 기준(가장 되고 싶은 것)
가장 많이 벌받는	운동을 잘하는
비판적인	가장 강한
사려심 있는	가장 예쁜
공유하는	다른 사람의 감정에 대해서 신경 쓰는
이기적인	

3. 초기기억

4. 세 가지 소망

　　네가 동물이라고 가정한다면 어떤 동물을 선택하겠니? 이유는?

　　네가 되고 싶지 않은 동물은 어떤 동물이니?

　　네가 좋아하는 동화 또는 이야기는 무엇이니? 이유는?

5. 요약 :

　　자기 패배적 지각 :

　　자산 :

부록 B

Adler 상담사와 심리치료사의 능력 점검표

Alder 상담사와 심리치료사의 능력 점검표

	불만족	만족	탁월
1. 치료적 과정의 기초를 이루는 Adler학파의 이론적 근거를 설명할 수 있는가			
2. Adler학파 심리학 — 즉, 증상의 목적, 신경계의 상호관계 등등 — 에 의한 신경계와 정신병의학의 정신병리학을 설명할 수 있는가			
3. Adler학파 상담관계를 설명하고 논증할 수 있는가			
4. 외면화, 반란(rebellion), 부적절함(inadequacy), 그리고 투사(projection)와 같은 장애와 방어들을 다룰 수 있는가			
5. 한 개인의 생활변화와 인생과제에 접근하는 방법과 그의 최근 상황을 조사할 수 있는가			
6. 생활양식의 한 단면을 조사하기 위한 임상적인 방법으로 우선순위를 사용할 수 있는가			
7. 가장 중요한 생활양식 정보 — 즉, 가족구도와 가족분위기 — 를 명료화하고 해석할 수 있는가			
8. 생활양식을 형성하는 데 있어서 초기 기억을 해석하고 이용할 수 있는가			
9. "지금-여기"의 심리적인 움직임을 명료화하고 이것을 내담자들에게 해석해 줄 수 있는가			
10. "획득자", "욕망자", 그리고 "통제자"와 같은 많이 관찰되는 생활양식을 이해할 수 있는가			
11. 내담자들의 언어적·비언어적 행동을 치료할 수 있는가			
12. 상담사와 내담자의 목표를 조정할 수 있는가			
13. 함께 나눈 감정들의 목표를 이해하는 동안 공감적으로 이해하고 반영할 수 있는가			
14. 바꿔 말할 수 있고(paraphase), 목적이나 목표를 암시할 수 있는가			
15. 내담자를 자신의 주관적인 관점, 잘못된 신념, 개인적인 목표 또는 파괴적인 행동들에 직면시킬 수 있는가			

부록 C

생활양식 척도

생활양식 척도는 Kern(1982, 1997)에 의해 지필식(paper and pencil)의 개발된 35문항의 척도이다. 이것은 타당화 연구와 문항 신뢰도 분석을 통해 계속해서 발전된 것이다. 이것은 부부내담자뿐 아니라 개인 내담자, 인사 관리(management personnel), 작업 팀 관리에 사용될 수 있다. 이것은 배우자, 직업 선택, 관리와 관리 유형의 충돌관계 또는 스트레스 상황에 어떻게 반응하는가를 이해하는 데에 도움이 되는 우선순위에 대한 생활양식 정보를 취하기 위한 목적으로 개발되었다. Kern 척도에 관한 정보는 CMTI 출판사 Tel. 800-584-1733로 연락바람).

척도는 통제, 완벽주의, 기쁘게 하기, 자아존중감, 기대와 같은 요인을 평가한다. 이것들은 통제, 순응하기(conforming), 그리고 실망(discouraged)이라는 세 가지 요인으로 정리될 것이다. 생활양식 척도를 완성하는 것은 주로 부부나 내담자의 즉각적인 관심이나 대화를 생성한다. 또한 이것은 치료자·상담사의 제안을 더 잘 수행하게 하고 그들이 이해받고 있음을 느끼게 하는 데에 도움이 된다.

척도(inventory)의 해석은 상황과 관계 없이 각 척도(scale)가 우세한 생활양식의 주제나 요인들과 어떤 관계가 있는지에 따라 구체화 된다. 해석을 위한 간단한 규칙들은 다음과 같다.

1. 모든 척도의 점수를 보고 눈에 띄는 주제(각 요인에서 높은 점수)와 그 척도에서 다른 보완적인(complementary) 요인들 모두를 결정하라. 이는 특정한 생활 상황이나 친밀한 관계를 다루는 데에 도움이 된다. 예를 들어 만약 모든 척도의 점수가 평균보다 높지 않다면 아마도 내담자가 배우자나 일반적인 생활 상황을 통제하기를 원하는 것과 같이 척도를 통제하였을 가능성을 암시할 것이다.

2. 만약 2개의 높은 척도 점수가 있다면, 그들이 어떻게 서로 보완하는지 조사해야 할 것이다. 예를 들어, 높은 완벽주의 점수와 높은 통제 점수를 가진 사람은 신중함, 지식(intellectual), 그리고 실수를 두려워하는 것으로 상황, 사람, 생활의 문제를 통제한다는 것을 암시할 것이다. 반면 완벽주의 점수와 기쁘게 하기(pleasing)의 점수가 높다면, 그 사람은 아마도 실수를 두려워하여 자신의 배우자를 기쁘게 하는 데 더 많은 흥미를 가지게 할 것이다.

3. 만약 "자아존중감"과 "기대(expectation)"의 두 가지 요인이 다른 척도의 점수보다 더 높다면 그들은 낮은 사회적 관심과 낮은 자아존중감을 가지고 있을 가능성이 높고 아마도 치료자의 보조자가 될 가능성이 높다.

4. 기쁘게 하기나 통제하기와 짝이 되는 높은 기대 척도는 아마도 특정한 인생과제 영역에서 위기를 경험하고 있다는 것을 암시할 수도 있으나 이것이 극도로 절망했다는 것은 아니다.

5. 마지막으로 척도는 내담자에게 최고의 괴로움(distressing)이 될지도 모르는 상황뿐 아니라 다른 사람에게 있어서도 내담자가 좋아하지 않는 성격의 유형에 대한 정보를 얻도록 하는 데에 도움을 준다.

요인 프로파일

통제척도

적극적인 통제(active controlling) 척도는 논리적이고 이론적인 것으로 인생의 문제를 다루기 위해 시도하는 사람, 즉 자신의 감정을 통제하는 것과 다른 사람들을 적극적으로 리드하는 것을 암시한다. 다른 사람들은 아마도 그 사람이 으스대고(bossy) 완고하고(opinionated) 다른 사람들의 이야기를 듣지 않으려 하고 협동보다는 대립(confrontation)하는 경향이 있는 것으로 인식할지도 모른다. 다른 사람과의 관계는 아마도 승패의 각축장과 같을 것이다. 이 척도의 장점은 문제에 직면하여 그것을 이론적으로 해결하는 개인의 능력과 상황에 정면으로 직면하도록 하는 능력이 있다는 것이다. 다른 장점은 할당된 과제를 통해 리드하고 조직화하고 수행하는 능력을 가지고 있다는 것이다.

이 척도의 부정적인 측면은 내담자가 차갑고 침착하고 대부분 통제 하에 있다는 인상을 주는 사람으로 특징지워진다는 것이다. 이 사람은 조용하고 감정을 거의 드러내지 않으며 긍정적이지도 부정적이지도 않은 것으로 "아는 것이" 힘든 사람으로 보일 것이다.

완벽주의 척도

이 요인은 내담자를 다른 사람들을 통제하려고 하는 사람 또는 다른 사람들의 요구에 따르는 사람으로 지시한다. 이 요인에서 높은 점수를 받은 사람은 성실하고 사려 깊고 예민하고 신중한 성격으로 묘사되며, 그의 완벽주의는 상황이나 다른 사람들을 통제하기 위한 전략이 될 것이다. 이 요인에 높은 점수는 개인적으로 과제를 수행하는 사람이 성실하고 실수에 아주 민감하며 인생과제에 대한 반응이 다소 강박적이고 보수적인 것으로 설명될 것이다.

순응하기 척도

순응하기 요인은 적극적이거나 소극적이 될 것이다. 이것은 아마도 완벽주의의 성분(ingredient)과 때로는 기쁘게 하기 성분이 될 것이다. 만약 적극적인 순응 가라면, 개개인의 목표는 다른 사람들로부터 승인(approval)을 찾으려 할 것이고, 상호관계적인 상황에서 중재인이나 외교관(diplomat)으로서 행동하려 할 것이다. 그러한 사람은 다른 사람들의 요구에 민감하고 대립과 충돌 상황을 피하려 할 것이다. 그는 일반적으로 돌보는 성격으로 묘사될 것이고 높은 수준의 사회적 관심의 소유자로 보여질 것이다.

소극적인 순응자는 "물 흐르는대로 흘러간다." 이 사람은 지시를 따르고, 조용하고 다소 수줍은 사람으로 외견상 보여진다. 소극적인 순응자는 "나는 …하기보다는 …하기를 원한다"와 같은 "나" 진술의 사용을 어려워하기 때문에 주로 자신의 요구가 충족되기 힘든 사람들에게 잘 들어주는 사람이다.

적극적이거나 소극적인 순응하기 요인은 이 척도가 예민하고 좋은 경청자, 수줍어하고 미안해 하는(apologetic) 일부의 사람들을 암시하는 것으로 대립과 충돌 상황, 요구가 충족되는 상황에서 어려움을 경험하는 사람을 암시하는 것으로 표현된다.

자아존중감 척도

이 요인과 순교자(martyr) 요인에서 높은 점수를 받은 사람은 낮은 자존감, 실패감, 그리고 낮은 에너지 수준을 보일 것이다. 증상은 직업, 관계, 또래들과 관련된 인생 상황을 통제할 수 없는 형태이다. 다른 행동들은 다른 사람들의 감정에 과민한 것과 문제해결을 어려워하고, 문제나 스트레스 상황을 회피하는 것에 관심이 있다. 이러한 사람은 주로 스트레스나 충돌이 표면화될 때까지 소극적인 행동을 하다가 예측할 수 없는 행동을 드러낸다.

기대척도

만약 자아존중감 척도에서 높은 점수와 짝이 되지 않는다면, 이 요인은 아마도 자신에 대한 기대와 타인에 대한 기대가 아주 높은 사람을 말할 것이다. 이는 그 사람이나 다른 사람들과의 관계 또는 애인과의 관계에서 계속해서 문제 상황을 만들어낸다. 이런 경우의 특징은 비판적이고, 파괴적이며, 단편적인 개인적 기대에 대한 부당함과 전도(falling)로 설명될 수 있다. 다른 행동적인 특성들은 자신과 타인에 대한 비판, 기대에 대한 위압감, 그리고 직업, 사회적 관계, 또는 친밀함의 인생의 과업 중 하나 이상에서 높은 수준의 좌절을 포함하는 것이다. 과잉성취자라는 용어가 이러한 사람을 가장 잘 묘사한다.

부부치료에 활용

생활양식 척도는 부부치료에서 빠른 선별(screening) 도구로 유용하다. 다양한 생활양식 요인들이나 주제들을 명료화하는 것은 관계에 있어서 잠재적인 문제에 대한 통찰을 즉각적으로 제공할 수 있다. 초기 단계에서 부부는 상호보완적인 관계를 만드는 것에 혼란스러울 것이다. 그러므로 치료자가 통제자로서 한 명의 파트너를 명료화할 수 있다면, 다른 사람은 치료과정에서 이미 기쁘하게 하는 사람(pleaser)이 될 것이다. 상담사는 이러한 조합(combination)이 부부관계에서 어떻게 문제를 만들 수 있는지 뿐만 아니라 어떻게 부부관계를 강화하는지에 대해서도 조사를 시작할 수 있다. 만약 한 명의 파트너가 통제자로 드러나고 다른 파트너는 표면적으로 기쁘게 하는 사람이라면, 이것은 상호보완적인 관계가 되는 것 같다. 그러나 더 자세히 조사해 보면 이러한 개인이 통제 주제를 완벽하게 하는 것으로 설정했기 때문에 통제에 대한 더 강한 요구를 가지게 된다. 이것이 사실이라면 이러한 사람을 즐겁게 해주려는 시도에 희망이 없는 것 같다. 그래서 기쁘게 하려고 하는 파트너는 아마도 아주 심각한 괴로움을 겪게 된다.

만약 치료사가 어떻게 그러한 특성이 그들의 마음을 빼앗았는지 명료화하도록 부부를 도울 수 있다면, 부부의 노력의 방향을 인지로 재조정할 수 있을 것이다. 그러한 생활양식 주제는 또한 문제해결과 보완적인 상호작용을 하지 못하게 할 수 있는 승인(recognizing)으로 방향을 조정할 수도 있을 것이다. 통제자(controller)는 아마도 마치 다른 파트너에 대해 더 상호보완적인 방법으로 통제 성향(tendency)을 재조정하는 것처럼 변화를 원하지 않을 수도 있을 것이다. 또한 기쁘게 하는 사람은 계속적인 동의를 찾는 것이 어느 정도 다른 방법으로 재평가하고 재조정되기를 원한다는 것을 의미한다는 것을 깨닫게 될 것이다.

이러한 점에서 치료자에게는 많은 선택사항이 있다. 첫 회기 동안 내담자에게 역할전도나 대화기법에서 연습을 하도록 할 것이다. 제안이든 중재든 생활양식 척도를 통해 부부의 생활양식을 이해하는 것은 문제해결을 향상시키기 위한 기회를 제공한다.

BASIS-A 검사

Kern은 더 확장된 검사에 생활양식 주제를 포함하는 그의 과업을 확장시켰다. BASIS-A(Basic Adlerian Scales for Interpersonal Success – Adult Form) 검사(Kern, Wheeler, and Curlette, 1993)는 타당성 연구의 대상이 되어 왔다. BASIS-A에는 더 많은 문항이 있는 반면, 이것을 완성하는 데에는 15분도 걸리지 않는다. 저자는 이 검사를 추천한다. 더 많은 정보를 위해 TRT 협회, 65 Eagle Ridge Drive, NC 28741과 접촉하거나 또는 (704) 526-9561로 전화를 해 보라.

주제별 찾아보기

ㄴ

인명별 찾아보기